Sprechen
Schreiben
Mitreden

Ein Übungsbuch zum
Training von
Vortrag und **Aufsatz**
in der **Oberstufe**

von
Jo Glotz-Kastanis
Doris Tippmann

ΧΡΗΣΤΟΣ ΚΑΡΑΜΠΑΤΟΣ
ΓΕΡΜΑΝΙΚΕΣ ΕΚΔΟΣΕΙΣ

ΧΡΗΣΤΟΣ ΚΑΡΑΜΠΑΤΟΣ

ΓΕΡΜΑΝΙΚΕΣ ΕΚΔΟΣΕΙΣ

Πεντέλης 31, 153 43 Αγ. Παρασκευή - Αθήνα
Τηλ. 210 600 7803-4   Fax 210 600 7800
E-Mail: info@karabatos.gr

Σύνταξη - Επιμέλεια: Dr. Claudia Boldt
Επιμέλεια έκδοσης: Χρήστος Καραμπάτος

4. Auflage 2007

© 2002 CHR. KARABATOS - Verlag, Athen

Verlagsredaktion: Manuela Georgiakaki
Text- und Bildredaktion: TextMedia, Erdmannhausen
Umschlaggestaltung: TextMedia, Erdmannhausen
Layout und Gestaltung, Satz: TextMedia, Erdmannhausen

Printed in Greece
ISBN 960-7507-33-9

Inhalt

Inhaltsverzeichnis

Vorwort

Dieses Buch ist von Nutzen für Sie, wenn Sie fortgeschritten sind und die Bearbeitung von Vortrags- und Aufsatzthemen auf Oberstufenniveau üben möchten. Gleichzeitig können Sie mit diesem Buch Ihren Wortschatz erweitern, wiederholen und festigen und Ihre Ausdrucksfähigkeit verbessern.

In der **Einleitung** werden die Grundtypen und die Gliederung von Vortrag und Aufsatz vorgestellt. Dem schließen sich 30 nach Themenkreisen unterteilte Kapitel an.

In jedem Kapitel wird zunächst ein konkretes Vortrags- bzw. Aufsatzthema exemplarisch herausgegriffen und detailliert bearbeitet. Die **Vorüberlegungen** dienen dem Themeneinstieg. Hier sind Sie dazu aufgefordert, sich dem Thema zu nähern, Ihr Wissen dazu aus dem Gedächtnis zu kramen und bereits bekannten Wortschatz zu sammeln.

Dem folgt ein **Vorschlag zur Gliederung in Stichworten**, der Ihnen das gedankliche Gerüst, d.h. Argumente und Ideen, sowie den Wortschatz zur Verfügung stellt, die Sie benötigen, um einen angemessenen Vortrag bzw. Aufsatz zu verfassen.

Wir empfehlen Ihnen nun, auf Basis dieses Gliederungsvorschlags immer einen eigenen Vortrag bzw. Aufsatz auszuformulieren. Dazu können Sie sich auf die **Formulierungshilfen** stützen, die in den ersten zwölf Kapiteln nach dem Gliederungsvorschlag mit Beispielsatz aufgelistet und am Ende des Buches noch einmal zusammengefasst sind.

Gleich nach dem Gliederungsvorschlag wird auf andere in Bezug auf das Thema interessante Kapitel des Buches verwiesen, in denen Sie weitere Ideen sowie Wortschatz finden können.

Die **Übungen zu Grammatik und Wortschatz** festigen Wortschatz, Redemittel und Grammatik mit dem Ziel, Ihre Ausdrucksfähigkeit zu verbessern. Lösen Sie die Übungen immer selbstständig und besprechen Sie diese erst danach mit Ihrem Lehrer / Ihrer Lehrerin bzw. kontrollieren Sie Ihre Lösungen mit Hilfe des **Kommentierten Lösungsschlüssels**.

In dem mit **Übrigens** gekennzeichneten Teil des Kapitels wird auf verschiedene Aspekte der Wortbildung oder der Grammatik aufmerksam gemacht, die beim Sprechen und Schreiben häufig zu Fehlern führen oder nicht geläufig sind. Die dort enthaltenen Übungen sind fakultativ, können also bei Zeitmangel auch ausgelassen werden.

Der **Wortschatz** bietet zum Themenkreis des Kapitels Verben, Nomen, Adjektive und Ausdrücke, die auf sprachlich gehobenem Niveau bekannt sein sollten und die Sie beim Verfassen Ihrer eigenen Texte verwenden können. Die Bedeutung der Stichwörter wird erklärt und anhand eines Beispielsatzes verdeutlicht. Neben jedem Stichwort gibt es Platz zum Schreiben, so dass Sie eine Übersetzung, andere Beispielsätze u.Ä. eintragen können.

Weitere Fragestellungen zum Thema bilden den Abschluss jedes Kapitels. Hier handelt es sich um Vortrags- und Aufsatzthemen zum Themenkreis des Kapitels, die Sie nun selbstständig bearbeiten sollten. Empfehlenswert ist, mindestens eins dieser Themen voll auszuformulieren. Die anderen sollten Sie zumindest in Stichworten bearbeiten.

Autorinnen und Verlag wünschen Ihnen viel Spaß bei der Arbeit mit dem Buch.

Abkürzungen - Symbole

A	Akkusativ
D	Dativ
G	Genitiv
jd.	jemand
jdn.	jemanden
jdm.	jemandem
etw.	etwas
ugs.	umgangssprachlich
→	Folge, Verweis
↔	Gegenteil

Einleitung

Wie arbeite ich einen Vortrag oder einen Aufsatz aus?

Dieses Buch soll Sie Schritt für Schritt dahin führen, Vorträge und Aufsätze selbst auszuarbeiten. Dazu lesen Sie bitte folgende Ausführungen und bearbeiten Sie die Übungen.

1. Vor dem Schreiben

Bevor Sie einen Vortrag oder einen Aufsatz ausarbeiten, sollten Sie folgende Fragen klären:

a) Wie ist meine Aufgabenstellung?
b) Welchen Hintergrund hat mein Thema?
c) Was muss ich beantworten?
d) Wie muss ich meine Arbeit aufbauen?

An einem Beispiel wollen wir dies verdeutlichen:

Thema: In fast allen Ländern gibt es Zeitschriften, die sich hauptsächlich mit Skandalen beschäftigen und damit einen großen Leserkreis erreichen. Warum ist Ihrer Meinung nach diese „Regenbogenpresse" so beliebt, welche Gefahren können von dieser Berichterstattung ausgehen und wie könnte man diesen Gefahren entgegenwirken?

a) Wie ist meine Aufgabenstellung?

b) Welchen Hintergrund hat mein Thema?

Der Begriff „Zeitschriften" gehört dem Rahmenthema Medien an. Bevor man nun mit dem Vortrag oder mit dem Aufsatz beginnt, kann man Ideen und Gedanken zum Thema sammeln: Was weiß ich zu diesem Thema? Als Gerüst können dazu die „W-Fragen" (Wer?, Wann?, Wo?, Wodurch? usw.) dienen. Natürlich sind nicht alle Fragen bei allen Themen sinnvoll, aber sie helfen bei der Ideenfindung.

Für unser Beispiel wäre sinnvoll:

- Wer liest die Zeitschriften? (Personen- und Altersgruppen, Männer / Frauen, gesellschaftliche Schicht ...)
- Warum werden sie von so vielen Leuten gelesen?
- Wann werden sie gelesen?
- Welche Vorteile haben sie für die Leser, die Personen, über die berichtet wird, bzw. die Zeitungsverleger?
- Welche Nachteile haben sie für die genannten Gruppen?
- Warum kann diese Berichterstattung gefährlich sein? Für wen?
- Was lässt sich gegen die Gefahren unternehmen?

Einleitung

c) Was muss ich beantworten?

Wichtig ist zu erkennen, aus welchen Teilen die Fragestellung besteht. In unserem Beispiel müssen drei verschiedene Aspekte behandelt werden:

1. Warum sind diese Zeitschriften so beliebt (eigene Meinung)?
2. Welche Gefahren gibt es?
3. Wie kann man den Gefahren entgegenwirken?

d) Wie muss ich meine Arbeit aufbauen?

Grundsätzlich unterscheidet man zwischen zwei verschiedenen Aufbauformen:

– steigernde Argumentation (wichtig → wichtiger → am wichtigsten)
– antithetische Argumentation (Behauptung ↔ Gegenbehauptung)

Bei der **steigernden Argumentation** nennt man zu einer Behauptung verschiedene Argumente, die sich nicht widersprechen. Die **antithetische Argumentation** bietet sich bei Themenstellungen an, in denen entweder direkt nach Vor- und Nachteilen gefragt wird oder aber in denen eine Behauptung aufgestellt bzw. nach der eigenen Meinung gefragt wird. In diesem Fall darf die gegenteilige Meinung natürlich nicht vergessen werden.

Unser Beispielthema kann nicht eindeutig einer der beiden Formen zugeordnet werden. Es müssen wie bei der antithetischen Argumentation Vorteile („die Beliebtheit") und Nachteile („die Gefahren") genannt werden. Jedoch soll man auch die Gegenmaßnahmen aufzählen; für diese Teilfrage ist eher eine steigernde Argumentation geeignet.

Das Gerüst beider Formen ist identisch, d.h. es gibt jeweils die Teile Einleitung, Hauptteil und Schluss. Der Aufbau von Einleitung und Schluss unterscheidet sich bei den beiden Formen nicht. Der Hauptteil ist aber sehr unterschiedlich. Als Skizze lässt sich das folgendermaßen darstellen:

steigernde Argumentation	antithetische Argumentation
Einleitung	Einleitung
Hauptteil	Hauptteil
These (Behauptung)	These – Antithese (Behauptung – Gegenbehauptung)
Argument 1 / Argument 2 / Argument 3	**Pro** Argument 1, Argument 2, Argument 3 — **Kontra** Gegenargument 1, Gegenargument 2, Gegenargument 3
man nennt nach und nach die wichtigsten Argumente	*oder* **Pro** Argument 1, Argument 2, Argument 3 — **Kontra** Gegenargument 1, Gegenargument 2, Gegenargument 3
Schluss (Zusammenfassung)	Schluss (Zusammenfassung)

1a) Entscheiden Sie für die folgenden Themen, ob die Argumentation steigernd oder antithetisch aufgebaut werden muss.

1. Was kann die Kunst, zum Beispiel Musik oder Malerei, für einen Menschen bedeuten?
2. Geben Sie Gründe an, warum man eine Fremdsprache lernen sollte.
3. Der Einsatz von Computern wird immer selbstverständlicher. Beurteilen Sie diese Entwicklung.
4. Welche Personen oder Institutionen sollten den Jugendlichen bei der Berufswahl helfen? Wie sollte diese Hilfe aussehen?
5. Ist Ihrer Meinung nach ein Studienabschluss eine Garantie für eine Karriere und ein erfolgreiches Leben?
6. Die Erfindung des Mikrochips – Fluch oder Segen für die Menschheit?

1b) Vergleichen Sie nun folgende Lösungen mit Ihren eigenen. Achten Sie besonders auf die Begründung für die Auswahl der jeweils geeigneten Argumentationsform.

1. steigernd: Hier wird eine Aufzählung von Argumenten verlangt, die mit der Bedeutung der Kunst für den Menschen zu tun haben.
2. steigernd: Es sollen Gründe <u>für</u> das Erlernen einer Sprache aufgezählt werden.
3. antithetisch: Ob der Computer für unser Leben positiv oder negativ ist, kann unterschiedlich beurteilt werden. Es müssen also beide Seiten gegeneinander abgewogen werden.
4. steigernd: Verschiedene Ideen zur Entscheidungshilfe sollen gesammelt werden (Wer?, Wie?).
5. antithetisch: Diese Frage kann mit „ja" oder „nein" beantwortet werden. Dementsprechend müssen Argumente für oder gegen einen Zusammenhang von „Studienabschluss" und „Karriere" genannt werden.
6. antithetisch: „Fluch oder Segen" steht für „Nachteile oder Vorteile". Hier müssen Argumente dafür und dagegen abgewogen werden.

2. Die Gliederung

Jeder Vortrag bzw. Aufsatz besteht aus **Einleitung**, **Hauptteil** und **Schluss**. Dabei machen die Einleitung ca. 10%, der Hauptteil ca. 80% und der Schluss ca. 10% des Gesamttextes aus.

2.1. Die Einleitung

Die Einleitung führt in einigen Sätzen auf das Thema hin, gibt Zuhörer bzw. Leser also einen kleinen Vorgeschmack auf das, was kommt. Die Einleitung soll das Interesse des Zuhörers bzw. des Lesers wecken. Es gibt verschiedene Möglichkeiten eine Einleitung zu beginnen, z.B.

- mit einem Beispiel,
- mit einem Zitat,
- mit einem (aktuellen) Ereignis,
- mit der Definition wichtiger Begriffe,
- mit dem Hinweis auf eine Sendung im Fernsehen,
- mit einer historischen Begebenheit,
- mit einem persönlichen Erlebnis,
- mit einer kurzen Darstellung der Problematik.

Der Zuhörer oder der Leser (bzw. der Prüfer!) sollte erkennen, dass man in der Lage ist, eine Gliederung aufzubauen.

Einleitung

2a) Entscheiden Sie, welche Einleitung am besten passt.

Thema: Ist das Auto ein Freund des Menschen?

Einleitung 1:

Ich finde mein Auto sehr schön, denn ich kann damit jeden Tag zur Arbeit fahren. Leider gibt es mit den Autos auch Probleme. Zum Beispiel kann es viel Verkehr geben, so dass man kaum voran kommt. Außerdem verursachen Autoabgase gesundheitliche Schäden. Trotzdem ist das Auto auch heute noch sehr beliebt.

Einleitung 2:

Man kann nicht sagen, dass das Auto ein Freund des Menschen ist. Durch Autos wurde sowohl unsere Umwelt zerstört als auch unsere Gesundheit angegriffen. Sogar die Landschaft hat sich dem Autoverkehr anpassen müssen.

Einleitung 3:

Einleitend möchte ich betonen, dass das Auto eine Erfindung ist, die das Leben der Menschen maßgeblich verändert hat. Es machte die Menschen plötzlich viel mobiler. Dies werde ich in meinem Hauptteil anhand von Beispielen ausführen.

2b) Lesen Sie nun folgende Beurteilungen der Einleitungen.

Einleitung 1: Hier wurde die eigene Person zu stark eingebracht. Außerdem wurden bereits viele Punkte angeschnitten, die in den Hauptteil kommen sollten (Staus, Abgase, Beliebtheit des Autos). Fazit: als Einleitung ungeeignet.

Einleitung 2: Die eigene Meinung wurde schon vorweggenommen. Außerdem gibt es auch hier schon zu viele Punkte, die eigentlich im Hauptteil stehen sollten (Umwelt, Gesundheit). Fazit: als Einleitung ungeeignet.

Einleitung 3: Es wird auf die Veränderung, die die Erfindung des Autos gebracht hat, hingewiesen. Durch einen Ausdruck („Einleitend ..."), der oft in der Einleitung steht, und durch einen überleitenden Satz („werde ich in meinem Hauptteil ...") ist Lesern und Zuhörern klar, dass nun der Hauptteil folgt. Fazit: als Einleitung geeignet.

2.2. Der Hauptteil

In Ihrem Hauptteil nennen Sie alle Fakten, Informationen, Ereignisse, die für das Thema wichtig sind. Es geht nicht darum, möglichst viele Argumente zu nennen, sondern die Argumente sinnvoll darzustellen und ihnen „Inhalt" zu geben. Ein Argument beinhaltet mehrere Punkte wie Hintergrund und Ursache, Beweise, Auswirkungen und Lösungsvorschläge. Wichtig ist ein logischer und nachvollziehbarer Aufbau. Versuchen Sie, Ihre Argumente kurz und treffend zu begründen und durch Beispiele zu veranschaulichen. Hüten Sie sich vor umständlichen, leeren Formeln („Das ist wichtig", „interessant" usw.) und Wiederholungen – Sie langweilen damit nur den Leser oder Zuhörer (bzw. ihre Prüfer).

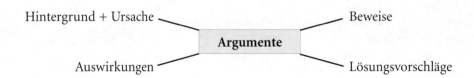

Die angeführten Argumente können aus verschiedenen Bereichen kommen:
- eigene Erfahrung oder die anderer Personen (Bleiben Sie sachlich!),
- wissenschaftliche Berichte, Erkenntnisse,
- Gesetze,
- historische Tatsachen.

2.2.1. Der Hauptteil bei der steigernden Argumentation

Der Hauptteil bei der steigernden Argumentation hat einen speziellen Aufbau (siehe Skizze Seite 8). Man sollte zuerst die weniger wichtigen Argumente nennen und – um Spannung und Aufmerksamkeit zu erreichen bzw. zu erhalten – das wichtigste Argument am Schluss nennen. Der Aufbau lässt sich mit einer Treppe vergleichen, die zum Höhepunkt führt; ein Argument schließt sich an das andere an. Achten Sie auch hier auf einen logischen und nachvollziehbaren Aufbau.

2.2.2. Der Hauptteil bei der antithetischen Argumentation

Der Aufbau des Hauptteils bei der antithetischen Argumentation unterscheidet sich stark von dem bei der steigernden Argumentation (siehe Skizze Seite 8).
Auf eine Behauptung folgt eine Gegenbehauptung, auf ein Argument ein Gegenargument (These – Antithese).
Zwei verschiedene Möglichkeiten bieten sich für einen sinnvollen Aufbau an: Bei der ersten Möglichkeit nennt man direkt nach einem Pro-Argument ein Kontra-Argument. Hierbei ist zu beachten, dass nicht jedes Argument immer auch ein Gegenargument hat. Bei der zweiten Möglichkeit nennt man zuerst alle Pro-Argumente (Behauptungen, die die These in der Fragestellung unterstützen) und danach die Kontra-Argumente.
Um Wiederholungen zu vermeiden, kann man auch mehrere Argumente zusammenfassen und sich dazu ein Gegenargument überlegen. Es ist wichtig, dass sich die Pro- und Kontra-Argumente eindeutig voneinander unterscheiden.

2.2.3. Der Hauptteil bei Mischformen

Da die Aufgabenstellungen bei einem Vortrag oder einem Aufsatz oft komplex sind und sich nicht immer eindeutig einer der beiden Formen zuordnen lassen, treten bisweilen Mischformen auf. In verschiedenen Unterpunkten kann einerseits die steigernde und andererseits die antithetische Argumentation angemessen sein. Ein Beispiel verdeutlicht dies:

Thema: In Deutschland halten sich viele Menschen Haustiere. Welche Vor- und Nachteile kann es geben, wenn man ein Haustier hat? Welche Tiere werden in Ihrem Heimatland bevorzugt als Haustiere gehalten und für welches Tier würden Sie sich gegebenenfalls entscheiden? Begründen Sie Ihre Meinung.

Zunächst sollen bei diesem Thema Vor- und Nachteile genannt werden, eine eindeutige Fragestellung für die antithetische Argumentation. Das Thema erschöpft sich aber nicht darin. Im zweiten Teil wird nicht mehr verlangt, positive und negative Aspekte zu sammeln, sondern zu beschreiben, welche Haustiere allgemein bevorzugt werden und welches Tier man selbst wählen würde.
Wie sich an diesem Beispiel erkennen lässt, bearbeitet man das Thema, wenn es sich um eine Mischform handelt, am besten nach der Reihenfolge der Unterfragen. Bei unserem Beispiel würde sich also erst der antithetische und dann der steigernde Aufbau anbieten.
Im Schlussteil sollte man die eigene Entscheidung als Ergebnis der vorangegangenen Argumentation präsentieren und begründen.

2.3. Der Schluss

Im Schlussteil werden die wichtigsten Punkte <u>kurz</u> zusammengefasst, das wichtigste Argument betont oder die aktuelle Situation genannt. Ein Ausblick auf die Zukunft oder eine eigene kurze Stellungnahme sind möglich. Wichtig ist dabei, immer beim Thema zu bleiben. Es bieten sich folgende Möglichkeiten an:
  – Zusammenfassung,
  – Fazit,
  – eigene Meinung,
  – Ausblick auf die Zukunft,
  – Hauptargument bzw. wichtigste These.

3a) Entscheiden Sie, welcher Schluss am besten passt.

Thema: Ist Ihrer Meinung nach ein Studienabschluss eine Garantie für eine Karriere und ein erfolgreiches Leben?

Schluss 1:

Es ist wirklich wichtig, erfolgreich zu sein. Ein Studienabschluss ist also die Voraussetzung für den Erfolg. Es gibt kaum einen Manager, der nicht studiert hat. Es ist klar, dass attraktive Stellen einem nur offen stehen, wenn man studiert hat.

Schluss 2:

Abschließend möchte ich feststellen, dass es für eine Karriere und ein erfolgreiches Leben keine Garantie gibt. Ein Studium kann aus den oben erwähnten Gründen durchaus zu beruflichem Erfolg verhelfen, aber, wie ich in meinem Hauptteil erwähnt habe, sind auch weitere Qualifikationen und Eigenschaften dafür notwendig.

Schluss 3:

Wie definiert man überhaupt ein „erfolgreiches Leben"? Für jeden bedeutet Karriere etwas anderes. Ob jemand wirklich erfolgreich ist oder nicht, muss nach dem persönlichen beruflichen Ziel beurteilt werden, d.h. manche Menschen sind ehrgeizig, streben etwas Außergewöhnliches an, aber andere nicht. Ich denke zum Beispiel an Leute, die nur genug Geld verdienen wollen und dann schon zufrieden sind, ohne Karriere zu machen.

3b) Lesen Sie nun folgende Beurteilungen der Schlusspassagen.

Schluss 1: Zwar wird hier noch einmal die eigene Meinung (man braucht einen Studienabschluss) bzw. das Fazit (gute Stellen bekommt man nur mit Studienabschluss) genannt, aber es wird auch ein Beispiel aufgeführt (der Manager): Beispiele sind für den Schluss nicht geeignet. Außerdem ist der Textabschnitt sprachlich nicht als Schluss gekennzeichnet. Fazit: als Schluss weniger geeignet.

Schluss 2: Die eigene Meinung wird genannt (keine Garantie), der Leser bzw. Zuhörer versteht durch die Wortwahl („oben erwähnt", „abschließend"), dass es sich um einen Schluss handelt. Fazit: als Schluss geeignet.

Schluss 3: Es gibt keine sprachlichen Hinweise darauf, dass es sich um einen Schluss handelt. Hier wird ein wichtiger Punkt genannt (Karriere und Erfolg sind relativ), der nicht zusammenhangslos am Schluss stehen kann. Fazit: als Schluss nicht geeignet.

3. Einige Anmerkungen zur Prüfung

Zum Schluss noch einige Worte zu den Kriterien, nach denen die Prüfer Ihren Vortrag bzw. Ihren Aufsatz korrigieren werden.

– Sehr wichtig ist die Gliederung, also Einleitung, Hauptteil und Schluss, die eindeutig sein muss. Ein dem jeweiligen Thema angemessener Aufbau (steigernd oder antithetisch) ist ebenfalls ein Beurteilungskriterium.

– Die Geschlossenheit der Argumentation ist ein weiteres Beurteilungskriterium. Man sollte Sprünge, Widersprüche und Wiederholungen vermeiden.

– Achten Sie darauf, dass Ihre Argumente glaubhaft und nachvollziehbar sind. Stellen Sie keine Behauptungen ohne nähere Erläuterung oder Belege auf.

– Persönliche Erfahrungen können natürlich genannt werden. Sie müssen aber sachlich bleiben und dürfen sich nicht in Einzelheiten verlieren, die für das Thema nicht relevant sind. Vergessen Sie dabei aber nicht, dass eine Aufforderung zu persönlicher Stellungnahme durchaus ernst gemeint ist. Es sollte daher klar erkennbar sein, wann Sie Ihre eigene Meinung wiedergeben. Das unpersönliche Pronomen „man" oder andere Verallgemeinerungen sind dafür nicht geeignet.

– Wortwahl und Sprachstil müssen dem Niveau der jeweiligen Prüfung entsprechen. Dazu gehören eine komplexere Syntax und die Verwendung von Nomen-Verb-Verbindungen. Vermeiden Sie aneinandergereihte Hauptsätze.

4. Ein praktisches Beispiel

Nach der Theorie nun die Praxis. Im folgenden Abschnitt werden wir Schritt für Schritt den Aufbau eines Vortrags verfolgen.

Thema: Welches Verkehrsmittel ist Ihrer Meinung nach ideal für den modernen Innenstadtverkehr? Begründen Sie Ihre Meinung.

Vorüberlegungen:

a) Wie ist meine Aufgabenstellung?
b) Welchen Hintergrund hat das Thema?
c) Was muss ich beantworten?
d) Wie muss ich meine Arbeit aufbauen?

zu a) unterschiedliche Verkehrsmittel + welches eignet sich am besten + meine Meinung
zu b) Verkehrsmittel = öffentliche Verkehrsmittel: Bus, U-Bahn, S-Bahn, Straßenbahn
individuelle Verkehrsmittel: Auto, Motorrad, Taxi, Fahrrad
ideal = hat möglichst viele Vorteile, für möglichst viele Verkehrsteilnehmer, umweltfreundlich, billig
modern = angepasst an die heutige Situation in den Großstädten
zu c) Welches Verkehrsmittel ist ideal?
Welche Verkehrsmittel gibt es im Innenstadtverkehr? Wer benutzt diese Verkehrsmittel? Welche Aufgaben und welche Anforderungen müssen die Verkehrsmittel erfüllen?
zu d) steigernder Aufbau ist erforderlich

Schlüsselbegriffe: Stau, bequem, umweltfreundlich, sicher

Einleitung:

In den letzten Jahren wird das Verkehrsproblem in den Innenstädten immer größer. Täglich müssen Tausende von Menschen an ihren Arbeitsplatz und wieder zurück nach Hause gelangen. Das hohe Verkehrsaufkommen besonders von privaten Pkws verursacht große Probleme für die Umwelt und die Gesundheit der Bewohner. Ideale Verkehrsmittel sollten viele Menschen befördern können, billig und umweltfreundlich sein. Nach dieser kurzen Einführung werde ich im Hauptteil genauer auf das Thema eingehen.

Hauptteil:

Das Verkehrsmittel meiner Wahl und die Begründung dafür

Argument 1   (billiges Verkehrsmittel)
Argument 2   (jedem zugänglich)
Argument 3   (umweltfreundlich)
Argument 4   (großes Fassungsvermögen)
Argument 5   (Schnelligkeit)
Argument 6   (zeitgemäß)
Argument 7   ....

Schluss:

Zusammenfassend möchte ich am Ende meines Vortrags noch einmal betonen, dass meiner Meinung nach Bus und U-Bahn die idealen Verkehrsmittel sind, weil ...

Einleitung

4a) Ordnen Sie die folgenden kurzen Textabschnitte den drei Aufsatzteilen (Einleitung – Hauptteil – Schluss) zu. Es handelt sich <u>nicht</u> um einen vollständigen Aufsatz, sondern um Teile aus einem Aufsatz.

Thema: Warum ist das Spiel für die Menschen bedeutsam? Nennen Sie Formen des Spiels in Ihrem Heimatland.

1. Abschließend bleibt zu wünschen, dass die Menschen auch nach ihrer Kindheit weiterhin spielen, denn dadurch erhalten sie sich eine Welt der Phantasie, trainieren ihren Körper und ihren Geist und erleben zahlreiche Momente des Vergnügens.
2. Zunächst möchte ich den Begriff „Spiel" definieren. Man versteht darunter die Beschäftigung mit körperlichen oder geistigen Übungen zum Vergnügen oder auch zum Lernen. Sobald zum Beispiel ein Sport als Gelderwerb ausgeübt wird, verliert er den Charakter des Spiels. Diese Beschäftigung muss also um ihrer selbst willen betrieben werden.
3. Im Kindesalter dient das Spielen auch dazu, für die Erwachsenenwelt zu trainieren, aber auch der Erwachsene trainiert seine natürlichen Anlagen, zum Beispiel das Gedächtnis, die Schnelligkeit, das räumliche Denken usw. Spielen kann die Erfahrungswelt erweitern, das Selbstbewusstsein und den Gemeinschaftssinn fördern. Das Vergnügen und die Lust, die Menschen beim Spielen empfinden, sind wichtig für ihr Lebensgefühl. Aus dem Spiel können auch schöpferische Phantasie, künstlerische oder wissenschaftliche Ideen entstehen.
4. Aus den oben aufgezählten Gründen gibt es auch in meinem Heimatland zahlreiche Spiele, die sich teilweise über viele Jahrhunderte hinweg entwickelt haben. Es lassen sich zwei Spielarten unterscheiden: sportliche Spiele, die den Körper beanspruchen, einerseits und Gesellschafts- und Unterhaltungsspiele andererseits. Für die erste Gruppe stehen in meiner Heimat besonders Mannschaftsspiele wie Fußball, Volleyball oder Handball.

4b) Vergleichen Sie nun folgende Lösungen mit Ihren eigenen. Achten Sie besonders auf die Begründung für die Zuordnung der Textabschnitte zu den Aufsatzteilen.

zu 1: Schluss. – Hier wird noch einmal die wichtigste These (Spielen ist für den Menschen wichtig) hervorgehoben. Sprachliches Signal für den Schluss ist „abschließend".

zu 2: Einleitung. – Es wird eine Definition des Begriffs „Spiel" gegeben, die den Anfang der Überlegungen zum Thema darstellt. Ein sprachlicher Hinweis auf die Einleitung ist „zunächst".

zu 3: Anfang des Hauptteils. – Hier werden wichtige Überlegungen angestellt, die zur Beantwortung der ersten Teilfrage gehören (Bedeutung des Spiels für den Menschen). Gedanken werden entfaltet und Beispiele werden genannt. Das passt nicht in den Schluss oder die Einleitung.

zu 4: Mitte oder Ende des Hauptteils. – Hier beginnt die Beantwortung der zweiten Teilfrage (Spiele im Heimatland). Durch die Formulierung „oben aufgezählt" ist klar, dass das Textstück aus der Mitte bzw. dem Ende des Hauptteils stammt.

Freizeit

Was würden Sie einem Mitmenschen raten, der mit seiner Freizeit nichts anzufangen weiß? Beziehen Sie folgende Aspekte in Ihre Überlegungen mit ein:
– Wie es dazu gekommen ist, dass es heute mehr Freizeit als vor dreißig Jahren gibt;
– wie man in Ihrem Heimatland am liebsten seine Freizeit verbringt.

Vorüberlegungen

1 Nennen Sie einige Hobbys oder Freizeitvergnügen, die in Ihrem Heimatland verbreitet sind.

2 Lassen sich sinnvollere von weniger sinnvollen Arten der Freizeitgestaltung unterscheiden?

3 Wie viele Stunden haben Sie wöchentlich als Freizeit zur Verfügung? Gemeint ist die Zeit, in der Sie weder arbeiten, noch schlafen, essen oder eine Ausbildung machen. Beschreiben Sie kurz, was Sie dann am liebsten tun.

4 Was kann mit dem Begriff „Freizeitindustrie" gemeint sein?

Vorschlag zur Gliederung in Stichworten

Einleitung

Vorschläge zur Auswahl:

- der Durchschnittsbürger in Deutschland hat statistisch 5,2 Stunden Freizeit pro Tag
- Art der Freizeitvergnügen ist nach Kultur und Alter sehr verschieden
- Beispiel einer besonders beliebten Freizeitaktivität

Hauptteil

Gründe für die Zunahme von Freizeit:

- Verringerung der wöchentlichen Arbeitszeit durch:
  - Abschaffung der Samstagsarbeit (abgesehen von einigen Berufen) und des Schulunterrichts an Samstagen
  - Verringerung der täglichen Arbeitszeit
- Erhöhung der Lebenserwartung → Rentner haben viel Freizeit
- Arbeitsersparnis im privaten Bereich und am Arbeitsplatz durch Maschinen und Geräte (Waschmaschine, Geschirrspülmaschine usw.)
- Zeitersparnis durch schnellere Verkehrsmittel
- Optimierung der Kommunikationswege, z.B. durch Fax, E-Mail
- Erleichterung vieler Aufgaben durch Einsatz von Computern
- kleinere Familien und dadurch weniger Pflichten innerhalb der Familie

Freizeit im Heimatland:

- wann haben die meisten Menschen Freizeit?
- Beschreibung gängiger Freizeitaktivitäten (z.B. Sportarten, Fernsehen, Hobbys, Ausflüge usw.)

Eigene Ratschläge zur Nutzung der Freizeit:

- Ausgleich zum Alltag (zur Arbeit, zum Haushalt usw.) schaffen
- sich zu nichts zwingen und überlegen, was einem selbst Freude bereitet und Bestätigung verschafft
- überlegen, ob man auch etwas Gutes für die eigene Gesundheit tun kann
- sich an die Kindheit erinnern → was mochte man damals besonders gern?
- lernen, Muße zu genießen
- Freizeit nicht unbedingt mit Konsum verbinden
- Alternativen zum Fernsehen suchen
- in einen Verein oder Klub eintreten, um seine Freizeit gemeinsam mit anderen Gleichgesinnten zu verbringen

Schluss

Vorschläge zur Auswahl:

- sinnvolle Freizeitbeschäftigung wird auch in Zukunft wichtig sein
- vielen Menschen ist noch nicht klar, dass in der Freizeit ein Ausgleich zum Arbeits- und Alltagsleben geschaffen werden sollte

zu diesem Thema siehe auch: Kultur, Tourismus, Sport

5 **Formulieren Sie nun mit Hilfe der Stichworte einen Vortrag bzw. einen Aufsatz. Verwenden Sie dabei einige der folgenden Formulierungshilfen.**

Formulierungshilfen

Einleitende Worte

an erster Stelle	An erster Stelle sollten Freizeitbeschäftigungen wie Sport und Hobbys genannt werden.
zu Anfang / anfangs	Zu Anfang / Anfangs möchte ich den Begriff „Freizeit" definieren.
zu Beginn / beginnend	Zu Beginn / Beginnend muss der Begriff „Freizeit" definiert werden.
einleitend	Einleitend möchte ich betonen, dass sich in vielen Ländern die Zahl der Stunden, die jedem zur freien Verfügung stehen, erhöht.
erstens / als Erstes	Erstens / Als Erstes lässt sich feststellen, dass der Begriff „Freizeit" erst seit den fünfziger Jahren benutzt wird.
vorab	Vorab muss man sich klar machen, dass viele Leute in ärmeren Ländern gar keine Freizeit haben.
zuerst	Zuerst muss beachtet werden, dass es den Begriff „Freizeit" noch gar nicht so lange gibt.
zunächst	Zunächst möchte ich darlegen, was „Freizeit" überhaupt bedeutet.

Abschließende Worte

abschließend	Abschließend lässt sich feststellen, dass viele Menschen ihre Freizeit nicht sinnvoll nutzen.
am Ende	Am Ende möchte ich betonen, dass die Menschen schon in der Schule lernen sollten, was sie in ihrer Freizeit tun könnten.
resümieren	Es lässt sich resümieren, dass jeder Mensch selbst am besten weiß, welche Freizeitbeschäftigung für ihn entspannend und schön ist.
schließlich	Schließlich ist es wichtig, was jeder Einzelne gern in seiner Freizeit tut.
zum Schluss	Zum Schluss lässt sich sagen, dass viele die Problematik noch nicht erkannt haben.
zusammenfassend	Zusammenfassend sehe ich eine große Notwendigkeit, mehr Freizeitangebote besonders für Jugendliche zu entwickeln.

Übungen zu Grammatik und Wortschatz

6 **Hier geht es um Nomen-Verb-Verbindungen. Ergänzen Sie die fehlenden Verben.**

a) Vor einigen Jahren ist Tanzen als Hobby wieder in Mode ....

b) Viele Menschen mögen die Natur, deshalb .... sie Gefallen an Ausflügen ins Grüne.

c) Briefmarkensammeln ist ein Hobby, für das man sich viel Zeit .... muss.

d) In der Freizeit hat man auch Gelegenheit, neue Freundschaften zu ....

e) Zwischen der Arbeitszeit und der Freizeit .... ein unmittelbarer Zusammenhang.

f) Für aktive und kontaktfreudige Menschen ist es oft schwierig, sich in die Lage derer

zu ...., die mit ihrer Freizeit nichts anzufangen wissen.

1. Freizeit

7 Ersetzen Sie die unterstrichenen Ausdrücke durch ein passendes Modalverb, und formen Sie entsprechend um.

Beispiel: Ich habe die Möglichkeit, im Sportzentrum Tennis zu spielen.
Ich kann im Sportzentrum Tennis spielen.

a) Ich nehme an, dass sich die Freizeit der arbeitenden Bevölkerung in den nächsten Jahren weiter erhöht.

    ....

    ....

b) Es wäre besser, wenn du in deiner Freizeit Sport treibst, damit du Kontakt zu anderen Gleichaltrigen bekommst.

    ....

    ....

c) Es wäre sicher besser gewesen, wenn die Basketball-Jugendmannschaft einen jüngeren Trainer eingestellt hätte.

    ....

    ....

d) Im Radio wurde angesagt, dass bald ein neues Jugendfreizeitheim eröffnet wird, das allen Jugendlichen von 10 bis 18 Jahren kostenlos zur Verfügung steht.

    ....

    ....

e) Der Jugendministerin ist es nicht gelungen, Programme für die sinnvolle Freizeitgestaltung der Schüler zu entwickeln.

    ....

    ....

f) Er behauptet, im letzten Jahr mehr als 3 000 Euro für sein Hobby ausgegeben zu haben.

    ....

    ....

8 Formen Sie die unterstrichenen Nebensätze in Präpositionalkonstruktionen um.

Beispiel: Weil er krank ist, kommt er nicht.
Wegen seiner Krankheit kommt er nicht.

a) Nachdem er die Grundschule besucht hatte, war seine liebste Freizeitbeschäftigung Bücher zu lesen.

    ....

    ....

b) <u>Obwohl alle Arbeitnehmer eine Arbeitszeitverkürzung wünschen</u>, wissen viele nicht, was sie mit der zusätzlichen Freizeit anfangen sollen.

....

....

....

c) <u>Wenn das Wetter plötzlich wechselt</u>, müssen die Bergsteiger schnell Schutz suchen.

....

....

d) <u>Bevor die Mädchen mit dem eigentlichen Training beginnen</u>, müssen sie zehn Minuten lang Aufwärmgymnastik machen.

....

....

....

e) <u>Weil Drachenfliegen als Sportart beliebt geworden ist</u>, gibt es jetzt auch Zeitschriften über dieses Hobby.

....

....

f) Ich nehme an einem Skigymnastikkurs teil, <u>um für das Skifahren im Winter zu trainieren.</u>

....

....

9 **Ergänzen Sie die passenden Nomen.**

Amüsement　　Unterhaltung　　Vergnügen　　Zeitvertreib　　Lieblingsbeschäftigung　　Hobby

a) Ein Gespräch mit meiner Schwester ist immer wieder ein .... für mich, sie erzählt sehr interessante Dinge.

b) Ich lese sehr gern, aber meine .... ist Kochen.

c) Wenn ich nichts Besseres zu tun habe, gehe ich zum .... in den Park.

d) Für Briefmarken gibt Richard viel Geld aus, aber in Deutschland haben viele Leute ein teures

....

e) Zur .... der Touristen trat eine einheimische Tanzgruppe auf.

f) Für das deutsche Wort „Unterhaltung" gibt es auch den Begriff „...............................", der aus dem Französischen kommt.

Übrigens ...

Apposition

Ein Nomen kann durch ein Attribut (a) oder einen Relativsatz (b) näher erklärt werden. Es gibt aber auch die Möglichkeit, eine Apposition (c) zu benutzen.
Die Apposition ist eine erklärende Information (ohne Verb), die gleich hinter dem Nomen steht. Sie steht immer im selben Kasus wie das Nomen.

Beispiel: a) *Wir trafen diesen <u>fremden</u> Mann im Zug.*
b) *Wir trafen diesen Mann, <u>der fremd war</u>, im Zug.*
c) *Wir trafen diesen Mann, <u>einen Fremden</u>, im Zug.*

10 **Bilden Sie eigene Appositionen zu den unterstrichenen Nomen, und formen Sie die Sätze entsprechend um.**

a) Ich diskutiere in meiner Freizeit gern mit <u>meinem Nachbarn</u>, der ein sehr belesener und interessanter junger Mann ist.

....

....

b) Die Expedition beschloss, auf <u>den K2</u>, der einer der Gipfel im Everest-Gebirge ist, zu steigen.

....

....

c) Viele Besucher Delphis übersehen <u>das Apollonheiligtum</u>, das eine etwas abseits liegende Anlage ist.

....

....

d) Wir essen heute <u>Rouladen mit Kartoffeln</u>, was ich am liebsten esse.

....

....

e) <u>Das Museum</u>, das ein für sein Alter sehr gut erhaltenes Gebäude ist, soll nun renoviert werden.

....

....

f) In ein paar Tagen fahre ich in <u>die Dominikanische Republik</u>; von diesem Land träume ich seit meiner Kindheit.

....

....

Wortschatz

Verben

ab/schalten – 1. hier: sich nicht mehr konzentrieren, sondern erholen bzw. entspannen, 2. eine Maschine / ein Gerät durch den Druck auf einen Schalter ausstellen
zu 1: *In diesen Ferien konnte sie richtig abschalten und sich vom Alltag erholen.*

sich amüsieren – fröhlich die Zeit verbringen, Spaß haben
Wir haben uns auf der Party sehr gut amüsiert.

sich entspannen – sich von etwas ausruhen / etwas Beruhigendes machen
→ *Entspannung (die)*
Im Urlaub möchte ich mich unbedingt von meinem Alltag entspannen.

sich erholen – etwas tun, um sich von der geleisteten Arbeit auszuruhen und Kräfte zu sammeln → *Erholung (die)*
Dieses Jahr hat sie sich im Urlaub gut erholt, sie sieht viel entspannter aus.

meditieren – sich in Ruhe konzentrieren, um klare Gedanken zu fassen
→ *Meditation (die, -en)*
Im Buddhismus spielt es eine große Rolle, richtig meditieren zu können.

sich regenerieren – sich erholen / sich entspannen
Martina hat sich in ihrem dreiwöchigen Urlaub von ihrer anstrengenden Arbeit als Krankenschwester regenerieren können.

sich unterhalten (unterhält, unterhielt, hat unterhalten) – 1. mit jdm. sprechen, 2. sich so beschäftigen, dass die Zeit angenehm verstreicht → *Unterhaltung (die)*
zu 2: *Ich habe mich bei dem Film gestern bestens unterhalten.*

sich vergnügen – etwas machen, so dass man sich amüsiert und wohl fühlt / angenehm die Zeit verbringen → *Vergnügen (das, -)*
Um mich zu vergnügen, sitze ich in einem Café und sehe anderen zu.

sich vertiefen in + A – sich intensiv mit etwas beschäftigen
Er hatte sich in seine Lektüre vertieft und hörte das Klingeln nicht.

Nomen

Animateur (der, -e) – Angestellter, meist von Reiseveranstaltern, der Leuten hilft, die Freizeit zu gestalten
In den Ferienklubs arbeiten viele Animateure, die den Gästen Sport- und Spielveranstaltungen anbieten.

Arbeitszeitverkürzung (die, -en) – Verringerung der Arbeitsstunden pro Zeiteinheit
Die Arbeitszeitverkürzung von früher 40 Wochenstunden auf jetzt 38,5 Wochenstunden hat kaum neue Arbeitsplätze gebracht.

Freizeitgestaltung (die) – was man mit seiner Freizeit anfängt, wie man sie verbringt
Manche großen Firmen bieten ihren Angestellten auch ein Programm zur Freizeitgestaltung an.

Freizeitwert (der) – Möglichkeiten in einer bestimmten Gegend oder Stadt, die Freizeit zu gestalten
München hat einen hohen Freizeitwert, da es dort zahlreiche Museen und Sportanlagen gibt.

Frührentner (der, -) – jemand, der früher als üblich in Rente geht (meist aus gesundheitlichen Gründen)
Nach einem schweren Verkehrsunfall wurde Herr Müller Frührentner.

Glücksspiel (das, -e) – Spiel, bei dem um Geld gespielt wird und der Erfolg vom Zufall abhängt, z.B. Lotteriespiel.
Er verlor beim Glücksspiel ein Vermögen.

Gruppendynamik (die) – Wechselbeziehung zwischen den Mitgliedern einer Gruppe
In dieser Basketballmannschaft gibt es eine gute Gruppendynamik, alle spielen aufeinander abgestimmt.

1. Freizeit

Hast (die) (↔ Ruhe) – große Eile / viel Unruhe und Hektik
In der Stadt scheinen alle in großer Hast die Straßen entlang zu laufen.

Lebensarbeitszeit (die) – die Gesamtdauer der Erwerbstätigkeit eines Menschen
Da die Menschen früher schon in jüngerem Alter zu arbeiten anfingen, kamen sie auf eine längere Lebensarbeitszeit als heute.

Liebhaberei (die, -en) – Hobby / nicht professionell betriebene Beschäftigung
Das Sammeln von Schmetterlingen ist seine Liebhaberei.

Muße (die) – Zeit und Ruhe, sich mit etwas zu beschäftigen (meist ein Hobby)
Nach der Arbeit braucht man auch Muße, um sich auszuruhen.

Privileg (das, -ien) – Vorrecht / ein besonderer Vorteil für einen bestimmten Personenkreis → *privilegiert*
Die Damen hatten in der Gesellschaft das Privileg, sich zuerst setzen zu dürfen.

Ratespiel (das, -e) – Spiel, bei dem geraten wird
„Trivial Pursuit" ist ein beliebtes Ratespiel, bei dem es auf das Allgemeinwissen der Spieler ankommt.

Ruhestand (der) – aus Altersgründen nicht mehr arbeiten / Rentner sein → *in den Ruhestand treten*
Die meisten Männer treten mit 65 in den Ruhestand.

Steckenpferd (das, -e) – Hobby
Reisen ist mein Steckenpferd.

Tapetenwechsel (der) – Ortswechsel, der eine Abwechslung zum Gewohnten darstellt und daher erholsam ist
Ich muss dieses Wochenende einen Ausflug machen, ich brauche dringend einen Tapetenwechsel.

Vergnügungspark (der, -s) – großer Park mit Karussells, Glücksspielen, Riesenrädern usw.
In diesem Vergnügungspark finden die Kinder immer etwas, das sie begeistert.

Vergnügungssucht (die) – übermäßig starkes Verlangen nach Unterhaltung und Vergnügung
Manche Leute wollen ständig auf Partys gehen, ihre Vergnügungssucht ist scheinbar grenzenlos.

Wochenarbeitszeit (die) – Arbeitsstunden pro Woche
Seine Wochenarbeitszeit liegt mit 50 Wochenstunden weit über dem Durchschnitt.

Zeitdruck (der) – Zustand, bei dem man nicht genügend Zeit für etwas hat / etwas schnell machen muss → *unter Zeitdruck stehen / sein*
Viele Menschen leiden unter dem Zeitdruck des heutigen Berufslebens.

Zeitverschwendung (die) – unnütz verstrichene Zeit / nicht gut ausgenutzte Zeit
Stundenlang vor dem Fernseher zu sitzen, ist für mich Zeitverschwendung.

Zerstreuung (die) – Beschäftigung, der man zur Ablenkung von etwas nachgeht → *sich zerstreuen*
Nach anstrengenden Arbeitstagen geht er zur Zerstreuung gern ins Kino oder trinkt zu Hause einen Wein.

Ausdrücke

nach Feierabend – nach Arbeitsschluss
Jeden Montag gehe ich mit meinen Kolleginnen nach Feierabend in ein Café.

ein Hobby aus/üben – sich mit einem Hobby beschäftigen
Ich habe keine Zeit, ein Hobby auszuüben.

in sich gehen (ging, ist gegangen) – mit Ruhe und ohne Zeitdruck genau überlegen, was man möchte
Bevor sie mit der Arbeit beginnt, will sie kurz in sich gehen und klare Gedanken sammeln.

sich Zeit nehmen für + A (nimmt, nahm, hat genommen) – organisieren, dass man Zeit für eine bestimmte Aktivität hat
Für Kinder muss man sich viel Zeit nehmen.

sich die Zeit vertreiben (vertrieb, hat vertrieben) – etwas machen, damit die Zeit
schneller vergeht

Er vertrieb sich mit Billardspielen die Zeit.

die Zeit tot/schlagen (schlägt tot, schlug tot, hat totgeschlagen) – etwas machen,
damit die Zeit vergeht, ohne es zu genießen

*Der junge Mann wusste nicht, womit er sich beschäftigen sollte. Schließlich schlug
er mit Autowaschen die Zeit tot.*

....
....
....
....
....
....
....

Weitere Fragestellungen zum Thema

1. Warum charakterisiert man unsere Gesellschaft oft als „Freizeitgesellschaft"?

2. Früher hatten die meisten Menschen kaum Freizeit, weil sie sehr viel länger arbeiten mussten. Welche Menschen hatten vor ca. 100 Jahren in Europa Freizeit? Wie wurde diese Zeit genutzt?

3. Es gibt in Europa viele „Freizeitparks". Was wird den Besuchern dort geboten? Wie wird hier das Wort „Freizeit" ausgelegt?

4. Welche Gesellschaftsspiele sind in Ihrem Heimatland beliebt? Zu welchen Gelegenheiten spielt man sie? Welchen erzieherischen Wert messen Sie ihnen bei und wie unterscheiden sie sich von gängigen Computerspielen?

5. Warum schließen sich viele Menschen heute in Parteien, Vereinen oder Klubs zusammen? Nennen Sie Vor- und Nachteile.

6. Hätten Sie persönlich gern mehr Freizeit? Begründen Sie Ihre Meinung und stellen Sie dar, wie Sie die zusätzliche Zeit nutzen würden.

7. In den letzten Jahren ist eine regelrechte Freizeitindustrie entstanden. Was verstehen Sie darunter und wie wichtig bzw. unwichtig ist diese Branche?

2

Seit 1896 finden alle vier Jahre unter großem organisatorischen und finanziellen Aufwand die Olympischen Spiele statt. Welche positiven und welche negativen Begleiterscheinungen lassen sich bei den Olympischen Spielen, der wichtigsten internationalen Sportveranstaltung, absehen?

Vorüberlegungen

1 Bei der Olympiade steht der Sport im Mittelpunkt. Welche anderen, nicht sportlichen Ziele werden möglicherweise mit der Olympiade verfolgt?

2 In welcher Hinsicht hebt sich die Olympiade von anderen Sportereignissen ab?

3 Wie ist die große Anziehung, die die Olympiade weltweit auf die Menschen ausübt, zu erklären?

Vorschlag zur Gliederung in Stichworten

Einleitung

Vorschläge zur Auswahl:

- Olympische Spiele haben eine lange Tradition
- Teilnahme (fast) aller Nationen
- großes Interesse wegen der Vielfalt an Disziplinen
- aktueller Bezug: Austragungsort der kommenden Olympiade
- Beispiel eines Vorfalls bei einer Olympiade, der zu Diskussionen angeregt hat

Hauptteil

positive Entwicklungen

Wirtschaft:

- wirtschaftlicher Aufschwung im Austragungsland durch langfristige Investitionen in die Infrastruktur und kurzfristig durch zahlreiche Besucher
- Arbeitsplätze entstehen

Politik:

- Friedensgebot wird ernst genommen: Bemühung aller Länder, kriegerische Auseinandersetzungen ruhen zu lassen (Gegenbeispiel: München 1972)
- Völkerverständigung unter Sportlern und Besuchern
- kollektiver Stolz über gewonnene Medaillen

Psychologie:

- positive Vorbilder unter den Sportlern, z.B. für Jugendliche

Gesundheit:

- Olympiade motiviert zum Sporttreiben

negative Entwicklungen

Wirtschaft:

- finanzielle Abhängigkeit der Spiele von den Sponsoren → unerwünschte Einflussnahme möglich (z.B. die Sportkleidung)
- Sportler sind Reklameträger → beliebte Sportarten werden von der Werbung einseitig bevorzugt, dadurch gibt es für sie bessere Entwicklungsmöglichkeiten
- große Ausgaben bei der Ausrichtung der Olympischen Spiele → starke Verschuldung der Olympia-Gesellschaften und der Austragungsländer

Gesundheit:

- Doping gefährdet Chancengleichheit der Sportler und deren Gesundheit
- gesundheitsschädigende Überbeanspruchung des Körpers bei einigen Sportarten (z.B. Turnen, Rudern, Gewichtheben usw.)

Politik:

- Teilnahme eines Landes wird Druckmittel für politische Zwecke, um eine politische Haltung deutlich zu machen
- Austragungsländer stellen sich in der Weltöffentlichkeit als friedliche und demokratische Staaten dar, die die Menschenrechte achten, auch wenn dies nicht der Realität entspricht (Menschenrechte werden verletzt, die Weltöffentlichkeit nimmt daran aber keinen Anstoß, wie z.B. während der Olympiade 1936 in Berlin)

2. Sport

Schluss

Vorschläge zur Auswahl:
- persönliche Meinung zu den Spielen
- Änderungsvorschläge, um negative Faktoren zu verringern
- Zukunftsprognose: In welcher Form werden die Olympischen Spiele in Zukunft Ihrer Meinung nach bestehen?

zu diesem Thema siehe auch: **Werbung, Freizeit**

4 **Formulieren Sie nun mit Hilfe der Stichworte einen Vortrag bzw. einen Aufsatz. Verwenden Sie dabei einige der folgenden und aus dem vorigen Kapitel bereits bekannte Formulierungshilfen.**

Formulierungshilfen

Vor- bzw. Nachteile nennen

Vorteile nennen

als positiv ansehen, dass / wenn ...	Ich sehe es als positiv an, dass sich die breite Öffentlichkeit für Sport interessiert.
von Vorteil sein	Es ist von Vorteil, wenn ein Sportler einem Verein angehört.
positiv sein	Es ist positiv, dass sich die Regierung mit der Planung der Olympiade befasst.
günstig sein	Es ist günstig, wenn die Wettkampfteilnehmer in der Nähe des Stadions wohnen.

Nachteile nennen

als negativ ansehen, dass / wenn ...	Es wird oft als negativ angesehen, wenn jemand unsportlich ist.
von Nachteil sein	Es ist von Nachteil, nicht offen über dieses Thema zu sprechen.
negativ sein	Wenn ein Sport zu intensiv betrieben wird, kann das negativ für die Gesundheit sein.
ungünstig sein	Es ist ungünstig, vor dem Training viel zu essen.

Vor- bzw. Nachteile erweitern oder einschränken

nur teilweise richtig sein ...	Dass Golf ein teurer Sport ist, ist nur teilweise richtig.
berücksichtigen, dass ...	Man muss berücksichtigen, dass sich viele Menschen für Sport interessieren.
zu bedenken geben	Man muss zu bedenken geben, dass die Profisportler auch an die Zeit nach ihrer Karriere denken sollten.
ein/räumen	Ich räume allerdings ein, dass der Sport oft einen starken Wettkampfcharakter hat.
allerdings	Ich stimme diesem Argument weitgehend zu, allerdings muss man auch die Nachteile sehen.
doch / jedoch	Ich teile diese Meinung, doch / jedoch gibt es auch noch andere, wichtige Argumente.
mögen	Das Argument mag richtig sein, aber ich halte es nicht für entscheidend.
wenn auch ... so doch	Wenn er auch viel Zeit für sein tägliches Training braucht, so findet er es doch gut, ein Profisportler zu sein.

Vor- bzw. Nachteile abwägen

auf der einen Seite ... auf der anderen Seite	Auf der einen Seite verdienen die Profisportler viel Geld, auf der anderen Seite können sie ihren Beruf nur einige Jahre ausüben.
zu überlegen sein, ob ...	Es ist zu überlegen, ob ein neues Stadion wirklich gebraucht wird.
im Gegensatz zu + D	Im Gegensatz zu früher gibt es jetzt viele kommerzielle Fitness-Studios.
entgegen + D	Entgegen der allgemeinen Auffassung, dass Sport gesund sei, meine ich, dass Sport auch zu Krankheiten führen kann.
hingegen	Die meisten Leute sehen nur die positiven Seiten vom Sport, ich hingegen sehe auch die negativen Seiten.
dagegen	Gewichtheben ist bei vielen Zuschauern als Disziplin nicht so beliebt, Turnen dagegen sehen sich viele Leute gern an.
einerseits ... andererseits	Einerseits sollten Sportler hart trainieren, andererseits müssen sie sich vor Überanstrengung schützen.
trotzdem	Unser Team hat kaum eine Chance auf eine Medaille, trotzdem nehmen die Spieler am Wettkampf teil, getreu der olympischen Devise „Dabeisein ist alles".
zwar ... aber	Ich finde es zwar schön, Fußball live mitzuerleben, aber ich mag die fanatischen Fans nicht.

Übungen zu Grammatik und Wortschatz

⑤ **Formen Sie die Sätze um. Verwenden Sie dabei Nomen-Verb-Verbindungen mit den angegebenen Nomen.**

a) Sportler, die unerlaubt Hormone und medizinische Präparate nehmen, gefährden ihre Karriere. (Spiel)

....

....

b) Zahlreiche Reporter berichteten über den Schwimmwettkampf. (Bericht)

....

....

c) Die Wasserballmannschaft fühlte sich nicht von ihrem Trainer unterstützt. (im Stich)

....

....

d) Für die Gewinner wurde ein Traum Wirklichkeit. (Erfüllung)

....

....

e) Die Sportler schlugen vor, die Sportkleidung zu verändern. (Vorschlag)

....

....

2. Sport

f) Der Unfall des Leichtathleten wirkte auf die Motivation der anderen Sportler negativ. (Wirkung)

....

....

6 **Bilden Sie aus den Wörtern Sätze.**

a) Zehnkampf – stellen – höchste Anforderungen – Sportler

....

....

b) Sportler – müssen – immer – Vertrauen – ihr Trainer – haben

....

....

c) deutsche Schwimmerinnen – mehrfach – Doping – Verruf – geraten *(Präteritum)*

....

....

d) Athlet – einstecken – Anfang – Wettkampf – bittere Niederlage *(Präteritum)*

....

....

e) Marathonläuferin – haben – keine Kraft – mehr – Wettkampf – beenden *(Präteritum)*

....

....

f) starkes Training – können – Ruderer – Gelenkerkrankungen – hervorrufen

....

....

7 **Ergänzen Sie die Ausdrücke in der richtigen Form. Manchmal gibt es mehrere Lösungen.**

etwas bestimmen	zu einer / der Entscheidung kommen	sich für etwas entscheiden
eine / die Entscheidung treffen	etwas festlegen	etwas festsetzen	etwas entscheidet sich

Beispiel: Die Wettkampfzeiten wurden durch das Sportkomitee *festgesetzt / festgelegt /*
bestimmt.

a) Nach mehreren Dopingskandalen .... man ...., alle Sportler regelmäßig zu überprüfen.

b) Wegen des schlechten Wetters .... der Leichtathlet für wärmere Sportkleidung.

c) Der Marathonlauf .... schon nach der ersten Hälfte der Strecke, da der schnellste Läufer den anderen um drei Kilometer voraus war.

d) Für die Kür im Eiskunstlauf wurde eine bestimmte Reihenfolge ....

e) Die Punktrichter konnten nach der hervorragenden Gymnastikkür der jungen Sportlerin nur schwer ....

f) Für die Weltmeisterschaftsqualifikation wurden hohe Standards ....

⑧ **Ergänzen Sie die folgenden Sätze, ohne den Sinn zu verändern.**

a) Weil die Regierung kurzfristig Kredite zusagte, konnte das Olympiadorf rechtzeitig fertig gestellt werden.
.... der Kredite durch die Regierung konnte das Olympiadorf rechtzeitig fertig gestellt werden.

b) Zwecks Renovierungsarbeiten im alten Stadion müssen alle Sportveranstaltungen im neuen Stadion stattfinden.
.... durchgeführt werden können, müssen alle Sportveranstaltungen im neuen Stadion stattfinden.

c) Trotz Kritik am Austragungsort der Wettkämpfe kamen viele Zuschauer.
...., kamen viele Zuschauer.

d) Statt der Freude über ein gutes Ergebnis war der Athlet darüber traurig, dass er nur die Silbermedaille erhielt.
Anstatt ...., war der Athlet darüber traurig, dass er nur die Silbermedaille erhielt.

e) Wie gestern in der Zeitung zu lesen war, waren die erneut durchgeführten Dopingkontrollen negativ.
.... waren die erneut durchgeführten Dopingkontrollen negativ.

f) Während der Siegerehrung wird die Nationalhymne des Staates gespielt, aus dem der Sieger kommt.
...., spielt man die Nationalhymne des Staates, aus dem der Sieger kommt.

Übrigens ...

Es

Obligatorisch ist „es" als Pronomen, bei Witterungsverben (es schneit, es regnet), bei Geräuschsverben (es klopft, es klingelt), sowie bei unpersönlichen Wendungen mit den Verben „sein", „werden" und „bleiben" (es ist kalt, es wird kalt, es bleibt kalt) und bei einigen festen Verbindungen.

Wortstellungsabhängig ist „es" bei anderen Verbindungen.
Damit ist gemeint, dass „es" bei einigen Formulierungen unbedingt erscheinen muss, unabhängig von der Syntax. Bei anderen Formulierungen hingegen braucht man „es" nur, wenn eine bestimmte Wortstellung (1. Beispiel) vorliegt (Platzhalterfunktion).

Als Vergewisserung gilt immer die Umstellungsprobe:

1. Beispiel: *Es stört mich, dass die Olympiade nur alle vier Jahre stattfindet.*
Hier braucht man „es", weil die erste Position im Satz sonst frei wäre. „Es" ist also Platzhalter.

2. Beispiel: *Dass die Olympiade nur alle vier Jahre stattfindet, stört mich.*
Hier wird „es" weggelassen, da die erste Position des Hauptsatzes vom Nebensatz eingenommen wird.

3. Beispiel: *Es fehlt an strengen medizinischen Kontrollen, um Dopingskandale aufzudecken.*

4. Beispiel: *Um Dopingskandale aufzudecken, fehlt es an strengen medizinischen Kontrollen.*
Hier muss immer „es" stehen, weil es sich um eine feste Verbindung mit „es" handelt.

⑨ **Welche anderen festen Verbindungen mit „es" kennen Sie, bei denen „es" obligatorisch ist?**

⑩ **Stellen Sie die Sätze um und prüfen Sie so, ob „es" stehen muss oder nicht.**

a) Es heißt in den Sportnachrichten, dass der Spieler zu einer anderen Mannschaft wechselt.

....

....

b) Es ist wichtig, dass alle Schiedsrichter neutral sind.

....

....

c) Es muss besonders beachtet werden, dass die Sportlerin erst seit vier Jahren an Wettkämpfen teilnimmt.

....

....

d) Es bedarf heutzutage einer perfekten Planung, um erfolgreich internationale Wettkämpfe vorzubereiten.

....

....

Wortschatz

Verben

sich ab/reagieren – durch Aktivität ein Gefühl verarbeiten bzw. verkraften
Nach einem frustrierenden Arbeitstag reagierte er sich beim Joggen ab.

an/locken – jdn. dazu bringen, näher zu kommen
Das Endspiel der Fußballweltmeisterschaft in Mexiko lockte Zuschauer aus der ganzen Welt an.

an/spornen (= an/stacheln) – jdn. dazu bringen, Besonderes zu leisten / sehr stark motivieren
Sein Trainer spornte ihn zu unglaublich guten Leistungen an.

an/stacheln (= an/spornen) – jdn. dazu bringen, Besonderes zu leisten / sehr stark motivieren
Die guten Würfe ihrer Konkurrentin stachelten die Diskuswerferin zu neuen Bestleistungen an.

applaudieren – mit den Händen klatschen und so Begeisterung und Anerkennung zeigen → *Applaus (der)*
Die Zuschauer applaudierten den Sportlern.

aus/scheiden (**scheidet aus, schied aus, ist ausgeschieden**) – nicht mehr beteiligt sein
Die deutsche Basketballmannschaft schied nach der Niederlage gegen Schweden aus und fuhr noch am gleichen Tag nach Hause.

disqualifizieren (↔ qualifizieren) – jdn. vom Wettkampf wegen eines Regelverstoßes oder sehr unfairen Verhaltens ausschließen
Die Schwimmerin wurde wegen Doping disqualifiziert.

dopen (englisch) – durch nicht erlaubte medizinische Präparate jdn. zu besseren Leistungen bringen
→ *Doping (das), Dopingkontrolle (die, -n), Dopingskandal (der, -e)*
Die Blutuntersuchungen ergaben, dass der Sportler gedopt war.

erringen (**errang, hat errungen**) – durch Anstrengung etwas erreichen, z.B. Sieg, Pokal
Die Schwimmerin Johanna Seewald errang bei dem letzten Wettkampf eine Medaille.

sich qualifizieren – bei vorbereitenden Wettkämpfen für eine wichtigere Veranstaltung (z.B. Olympiade) gute Leistungen erbringen, so dass eine Teilnahme an den Endwettkämpfen möglich wird → *Qualifikation (die, -en)*
Die Sportler müssen sich in internationalen Wettkämpfen qualifizieren, bevor sie an der Olympiade teilnehmen dürfen.

sponsern – Sportler oder Veranstalter von Sportereignissen finanziell fördern, um für eigene Produkte zu werben → *Sponsor (der, -en)*
Auf der Sportkleidung ist erkenntlich, welche Firma die Sportler gesponsert hat.

strömen (**ist geströmt**) – viele Menschen bewegen sich in eine Richtung
Zur Eröffnungsfeier der Olympischen Spiele strömten Tausende von Menschen ins Stadion.

verfehlen – nicht erreichen, nicht treffen
Die Mannschaft verfehlte den Sieg ganz knapp, es fehlten ihr nur zwei Punkte.

Nomen

Amateur (der, -e) – jemand, der etwas nicht als Beruf oder professionell betreibt
In dieser Basketballmannschaft dürfen nur Amateure spielen; sie sind keine Berufsspieler.

Ausgleichssport (der) – Sport, den jemand zum Ausgleich von einseitiger körperlicher Belastung oder Beanspruchung ausübt
Ärzte empfehlen Schwimmen als Ausgleichssport für Menschen, die während ihrer Arbeitszeit hauptsächlich sitzen.

2. Sport

Austragungsland (das, -länder) – Land, in dem die Olympischen Spiele stattfinden (z.B. 2004 Griechenland)
Griechenland war in der Antike das einzige Austragungsland der Olympischen Spiele.

Bewegungsmangel (der) – fehlende oder einseitige körperliche Betätigung
Bewegungsmangel ist oft Ursache für Übergewicht oder andere körperliche Beschwerden.

Breitensport (der) – Sportart, die von sehr vielen Menschen ausgeübt wird
In Deutschland gilt Tennis als Breitensport, weil viele Menschen Tennis spielen.

Disziplin (die, -en) – Sportart
Die USA sind bei den Olympischen Spielen in fast allen Disziplinen vertreten.

Extremsport (der) – Sportart, die als besonders anstrengend, gefährlich oder risikoreich gilt
Extremsport, wie z.B. Rafting, ist bei Menschen beliebt, die das Risiko lieben und eine gute körperliche Kondition haben.

Gruppendynamik (die) – Wechselbeziehung zwischen Mitgliedern einer Gruppe
Eine Mannschaft kann über lange Zeit nur dann erfolgreich sein, wenn ihre Gruppendynamik gut ist.

Hochform (die) – besonders gute sportliche Verfassung → in Hochform sein
Die französischen Läufer sind bei diesem Wettkampf in Hochform.

Hooligan (der, -s) – sich schlecht und aggressiv verhaltende Sportfans
Vor dem Stadion kam es zu gewalttätigen Auseinandersetzungen zwischen den Hooligans und der Polizei.

Kür (die, -en) – freie Folge von Übungen, besonders beim Eislauf und Turnen
Die junge Turnerin bekam für ihre Bodenkür die Traumnote 10,0.

Laie (der, -n) (↔ Profi) – 1. Nicht-Fachmann, 2. hier: Sport Treibender, der den Sport als Hobby ausübt
Er ist zwar nur ein Laie, aber seine Leistungen sind sehr gut.

Leichtathletik (die) – Oberbegriff für Sportarten wie Laufen, Werfen und Springen → Leichtathlet (der, -en)
An den Schulen wird im Sommer viel Leichtathletik trainiert.

Medaille (die, -n) – ein Band mit einer Münze (Medaille) für Gewinner → Goldmedaille, Silbermedaille, Bronzemedaille
Bei den Olympischen Spielen gewannen die Russen zahlreiche Medaillen.

Nationalhymne (die, -n) – offizielles Lied eines Landes für festliche Anlässe
Bei der Siegerehrung wird die Nationalhymne gespielt.

Nervenkitzel (der) – Spannung, die man in gefährlichen Situationen spürt
Dieses Autorennen ist sehr spannend; manchmal ist der Nervenkitzel unerträglich.

Niederlage (die, -n) (↔ Sieg) – Verlieren bei einem Wettkampf
Mit der Niederlage der Fußballnationalmannschaft hatte niemand gerechnet.

Pokal (der, -e) – Trophäe, eine Art großer Becher oder Platte, den/die ein Sieger oder eine Mannschaft als Auszeichnung für den Sieg erhält
Dieses Jahr gewann ein Tscheche den Tennispokal.

Profi (der, -s) (↔ Laie) – 1. Fachmann, 2. hier: Berufssportler
In der deutschen Bundesliga spielen nur gut bezahlte Profis.

Risikobereitschaft (die) – positive Haltung dazu, ein Risiko einzugehen
Es gehört viel Risikobereitschaft dazu, seinen sicheren Job für eine Karriere als Radrennsportler aufzugeben.

Schiedsrichter (der, -) – Unparteiischer, der darauf achtet, dass beim Wettkampf alles den Regeln entsprechend und fair durchgeführt wird
Der Schiedsrichter zeigte dem Spieler die rote Karte.

Siegerehrung (die, -en) – Feier für die Gewinner
Bei der Siegerehrung der Formel-1-Rennfahrer wird regelmäßig eine Flasche Champagner geöffnet.

Vandale (der, -n) – jemand, der Dinge mit Absicht zerstört → *Vandalismus (der)*
Die Mitglieder dieses Fußballfanklubs verhielten sich wie Vandalen, sie beschädigten zahlreiche Autos.
Weltmeister (der, -) – der Beste der Welt in einer bestimmten Wettkampfkategorie
Jeder Sportler träumt davon, Weltmeister zu werden.
Weltmeisterschaft (die, -en) – Wettkampf, bei dem ein Weltmeister (Einzelperson oder Mannschaft) gefunden wird
Er bereitet sich schon seit einem Jahr auf die Weltmeisterschaft vor.
Wettkampf (der, -kämpfe) – mehrere Mannschaften oder Sportler kämpfen um den Sieg
Schiedsrichter achten darauf, dass die Wettkämpfe fair sind.

Adjektive
fair (↔ unfair) – gerecht / die Rechte des anderen berücksichtigend / ehrlich → *Fairness (die)*
Wettkämpfe sollten immer fair sein.
souverän – selbstbewusst / ohne sich von anderen Konkurrenten aus der Ruhe bringen zu lassen
Dieser Eiskunstläufer ist in jedem Wettkampf souverän und kaum nervös.

Ausdrücke
aus der Alltagsroutine aus/brechen (bricht aus, brach aus, ist ausgebrochen) – etwas tun, was man im normalen Alltag nicht macht
Sie ging mitten in der Woche auf eine Rafting Tour, um aus der Alltagsroutine auszubrechen.
sich mit anderen messen (misst, maß, hat gemessen) – die eigene Kraft oder Leistung an jdm. erproben
Die Jugendlichen wollten sich im Hochsprung mit anderen Gleichaltrigen messen.
um den ersten Platz kämpfen – versuchen, zu gewinnen / den ersten Platz zu erlangen
Die beiden portugiesischen Läuferinnen kämpfen Kopf an Kopf um den ersten Platz.
Kopf an Kopf kämpfen – bei einem Wettkampf dicht beieinander / fast gleich sein
Bis zur letzten Minute kämpften die beiden Athleten Kopf an Kopf, schließlich gewann der Mexikaner.
einen Rekord brechen (bricht, brach, hat gebrochen) – eine bereits existierende Bestleistung übertreffen
Mit diesem Sprung brach er den bestehenden Weltrekord.
Sport treiben (trieb, hat getrieben) – Sport ausüben
Man sollte regelmäßig Sport treiben, um körperlich und geistig gesund zu bleiben.
einen Weltrekord auf/stellen – eine Leistung erbringen, die noch kein anderer auf der Welt erbracht hat
Schon mit 18 Jahren hatte sie drei Weltrekorde aufgestellt.

Weitere Fragestellungen zum Thema

1. In den Fußballstadien sind immer wieder gewalttätige Ausschreitungen zu beobachten. Wie kommt diese Gewalt zustande? Was könnten die Verantwortlichen dagegen unternehmen?

2. In den letzten Jahren wurden risikoreiche Sportarten wie Fallschirmspringen, Climbing und Rafting immer beliebter. Wie erklären Sie dieses Interesse an Extremsport? Welche Personen finden Ihrer Meinung nach daran Interesse?

3. Welche Sportart halten Sie für besonders geeignet für Kinder und Jugendliche? Beziehen Sie in Ihre Überlegungen auch den finanziellen Faktor ein.

4. Welchen Zusammenhang gibt es zwischen dem Sport und der Umwelt? Inwiefern können manche Sportarten negative Auswirkungen auf die Natur haben?

5. Nimmt der Sportunterricht Ihrer Meinung nach im Schulunterricht Ihres Heimatlandes eine wichtige oder weniger wichtige Rolle ein? Sollte die Situation verändert werden oder finden Sie den Schulsport ausreichend? Begründen Sie Ihre Meinung.

Tourismus

Sehen Sie das Aufkommen des Massentourismus als eine positive oder negative Entwicklung für die betroffenen Länder?

Vorüberlegungen

1 Was ist Massentourismus?

2 Welche geographischen Gebiete sind bevorzugte Standorte für Massentourismus?

3 Nennen Sie Bereiche, auf die sich der Tourismus auswirkt:

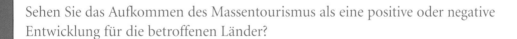

a) .... b) ....

c) .... d) ....

4 Was macht ein Land zu einem typischen Urlaubsland?

5 „Sanfter Tourismus", ein Schlagwort, das in Zusammenhang mit dem Umweltschutz in den achtziger Jahren entstand. Was beinhaltet dieser Begriff? (sanft = zart, freundlich, weich)

Vorschlag zur Gliederung in Stichworten

Einleitung

Vorschläge zur Auswahl:

- Definition von „Massentourismus"
- Beispiel aus eigenem Land
- Massentourismus als Phänomen des 20. Jahrhunderts
- wirtschaftlicher Aufschwung ermöglicht vielen („der Masse") zu reisen
- Freizeitgesellschaft verlangt nach Reisemöglichkeiten für breite Bevölkerungsschichten

Hauptteil

Positive Entwicklung – Vorteile

wirtschaftlicher Faktor / Arbeitswelt:

- Tourismus ist wichtiger Wirtschaftsfaktor
- Devisen kommen ins Land
- Schaffung von Arbeitsplätzen
- Belebung des einheimischen Marktes
- Verbesserung der Infrastruktur (Straßen, Krankenhäuser usw.)
- Ausbau von Verkehrs- und Telefonverbindungen, Elektrizität, allgemeine Versorgung
- Anbindung abgelegener Gebiete an das Verkehrsnetz

Mensch und Kultur:

- Erweiterung des Horizonts
- Anwendung erlernter Fremdsprachen
- Kennenlernen anderer Kulturen

Negative Entwicklung – Nachteile

wirtschaftlicher Faktor / Arbeitswelt:

- traditionelle Arbeiten / Arbeitsplätze gehen verloren oder werden vernachlässigt
- stattdessen saisonbedingte Arbeitsplätze, die abhängig vom Tourismus sind
- größere Abhängigkeit vom Ausland bzw. von Deviseneinnahmen
- einheimische Wirtschaft wird von Nachfrage der Touristen beeinflusst
- Verteuerung, z.B. von Grundstücken
- kostspielige Investitionen, oft von ausländischen Investoren

Ökologie / Umwelt:

- Zerstörung von Naturraum
- mehr Touristen → mehr Müll und Abwässer: Infrastruktur (d.h. Kläranlage, Mülldeponie usw.) ist überfordert
- Wasserverbrauch steigt, ein Problem z.B. auf Inseln (Trinkwasserknappheit)
- steigendes Verkehrsaufkommen

Landschaftsgestaltung / Architektur:

- keine Anpassung an regionalen Stil: große Hotelanlagen verschandeln die Landschaft

Mensch und Kultur:

- Unkenntnis der religiösen Sitten kann zu Konflikten führen
- negativer Einfluss auf die Sitten und Gebräuche eines Landes
- Tourist zeigt wenig Interesse an Landeskultur, im Gegenteil: will auf Gewohntes nicht verzichten

- Touristen bleiben isoliert in „Hotelburgen", Kontaktaufnahme mit Einheimischen wird erschwert
  → Austausch findet nicht statt
- natürliche Gastfreundschaft kann verloren gehen, Motiv ist Geldgier

Schluss

Vorschläge zur Auswahl:
- wichtigster Vor- und Nachteil des Tourismus
- richtige Planung und Organisation sind notwendig
- Ausblick in die Zukunft:
  - Massentourismus scheint sich als „Tourismus-Modell" nicht zu eignen
  - „sanfter Tourismus" könnte Zukunftsmodell sein

zu diesem Thema siehe auch: **Geld und Wirtschaft, Umweltschutz, Freizeit**

6 **Formulieren Sie nun mit Hilfe der Stichworte einen Vortrag bzw. einen Aufsatz. Verwenden Sie dabei einige der folgenden und aus vorigen Kapiteln bereits bekannte Formulierungshilfen.**

Formulierungshilfen

Argumente und Sachverhalte erklären

deutlich machen, dass ...	In meinem Vortrag möchte ich deutlich machen, dass der Tourismus unser Leben stark beeinflusst hat.
erklären	Im Folgenden möchte ich genau erklären, warum ich dieser Meinung bin.
erläutern	Die folgenden Argumente erläutern meinen Standpunkt.
beschreiben	Ich werde in meinem Referat beschreiben, wie die Menschen im vorigen Jahrhundert gelebt haben.
veranschaulichen	Anhand eines Beispiels möchte ich die Nachteile des Massentourismus veranschaulichen.
klären	Wenn man über Tourismus spricht, muss man zunächst klären, welche Form von Tourismus gemeint ist.
sich / jdm. etw. vor Augen halten	Man sollte sich vor Augen halten, wie viele Arbeitsplätze der Tourismus bringt.
dar/legen	Der Bürgermeister hat in seiner Rede dargelegt, wie er sich das neue Freizeitzentrum vorstellt.
dar/stellen	Mit Hilfe dieser Statistik lässt sich gut darstellen, um wie viel Prozent die Zahl der Inlandsflüge in den letzten sechs Monaten gestiegen ist.
auf/zeigen	Mit Hilfe dieser Tabelle möchte ich den Anstieg der Übernachtungen in deutschen Hotels aufzeigen.
definieren	Es ist wichtig, den Begriff „Massentourismus" genau zu definieren.
hin/weisen auf + A	An dieser Stelle möchte ich auf die Zunahme der Charterflüge in den Sommermonaten hinweisen.

Übungen zu Grammatik und Wortschatz

7 Drücken Sie das Gegenteil aus.

a) *verschandeln* ↔ ....

b) der Verbrauch *steigt* ↔ ....

c) *abgelegene* Gebiete ↔ ....

d) Arbeitsplätze *schaffen* ↔ ....

e) *einheimisch* ↔ ....

8 Formen Sie die Sätze um. Verwenden Sie dabei Nomen–Verb–Verbindungen mit den angegebenen Nomen.

a) Die Hotelanlage wurde 2001 offiziell eröffnet. (Betrieb)

....

....

b) Der Busfahrer unterhielt sich angeregt mit seinen Reisegästen. (Gespräch)

....

....

c) Man sollte die Landessitten respektieren. (Rücksicht)

....

....

d) Die Reisenden waren über die Landesgeschichte gut informiert. (Bescheid)

....

....

e) Dem unzufriedenen Gast wurde mitgeteilt, dass das Hotel vielleicht eine Entschädigung zahlt. (Aussicht)

....

....

f) Die Touristen beachten die an der Straße bettelnden Kinder nicht. (Notiz)

....

....

⑨ **Bilden Sie aus den Wörtern Sätze.**

a) steigend – Zahl – Touristen – können – Sitten und Gebräuche – Einheimische – negativ – Einfluss – haben

....

....

b) Bedarf – Arbeitskräfte – zunehmen – Hochsaison

....

....

c) größte – Tourismusmesse – stattfinden – Berlin – jährlich – Teilnahme – zahlreiche Länder

....

....

d) Tourismus – sein – attraktiv – Arbeitsbereich – Teilzeitkräfte – besonders – Hauptsaison – strukturschwach – Gebiet

....

....

⑩ **Ergänzen Sie passende Verben.**

eine Frage beantworten ,   eine Frage ....,

eine Frage ....,   eine Frage ....,

eine Frage ....,   eine Frage ....

⑪ **Rund um das Wort „Frage". Erklären Sie die Bedeutung der Ausdrücke mit eigenen Worten.**

Beispiel: jdm. eine Frage stellen   =   jdn. etwas fragen

a) außer Frage stehen   = ...

b) (nicht) in Frage kommen   = ...

c) ohne Frage   = ...

d) eine gefragte Ware   = ...

e) die Nachfrage   = ...

f) die Anfrage   = ...

g) eine Frage aufwerfen   = ...

h) eine Frage richten an + A   = ...

i) fragwürdig   = ...

j) etwas in Frage stellen   = ...

Übrigens ...

Selten gebrauchte Präpositionen:
ab, dank, entgegen, inmitten, innerhalb, jenseits, kraft

ab + D lokal: bezeichnet den Anfangspunkt einer Strecke
Der Zug fährt ab Frankfurt.
ab + D temporal: bezeichnet den zeitlichen Beginn eines Prozesses oder einer Handlung
Ab 18 Jahren gelten Jugendliche als volljährig.

dank + G / D: es folgt immer ein Nomen, das etwas Positives ausdrückt
Dank seiner Hilfe fanden wir ein Hotelzimmer.

entgegen + D: im Gegensatz zu
Entgegen der Anordnung verließ er den Raum.
Unserer Abmachung entgegen kam er nicht ins Büro.

inmitten + G lokal: in der Mitte, zentral in einem bestimmten Bereich
Das Haus liegt inmitten eines Parks. (= Das Haus liegt in der Mitte des Parks.)
Der Reiseleiter stand inmitten der Touristen und lachte mit ihnen.

innerhalb + G lokal: (↔ außerhalb) zu einem bestimmten Bereich gehörend
Das Haus liegt innerhalb eines Parks. (= Das Haus liegt irgendwo im Park.)
Innerhalb des Stadtzentrums darf nicht geparkt werden.
innerhalb + G temporal: während
Wir müssen die Arbeit innerhalb eines Monats abschließen.

jenseits + G lokal: (↔ diesseits) hinter einer Grenze, auf der anderen Seite
Jenseits des Flusses liegt ein kleines Dorf.

kraft + G lokal: aufgrund / durch
Kraft seines Amtes konnte er dem Paar bei der Ausreise helfen.

Weitere selten gebrauchte Präpositionen auf Seite 145 und 146.

12 **Ergänzen Sie die fehlenden Präpositionen.**

a) Die Straße war bis Berlin in einem guten Zustand, leider wurde sie .... Greifswald schlechter.

b) Der Kapitän konnte das Paar .... seines Amtes während der Reise trauen.

c) Die Vorbereitungen für das Fest waren mühsam, doch .... der Unterstützung der
Tourismuszentrale schafften sie alles noch rechtzeitig.

d) Es ist ein sehr ruhiges Gebiet, aber .... der Stadtgrenze gibt es viele laute Fabriken.

e) .... seinen Erwartungen war das preiswerte Hotel gut ausgestattet.

f) Sie muss den Kredit .... eines Jahres zurückzahlen.

g) Die kleine Pension lag versteckt .... einer Kaffeeplantage, umgeben von exotischen Pflanzen.

h) Die Gäste wurden informiert, dass .... Mitte Juni die Zimmerpreise erhöht werden.

i) .... des Stadtzentrums wird es sehr schwierig sein, ein ruhiges Hotel zu finden.

j) Er wollte .... einer halben Stunde zurück sein.

Wortschatz

Verben

annullieren – für ungültig erklären, streichen
Der Flug wurde wegen des Fluglotsenstreiks annulliert.

aus/spannen – sich ausruhen, nicht arbeiten
Um richtig ausspannen zu können, fuhr er für drei Wochen auf eine Insel.

befördern – 1. hier: transportieren, 2. jdm. eine höhere Position geben, z.B. im Beruf oder beim Militär
zu 1: Die Touristen wurden mit Bussen zu ihren Hotels befördert.

buchen – einen Sitzplatz, ein Hotelzimmer usw. reservieren lassen
Weil die Nachfrage so groß ist, haben wir unseren Flug nach Kenia drei Monate vor Antritt der Reise gebucht.

erschließen (erschloss, hat erschlossen) – für den Menschen zugänglich machen / so präparieren, dass man es benutzen kann → *Landschaft (die, -en) / Absatzmarkt (der, -märkte) / Einnahmequelle (die, -n) erschließen*
In den letzten Jahren wurden viele abgelegene Gebiete touristisch erschlossen.

stornieren – einen Auftrag zurücknehmen / ungültig machen
Aus Zeitmangel musste sie ihren Flug nach Wien stornieren.

reservieren – sich etwas freihalten lassen / buchen
→ *einen Tisch / einen Platz reservieren*
Samstagabends ist es besser einen Tisch zu reservieren, sonst findet man vielleicht keinen freien Platz.

verreisen – eine Reise machen
Jedes Jahr verreisen Millionen Deutsche ins In- und Ausland.

verschandeln (↔ verschönern) – hässlich machen
Dieses hässliche Hotel verschandelt die ganze Bucht.

Nomen

Bettenburg (die, -en) – abwertende Bezeichnung für eine große Hotelanlage, deren Größe und Aussehen nicht mit der Landschaft harmonisiert
Bettenburgen, in denen Tausende von Touristen übernachten, finde ich unpersönlich.

Bildungsreise (die, -n) – größere Reise, um Kunst und Kultur eines Landes kennen zu lernen und die eigene Persönlichkeit zu entwickeln
Jedes Jahr macht sie eine Bildungsreise, um etwas über fremde Kulturen zu lernen.

Devisen (Plural) – ausländische Währung / das Geld, das aus einem anderen Land kommt
Deviseneinnahmen aus dem Tourismus sind oft ein wichtiger Wirtschaftsfaktor.

Einheimische (der / die, -n) – Person, die in einem bestimmten Gebiet zuhause ist.
An Ostern feiern die Einheimischen zusammen mit den Fremden auf dem Marktplatz.

Erholungsreise (die, -n) – Reise, die der Erholung dient
Nach diesem anstrengenden Arbeitsjahr war die Erholungsreise wirklich notwendig; endlich konnte sie sich ausruhen.

Fernreise (die, -n) – eine Reise in ein weit entferntes Land, einen anderen Kontinent
Für eine Fernreise muss man genügend Zeit haben, sonst lohnt sie sich nicht.

Fernweh (das) – die Sehnsucht, fremde Länder kennen zu lernen
Immer wenn ich Schiffe im Hafen sehe, packt mich das Fernweh. Dann würde ich gern auch verreisen.

Fremdenführer (der, -) – 1. ein Buch, das ein Reiseziel beschreibt und dem Touristen wichtige Informationen gibt, 2. eine Person, die Sehenswürdigkeiten erklärt
zu 2: In Peking hatten wir eine sehr nette Fremdenführerin, die hervorragend Deutsch sprach.

3. Tourismus

Fremdenverkehr (der) (= Tourismus) – Urlaubs- und Geschäftsreiseverkehr
Der Fremdenverkehr ist für viele Orte eine wichtige Einnahmequelle.

Last-Minute-Reise (die, -n) (englisch) – eine Reise, die man kurzfristig (auf die „letzte Minute") bucht
Last-Minute-Reisen sind bei Studenten sehr beliebt, weil sie billig sind, und Studenten oft die Möglichkeit haben, kurzfristig zu verreisen.

Individualtourismus (der) (↔ Pauschaltourismus) – Reisen, die den Bedürfnissen einzelner Personen entsprechen
Der Individualtourismus hat im Vergleich zu Charterreisen stark zugenommen.

Infrastruktur (die) – notwendige Einrichtungen und Anlagen, die ein Land zur wirtschaftlichen Entwicklung benötigt (z.B. Straßen, Kanalisation)
Die meisten europäischen Länder haben eine gut ausgebaute Infrastruktur.

Kreuzfahrt (die, -en) – eine Reise mit dem Schiff, das verschiedene Häfen oder Länder besucht
Eine Kreuzfahrt in der Karibik ist für viele ein Traum.

Pauschalreise (die, -n) – von Reisebüros angebotene Reise, bei der die Kosten für Fahrt, Unterkunft und Verpflegung und evtl. weitere Leistungen (z.B. Ausflüge, Mietwagen) als Paket (= pauschal) berechnet werden
Besonders ältere Leute bevorzugen Pauschalreisen, weil alles organisiert wird und sie sich um nichts zu kümmern brauchen.

Reiseführer (der, -) (= Fremdenführer) – 1. ein Buch, das ein Reiseziel beschreibt und dem Touristen wichtige Informationen gibt, 2. eine Person, die Sehenswürdigkeiten erklärt / Reiseleiter
zu 1: Auf der internationalen Buchmesse in Frankfurt wurden viele neue Reiseführer mit schönen Bildern und Landkarten vorgestellt.
zu 2: Ein guter Reiseführer sollte auch schwierige Fragen der Besucher beantworten können.

Reisekomfort (der) – Sachen und Einrichtungen, die eine Reise angenehmer und einfacher machen
In ihrer Jugend machte Karola gern Urlaub mit dem Motorrad, jetzt ist ihr ein Reisebus lieber, da sie nicht auf Reisekomfort verzichten will.

Reiseroute (die, -n) – Reiseweg, auf dem man eine Reise unternimmt
Bei einer Studienreise wird die Reiseroute vorher genau geplant, damit sich die Teilnehmer auf die Sehenswürdigkeiten vorbereiten können.

Reiseveranstalter (der, -) – Unternehmen, das Reisen plant und organisiert
Es gibt viele Reiseveranstalter, die Reisen nach Berlin anbieten; sie unterscheiden sich aber erheblich im Preis.

Reisewelle (die, -n) – Periode, in der sehr viele Menschen in Urlaub fahren, z.B. zu Beginn der Schulferien
Die erste Reisewelle deutscher Touristen in Richtung Süden hat auf den Autobahnen zu langen Staus geführt.

Stadtbummel (der, -) – Spaziergang durch die Stadt ohne besonderes Ziel
Für einen Stadtbummel braucht man Zeit, damit man sich die Schaufenster und andere interessante Sachen in Ruhe anschauen kann.

Tourismusbranche (die) – alle Wirtschaftszweige, die sich mit Tourismus beschäftigen und daran verdienen, wie Hotels, Restaurants, Reiseveranstalter usw.
Die Tourismusbranche umfasst viele Berufe.

Unterbringung (die, -en) – Platz, wo man für einen bestimmten Zeitraum wohnen oder schlafen kann
Unsere letzte Reise nach Paris war sehr schön, nur die Unterbringung war nicht so komfortabel – es war aber auch eine einfache Pension.

Unterkunft (die, -künfte) – Zimmer oder Wohnung, wo man für eine bestimmte Zeit wohnen kann
Als wir in Paris ankamen, kümmerten wir uns zuerst um eine Unterkunft in einem günstigen Hotel.

Urlaubsarrangement (das, -s) – komplett organisiert Reise, meistens von einem Reisebüro zusammengestellt (= Pauschalreise)
Er hatte keine Zeit, sich um die Einzelheiten seiner Urlaubsplanung zu kümmern, deshalb entschied er sich für ein Urlaubsarrangement eines großen Reiseveranstalters.

Adjektive

ausgebucht – ohne freien Platz / alle Plätze sind schon reserviert
Wir bekamen für den 23. 12. kein Ticket nach Frankfurt, alle Plätze waren schon ausgebucht.

eindrucksvoll – etwas, was beeindruckt
Berlin hat eindrucksvolle Sehenswürdigkeiten.

einheimisch (↔ fremd, ausländisch) – zu einem Land oder Gebiet gehörend
Die einheimische Architektur ist dem Klima angepasst.

erlebnisreich – mit vielen aufregenden Ereignissen
Unsere letzte Kreuzfahrt war sehr erlebnisreich. Es gab jeden Tag etwas Neues zu sehen.

exotisch – fremd / außergewöhnlich / aus einem anderen Land kommend und geheimnisvoll erscheinend
Exotische Reiseziele wie die Insel Bali werden immer beliebter.

kostengünstig – nicht teuer, billig und mit guter Qualität
Ein Doppelzimmer ist kostengünstiger als eine Hotelsuite.

ortsansässig – an einem bestimmten Ort oder in einem bestimmten Gebiet wohnend
Da er schon lange in dieser Stadt wohnt, gilt er als ortsansässig.

reiselustig – mit Spaß am Reisen, gern auf Reisen
Die Deutschen gelten als sehr reiselustig; man trifft deutsche Touristen in allen Teilen der Welt.

touristisch – für den Tourismus erschlossen / geeignet
Die Insel Teneriffa ist sehr touristisch.

traditionell – den Traditionen entsprechend / seit langer Zeit üblich
Die Hochzeit wurde ganz traditionell gefeiert.

vertraut – bekannt / daran gewöhnt / nicht mehr fremd
→ *sich vertraut machen mit + D = etw. kennen lernen*
Die Sitten dieses Landes sind mir vertraut.
Am ersten Tag haben wir uns mit der Umgebung vertraut gemacht.

Ausdrücke

abgelegenes Gebiet (das, -e) – Gebiet, das weit entfernt liegt und nicht leicht zugänglich ist
Sie liebt das Abenteuer und reist gern in abgelegene Gebiete, wo es kaum Touristen gibt.

die Tourismusbranche floriert (= expandiert, blüht, boomt) – die Tourismusbranche ist erfolgreich, macht Gewinne
In Italien floriert die Tourismusbranche, weil sich viele Reisende von diesem Land angezogen fühlen.

Distanz vom Alltag gewinnen (gewann, hat gewonnen) – Abstand von den Arbeiten des Alltags gewinnen
Viele Menschen wollen durch das Reisen Distanz vom Alltag gewinnen.

eine Reise an/treten (tritt an, trat an, hat angetreten) – eine Reise beginnen
Anna wollte die Reise nach Rom schon am Freitag antreten, konnte dann aber erst am Sonntag losfahren.

geselliger Abend (der) – ein Abend, an dem alle zusammen feiern oder etwas unternehmen
Am Samstagabend war für alle Hotelgäste ein geselliger Abend mit Tanz und Musik geplant.

3. Tourismus

im Preis inbegriffen (= inklusive) – alle Leistungen sind im Preis enthalten ....
Bei meiner letzten Reise waren alle Ausgaben für Fahrt, Essen und Übernachtung ....
im Preis inbegriffen, ich brauchte nur mein Taschengeld. ....

sanfter Tourismus (der) – Tourismus, der sich auf Kultur und Ökologie eines ....
Gebietes einstellt ....
Die Bewohner dieser Gegend wollen nur noch den sanften Tourismus, da sie sich ....
um die Unberührtheit ihrer Natur sorgen. ....

Sehnsucht nach fernen Ländern (die) – Lust, in fremde Länder zu reisen ....
Dieters Sehnsucht nach fernen Ländern brachte ihn schließlich dazu Seemann ....
zu werden. ....

sich die Zeit vertreiben mit + D (vertrieb, hat vertrieben) – etwas tun, damit ....
die Zeit vergeht, z.B. ein Hobby ausüben ....
Am Wochenende vertrieben sich viele Leute die Zeit mit Kartenspielen. ....

touristisch erschlossenes Gebiet (das, -e) – Gebiet, das die nötige Infrastruktur ....
für Touristen bietet (Verkehrsanbindung, Hotels usw.) ....
In Europa gibt es sehr viele touristisch erschlossene Gebiete, wo man seinen Urlaub ....
verbringen kann. ....

unberührte Landschaft (die) – Landschaft, die der Mensch noch nicht verändert ....
hat ....
Der Fotograf sucht unberührte Landschaften, die er für einen Fotoband aufnehmen ....
will. ....

Weitere Fragestellungen zum Thema

1. Welche Voraussetzungen muss ein Land erfüllen, um Urlaubsland zu sein?

2. Einige Reiseveranstalter bieten besondere Reisen an, z.B. Singlereisen, Frauenreisen, Hochzeitsreisen, Abenteuerreisen und vieles mehr. Finden Sie solche Angebote sinnvoll? Wo gibt es Vor- und Nachteile?

3. Reisen heute und Reisen vor 150 Jahren – ziehen Sie einen Vergleich.

4. Reisen bildet. Stimmen Sie dieser Aussage zu?

5. Die Nachfrage nach Wintersportmöglichkeiten in den Alpen ist in den letzten Jahren stark angestiegen. Um dieser Nachfrage nachzukommen, wird immer öfter in die Natur eingegriffen, um Hotel- und Liftanlagen zu bauen. Ökologische Gesichtspunkte werden dabei meistens außer Acht gelassen, selbst große Risiken wie Lawinengefahr werden in Kauf genommen. Steht die Befriedigung der touristischen Bedürfnisse über dem Umweltschutz? Nehmen Sie ausführlich Stellung.

6. Welche Urlaubsmöglichkeiten gibt es in Ihrem Land? Nennen Sie Beispiele.

7. Global gesehen kann sich nur ein kleiner Teil der Menschheit eine Urlaubsreise leisten. Oft stößt so in armen Touristengebieten die „reiche" auf die „arme" Welt. Welche Vor- und Nachteile können daraus für beide Gruppen entstehen? Begründen Sie Ihre Meinung anhand von Beispielen.

8. Trotz der offiziellen Warnung vor gefährlichen Reisezielen werden Urlaubsreisen in solche Gebiete angeboten. In den letzten Jahren kamen immer wieder Geiseldramen oder blutige Überfälle auf Touristen in die Schlagzeilen. Tourismus um jeden Preis – wer trägt die Verantwortung, wie sollte sich die Tourismusbranche verhalten? Was ist Ihre Meinung zu diesem Thema?

Stadt und Land

Sollte man in der Großstadt oder auf dem Land leben? – Eine Frage, die sich immer mehr Menschen stellen. Welche Argumente sprechen für ein Leben in der Großstadt und welche für ein Leben auf dem Land? Wie würden Sie sich entscheiden? Begründen Sie Ihre Meinung.

Vorüberlegungen

1. Was verbinden Sie mit dem Begriff „Land", was mit dem Begriff „Stadt"?
2. Welche Faktoren bestimmen Ihrer Meinung nach die Entscheidung, wo man leben möchte?
3. Was erwarten Sie von Ihrem Wohnort?
4. Notieren Sie 10 Wörter (Adjektive, Nomen usw.), die diesen Ort am besten beschreiben.

Vorschlag zur Gliederung in Stichworten

Einleitung

Vorschläge zur Auswahl:

- die Situation in Ihrem Heimatland
- subjektive und objektive Gründe sind entscheidend für die Wahl des Wohnorts
- Ihr momentaner Wohnort

Hauptteil

das Leben in der Großstadt – mögliche Vorteile:

- großes Kulturangebot, z.B. Kino, Theater, Oper, Ausstellungen
- Zugang und Kontakt zu anderen Kulturen ist einfacher und vielfältiger
- umfangreiche medizinische Versorgung
- größeres Bildungsangebot:
  - alle Schultypen und verschiedene Bildungseinrichtungen sind in der Regel vorhanden (z.B. Hauptschulen, Gymnasien, Berufsschulen, Volkshochschulen, Universitäten, Fortbildungsmöglichkeiten für Berufstätige)
  - Bildungsangebote aller Art für Kinder und Jugendliche (z.B. für Musik, Sport, Sprachen)
- größeres Arbeitsplatzangebot
- umfangreichere Einkaufsmöglichkeiten
- Anonymität: weniger Kontrolle durch die Gemeinschaft
- man findet eher Gleichgesinnte, d.h. Menschen die ähnlich denken oder fühlen
- Trends und Moden spielen eine größere Rolle. Man lebt stärker „am Puls der Zeit" und in einer weltoffeneren Atmosphäre.
- bessere Verkehrsanbindung

das Leben in der Großstadt – mögliche Nachteile:

- hohe Lärm- und Umweltbelastung kann der Gesundheit schaden
- hohes Verkehrsaufkommen
- Anonymität: viele Menschen leiden unter der Kontaktarmut bzw. schließen nur schwer Freundschaften
- Verlust an Traditionen, da multikulturelle Einflüsse sowie Moden und Trends eine größere Rolle spielen
- Verwirrung oder Stress durch Überangebot an Reizen
- Naherholungsgebiete („grüne Lungen") oft schlecht zu erreichen
- weniger Platz für Kinder und Jugendliche
- besonders Kinder und Jugendliche verlieren Kontakt zur Natur
- monotones Stadtbild, Abwechslung und Anreize für das Auge fehlen

das Leben auf dem Land – mögliche Vorteile:

- naturnahes Leben, natürliche Abläufe (z.B. die Ernte einholen, der Kontakt mit Tieren) sind vertraut
- geringere Umweltbelastung, ruhige und „heile Welt"
- größerer Zusammenhalt zwischen den Menschen, Kontakte werden gepflegt
- Nachbarschaftshilfe und Pflege von Traditionen
- niedrige Lebenshaltungskosten (Miete, eigener Anbau von Obst und Gemüse)

das Leben auf dem Land – mögliche Nachteile:

- stärkere Kontrolle durch die Gemeinschaft, man wird als Außenseiter schneller isoliert
- geschlossene Dorfgemeinschaft, Personen aus anderen Gebieten (Neuankömmlinge) werden mit Vorbehalten aufgenommen
- enge nachbarschaftliche Kontakte können zu Verpflichtungen führen
- begrenztes Angebot an kulturellen Veranstaltungen, Einkaufsmöglichkeiten, medizinischer Versorgung und eingeschränktes Bildungsangebot

- unattraktive ländliche Gebiete werden von den Politikern oft „vergessen", finanzielle Hilfen bleiben aus, die Infrastruktur bleibt unterentwickelt
- Neuheiten, Trends kommen später und setzen sich zögernd durch
- geringeres Arbeitsplatzangebot

Schluss

Vorschläge zur Auswahl:

- eigene Meinung
- Zusammenfassung der wesentlichen Punkte
- Ausblick auf die Entwicklung in den nächsten Jahrzehnten

zu diesem Thema siehe auch: **Kultur, Freizeit**

5 **Formulieren Sie nun mit Hilfe der Stichworte einen Vortrag bzw. einen Aufsatz. Verwenden Sie dabei einige der folgenden und aus vorigen Kapiteln bereits bekannte Formulierungshilfen.**

Formulierungshilfen

Standpunkte betonen

ein wichtiger Punkt / ein wichtiges Argument ist, dass ...	Ein wichtiger Punkt / Ein wichtiges Argument ist, dass die meisten Städte große Parkplatzprobleme haben.
betonen, dass ...	Ich möchte betonen, dass mir dieses Argument wichtig ist.
hin/weisen auf + A	Ich möchte darauf hinweisen, dass ich selber lange auf dem Land gelebt habe.
heraus/heben, dass ...	Immer wieder wird von Soziologen herausgehoben, dass Jugendliche auf dem Land weniger Freizeitmöglichkeiten haben.
heraus/stellen, dass ...	In meinem Vortrag möchte ich die Tatsache herausstellen, dass Urlaub auf dem Land immer beliebter wird.
unterstreichen, dass ...	Ich möchte die Tatsache unterstreichen, dass sich die deutschen Großstädte um mehr Lebensqualität bemühen.
deutlich machen, dass ...	In meinem Vortrag möchte ich deutlich machen, dass sich die Situation in den letzten Jahren stark verändert hat.
bekräftigen	Ich möchte mein Argument durch ein konkretes Beispiel bekräftigen.
hervor/heben	Dieses Argument möchte ich besonders hervorheben.

Übungen zu Grammatik und Wortschatz

6 **Welche zusammengesetzten Nomen mit „Stadt-" kennen Sie? Notieren Sie.**

die Stadtverwaltung, ..., ...,

...., ...,

...., ...

7 **Rund um das Wort „ziehen". Formen Sie die Sätze um. Verwenden Sie dabei folgende Ausdrücke:**

> ziehen   um/ziehen   ein/ziehen   aus/ziehen   sich aus/ziehen
> groß/ziehen   sich an/ziehen   weiter/ziehen   Schlüsse ziehen aus + D
> in Zweifel ziehen   es zieht

Beispiel: Familie Wolf hat vor drei Wochen die Wohnung gewechselt.
    Familie Wolf ist vor drei Wochen umgezogen.

a) Das Kind zerrte die Katze am Schwanz.

....

....

b) Wir wohnen jetzt einen Monat in der neuen Wohnung, wir kamen genau am 1. Januar.

....

....

c) Am 31. Dezember verließen die Vormieter die Wohnung.

....

....

d) Babys können ihre Kleidung weder allein anlegen noch ablegen. *(2 Wörter!)*

....

....

e) Meine Tante sorgt für die Katzenbabys, bis sie groß sind.

....

....

f) Der Zirkus verließ nach der letzten Vorstellung die Stadt.

....

....

g) Durch die geöffneten Fenster wehte ein kühler Wind.

....

....

h) Der Richter hatte Zweifel an der Aussage des Zeugen.

....

....

i) Du solltest ihn richtig kennen lernen und ihn nicht nach seiner Kleidung beurteilen.

....

....

8 Ergänzen Sie die fehlenden Präpositionen.

a) Sie zog nach dem Studium .... der Stadt in ein altes Bauernhaus .... dem Land.

b) – Gibt es in der Nähe ein gutes Restaurant? – Ja, es ist gleich .... die Ecke.

c) – Wo steht dein Fahrrad? – Direkt hinter der Tür .... der Wand.

d) Fahren wir heute .... die Innenstadt zum Einkaufen?

e) Wo treffen wir uns? .... der Bushaltestelle .... der Ecke?

f) – Wo kaufst du frisches Obst? – Natürlich immer .... dem Markt.

9 Bilden Sie aus den Wörtern Sätze.

a) Land – sein – Menschen – stärker – nachbarschaftliche Kontakte – interessiert

....

....

b) ältere Menschen – kritisieren – Stadt – sie – zu laut – sein

....

....

c) wegen – bessere medizinische Versorgung – vorziehen – es – manche Leute – die Stadt – leben

....

....

d) Schriftsteller – sich erhoffen – Ruhe und Abgeschiedenheit – Landleben

....

....

e) langes Zögern – sich entscheiden – Familie – Grüne – ziehen

....

....

f) viele Studenten – schätzen – großes kulturelles Angebot – ihnen – die Großstadt – zur Verfügung – stehen *(Relativsatz)*

....

....

Übrigens ...

Einige Partikel

1. **beinahe = fast, nahezu**

   schränkt ein, schwächt ab
   Das Buch hat beinahe 300 Seiten, genau sind es 295 Seiten.
   Drei Minuten später ist der Zug abgefahren, beinahe hätten wir ihn verpasst.

2. **bereits =**
   a) **schon, früher als erwartet** / die Zeit betreffend: Zeitpunkt oder Dauer genauer angeben
      Martin kam nicht um 20.00 Uhr, sondern bereits um 19.00 Uhr, also eine Stunde früher als erwartet.
      In diesem Jahr hat es bereits im Oktober geschneit. Normalerweise schneit es erst im Dezember.
   b) **mehr als erwartet, schon** / die Menge betreffend: mehr als zu diesem Zeitpunkt erwartet
      Hanna ist erst 21 Jahre alt und hat bereits drei Kinder.
      Ich hatte gerade meine Suppe gegessen, da war er bereits beim Dessert.

3. **durchaus = unbedingt, auf jeden Fall**

   verstärkt eine Aussage bzw. schwächt Zweifel ab
   Die Antwort ist durchaus richtig.
   Man kann Sigrid durchaus vertrauen, sie hat bis jetzt noch nie gelogen.

4. **etwa = ungefähr, annähernd, circa**

   Ich werde etwa drei Tage in Hamburg bleiben, leider weiß ich nicht genau, wann die Konferenz endet.
   Bei dem Konzert waren etwa 5 000 Zuschauer, man kann die Zahl nur schätzen.

5. **etwas = ein bisschen, ein wenig**

   abschwächend, einschränkend
   Der Test war etwas schwieriger als erwartet.
   Die Torte liegt mir etwas schwer im Magen.

6. **höchst = sehr, äußerst, in hohem Maße**

   verstärkt die genannte Eigenschaft sehr
   Das neue Computerspiel ist höchst interessant.
   Es ist höchst unwahrscheinlich, dass es im Juli regnet.

7. **recht = ziemlich, einigermaßen**

   verstärkt die genannte Eigenschaft leicht
   Das neue Automodell ist recht teuer, aber immer noch billiger als ein Mercedes.
   Ein Esel hat recht große Ohren, die von einem Elefanten sind jedoch noch größer.

8. **selbst = sogar**

drückt aus, dass man etwas von einer Person / Sache nicht unbedingt erwartet hätte
Selbst die schüchterne Monika meldete sich zu Wort.
Ich kann zwar nicht kochen, aber selbst ich weiß, wie man ein Omelett zubereitet.

9. **so =**
   a) **ebenso**
   drückt im Vergleich aus, dass eine Eigenschaft für beide Personen / Dinge gleichermaßen gilt
   Sie ist so schlank wie ihre Mutter.
   Maria hat so viel gearbeitet wie Josef.
   b) **dermaßen, zu einem bestimmten Grade**
   bezeichnet ein verstärktes Maß, in dem eine Eigenschaft o.Ä. vorhanden ist
   Er hat so viel geschrieben, dass ihm die Hand weh tut.
   So einen kalten Januar gab es seit vielen Jahren nicht mehr.
   Das ist gar nicht so einfach, wie man denkt.
   c) **so ein = ein solcher**
   So eine Chance darf man sich nicht entgehen lassen.
   Mach nicht so ein Theater wegen dem kleinen Fleck auf dem Hemd.
   d) **ungefähr, circa**
   Treffen wir uns so gegen acht Uhr?
   In diesen Saal passen so an die hundert Personen.

10. **zu = übermäßig, mehr als üblich**

drückt aus, dass ein Maß, eine Norm überschritten ist
Dieser Winter war zu kalt, viele Pflanzen sind erfroren.
Die Kinder sind zu jung für diesen Film.

10 Ergänzen Sie die fehlenden Partikel.

a) Anna hatte sich das Bauernhaus .... größer vorgestellt.

b) Er hat .... große Ohren, dass die Kinder ihn „Elefant" nennen.

c) Er ist meist ziemlich humorlos, aber über diesen Film musste .... er lachen.

d) – Bist du wütend auf mich? – Aber nein, ... nicht!

e) – Hast du deinen Ausweis? – Ja, aber .... hätte ich ihn vergessen.

f) Gymnastik ist für die Gesundheit gut, ... viel kann aber schädlich sein.

g) Einstein galt als .... intelligent, er war wirklich ein Genie.

h) Sie hat erst seit zwei Monaten den Führerschein, trotzdem fährt sie .... sicher.

i) Sie schlief .... nach zwei Minuten ein.

j) – Weißt du, wann die Veranstaltung endet? – Genau weiß ich es nicht. Ich nehme an, ...

in zwei Stunden.

Wortschatz

Verben

sich an/siedeln – sich an einem Ort niederlassen → *Ansiedlung (die, -en)*
Schon im 8. Jahrhundert n.Chr. hatten sich hier Menschen angesiedelt.

begrünen – Parks, Bäume, Wiesen und Grünflächen anlegen → *Begrünung (die)*
Im Stadtzentrum gab es lange fast keine Pflanzen, jetzt hat man die Fußgänger-
zone begrünt.

renovieren – erneuern / alte oder kaputte Teile austauschen oder ausbessern
→ *Renovierung (die, -en)*
Bevor wir in die neue Wohnung ziehen konnten, musste sie renoviert werden,
da vieles kaputt war.

sanieren – Häuser oder Stadtteile in einen modernen Zustand bringen
→ *Sanierung (die, -en)*
Die Altstadt Dresdens wurde vollkommen saniert.

um/bauen – durch Bauen etwas verändern → *Umbau (der)*
Sie ließ das ganze Haus nach ihren Plänen umbauen.

versorgen mit + D – bewirken, dass jemand etwas bekommt, was er braucht
→ *Versorgung (die)*
Abgelegene Bergdörfer können nur schwer mit Strom versorgt werden.

Nomen

Anlage (die, -n) – ein Gebiet, das für einen bestimmten Zweck gebaut oder
angelegt wurde → *Parkanlage, Sportanlage*
Das Olympiadorf in München war zur Zeit seiner Entstehung eine sehr moderne
Anlage.

Ballungszentrum (das, -zentren) – Gebiet, wo Städte sehr nah aneinander liegen
und wo viele Menschen wohnen und arbeiten
Das Rhein-Main-Gebiet ist ein Ballungszentrum aus mehreren Großstädten:
Frankfurt, Mainz, Wiesbaden, Offenbach, Hanau u.a.

Einkaufsstraße (die, -n) – Straße mit vielen Geschäften
In der Einkaufsstraße gibt es kaum Parkplätze.

Fußgängerzone (die, -n) – eine Straße für Fußgänger, die für Autos gesperrt ist
In der Fußgängerzone treten oft Straßenmusikanten auf.

G(h)etto (das, -s) – Gebiet einer Stadt, dessen Bewohner einer einzigen, oft
diskriminierten, sozialen Gruppe angehören
Auch ein Villenviertel ist ein Ghetto: Hier leben die Reichen unter sich.

Hauptverkehrszeit (die, -en) (= → Rushhour) – Tageszeit, zu der sehr viele
Menschen mit dem Auto unterwegs sind, auch: Berufsverkehr
Während der Hauptverkehrszeit kommt man in der Innenstadt mit dem Auto
kaum voran.

Hektik (die) – aufgeregtes Getriebe / keine Ruhe
Das Leben in großen Städten ist oft mit viel Hektik verbunden, auf dem Land
lebt man viel ruhiger.

Hochhaus (das, -häuser) – ein hohes Haus mit vielen Stockwerken
Eva genießt ihre Wohnung im 5. Stock eines Hochhauses, denn von ihrem Balkon
aus hat sie einen schönen Blick auf den Park.

Infrastruktur (die) – notwendige Einrichtungen und Anlagen, die ein Land zur
wirtschaftlichen Entwicklung benötigt (z.B. Straßen, Kanalisation)
Viele europäische Länder haben eine gut ausgebaute Infrastruktur.

Innenstadt (die, -städte) – das Zentrum einer Stadt
Viele Menschen arbeiten in der Innenstadt, wohnen aber lieber am Stadtrand.

Isolation (die) – ohne Kontakt zu anderen Menschen → *isolieren*
Die neuen Mieter litten anfangs unter der Isolation. Bald entwickelten sich jedoch
freundschaftliche Kontakte zu den Nachbarn.

Landflucht (die) – eine Tendenz, wenn viele Menschen vom Land in die Stadt ziehen, um dort Arbeit zu finden
In armen Ländern ist die Landflucht ein besonderes Problem, da die Städte immer größer und die Lebensbedingungen immer schlechter werden.

Mehrfamilienhaus (das, -häuser) – Haus, in dem mehrere Familien wohnen
In einem Mehrfamilienhaus müssen die Bewohner Rücksicht aufeinander nehmen, sonst kann es schnell zu Problemen kommen.

Pendler (der, -) – Berufstätiger, der zwischen Arbeits- und Wohnort eine längere Strecke zurücklegen muss → *pendeln*
Morgens ist die Bahn voll mit Pendlern.

Randgebiet (das, -e) – außerhalb des Zentrums (am Rand) gelegenes Gebiet
Die großen Fabriken sollten im Randgebiet einer Stadt liegen.

Reihenhaus (das, -häuser) – Einfamilienhaus, das Wand an Wand mit anderen Häusern in einer Reihe steht
Reihenhäuser sind meist preiswerter als freistehende Einfamilienhäuser.

Rushhour (die) (englisch) (= → *Hauptverkehrszeit*) – Tageszeit, zu der sehr viele Menschen mit dem Auto unterwegs sind
Während der Rushhour kommt man mit der U-Bahn viel schneller ins Zentrum.

Siedlung (die, -en) – Wohngebiet
Mit dem Bau von Fabriken wurden auch Siedlungen speziell für Arbeiter errichtet.

Slum (der, -s) – Elendsviertel / Gebiet einer Stadt mit sehr schlechten Lebensbedingungen, in dem sehr arme Leute leben
In den Slums von Bogota gibt es weder fließendes Wasser noch eine Müllabfuhr.

Stadtflucht (die) – eine Tendenz, wenn viele Menschen aus der Stadt auf das Land umziehen
In den Industriestaaten war in den letzten Jahren das Phänomen der Stadtflucht zu beobachten. Den Menschen wurde das Leben in der Stadt zu unruhig und sie zogen deshalb auf das Land.

Stadtplanung (die) – die Planung für eine Stadt, d.h. Anlagen, Gebäude, Straßen und Plätze, Parks usw.
Die Stadtplanung scheint hier gut durchdacht zu sein, denn Parkplätze, Parks und Geschäfte sind ganz in der Nähe.

Stadtviertel (das, -) – ein bestimmtes Gebiet in einer Stadt
Schwabing ist ein Münchner Stadtviertel, das für seine großen und teuren Wohnungen bekannt ist.

Trabantenstadt (die, -städte) – Wohngebiet, das nicht natürlich gewachsen ist, sondern innerhalb von kurzer Zeit gebaut worden ist, meist im Randgebiet einer Großstadt
Eine bekannte Trabantenstadt Münchens ist Neuperlach Süd.

Umgehungsstraße (die, -n) – Straße, die um ein Wohngebiet oder eine Stadt herum führt.
Seitdem die Umgehungsstraße gebaut wurde, gibt es in der Innenstadt viel weniger Verkehr.

Urbanisierung (die) – Verstädterung / Prozess, der ein ländliches Gebiet zu einem städtischen werden lässt
Im 20. Jahrhundert schritt die Urbanisierung ländlicher Gebiete schnell voran.

Vorort (der, -e) – kleinere Stadt oder Wohngebiet am Rand einer großen Stadt
Grünwald ist ein Vorort von München.

Wohngemeinschaft (die, -en), WG – mehrere Leute, die nicht verwandt sind, mieten eine Wohnung und wohnen dort zusammen
Die Studentin konnte sich keine eigene Wohnung leisten, deshalb zog sie in eine Wohngemeinschaft.

Wohnungsnot (die) – Mangel an Wohnungen
Nach dem Krieg, als viele Häuser zerstört waren, herrschte in allen deutschen Städten Wohnungsnot.

4. Stadt und Land

Wohnsilo (das, -s) – negative Bezeichnung für ein großes, unattraktives
Wohngebäude
*Die Mietshäuser, die während der sozialistischen Ära in Ostdeutschland gebaut
wurden, werden oft als Wohnsilos bezeichnet.*

Wolkenkratzer (der, -) – sehr hohes Gebäude mit sehr vielen Etagen
*Das Empire State Building war mit seinen 449 Metern bis 1970 der höchste
Wolkenkratzer.*

Adjektive
kindgerecht – für Kinder geeignet
Diese Einrichtung ist nicht kindgerecht, überall können Kinder sich stoßen.

anonym – ohne Namen / unbekannt / so, dass es nicht leicht ist, in Kontakt
zu kommen → *Anonymität (die)*
Das Leben in den großen Städten ist oft sehr anonym.

Ausdrücke
ansässig sein – an einem bestimmten Ort wohnen
Seine Familie war schon seit Generationen in diesem Dorf ansässig.

grüne Lunge (die, -n) – Bezeichnung für einen Park oder ein Waldgebiet in
Stadtnähe
Der Tiergarten wird auch als die grüne Lunge Berlins bezeichnet.

öffentliche Gebäude (das, -) – Haus, in dem sich eine Einrichtung für die
Bevölkerung befindet, z.B. Schule, Rathaus
*Die öffentlichen Gebäude sollten freundlicher gestaltet werden, das Rathaus könnte
man hell streichen.*

strukturschwache Gebiet (das, -e) – Gebiet, das wirtschaftlich wenig entwickelt ist
und eine geringe Infrastruktur hat
*Mecklenburg-Vorpommern gilt als eines der strukturschwächsten Gebiete in der
Europäischen Union.*

verkehrsberuhigte Zone (die, -n) – Gebiet in der Innenstadt, in dem man langsam
fahren muss oder durch das man nur mit Sondererlaubnis fahren darf
*Seit man diese Straße in eine verkehrsberuhigte Zone umgewandelt hat, kann man
endlich wieder auf dem Balkon sitzen.*

Weitere Fragestellungen zum Thema

1. Inwieweit prägt das Umfeld einen Menschen? Gibt es Ihrer Meinung nach Unterschiede zwischen Menschen, die in der Stadt leben und Menschen, die auf dem Land leben? Begründen Sie Ihre Meinung anhand von Beispielen.

2. Es gibt Megastädte, in denen mehr als 10 Millionen Menschen leben. Was sind Ihrer Meinung nach die wichtigsten Voraussetzungen (Infrastruktur, Fläche usw.), damit in einer Stadt so viele Menschen leben können?

3. Welche Sehenswürdigkeiten und kulturellen Veranstaltungen in Ihrer Heimatstadt würden Sie einem Gast empfehlen? Begründen Sie Ihre Wahl.

4. Die Stadt ist für junge Menschen – das Land ist für alte Menschen. Nehmen Sie Stellung.

5. In den ärmeren Ländern ist Landflucht, in den Industrieländern ist Stadtflucht zu beobachten. Was können Ihrer Meinung nach die Gründe für diese Entwicklung sein?

6. Beschreiben Sie den idealen Ort, an dem Sie gern leben würden.

7. Welche Dinge würden Sie auf eine einsame Insel mitnehmen, auf der Sie ein Jahr verbringen müssten? Begründen Sie Ihre Auswahl.

Obwohl in Europa und Amerika jede sechste Ehe geschieden wird, heiraten immer noch viele Paare. Nennen Sie Gründe, die für oder gegen eine Eheschließung sprechen.

Vorüberlegungen

1 **Nennen sie die drei Ihrer Meinung nach wichtigsten Gründe für eine Eheschließung.**

a) ....

b) ....

c) ....

2 **Welche Gründe führen Ihrer Meinung nach am häufigsten zur Scheidung? Hat sich daran in den letzten 100 Jahren etwas geändert?**

Vorschlag zur Gliederung in Stichworten

Einleitung

Vorschläge zur Auswahl:

- man hört oft von Menschen, die heiraten und sich dann schon kurze Zeit später scheiden lassen
- häufige Frage junger Leute heute: Zusammenleben mit oder ohne Trauschein?

Hauptteil

mögliche Gründe für eine Eheschließung:

- der menschliche Wunsch nach einer bleibenden Partnerschaft, Sicherheitsbedürfnis
- religiöse Gründe
- Ausüben einer gesellschaftlichen und traditionellen Rolle
- Vorbereitung zur Familiengründung → eine bessere rechtliche Stellung, um Kinder groß zu ziehen
- Steuervergünstigungen in zahlreichen Ländern
- finanzielle Absicherung der Partnerin bzw. des Partners
- einzige Möglichkeit, das Elternhaus zu verlassen

mögliche Gründe gegen eine Eheschließung:

- Einschränkung der persönlichen Freiheit, auch was die Selbstverwirklichung im Beruf anbetrifft
- Trennung leichter und ohne Einmischung des Staates möglich
- eventuell mehr Gleichberechtigung unter den Partnern (traditionelle Ehe → traditionelle Rollenverteilung)
- schlechte Erfahrungen im Elternhaus („Scheidungskind")

Schluss

Vorschläge zur Auswahl:

- persönliche Meinung über die Zukunft der Ehe in den nächsten Jahren
- Ehe ist für viele Menschen die „richtige" oder „sichere" Lebensform
- Keine andere Lebensform hatte so lange Bestand, deshalb wird es wahrscheinlich auch in Zukunft so bleiben, trotz zahlreicher Scheidungen.

Punkte zum Nachdenken:

alternative Lebensformen:

- Ehe ohne Trauschein, auf Zeit oder unbegrenzt („wilde Ehe")
- Zusammenleben in einer Wohngemeinschaft mit mehreren männlichen und weiblichen Mitgliedern, ohne feste Paarbildung
- bewusst Alleinerziehende mit einem oder mehreren Kindern
- Singles aus Überzeugung

zu diesem Thema siehe auch: **Generationen, Rollenverteilung**

③ **Formulieren Sie nun mit Hilfe der Stichwörter einen Vortrag bzw. einen Aufsatz. Verwenden Sie dabei einige der folgenden und aus vorigen Kapiteln bereits bekannten Formulierungshilfen.**

Formulierungshilfen

Standpunkte und Argumente ablehnen

ab/lehnen	Ich lehne diese negative Haltung zur Familie ab.
auf Ablehnung stoßen bei + D	Der Wunsch, ihren ausländischen Freund zu heiraten, stieß bei den Eltern auf Ablehnung.
nicht an/erkennen (als + A)	Ich kann diese Schlussfolgerung nicht als richtig anerkennen.
nicht akzeptieren (können), dass ...	Ich kann nicht akzeptieren, dass die Rolle der Familie unterbewertet wird.
bestreiten, dass ...	Ich bestreite, dass die Familie keine Zukunft mehr hat.
dagegen sein, dass / Infinitiv + zu	Ich bin dagegen, zu heiraten, wenn man den Partner nicht richtig kennt.
nicht gelten lassen	Ich kann das Argument, die Familie sei heute überholt, nicht gelten lassen.
kritisieren	Ich kritisiere die Haltung vieler Eltern.
verneinen	Ich muss die Frage, ob es einfach ist, ein Kind allein groß zu ziehen, verneinen.
anderer Meinung sein	Ich bin anderer Meinung; die Kinder sollten mehr Mitspracherecht haben.
dem muss man widersprechen	Ich muss dem leider widersprechen.
es ist falsch, wenn ...	Es ist falsch, wenn man glaubt, dass alle Jugendlichen mit ihren Eltern streiten.
jdm. / etw. nicht zu/stimmen	Ich kann Ihrer Meinung über die antiautoritäre Erziehung nicht zustimmen.
zurück/weisen	Ich weise dieses Argument zurück, denn es ist nicht stichhaltig.

Übungen zu Grammatik und Wortschatz

4 **Formen Sie die Sätze um. Verwenden Sie dabei Nomen-Verb-Verbindungen mit den angegebenen Nomen.**

a) Durch das Zusammenleben zeigen sich zahlreiche Eigenheiten des Partners. (Vorschein)

....

....

b) Unabhängige Menschen entscheiden sich nur schwer für eine feste Bindung. (Entschluss)

....

....

c) Mit der Eheschließung wird der Wille zur Bindung gezeigt. (Ausdruck)

....

....

5. Ehe und Familie

d) Viele Menschen kritisieren den fehlenden Familiensinn der jungen Generation. (Kritik)

....

....

e) Manche jungen Leute fürchten sich vor einer festen Bindung. (Furcht)

....

....

f) Vor hundert Jahren konnten sich nur wenige Ehepaare zur Scheidung entschließen, wenn sie sich schlecht verstanden. (Frage)

....

....

5 **Bilden Sie aus den Wörtern Sätze.**

a) einige Jahre – sein – es – Ehepartner *(Plural)* – klar – sie – ihre Heirat – Fehler – begehen

....

....

b) es – sein – nicht einfach – Ehe – glücklich – führen

....

....

c) Leben zu zweit – schenken – einer – anderer – Vertrauen

....

....

d) junge Paare – aufnehmen – oft – Bank – Kredit – Haushaltsgründung

....

....

e) Geldprobleme – geraten – Ehepartner – manchmal – miteinander – Konflikt

....

....

f) Kirche – stellen – Institution Ehe – ihr Schutz

....

....

⑥ **Rund um den Begriff „Ehe". Streichen Sie das Nomen, das nicht passt.**

Beispiel: Sigrid und Peter bekamen am Tag ihrer ~~Verbindung~~ / *Hochzeit* viele schöne Geschenke.

a) Die *Trauung / Ehe* findet in Deutschland auf dem Standesamt statt.

b) Eine *Eheschließung / Ehe* sollte ein ganzes Leben halten.

c) Der Tag der *Hochzeit / Verbindung* wird in den meisten Kulturen besonders gefeiert.

d) Anna hatte nicht sehr viel Glück mit ihrer *Trauung / Heirat*, nach sechs Wochen war sie wieder geschieden.

e) Während der *Trauung / Hochzeit* tauscht das Paar die Ringe.

f) In Deutschland werden die Geburtsurkunden, die Ausweise und einige andere Dokumente zur *Eheschließung / Ehe* benötigt.

⑦ **Rund um das Wort „heiraten". Ergänzen Sie die Ausdrücke in der richtigen Form.**

| heiraten   verheiratet sein   sich scheiden lassen   sich trennen   in Scheidung leben |
| in Trennung leben   ledig sein   unverheiratet sein   verwitwet sein |

a) Ihr Mann war vor einigen Jahren gestorben, somit ………… sie ………………… .

b) Aber schon nach kurzer Zeit beschloss sie, wieder zu ………………… .

c) Diese Ehe lief nicht sehr gut, bald lebten sie und ihr Mann ………… ………………… . Sie überlegte ernsthaft, ob sie sich ……………… ………………… sollte.

d) Sie entschied sich schließlich dafür und lebte ab diesem Zeitpunkt ………… ………………… .

e) Auf einer Reise lernte sie einen attraktiven Mann kennen, der seinen Familienstand erfreulicherweise mit ………………… angab.

f) Aber dieser Mann zog es vor, ………………… zu ………………… . Und so lebten sie einfach als Paar zusammen.

g) Die Beziehung hatte kein glückliches Ende, denn sie wollte unbedingt auch vor dem Gesetz seine Frau werden und ………………… sein, während er die Ehe ablehnte.

h) So ………………… sie sich, weil sie miteinander nicht mehr glücklich waren.

Übrigens ...

Adjektive und Adverbien auf „-weise"

In vielen Texten trifft man auf Adverbien und Adjektive mit der Endung **-weise** (z.B. möglicherweise, zufälligerweise, teilweise usw.). Bei ihrer Verwendung ist zu beachten, dass die Gruppe der aus Nomen abgeleiteten Wörter sowohl als Adjektiv als auch als Adverb gebraucht werden kann, während die aus Adjektiven abgeleiteten Wörter nur als Adverb benutzt werden können.

Beispiel: teilweise – der Teil – *Es ist schlecht, dass er das Gerät nur teilweise überprüft. (Adverb)*
– *Die teilweise Überprüfung des Geräts ist schlecht. (Adjektiv)*
möglicherweise – möglich – *Sie will sich möglicherweise scheiden lassen. (Adverb)*

⑧ **Notieren Sie, aus welchem Nomen oder Adjektiv folgende Wörter abgeleitet sind. Schreiben Sie dann einen oder zwei Beispielsätze zu jedem Wort.**

Beispiel: stückweise → das Stück
Die stückweise Verpackung der Maschinen garantiert eine größere Sicherheit beim Transport.
Die Maschinen werden stückweise verpackt.

a) freundlicherweise → ....
....

b) möglicherweise → ....
....

c) stufenweise → ....
....

d) glücklicherweise → ....
....

e) zufälligerweise → ....
....

f) schrittweise → ....
....

Wortschatz

Verben
ab/sichern – durch eine Handlung etwas sichern / sicher machen ....
→ *Absicherung (die, -en)* ....
Durch die Ehe waren die Frauen früher finanziell abgesichert. ....
sich (fest) binden (band, gebunden) – sich fest für einen Partner entscheiden ....
→ *Bindung (die, -en)* ....
Junge Leute wollen sich heute oft nicht so schnell fest binden und lieber unabhängig ....
bleiben. ....

harmonisieren – sich im Einklang befinden / ohne Streit und Meinungsverschiedenheiten leben → *Harmonie (die)*
Dieses Paar harmonisiert nicht, sie streiten ständig.

sich trennen von + D – nicht mehr zusammen leben → *Trennung (die, -en)*
Sie hat sich von ihrem Freund getrennt, weil er sie ständig kritisierte.

sich verloben – das Heiratsversprechen geben → *Verlobung (die, -en)*
Sie verlobten sich, nachdem sie sich ein Jahr lang kannten.

Nomen

Aufgebot (das) – öffentliche Bekanntmachung einer Eheschließung
→ *das Aufgebot bestellen*
Einen Monat vor der Trauung bestellten sie das Aufgebot.

Barriere (die, -n) – Grenze, hier: etwas, das die Menschen daran hindert, harmonisch zu leben → *Barrieren überwinden*
Die unterschiedlichen Religionen können in einem Land Barrieren aufbauen.

Ehevertrag (der, -träge) – manche Paare legen vor ihrer Ehe vertraglich fest,
welcher Teil des Besitzes ihnen im Fall einer Scheidung gehören wird
→ *einen Ehevertrag abschließen*
Um im Falle einer Scheidung Streit zu vermeiden, sollte man einen Ehevertrag
abschließen.

Familiengründung (die, -en) – Vergrößerung der Familie durch die Geburt von
Kindern
Früher war die Familiengründung ein Hauptmotiv zur Heirat.

Familienoberhaupt (das, -häupter) – Anführer einer Familie
Das Familienoberhaupt war früher meist der älteste Mann.

Familienplanung (die) – bewusste Planung bzw. Verhinderung von Schwangerschaften
Dieses Buch informiert junge Leute über die Familienplanung.

Gatte (der, -n) – (veraltet bzw. offiziell) Ehepartner
Gattin (die, -nen) – (veraltet bzw. offiziell) Ehepartnerin
Auf der Gartenparty des Präsidenten stellte Herr Müller seine Ehefrau mit
folgenden Worten vor: „Darf ich Sie mit meiner Gattin bekannt machen?"

Heiratsanbahnung (die) – Vermittlung von Partnern an heiratswillige Menschen
Dieses Paar lernte sich durch ein Heiratsanbahnungsinstitut kennen.

Ja-Wort (das) – Antwort „ja" auf die Frage des Standesbeamten bzw. Priesters
in der Trauungszeremonie, ob man den Partner heiraten möchte
→ *jdm. das Ja-Wort geben (= heiraten)*
Nach langem Zögern gab sie ihm ihr Ja-Wort.

Kleinfamilie (die, -n) – Familie, die nur aus einer oder zwei Generationen besteht
In Deutschland leben die meisten Menschen in einer Kleinfamilie.

Mussehe (die, -n) – eine Ehe, die geschlossen wird, weil die Frau schwanger ist
Nach der ungewollten Schwangerschaft kam es zu dieser Mussehe, die leider nicht
sehr glücklich war.

Reiz (der, -e) – Kraft, die anziehend wirkt oder Interesse weckt → *reizen, reizvoll*
Tropische Inseln haben für viele Europäer einen besonderen Reiz.

Scheinehe (die, -n) – eine Ehe, die nur zum Schein, z.B. um eine Aufenthalts-
genehmigung zu erhalten, geschlossen wird
Um eine Aufenthaltsgenehmigung zu erhalten, gingen manche Immigranten
Scheinehen mit Einheimischen ein.

Selbstverwirklichung (die) – Realisierung eigener Wünsche und Ideen unabhängig
von den persönlichen Verpflichtungen → *sich selbst verwirklichen*
Viele Menschen halten die Selbstverwirklichung für das Wichtigste im Leben.

Standesamt (das, -ämter) – Amt, in dem Ehen geschlossen werden und bei dem
Geburts- und Todesfälle registriert werden
Wir heirateten nur auf dem Standesamt, nicht in der Kirche.

5. Ehe und Familie

Steuervergünstigung (die, -en) – weniger Einkommenssteuer, z.B. für Familien, die viele Kinder haben
Mit vier Kindern erhalten die Eltern eine große Steuervergünstigung.

Trauzeuge (der, -n) – Person, die bei der Eheschließung als Zeuge dabei ist
Trauzeuge wird meist ein Freund oder eine Freundin des Paares.

Trauschein (der, -e) – das Dokument der Eheschließung
Endlich hatten sie den Trauschein in der Hand und waren somit offiziell verheiratet.

Unterhalt (der) – Geld, was zur Unterstützung z.B. für Kinder gezahlt wird
Seit sie getrennt leben, zahlt der Vater seiner Exfrau Unterhalt für die gemeinsamen Kinder.

Verlobung (die, -en) – das Versprechen zu heiraten → *sich verloben*
Die Verlobung wurde festlich gefeiert.

Adjektive

kinderlos – ohne Kinder
In den letzten Jahren ist die Zahl der kinderlosen Ehen gestiegen.

mütterlicherseits – von der Seite der Mutter
Mütterlicherseits war er mit der berühmten Familie Hohenzollern verwandt.

väterlicherseits – von der Seite des Vaters
Seine Familie ließ sich väterlicherseits über 200 Jahre weit zurückverfolgen.

Ausdrücke

Alimente zahlen – Geld für den Lebensunterhalt unehelicher Kinder (oder Kinder aus geschiedener Ehe) zahlen
Er muss für seine unehelichen Kinder Alimente zahlen, bis sie ihre Ausbildung beendet haben.

gegenseitige Anziehung (die) – eine Person findet die andere attraktiv und umgekehrt
Als sie sich trafen, spürten sie gleich eine große gegenseitige Anziehung.

jdn. auf Händen tragen (trägt, trug, hat getragen) – für jdn. alle Hindernisse aus dem Weg räumen und alles machen, so dass er es einfach hat
Er wollte seine Frau von allen Problemen fern halten, deshalb trug er sie auf Händen.

um ihre Hand an/halten (hält an, hielt an, hat angehalten) – (veraltet) eine Frau um die Heirat bitten oder bei ihren Eltern um die Erlaubnis bitten, sie zu heiraten
Mein Großvater hielt um die Hand meiner Großmutter an, als sie gerade 16 Jahre alt war.

um die Hand bitten (bat, hat gebeten) – (veraltet) eine Frau um die Heirat bitten
In diesem Theaterstück bittet der Prinz um die Hand der Gräfin, indem er vor ihr auf die Knie fällt.

eine (gute) Ehe führen – harmonisch in einer Ehe zusammenleben
Trotz des großen Altersunterschieds führten sie eine gute Ehe und waren beide sehr glücklich.

eine Ehe scheitert – eine Ehe wird nicht mehr weitergeführt, weil das Zusammenleben der Partner nicht funktioniert
Schon nach kurzer Zeit zeigte sich, dass ihre Ehe scheitern wird.

jdm. die Ehe versprechen (verspricht, versprach, hat versprochen) – jdm. ein Heiratsversprechen geben = sich verloben
Der junge Mann war ein Betrüger; er versprach verschiedenen Frauen die Ehe, obwohl er nie vorhatte, sein Versprechen zu halten.

in eine Familie ein/heiraten – durch Heirat Mitglied einer Familie werden
Der Schauspieler wollte gern in eine adlige Familie einheiraten.

unter die Haube kommen (kam, ist gekommen) – veraltete Redensart für: verheiratet werden und damit versorgt sein (bei Frauen) (verheiratete Frauen trugen früher Hauben [Mützen], so war sichtbar, dass sie Ehefrauen waren)
Früher dachte man, alle Frauen müssten bis zu einem bestimmten Alter unter die Haube kommen.

partnerschaftliche Verhalten (das) – zwei Partner, die gleichberechtigt und fair miteinander umgehen
Unter partnerschaftlichem Verhalten verstehe ich, dass beide Partner gleiche Rechte und Pflichten haben.

sich scheiden lassen (lässt, ließ, hat ... lassen) – eine Ehe vor Gericht auflösen lassen
→ *Scheidung (die, -en)*
Nach nur einem Jahr Ehe ließen sie sich wieder scheiden.

die Scheidung ein/reichen – einen offiziellen Antrag auf Scheidung bei einem Gericht einreichen
Sie leben schon seit Monaten getrennt; jetzt haben sie die Scheidung eingereicht, um die Trennung offiziell zu machen.

standesamtlich heiraten – auf dem Standesamt getraut werden
Da sie nicht mehr Mitglieder der Kirche waren, heirateten sie nur standesamtlich.

sich trauen lassen (lässt, ließ, hat ... lassen) – Zeremonie der Eheschließung
→ *Trauung (die, -en)*
Wir ließen uns in der Kirche trauen, es war eine schöne Hochzeit.

Vertrauen auf/bauen – ein Verhältnis schaffen, bei dem sich alle aufeinander verlassen können und zuverlässig sind
Vor der Eheschließung muss man Vertrauen zum Partner bzw. zur Partnerin aufbauen.

verwitwet sein – einen verstorbenen Ehepartner oder eine verstorbene Ehepartnerin haben
Sie war erst ein halbes Jahr verwitwet, als sie ihren zweiten Mann heiratete.

wilde Ehe (die, -n) – (veraltet) Ehe ohne Trauschein: ein Paar lebt zusammen wie in einer Ehe, ohne verheiratet zu sein
Für die katholische Kirche galt die „wilde Ehe" noch bis vor kurzem als Sünde.

Weitere Fragestellungen zum Thema

1. Schildern Sie die Vor- und Nachteile des Lebens in einer Großfamilie. Beschreiben Sie auch, ob diese Form des Familienlebens in Ihrem Heimatland vertreten ist, und wenn ja, welche Bevölkerungsgruppen sie bevorzugen.

2. Heute gibt es zahlreiche Möglichkeiten, dass sich Menschen aus verschiedenen Kulturen kennen lernen: am Arbeitsplatz, auf Reisen, beim Studium oder in der Nachbarschaft. So entstehen immer mehr bikulturelle Ehen. Welche Vor- und Nachteile können Sie sich für eine bikulturelle Familie vorstellen? Werden diese Familien in Ihrem Land positiv oder mit Vorbehalten betrachtet?

3. Welchen Einfluss hat die Familie in Ihrem Land auf die Wahl der Freunde, der Ehepartner und des Berufes? Können die jungen Leute in der Regel unabhängig von der Meinung ihrer Eltern entscheiden oder steht der Familie auch ein Recht zu, Entscheidungen für den Einzelnen zu treffen?

4. Viele Ehepaare wünschen sich Kinder und möchten eine große Familie. Andere bevorzugen ein Leben ohne Kinder. Wie ist Ihre Meinung dazu?

5. Immer mehr Menschen in Europa finden ihre Ehepartner über eine Vermittlung. Welche Gründe gibt es dafür?

6. Warum steigt das Heiratsalter in Europa an? Welches Alter ist Ihrer Meinung nach zum Heiraten ideal?

Schule

1960 schrieben die ABC-Schützen noch auf Schiefertafeln – seitdem hat sich vieles verändert

Wenn Sie Einfluss darauf hätten, was und wie an den Schulen unterrichtet wird, welche Fächer und welche Unterrichtsmethoden würden Sie dann wählen?

Vorüberlegungen

1 Welche Schulfächer gibt es und welche könnte es geben? Antworten Sie in Stichpunkten.

2 Welche Unterrichtsmethoden kennen Sie?

3 Oft wird darüber gesprochen, welche Eigenschaften der „ideale" Lehrer haben sollte. Wie steht es mit dem idealen Schüler? Welche Schülereigenschaften sind Ihrer Meinung nach bei Lehrern beliebt und welche sind weniger beliebt? Begründen Sie kurz Ihre Meinung.

4 **Erklären Sie diese deutschen Sprichwörter mit eigenen Worten.**

a) „Früh übt sich, was ein Meister werden will."

....

....

b) „Es ist noch kein Meister vom Himmel gefallen."

....

....

c) „Voller Bauch studiert nicht gern."

....

....

d) „Was Hänschen nicht lernt, lernt Hans nimmer (= niemals) mehr."

....

....

Hinweise zum Thema

Gegebenheiten:

- Bildungssystem ist wichtiger Faktor für persönliche Entwicklung und Grundlage für das geistige Potenzial (= Leistungsfähigkeit) eines Landes
- Veränderungen im Schulsystem unterliegen den politischen, kulturellen und ökonomischen Verhältnissen eines Landes
- meistens entscheiden Politiker und Bürokraten über Bildungssystem
- Schulbildung soll allgemeines Wissen vermitteln
- alle Schüler sollen optimal nach ihren Fähigkeiten gefördert werden

Eigenschaften, die als Erziehungsziel erstrebenswert erscheinen können:

aufgeschlossen	gehorsam	höflich	selbstständig
bescheiden	geschäftstüchtig	kritikfähig	selbstbewusst
demokratisch	gleichberechtigt	mutig	sozial
diskussionsbereit	hilfsbereit	partnerschaftlich	tapfer
durchsetzungsfähig			

Vorschlag zur Gliederung in Stichworten

Einleitung

Vorschläge zur Auswahl:

– eigenes interessantes Erlebnis aus der Schulzeit
– die Schule vermittelt Wissen und Fertigkeiten, die eine selbstständige Lebensführung ermöglichen sollen
– erlernen, wie die jeweilige Gesellschaft „funktioniert" und wie man ein Teil von ihr wird
– Schule als Orientierungshilfe, z.B. bei der Berufswahl
– häufig geäußerte Kritik, Schüler würden heutzutage zu wenig lernen

Hauptteil

pädagogische Konzepte und Schulsysteme – einige Vorschläge zur Auswahl:

– klassischer Frontalunterricht, d.h. die Schüler sind passiv
– Partnerarbeit
– Gruppen- und Projektarbeit
– Einsatz von Medien und Computern
– Unterricht ohne Notendruck (z.B. Waldorfschule)
– Unterricht in Blöcken (z.B. eine Woche nur Musik, dann eine Woche nur Englisch)
– 3-gliedriges-Schulsystem: Haupt- und Realschule, Gymnasium
– verschiedene Typen von Fachschulen, z.B. Wirtschaftsgymnasium
– unterschiedliches Verhalten des Lehrers: streng, alternativ, offen, altmodisch, distanziert, motiviert, langweilig

– ....

wünschenswerte Veränderungen – einige Vorschläge zur Auswahl:

– einheitliches europäisches Bildungssystem, um Anerkennung der Abschlüsse zu vereinfachen
– kleine Klassen (weniger Schüler)
– nicht nur Wissensvermittlung, sondern darüber hinaus persönliches Interesse an den Schülern
– Lehrstoff realitätsnäher gestalten
– Angebot der Schulfächer an die Bedürfnisse der Zeit anpassen, z.B. Computertechnik, Fremdsprachen, Kommunikationstechnologien, Einführung in die Betriebswirtschaft, Ernährungswissenschaft, Philosophie, Rhetorik
– Eigeninitiative der Schüler fördern
– Minderheiten (Ausländer, Angehörige anderer Religionen, Behinderte) in den Unterricht integrieren
– öfter unterschiedliche Unterrichtsmethoden ausprobieren (Aktionstag)

– ....

Schluss

Vorschläge zur Auswahl:

– Ausblick in die Zukunft
– Schuljahre sind oft ausschlaggebend für die weitere Entwicklung im Leben
– Staat, Familie, Schüler und Lehrer müssen die Schulausbildung ernst nehmen als Investition in die Zukunft

zu diesem Thema siehe auch: Generationen, Frieden

5 **Formulieren Sie nun mit Hilfe der Stichworte einen Vortrag bzw. einen Aufsatz. Verwenden Sie dabei einige der folgenden und aus vorigen Kapiteln bereits bekannte Formulierungshilfen.**

Formulierungshilfen

Vorschläge und Ideen äußern

Man sollte ...	Man sollte dieses Argument unbedingt berücksichtigen.
Eine Möglichkeit wäre ...	Eine Möglichkeit, dieses Problem zu lösen, wäre der Einsatz von Computern in allen Klassenstufen.
Man könnte ...	Man könnte gut ausgebildetes Personal einstellen.
Es wäre wichtig ...	Es wäre wichtig, Lehrer praxisnah auszubilden.
Es ware wünschens-wert, ...	Es wäre wünschenswert, dass gut ausgebildetes Personal eingestellt wird.
vielleicht	Vielleicht sollte man das Notensystem verändern.
vor/schlagen	Ich schlage vor, das Notensystem zu verändern.
vorstellbar wäre ...	Vorstellbar wäre der Einsatz von modernen Computern.
(sich) wünschen	Ich wünsche mir ein Schulsystem ohne Notendruck.
auf/fordern zu + D	Aber auch die Schüler sind dazu aufgefordert, sich aktiver am Unterricht zu beteiligen.
verlangen	Seit Jahren verlangen die Eltern mehr Mitspracherecht bei der Unterrichtsgestaltung.

Übungen zu Grammatik und Wortschatz

6 **Ergänzen Sie die Ausdrücke in der richtigen Form. Sollten Sie einige der Ausdrücke nicht kennen, helfen Ihnen sicher die Erklärungen im Lösungsschlüssel.**

studieren	sich fortbilden	lernen	Hausaufgaben machen	üben	nachschlagen
pauken (ugs.)	sich vorbereiten auf + A		sich etw. einprägen	sich vertraut machen mit + D	

a) Schüler haben es nicht leicht: Vormittags müssen sie in die Schule gehen, und den Nachmittag

verbringen sie damit, ihre .... zu ....

b) Ein lateinisches Sprichwort sagt, man .... für das Leben und nicht für die Schule.

c) Wenn man ein Wort nicht kennt, kann man im Lexikon ....

d) Für das Abitur muss man nicht nur lernen, sondern richtig ....

e) Erika versucht sich die neuen Vokabeln zu merken, aber sie kann .... die Wörter einfach

nicht ....

f) Wenn man im Beruf eine bessere Position erreichen möchte, muss man .... regelmäßig

..........................., um sich über die neusten Entwicklungen zu informieren.

g) Auf eine Prüfung sollte man .... frühzeitig ....

h) An der Frankfurter Universität kann man viele verschiedene Fächer ....

i) Obwohl Michael den ganzen Tag ...., kann er das Gedicht immer noch nicht

auswendig.

j) Niemand lernt Judo an einem Tag, man muss sich langsam mit der Technik ....

....

6. Schule

7 **Ersetzen Sie die unterstrichenen Ausdrücke durch ein passendes Modalverb, und formen Sie entsprechend um.**

Beispiel: Er behauptet, der beste Schüler in der Klasse zu sein.
Er will der beste Schüler in der Klasse sein.

a) In der Zeitung steht, dass man plant, die Abiturprüfungen zu erleichtern.

   ....

   ....

b) Alle Kinder haben die Möglichkeit, eine Schule zu besuchen.

   ....

   ....

c) Sie hat eine Vorliebe für Fremdsprachen.

   ....

   ....

d) Nach dem Abitur hat sie vor, Medizin zu studieren.

   ....

   ....

e) Ihm ist es nicht gelungen, das Vertrauen der Schüler zu gewinnen.

   ....

   ....

f) Ich empfehle ihr ein Studium im Ausland.

   ....

   ....

g) Nach der anstrengenden Prüfung war sie nicht imstande, ruhig zu schlafen.

   ....

   ....

h) Die Schüler haben die Pflicht, pünktlich zum Unterricht zu erscheinen.

   ....

   ....

i) <u>Es ist ziemlich sicher</u>, dass sie die Prüfung bestanden hat.

....

....

j) <u>Es wäre sicher besser gewesen</u>, wenn ich mich intensiver vorbereitet hätte.

....

....

8 **Rund um das Wort „schreiben". Erklären Sie die Bedeutungsvarianten mit eigenen Worten.**

Beispiel: unterschreiben   →   *die Unterschrift unter ein Schriftstück setzen*

a) ab/schreiben   →   ....

b) an/schreiben   →   ....

c) auf/schreiben   →   ....

d) beschreiben   →   ....

e) gut/schreiben   →   ....

f) umschreiben   →   ....

g) um/schreiben   →   ....

h) verschreiben   →   ....

i) sich verschreiben   →   ....

j) voll/schreiben   →   ....

k) vor/schreiben   →   ....

9 **Was kann man mit einer Prüfung „machen"? Ergänzen Sie die fehlenden Verben.**

a) Ich habe lange überlegt, ob ich mich zu der Prüfung ....

b) Vor drei Wochen habe ich mich dann tatsächlich für die Prüfung ....

c) Am letzten Freitag habe ich die Prüfung endlich ....

d) Ich hoffe natürlich, dass ich sie ....

e) Wenn ich ...., muss ich sie leider ....

Übrigens ...

Selten gebrauchte Konjunktionen

(an)statt dass / (an)statt ... zu (untergeordnet)

Im Nebensatz wird eine Möglichkeit genannt, die man nicht wahrgenommen hat.
Sie besuchte ihre Freundin, (an)statt dass sie ihre Hausaufgaben machte.
bei gleichem Subjekt in Hauptsatz und Nebensatz → *(an)statt die Hausaufgaben zu machen.*

beziehungsweise (= bzw.) =

a) oder
Die Konjunktion gibt an, dass eine Alternative existiert.
Sie will anrufen bzw. ein Fax schicken.

b) genauer gesagt
Die Konjunktion leitet eine Präzisierung der Aussage ein.
Er hatte erfahren, dass es keine Reform geben wird bzw. keine Hoffnung auf Veränderungen.

c) und
Die Konjunktion drückt aus, dass zwei verschiedene Aussagen zutreffen.
Die Teilnehmer kamen aus England bzw. Frankreich. (= Einige Teilnehmer kamen aus England, die anderen kamen aus Frankreich.)

je nachdem (untergeordnet)

Im Nebensatz wird eine Bedingung genannt, von der die Entscheidung im Hauptsatz abhängt.
Je nachdem ob alle Schüler anwesend sind, sehen wir einen Film oder schreiben wir einen Test.
Wir sehen einen Film oder schreiben einen Test, je nachdem ob alle Schüler anwesend sind.

soviel, soweit (untergeordnet, modal)

Die Aussage des Hauptsatzes wird im Nebensatz eingeschränkt. Die Einschränkung bezieht sich auf den eigenen Informationsstand.
Soviel ich gehört habe, wollen die Schüler streiken.
Es soll keine neue Prüfungsordnung geben, soweit ich weiß.

zumal (untergeordnet, kausal)

Der Nebensatz mit „zumal" gibt einen zusätzlichen Grund an.
Ich muss unbedingt nach Hause, um mich auszuruhen, zumal ich auch noch nichts gegessen habe.
Wegen des schönen Wetters machen wir einen Ausflug, zumal heute Sonntag ist.

10 **Formen Sie die Sätze um, indem Sie die oben genannten Konjunktionen verwenden.**

a) Sie will mit dem Taxi oder mit dem Bus kommen. ....

....

b) Ich bin sehr müde und bleibe zu Hause, ich bin wirklich stark erkältet. ....

....

c) Sie haben die Arbeit nicht erledigt. Sie sind ins Museum gegangen. ....

....

d) Es gibt zwei Möglichkeiten: bei Regen gehen wir ins Kino, bei Sonnenschein machen wir ein Picknick.

....

....

e) Ich weiß keine Einzelheiten, aber es handelt sich wahrscheinlich um ein ernsthaftes Problem.

....

....

Wortschatz

Verben

ab/gehen (ging ab, ist abgegangen) – die Schulausbildung abbrechen / nicht mehr zur Schule gehen
Als er von der Schule abging, fing er sofort eine Bäckerlehre an.

absolvieren – erfolgreich beenden → *Absolvierung (die), Absolvent (der, -en)*
Nachdem sie das Gymnasium absolviert hatte, begann sie sofort mit dem Studium.

bestehen (bestand, hat bestanden) – Erfolg bei einer Prüfung haben
Die Zertifikatsprüfung hatte sie mit der Note „gut" bestanden.

durch/fallen (fällt durch, fiel durch, ist durchgefallen) – eine Prüfung nicht bestehen
Drei Kandidaten sind bei der Führerscheinprüfung durchgefallen.

nach/sitzen (saß nach, hat nachgesessen) – zur Strafe länger bleiben müssen als im Stundenplan vorgesehen → *Nachsitzen (das)*
Weil er ständig den Unterricht störte, musste er am Freitag zwei Stunden nachsitzen.

reformieren – etwas verändern, um es zu verbessern / erneuern → *Reform (die, -en)*
Das Schulsystem sollte in den nächsten Jahren reformiert werden, denn die Mängel werden immer deutlicher.

sitzen bleiben (blieb sitzen, ist sitzen geblieben) (↔ versetzt werden) – die Klasse wiederholen
Er hatte sehr schlechte Noten, deshalb ist er sitzen geblieben.

überfordern – mehr von jdm. verlangen, als er leisten kann
Das Kind war mit vier Fremdsprachen wirklich überfordert.

vermitteln – lehren, verständlich machen
Das neue Lehrbuch vermittelt die Geschichte der Französischen Revolution wirklich gut.

versetzen – jdm. die Erlaubnis geben, die nächst höhere Klasse zu besuchen → *Versetzung (die)*
Kein Schüler musste die Klasse wiederholen, alle Schüler wurden in die 6. Klasse versetzt.

Nomen

Abgangszeugnis (das, -se) – das Zeugnis eines Schülers, mit dem er die Schule abschließt (z.B. am Ende der Realschule)
Alle Schüler erhielten ihr Abgangszeugnis vom Direktor persönlich.

Abitur (das) (= Hochschulreife) – Abschlussprüfung an einem Gymnasium oder Fachgymnasium, die zur Einschreibung an einer Universität berechtigt
Sie hat 1988 das Abitur gemacht.

6. Schule

Arbeitsbeschaffungsmaßnahme (die, -n) – staatliches Programm, um Arbeitslose kurzfristig zu beschäftigen
Durch Arbeitsbeschaffungsmaßnahmen wurden 20000 Personen wieder beschäftigt.

Arbeitslosenquote (die, -n) – der Anteil der Arbeitslosen an der Gesamtzahl der Beschäftigten
Im Winter steigt die Arbeitslosenquote meist an.

Aula (die, Aulen / Aulas) – ein großer Saal in einer Schule, in dem Veranstaltungen durchgeführt werden
Die Abschlussfeier für die Abiturienten findet jedes Jahr in der Aula statt.

Bafög (das), Bundesausbildungsförderungsgesetz – Gesetz, nach dem Schülern und Studierenden Stipendien gewährt werden / das Geld, das Schüler bzw. Studierende nach dem Bundesausbildungsförderungsgesetz erhalten
Während ihres Studiums erhielt sie Bafög.

Berufsschule (die, -n) (= Berufsfachschule) – Schule, die Auszubildende neben ihrer Ausbildung besuchen müssen
Karola musste während ihrer Lehre als Kauffrau zweimal in der Woche in die Berufsschule gehen.

Bildungswesen (das) – alles, was mit Unterricht, Erziehung und Ausbildung zu tun hat
Die neue Regierung wollte weniger Geld für das Bildungswesen ausgeben.

Diplom (das, -e) – Abschlussprüfung bei natur- und sozialwissenschaftlichen Studienfächern
Peters Diplom wurde in den USA nicht anerkannt, er musste dort erst eine Prüfung ablegen.

Dozent (der, -en) – Lehrer an einer Hochschule oder Universität
Als Student sollte man guten Kontakt zu den Dozenten halten.

Fachkompetenz (die) – Wissen / Spezialisierung auf einem Gebiet
Die neue Germanistikdozentin verfügt über viel Fachkompetenz in ihrem Spezialgebiet, der Literatur des Mittelalters.

Gesamtschule (die, -n) – Schultyp in Deutschland, der die verschiedenen Schultypen (Hauptschule, Realschule, Gymnasium) vereinigt
Das Schulmodell der Gesamtschule entstand in den 70er-Jahren und löste damals viel Kritik aus.

Grundschule (die, -n) (= Elementarschule) – in der Regel 1. - 4. Klasse
Nach der Grundschule möchte mein Sohn auf das Gymnasium gehen.

Gymnasium (das, Gymnasien) – höhere Schule (5. - 12. oder 13. Klasse), die zur Hochschulreife (Abitur) führt → *Gymnasiast (der, -en)*
Klaus war erst Lehrer an einer Realschule, jetzt unterrichtet er an einem Gymnasium.

Habilitation (die, -en) – größere wissenschaftliche Arbeit, durch die der Verfasser an der Universität lehren und den Titel „Professor" tragen darf
→ *sich habilitieren*
Die Habilitation ist in Deutschland immer noch Voraussetzung für eine Karriere als Hochschullehrer.

Hauptschule (die, -n) – Schule für Jugendliche, die handwerkliche Berufe ergreifen wollen, in der Regel 5. - 9. Klasse
In den letzten Jahren ist der Ausländeranteil in den Hauptschulen gestiegen.

Internat (das, -e) – eine Schule, in der die Schüler während des Schuljahrs auch wohnen
Es gibt viele Jugendbücher, deren Geschichten in einem Internat spielen.

Klassenbuch (das, -bücher) – ein Buch, in das der Lehrer täglich einträgt, was während des Unterrichts passierte oder gemacht wurde
Der Lehrer trägt die Namen der fehlenden Schüler in das Klassenbuch ein.

Kollegium (das, Kollegien) – Gesamtheit aller Lehrer einer Schule
Der Direktor bat das Kollegium, mit den Schülern strenger umzugehen.

Kultusministerium (das, -ministerien) – die oberste Behörde, die in einem Bundesland für Schulen, Universitäten und sonstige Bildungs- und Kultureinrichtungen zuständig ist
Im Kultusministerium werden alle wichtigen Entscheidungen getroffen, die das Bildungswesen betreffen.

Lehre (die, -n) (= Lehrzeit) – Berufsausbildung, d.h. eine praktische Ausbildung, die bis zu drei Jahren dauern kann
→ *Lehrling (der, -e), eine Lehre machen, eine Lehre absolvieren*
Nach der Lehre wollte er eine Weltreise machen.

Lehrkörper (der, -) – das Lehrpersonal einer Schule
Der gesamte Lehrkörper plant einen Ausflug.

Lehrplan (der, -pläne) (= Unterrichtsplan) – Programm für ein Semester oder Schuljahr
Der Lehrplan ist in diesem Jahr umfangreicher als im letzten Jahr, es gibt ein Fach mehr.

Magister (der, -) – an der Universität abgelegte Abschlussprüfung für Geisteswissenschaften → *den Magister machen*
Nachdem sie ihren Magister gemacht hatte, bewarb sie sich um eine Stelle.

Meister (der, -) – höchster Titel, den ein Handwerker erlangen kann und der dazu berechtigt, Lehrlinge auszubilden und sich als Handwerker selbstständig zu machen
Herr Kaiser hat gestern seine Prüfung zum Meister bestanden.

Nachhilfeunterricht (der) – (meist) privater Unterricht außerhalb der Schule, den ein Schüler erhält, um in einem Schulfach Schwächen auszugleichen
Die älteren Schüler gaben den jüngeren oft Nachhilfeunterricht.

Pensum (das) – die Menge des Lernstoffs
In der 12. Klasse haben die Gymnasiasten ein großes Pensum zu bewältigen.

Promotion (die, -en) – Verleihung des Doktortitels durch eine Hochschule
→ *promovieren*
Auf die Promotion unseres Sohnes sind wir besonders stolz.

Prüfung (die, -en) – ein Test, der zeigt, was man weiß oder kann
→ *eine Prüfung ablegen, eine Prüfung bestehen, sich zu einer Prüfung melden*
Ich legte im Mai meine Prüfungen für das Diplom ab.

Pult (das, -e) – Tisch, an dem der Lehrer in der Klasse sitzt oder steht
Während die Schüler den Test schrieben, saß der Lehrer am Pult und korrigierte die Aufsätze.

Realschule (die, -n) – Schule für Schüler, die kein Abitur anstreben, in der Regel 5. - 10. Klasse
In der Realschule werden meistens zwei Fremdsprachen angeboten.

Reifeprüfung (die, -en) – Abitur / Prüfung, die zum Studium berechtigt
„Reifeprüfung“ war früher die offizielle Bezeichnung für das Abitur.

Regelstudienzeit (die, -en) – eine bestimmte Anzahl von Semestern, in denen ein Student der Studienordnung gemäß sein Studium abschließen sollte
Viele deutsche Studenten überschreiten die Regelstudienzeit um mehrere Semester.

Schulbehörde (die, -n) – die Schulbehörde kümmert sich um Planung und Organisation der Schule
Wenn man sich über das Verhalten eines Lehrers beschweren möchte, wendet man sich an die Schulbehörde.

Schuljahr (das, -e) – in Deutschland der Zeitraum von Anfang Herbst bis zu den großen Ferien im Sommer
Das diesjährige Schuljahr beginnt am 27. Juli und endet am 15. Juni.

Schulpflicht (die) – gesetzlich festgelegte Pflicht, eine Schule zu besuchen (in Deutschland vom 6. bis zum 15. / 16. Lebensjahr)
In fast allen europäischen Ländern besteht Schulpflicht.

6. Schule

Schulstress (der) – Nervosität und Druck, den die Schüler in der Schule empfinden
Viele Gymnasiasten klagen über den Schulstress, besonders während der Prüfungszeiten.

Schulversagen (das) – Misserfolg in der Schule
Häufig ist das Schulversagen ein Grund für Auseinandersetzungen zwischen Eltern und Kindern.

Schulwesen (das) – alles, was mit der Schule zu tun hat
In Griechenland wurde das Schulwesen in den letzten Jahren reformiert.

Schuljahrgang (der, -gänge) – alle Schüler, die ihren Abschluss in einem bestimmten Jahr gemacht haben
Heute trifft sich der Schuljahrgang 1976 in seiner alten Schule.

Schülermitvertretung (SMV) (die, -en) – eine Art Schülerparlament / von den Schülern einer Schule gewähltes Organ, das die Interessen der Schüler gegenüber der Schulleitung vertritt
Morgen organisiert die Schülermitvertretung eine Schulparty.

Schülerzeitung (die, -en) – eine Zeitung von Schülern für Schüler
Da die Schülerzeitung von Schülern für Schüler gemacht wird, ist die aktive Teilnahme der Schüler sehr wichtig.

Sonderschule (die, -n) – eine besondere Schule für Kinder und Jugendliche mit Lernschwächen
Schüler in einer Sonderschule brauchen oft besondere Fürsorge und Aufmerksamkeit.

Staatsexamen (das, -) – Universitätsprüfung bei Juristen, Medizinern und Lehrern
→ *Erstes oder Zweites Staatsexamen, das Staatsexamen ablegen*
Nachdem sie das Zweite Staatsexamen bestanden hatte, durfte sie in einer Anwaltskanzlei arbeiten.

Stipendium (das, Stipendien) – eine finanzielle Unterstützung vom Staat, von Stiftungen oder privaten Trägern für besonders begabte oder erfolgreiche Schüler oder Studenten
Durch das Stipendium konnte sie ohne finanzielle Probleme studieren.

Studiengang (der, -gänge) – ein Fach oder Gebiet, das man an der Universität wählt
Medizin gehört zu den beliebtesten Studiengängen in Deutschland.

Unterrichtsgestaltung (die) – die Art und Weise, in der Schüler und Lehrer im Unterricht zusammenarbeiten
Während des Studiums wird besonders die Unterrichtsgestaltung der Lehramtskandidaten beurteilt.

Zeugnis (das, -se) – ein Blatt, auf dem die Noten des Schülers stehen
Leider gibt es immer noch Eltern, die ihre Kinder streng bestrafen, wenn sie ein schlechtes Zeugnis haben.

Adjektive

autoritär (↔ antiautoritär) – streng
Der Lehrer war sehr autoritär; er bestrafte die Schüler, sobald sie den Unterricht störten.

aufgeschlossen – offen für neue Ideen
Die neue Schulleiterin war neuen Methoden gegenüber sehr aufgeschlossen.

bescheiden – zurückhaltend / mit wenig zufrieden
Er war zu bescheiden und wollte die Belohnung des Rektors nicht annehmen.

gehorsam – sich so verhalten, wie es die Mächtigen (z.B. die Eltern oder Lehrer) wünschen
Früher war es wichtig, dass Schüler gehorsam sind; heute dürfen sie auch mal frech sein.

geschäftstüchtig – besonders erfolgreich im Geschäftsleben ....

Der Schulrektor der neuen Privatschule ist sehr geschäftstüchtig. Durch seine ....
Aktivitäten hat sich die Zahl der Schüler in diesem Jahr verdoppelt. ....

selbstbewusst – von sich selbst / seinen Fähigkeiten / seinem Wert als Person ....
überzeugt, selbstsicher → *Selbstbewusstsein (das)* ....
Ein Lehrer muss selbstbewusst sein, wenn er vor einer großen Klasse steht. ....

tapfer (↔ ängstlich) – mutig / furchtlos → *Tapferkeit (die)* ....
Obwohl der Schüler sich in der Pause verletzt hatte, saß er tapfer in der Klasse ....
und sagte nicht, dass ihm der Fuß weh tat. ....

Ausdrücke

eine Prüfung ab/legen – an einer Prüfung teilnehmen / eine Prüfung machen ....
Erst nachdem sie eine Prüfung abgelegt hatte, wurde sie eingestellt. ....

von der Schule fliegen (flog, ist geflogen) (umgangssprachlich) – wegen negativem ....
Verhalten aus der Schule ausgeschlossen werden ....
Weil er die Lehrer bedrohte und seine Mitschüler angriff, ist er nach der 9. Klasse ....
von der Schule geflogen. ....

Weitere Fragestellungen zum Thema

1. Inwieweit wird Ihrer Meinung nach der Charakter eines Menschen durch Bildung beeinflusst?

2. Was ist Allgemeinbildung und lässt sich dieser Begriff in allen Kulturen gleich definieren?

3. Die Schulzeit ist eine wichtige Phase in der Entwicklung eines Kindes und Jugendlichen. Beschreiben Sie ein prägendes Ereignis aus Ihrer Schulzeit. Inwiefern hat die Schulzeit Sie beeinflusst?

4. „Bildung ist ein Privileg der Reichen." Stimmen Sie dieser Aussage zu? Beschreiben Sie die Situation in Ihrem Heimatland und begründen Sie Ihre Meinung anhand von Beispielen.

5. In Deutschland gibt es fast nur noch gemischte Schulen (Koedukation), d.h. Mädchen und Jungen werden gemeinsam unterrichtet. Untersuchungen haben gezeigt, dass Mädchen in manchen Fächern allein besser lernen und sich weniger unterdrückt fühlen. Welche Fächer könnten das Ihrer Meinung nach sein? Nehmen Sie zu dieser These Stellung und beachten Sie dabei auch die frühere und die jetzige Situation in Ihrem Heimatland. Gibt es Ihrer Meinung nach Argumente für eine Trennung der Geschlechter?

6. Die Schule der Zukunft. Was wird sich Ihrer Meinung nach ändern, was wird so bleiben, wie wir es gewohnt sind? Begründen Sie Ihre Meinung.

7. „Frühzeitige Förderung der Hochbegabten?" – „Gleiche Bildungschancen für alle." Welche Aufgabe hat die Bildungspolitik? Begründen Sie Ihre Meinung.

8. Nicht das Kultusministerium sollte entscheiden, was Schüler lernen müssen, sondern eine Gruppe aus Lehrern, Schülern, Eltern und Vertretern der Wirtschaft sollten die Lehrpläne ausarbeiten. Stimmen Sie dieser Auffassung zu? Begründen Sie Ihre Meinung, beachten Sie dabei auch die Situation in Ihrem Heimatland.

9. „Unterricht sollte nicht nur theoretisch sein, sondern auch schon jungen Schülern über einen längeren Zeitraum die Gelegenheit geben, in verschiedenen Bereichen praktische Erfahrungen sammeln zu können." Stimmen Sie diesem Vorschlag zu? Begründen Sie Ihre Meinung.

Wissenschaft und Zukunft

Welche Entdeckung oder Erfindung halten Sie für die wichtigste innerhalb der letzten 100 Jahre? Denken Sie dabei auch an die Vor- und Nachteile, die diese Neuheit gebracht hat. Begründen Sie Ihre Meinung.

Vorüberlegungen

1. Nennen Sie wichtige Erfindungen aus verschiedenen Bereichen oder Personen, die mit ihren Erfindungen unser Leben beeinflusst haben.

2. Wie stellen Sie sich einen typischen Erfinder vor? Über welche Eigenschaften sollte er oder sie verfügen? Notieren Sie verschiedene Adjektive.

3. Was müsste Ihrer Meinung nach noch erfunden werden, um das Leben angenehmer zu machen? Lassen Sie Ihrer Phantasie freien Lauf!

Hinweise zum Thema

- Mensch hat den Drang zu forschen, zu untersuchen und zu entdecken
- eine Erfindung zieht weitere nach sich
- Zufall spielt eine Rolle
- Erfindungen können positive oder negative Auswirkungen haben
- Fördergelder von Regierung oder Universitäten unterstützen „Erfinder"
- Universitäten bieten jungen Forschern und Wissenschaftlern die notwendigen Grundlagen
- Medien veranstalten Wettbewerbe (z.B. „Jugend forscht" des Magazins „Der Stern"), um besonders Schülern Anreiz zum „Ausprobieren" zu geben
- Firmen zahlen Prämien an Mitarbeiter, wenn sie Neuheiten (er)finden, die Produktionskosten sparen
- das Patentamt patentiert Erfindungen, d.h. es schützt die Rechte des Erfinders
- von der schwedischen Akademie wird der Nobelpreis für herausragende Entdeckungen oder Erfindungen verliehen

Vorschlag zur Gliederung in Stichworten

Einleitung

Vorschläge zur Auswahl:
- Beispiel für eine viel diskutierte Erfindung
- Definition: eine Erfindung ist eine Neuheit auf einem bestimmten Gebiet
- Erfindung sollte das Leben positiv beeinflussen
- Erfindungen mit negativen Folgen für Mensch, Tier und Natur (z.B. die Atombombe, DDT)
- Forschen, Suchen und Entdecken liegen in der Natur des Menschen

Hauptteil

Welche Entdeckung haben Sie gewählt? Erklären Sie, warum Sie dieses Beispiel gewählt haben. Beachten Sie bei Ihren Ausführungen die positiven und möglichen negativen Auswirkungen dieser Erfindung.

konkretes Beispiel einer Erfindung: das Auto

Vorteile:
- Distanzen lassen sich in kürzerer Zeit zurücklegen
- Arbeitsplatz braucht nicht mehr in unmittelbarer Nähe zu sein
- Reisen werden einfacher
- Transportmittel
- größere Unabhängigkeit
- neues Statussymbol

Nachteile:
- Umweltbelastung durch Abgase
- Veränderung der Städte bzw. Umwelt durch Straßenbau usw.
- Unfallgefahr für Autofahrer oder andere Verkehrsteilnehmer
- Abhängigkeit von Öl als Rohstoff
- Fahrzeuge im Kriegseinsatz

Schluss

Vorschläge zur Auswahl:
- Erfindungen können positive und negative Auswirkungen haben

7. Wissenschaft und Zukunft

- sie verändern unseren Alltag unwiederbringlich
- sie sollten nicht sofort bejubelt oder verdammt werden

zu diesem Thema siehe auch: **Medizin, historische Persönlichkeiten**

4️⃣ **Formulieren Sie nun mit Hilfe der Stichworte einen Vortrag bzw. einen Aufsatz. Verwenden Sie dabei einige der folgenden und aus vorigen Kapiteln bereits bekannte Formulierungshilfen.**

Formulierungshilfen

Fragen stellen

sich fragen, ob ...	Ich frage mich, ob der Einsatz von hochmodernen Computeranlagen notwendig ist.
problematisieren	Das Thema „Atomenergie" ist in unserer Gesellschaft nicht ausreichend problematisiert worden, kaum jemand spricht darüber.
Es stellt sich die Frage, ...	Es stellt sich die Frage, ob der Einsatz von komplizierten Computeranlagen immer sinnvoll ist.
zur Diskussion stellen	Ich möchte diese These zur Diskussion stellen.
die Frage auf/werfen	Der letzte Artikel in dem Wissenschaftsmagazin über die Fortschritte im Bereich der Genmanipulation hat mehr Fragen aufgeworfen als Antworten gegeben.

Übungen zu Grammatik und Wortschatz

5️⃣ **Entscheiden Sie, welche Bedeutung die unterstrichenen Modalverben haben.**

1 Behauptung einer Person über sich selbst
2 Empfehlung, Rat *(Konjunktiv II der Gegenwart)*
3 Kritik *(Konjunktiv II der Vergangenheit → irreal, nicht mehr zu beeinflussen)*
4 Vermutung: vielleicht *(schwächer als „wahrscheinlich")*
5 Gerücht, Wiedergabe einer Behauptung
6 Möglichkeit
7 Pflicht
8 Verbot
9 Vermutung: wahrscheinlich *(stärker als „vielleicht")*
10 Zweifel
11 Voraussetzung *(„wenn")*

Beispiel: Es <u>kann</u> sein, dass Carlos Maier der Nobelpreis verliehen wird. $\boxed{6}$

a) Carlos Maier <u>will</u> eine wegweisende Entdeckung im Bereich der Medizin gemacht haben. ☐

b) Carlos Maier <u>soll</u> die wichtigste medizinische Entdeckung der letzten 20 Jahre gemacht haben. ☐

c) Carlos Maier hätte seine Entdeckung vor 10 Jahren machen <u>sollen</u>. ☐

d) Er <u>mag</u> eine wichtige Entdeckung gemacht haben, ich finde sie eher unwichtig. ☐

e) Es <u>könnte</u> die wichtigste Entdeckung der letzten Jahre sein. ☐

f) Er <u>darf</u> die Ergebnisse der Entdeckung noch nicht veröffentlichen. ☐

g) Er <u>sollte</u> sie spätestens im Herbst veröffentlichen. ☐

h) Er <u>dürfte</u> einer der Ersten sein, der solche wichtigen Ergebnisse veröffentlicht. ☐

i) Vor einer Veröffentlichung <u>muss</u> er die Ergebnisse mit seinem Chef besprechen. ☐

j) <u>Sollte</u> Carlos Maier noch in diesem Jahr seine Entdeckung veröffentlichen, erregt er damit bestimmt viel Aufsehen. ☐

6 **Wählen Sie den passenden Ausdruck und bilden Sie aus den Wörtern Sätze. Sollten Sie einige der Ausdrücke nicht kennen, helfen Ihnen die Erklärungen im Lösungsschlüssel.**

Beispiel: Alfred Nobel / das Dynamit
✗ erfinden   2. erblicken   3. auftreiben
Alfred Nobel hat das Dynamit erfunden.

a) Polizei / der Täter
1. auf die Spur kommen   2. freilegen   3. ausgraben

....

b) Anna / unter / viele Gäste / plötzlich / alter Freund
1. ausgraben   2. erblicken   3. erfinden

....

c) Peter / gestern / die Zeitung / der Artikel / seine Firma
1. freilegen   2. erfinden   3. stoßen auf + A

....

d) Der Detektiv / lange Suche / verdächtige Person / Berlin
1. auftreiben   2. erfinden   3. ausgraben

....

e) Athen / Archäologen / antikes Theater
1. erblicken   2. auf die Spur kommen   3. freilegen

....

f) Bertolt Brecht / das Licht der Welt / Augsburg
1. entdecken   2. stoßen auf + A   3. erblicken

....

g) Sigrid / Garten / die Blumenzwiebel
1. auf die Spur kommen   2. erfinden   3. ausgraben

....

h) Kolumbus / Amerika
1. erfinden   2. freilegen   3. entdecken

....

7. Wissenschaft und Zukunft

i) Graham Bell / das Telefon
1. erblicken   2. erfinden   3. auftreiben

....

j) Josef / große Schwierigkeiten / neue Adresse von Hanna
1. ausfindig machen   2. entdecken   3. stoßen auf + A

....

7 Bilden Sie aus den Wörtern Sätze.

a) Archäologe Schliemann – führen – selbst – Aufsicht – Ausgrabungen – altes Troja *(Vergangenheit)*

....

....

b) Wissenschaftler – ziehen – seine Studie – auch – abwegige Thesen – Erwägung

....

....

c) Öffentlichkeit – erhalten – sehr schnell – Kenntnis – neuste Forschungsergebnisse – Bekämpfung – AIDS

....

....

d) Kernforscher – können – Radioaktivität – während – ihre Experimente – austreten – Schaden – kommen *(Relativsatz)*

....

....

e) sie – Nobelpreis – Chemie – erhalten – kommen – sie – endlich – Ziel – ihre Wünsche *(Nebensatz)*

....

....

f) ihre Kollegen – ziehen – neue Forschungsergebnisse – Diskussion – Zweifel

....

....

⑧ **Ergänzen Sie die fehlenden Präpositionen.**

a) ……… diesem wichtigen Ergebnis lassen sich noch weitere Erkenntnisse ableiten.

b) Die Experten konnten ……… keinem Entschluss kommen, was die Veröffentlichung der neusten Ergebnisse betraf.

c) Die Meinung des Autors geht ……… dem Artikel, der in vielen überregionalen Zeitungen publiziert wurde, nicht eindeutig hervor.

d) Wie in den Nachrichten bekannt gegeben wurde, haben die Wissenschaftler ……… dem Experiment den Schluss gezogen, dass die neue Methode weniger umweltbelastend ist.

e) Wie der Regierungssprecher mitteilte, kann der gestrige Unfall in dem Atomkraftwerk nicht mit den schlechten Witterungsverhältnissen ……… Verbindung gebracht werden.

f) Was folgerten die Medien ……… der scharfen Kritik der Regierung ……… den neusten Ozonmessungen?

Übrigens …

man – einer

man: Das Pronomen wird als Stellvertreter für eine Anzahl von Personen verwendet, die nicht weiter beschrieben werden. Es steht dann als Ersatz für „die Leute", „viele", z.B.:
In diesem Sommer trägt man wieder große Sonnenbrillen.
„Man" kann eine Allgemeinheit umschreiben, bezeichnet dann also alle Menschen, z.B.:
Man sollte nicht rauchen.

Das Pronomen „man" steht immer im Singular. Entsprechend steht auch das dazugehörige Verb im Singular.
Im Dativ wird „man" durch „einem", im Akkusativ durch „einen" ersetzt. Eine Genitivform gibt es nicht. Diese Pronomen stehen nie am Satzanfang, z.B.:
Bei diesem schlechten Wetter kann einem die Lust auf Urlaub vergehen.
Ein gutes Essen in gemütlicher Atmosphäre kann einen beruhigen.

„Man" bleibt „man". Das bedeutet, dass es in der Satzfolge durch kein anderes Pronomen, wie „er" usw., ersetzt wird, z.B.:
In gemütlicher Runde trinkt man gern ein Glas Wein, besonders wenn man im Sommer im Freien sitzen kann.

einer, eine, ein(e)s: Dieses Pronomen bezeichnet eine Person bzw. eine Sache aus einer Gruppe. Das Genus wird unterschieden, z.B.:
Alle Schüler haben die Prüfung bestanden, einer sogar mit Auszeichnung.

Die negative Form des Pronomens ist „keiner, keine, kein(e)s", z.B.:
Während der Diskussion hat sich keiner zu Wort gemeldet.

Die Pluralform lautet „welche", z.B.:
Brauchst du Disketten? Ich habe noch welche in der Schublade.

⑨ **Ergänzen Sie die fehlenden Pronomen.**

a) Vor dem 18. Lebensjahr kann .... in Deutschland nicht den Führerschein machen.

b) Auf Stefan kann .... sich wirklich verlassen.

c) Ein gutes Buch hat .... viel zu geben.

d) Es kann .... sehr ermüden, den ganzen Tag am Computer zu sitzen.

e) Es wäre wünschenswert gewesen, wenn .... der Anwesenden etwas gesagt hätte.

f) Die Schüler waren heute sehr ruhig, nur .... hat der Lehrer eine Strafarbeit aufgegeben.

g) Ich habe alle Bücher gelesen, bis auf ....

h) Die Geschäftsleitung hat allen Mitarbeitern Blumen geschenkt, nur .... hat sie eine Uhr überreicht.

i) Bei diesen vielen Wolken kann .... keine Sterne am Himmel sehen.

j) Peter hat von allen Speisen probiert, aber .... hat ihm geschmeckt.

Wortschatz

Verben

ersinnen (ersann, hat ersonnen) – sich etwas ausdenken
   Er hat diesen großartigen Plan ganz allein ersonnen.

forschen – etwas systematisch und mit wissenschaftlichen Methoden untersuchen, um neue Erkenntnisse zu bekommen
   → *Forschung (die, -en), erforschen, Forscher (der, -)*
   Der Professor forschte mehrere Jahre, um seine Theorie endlich beweisen zu können.

hervor/bringen (brachte hervor, hat hervorgebracht) – etwas Neues entwickeln
   Die kostspielige Forschung der Pharmaindustrie hat ein neues Mittel gegen Krebs hervorgebracht.

konstruieren – planen und bauen / etwas nach einem bestimmten Plan aus verschiedenen Teilen zusammensetzen → *Konstruktion (die, -en)*
   Das kleine Mädchen konnte schon schwierige Modelle konstruieren.

Nomen

Beobachtungsgabe (die) – die Fähigkeit, etwas genau zu betrachten
   Der guten Beobachtungsgabe des Mannes ist es zu verdanken, dass das Feuer sich nicht ausbreiten konnte.

Einfall (der, -fälle) – Idee
   Wir wollten im Sommer ein Haus mieten, aber Peter hatte einen besseren Einfall: Er schlug vor, zelten zu gehen.

Entdeckung (die, -en) – 1. Handlung, die dazu führt, dass eine Sache bzw. ein Phänomen neu gefunden wird, 2. neu gefundene Sache bzw. Erscheinung, die allen oder vielen Menschen vorher unbekannt war
   → *entdecken, Entdecker (der, -)*
   zu 1: *Die Entdeckung des Wirkstoffes von Aspirin ist einem Arzt zu verdanken.*
   zu 2: *Die Elektrizität ist eine großartige Entdeckung.*

Erfindung (die, -en) – Entwicklung einer Sache, die vorher unbekannt war oder ....
noch nicht existierte → *erfinden, erfinderisch, Erfinder (der, -)* ....
Die Erfindung des Telefons war wegweisend für die Kommunikationstechnik. ....

Experiment (das, -e) – 1. wissenschaftlicher Versuch mit dem Ziel, eine (theoreti- ....
sche) Annahme zu beweisen, 2. eine Handlung, die mit Risiken verbunden ist ....
→ *experimentieren* ....
zu 1: *Im Labor wurden mehrere Experimente durchgeführt, um die Unschädlich-* ....
keit des neuen Medikaments zu belegen. ....
zu 2: *Das Experiment der Schulleitung, die Schüler zum Unterricht kommen zu* ....
lassen, wann sie wollen, scheiterte bereits in der ersten Woche: Die meisten Schüler ....
blieben zu Hause. ....

Fortschritt (der, -e) – die positive Entwicklung / Verbesserung ....
In den letzten Jahren wurden enorme Fortschritte im Bereich der Medienkommu- ....
nikation erreicht. ....

Genie (das, -s) – außergewöhnlich begabter Mensch ....
Albert Einstein gilt als Genie. ....

Labor (das, -s) – ein Raum, in dem Untersuchungen und Experimente ....
durchgeführt werden ....
Die Blutproben werden im Labor untersucht. ....

Patent (das, -e) – das verbriefte (garantierte) Recht an einer Erfindung ....
→ *patentieren* ....
Er meldete das Verfahren, mit dem er diesen seltenen Stoff herstellte, als Patent an. ....

Patentamt (das, -ämter) – das Amt, das für Patente zuständig ist und sie registriert ....
Die Mitarbeiter des Patentamts lobten die praktische Erfindung, und da sie einzig- ....
artig war, wurde sie patentiert. ....

Talent (das, -e) – eine Fähigkeit in einem bestimmten Bereich ....
Der Künstler hatte ein Talent im Zeichnen, seine Zeichnungen waren ausgespro- ....
chen gut. ....

Verdienst – 1. (das, -e) die besondere Leistung einer Person, 2. Verdienst (der) – ....
das Gehalt ....
zu 1: *Die Erfindung des Telefons ist das Verdienst von Graham Bell.* ....

Werkstatt (die, -stätten) – Raum für handwerkliche Arbeiten ....
Seine Werkstatt war mit vielen Werkzeugen und großen Arbeitstischen ausgestattet. ....

Adjektive

einfallsreich – viele Ideen habend, kreativ → *Einfallsreichtum (der)* ....
Das Zimmer war sehr einfallsreich dekoriert. ....

erfinderisch – immer wieder neue und ausgefallene Lösungen findend ....
In der Entwicklungsabteilung des großen Chemiekonzerns war Heike Fischer für ....
ihre erfinderische Ader bekannt; sie fand fast immer die Lösung zu einem Problem. ....

genial – außergewöhnlich begabt → *Genie (das, -s)* ....
Albert Einstein gilt als genialer Physiker. ....

ideenreich – mit vielen Ideen → *Ideenreichtum (der)* ....
Diese ideenreiche Konzeption gewann den ersten Preis des Wettbewerbs. ....

knifflig (= kompliziert) – nicht einfach zu lösen ....
In dem neuen Wissenschaftsmagazin stehen knifflige Aufgaben, die man nur ....
nach gründlichem Überlegen lösen kann. ....

originell – ungewöhnlich / durch Witz und Kreativität andersartig ....
→ *Originalität (die)* ....
Diese Architektin findet immer die originellsten Lösungen. ....

7. Wissenschaft und Zukunft

Ausdrücke

eine Idee aus/brüten – eine Lösung suchen ....
    Der Erfinder brütete gerade wieder eine neue Idee aus, als ich kam. ....

das Ei des Kolumbus – eine erstaunlich einfache Lösung für ein scheinbar ....
    schwieriges oder kompliziertes Problem ....
    Dieser Entwurf ist meiner Meinung nach nicht das Ei des Kolumbus. ....

den gordischen Knoten lösen – eine komplizierte Aufgabe mit einem Schlag ....
    (und auf einfache Weise) lösen ....
    Niemand konnte den gordischen Knoten lösen, bis Alexander der Große ihn mit ....
    dem Schwert zerschlug. ....

Weitere Fragestellungen zum Thema

1. Was sind Ihrer Meinung nach die wichtigsten Voraussetzungen, damit in einem Land geforscht werden kann? Welche Faktoren spielen dabei eine Rolle? Begründen Sie Ihre Meinung.

2. Hat ein Erfinder bzw. Wissenschaftler moralische Verpflichtungen der Gesellschaft gegenüber? Begründen Sie Ihre Meinung.

3. „Die Gesellschaft unterstützt eher Männer bei wissenschaftlichen Projekten." Stimmen Sie dieser Aussage zu? Begründen Sie Ihre Meinung.

4. Der Drang zum Forschen, Entdecken und Analysieren sollte in der Schule durch gezielten Unterricht gefördert werden. Nehmen Sie Stellung zu dieser Forderung.

5. Wissenschaftler forschen und machen dabei auch für die Menschheit gefährliche Entdeckungen. Wie sie genutzt werden, darüber entscheidet die Gesellschaft. Welche Kriterien sollten für die weitere Beschäftigung mit diesen Erfindungen gelten und wer könnte in der Lage sein, diese Grenzen zu formulieren bzw. auf deren Einhaltung zu achten?

6. Welche Entwicklungen sehen Sie für Ihr Heimatland im wissenschaftlichen und gesellschaftlichen Bereich bis zum Jahr 2050 voraus?

Computer

Computer und die damit zusammenhängende Kommunikationstechnik sind aus der modernen Arbeitswelt nicht mehr wegzudenken und haben auch in die privaten Haushalte Einzug gehalten. Nehmen Sie Stellung zu dieser Entwicklung. Ist sie vorbehaltlos zu begrüßen?

Vorüberlegungen

❍ **Wozu dienen Computer? Antworten Sie in Stichworten.**

In der Arbeitswelt: ....

....

....

Im Haushalt: ....

....

....

8. Computer

② **Welche Teile des Computers sind Ihnen bekannt? Beschriften Sie die Skizze.**

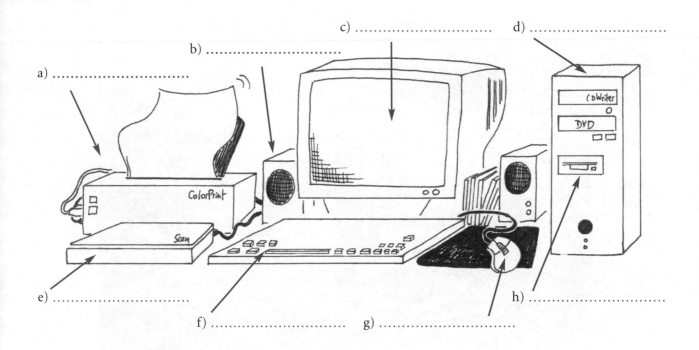

a) ....
b) ....
c) ....
d) ....
e) ....
f) ....
g) ....
h) ....

Vorschlag zur Gliederung in Stichworten

Einleitung

Vorschläge zur Auswahl:

– Beispiel eines Berufs, der durch Computer stark verändert wurde
– steigende Anzahl von Computern in den Haushalten → Veränderung des Alltags
– Kinder lernen immer früher mit Computern umzugehen
– eigene Erfahrung mit Computern

Hauptteil

Wägen Sie nun die Vor- und Nachteile des Computers ab.

Vorteile:

– spart Zeit, Energie und Verkehrswege; Distanzen zwischen Kommunikationspartnern werden nebensächlich
– Arbeit ist auch außerhalb des Büros möglich → flexiblere Arbeitsplatzgestaltung
– Vernetzung von Banken, Polizei, Ämtern → schnellere Bearbeitung und bessere Kontrolle möglich
– fast endlose Menge an Informationen über Internet eröffnet neue Möglichkeiten (Lernen, Weiterbildung usw.)
– erleichtert die Forschung
– schüchterne Menschen können über Internet einfacher und unverbindlicher in Kontakt treten
– Menschen, die in einsamen Gegenden wohnen, können über große Distanzen Kontakt halten
– ermöglicht teilweisen Verzicht auf Tierversuche

Nachteile:

– Einsparung von Arbeitsplätzen
– Anfälligkeit für Störungen gefährdet Dateien

- Informationsmissbrauch durch „Hacker", die in Dateien (sowohl private als auch öffentliche) eindringen, sie verändern oder löschen
- einige Fertigkeiten werden nicht mehr genügend geübt, weil der PC sie übernimmt (Orthographie, Kopfrechnen ...)
- die Gesundheit der Menschen kann bei zu langem Arbeiten beeinträchtigt werden (einseitige Haltung, Gefährdung der Augen durch Strahlung, Kopfschmerzen ...)
- Verlust von zwischenmenschlichen Kontakten:
  · berufliche Kontakte finden auf unpersönliche Weise oft direkt über E-Mail statt
  · Einkäufe und Bankangelegenheiten werden unpersönlich über den Computer abgewickelt, man trifft keinen Menschen dabei
- der Computer vereinnahmt die Menschen, so dass sie weniger Zeit für anderes haben (extrem: Computer als Droge?)
- relativ hoher Anschaffungspreis → nicht allen Haushalten zugänglich
- arme Länder bleiben von der Entwicklung ausgeschlossen

Schluss

Vorschläge zur Auswahl:

- Computer werden auch in Zukunft wichtig sein, alle sollten sich informieren
- eigenes Fazit: Computer nützlich bzw. Computer gefährlich

zu diesem Thema siehe auch: Medien

③ **Formulieren Sie nun mit Hilfe der Stichworte einen Vortrag bzw. einen Aufsatz. Verwenden Sie dabei einige der folgenden und aus vorigen Kapiteln bereits bekannte Formulierungshilfen.**

Formulierungshilfen

Zustimmung äußern

ich bin auch der Meinung, dass ...	Ich bin auch der Meinung, dass ein Computer viele Aufgaben erleichtert.
ich teile die Meinung (von + D / G), dass ...	Ich teile die Meinung des Autors, dass sich jeder über die neuen Programme informieren sollte.
es ist richtig, dass ...	Es ist richtig, dass es in den letzten Jahren viele Verbesserungen der Software gab.
das Argument ... ist überzeugend	Das Argument, dass man zur Anschaffung eines Computers relativ viel Geld braucht, ist überzeugend.
zu/geben / bestätigen müssen, dass ...	Man muss zugeben / bestätigen, dass der Computer die Arbeitswelt stark verändert hat.
jdm. / etw. zu/stimmen	Ich stimme dieser Meinung zu.
mit einem Standpunkt / einer Meinung überein/stimmen	Ich stimme mit Ihrer Meinung über die Nützlichkeit der Computer überein.
sich einer Meinung an/schließen	Ich schließe mich der Meinung dieser Computerfans an.
begrüßen	Man sollte den Einsatz von Robotern in Fabriken begrüßen.
gut/heißen	Die Kinder schon in der Grundschule mit Computern vertraut zu machen, muss ich gutheißen.

Übungen zu Grammatik und Wortschatz

4 **Hier geht es um Nomen-Verb-Verbindungen. Ergänzen Sie die fehlenden Verben.**

a) Das neue Logistikprogramm .... überall Aufsehen.

b) Die übersichtliche Aufteilung des Bildschirms .... allen Kunden gleich ins Auge.

c) Die neuen Computer wurden schon letzte Woche in Betrieb ....

d) Unser Chef .... den Schaden, den ein Virus im Computersystem verursacht hatte, gelassen zur Kenntnis.

e) Zum Glück ist durch den plötzlichen Stromausfall kein Computer zu Schaden ....

f) Über das Internet kann man mit allen PC-Benutzern in Verbindung ....

5 **Ergänzen Sie die fehlenden Präpositionen.**

a) Die Angestellten der Firma mussten sich .... den Veränderungen am Arbeitsplatz, die die neuen Computer gebracht hatten, abfinden.

b) Wir konnten den Computerfachmann nicht .... seinem Vorhaben, uns alle neuen Programme einzeln vorzustellen, abbringen.

c) Frau Neher hat .... einem Preisausschreiben ein Computerspiel gewonnen.

d) Die EDV-Abteilung dieses Unternehmens gliedert sich .... drei verschiedene Unterabteilungen: Fortbildung, Software-Entwicklung und PC-Betreuung.

e) Die Sortierfunktion des Textverarbeitungsprogramms ordnet meine Listen .... dem Alphabet.

f) Dieses Sprachlernprogramm taugt nur .... Einüben von Grammatikregeln.

6 **Ordnen Sie die Verben den Definitionen zu.**

| übertragen | tippen | löschen | abstürzen | speichern | eingeben | installieren | anklicken |

Beispiel: auf der Tastatur Tasten betätigen: *tippen*

a) ein Computer funktioniert plötzlich aus unerklärlichen Gründen nicht mehr: ....

b) ein Programm fest auf dem Computer einrichten: ....

c) Daten von der Festplatte des Computers auf eine Diskette kopieren: ....

d) auf die Maustaste drücken, um Vorgänge am Bildschirm in Gang zu setzen: ....

e) Daten aus dem Speicher herausnehmen und vernichten: ....

f) Daten erfassen: ....

g) Daten im Computer lagern, so dass sie wieder abrufbar sind: ....

7 Formen Sie die Sätze um. Verwenden Sie dabei Nomen-Verb-Verbindungen mit den angegebenen Nomen.

a) Wir denken darüber nach, uns einen Computer zu kaufen. (Erwägung)

....

....

b) Mein Chef interessiert sich nicht für die Neuheiten auf dem Computermarkt. (Notiz)

....

....

c) In unserer Abteilung wird überlegt, die Mitarbeiter mit einem neuen Textverarbeitungsprogramm vertraut zu machen. (Gedanken)

....

....

d) Die alten großen 5-Zoll-Diskettenlaufwerke wurden vor einiger Zeit abgeschafft. (Verkehr)

....

....

e) Herr Müller unterrichtet die Auszubildenden im Programmieren. (Unterricht)

....

....

f) Die neuste Version des Programms begeisterte alle. (Begeisterung)

....

....

Übrigens ...

Adjektive, die nicht gesteigert werden können

Manche Adjektive können nicht gesteigert werden. Man unterscheidet dabei verschiedene Gruppen:

1. Adjektive, die Verfahren und Zustände ausdrücken, und bei denen keine Abstufung möglich oder sinnvoll ist: z.B. *schwanger, nackt*.
2. Adjektive, die das Fehlen von etwas ausdrücken: z.B. *kinderlos, bargeldlos*
3. Zusammengesetzte Adjektive, die schon verstärkt sind: z.B. *schneeweiß, steinhart*
4. Zahladjektive: z.B. *einzig, ganz, halb*
5. die nicht deklinierbaren Farbadjektive: *lila, rosa, oliv*
6. in den meisten Fällen wie Adjektive gebrauchte Partizipien: z.B. *schreiend, verschlossen*

8. Computer

⑧ **Nur eins der beiden Adjektive in den Sätzen lässt sich steigern. Unterstreichen Sie es.**

Beispiel: Die Gesichtsfarbe des Mädchens ist _blasser_ / rosaner als die des Jungen.

a) Dieser Computer ist der *einzigste / modernste*, den es zu diesem Preis auf dem Markt gibt.

b) Ich kann mir keine *totere / traurigere* Landschaft als die Wüste vorstellen.

c) Findest du dieses Zeichenprogramm wirklich *abgeschlossener / benutzerfreundlicher* als die anderen Zeichenprogramme?

d) Welches Textverarbeitungsprogramm ist das *fortschrittlichste / ultramodernste*, das du kennst?

e) Ihr Lösungsvorschlag ist viel *fertiger / einfacher* als unsere Idee.

Wortschatz

Verben

ab/fragen – 1. sich Daten geben lassen / abrufen, 2. Wissen prüfen
→ zu 1: *Informationen abfragen*
Susi fragt ihre aktuellen E-Mails ab und sie hat tatsächlich drei neue Nachrichten.

ab/rufen (rief ab, hat abgerufen) – sich Daten geben lassen / abfragen
→ *Informationen abrufen*
Durch den Such-Befehl kann man schnell bestimmte Stellen finden und die Daten abrufen.

ab/stürzen – das Computerprogramm schaltet ohne Befehl ab, so dass Material vernichtet wird, das nicht gespeichert wurde
Maria bekam einen großen Schreck, als plötzlich der Computer abstürzte und der Bildschirm nur noch eine schwarze Fläche zeigte.

an/klicken – auf die Maustaste drücken, um Vorgänge am Bildschirm in Gang zu setzen
Wenn du „Hilfe" anklickst, zeigt dir das Programm alle vorhandenen Hilfsinformationen.

an/schließen (schloss an, hat angeschlossen) – Geräte durch ein Kabel miteinander verbinden oder mit dem Stromnetz verbinden → *Anschluss (der, -schlüsse)*
Da Herr Schmitt die neue Klimaanlage nicht selbst anschließen konnte, musste er einen Fachmann rufen.

auf/rüsten – hier: die Ausstattung eines Computers verbessern
→ *einen Computer aufrüsten*
Damit die Programme schneller laufen, habe ich meinen Computer aufrüsten lassen.

ein/geben (gibt ein, gab ein, hat eingegeben) – einen Computer mit Daten „füttern"
Heute muss er die neuen Adressen in die Kundendatei eingeben.

erstellen – etwas ausarbeiten → *eine Datei erstellen*
Für die Korrespondenz haben wir eine neue Datei erstellt.

formatieren – Vorgang, der einem Datenträger (z.B. einer Diskette) eine Struktur gibt, so dass Daten auf ihr gespeichert und gelesen werden können
Michael hat gestern in seinem Computerkurs gelernt, wie man eine Diskette formatiert.

hacken – durch Geheimcodes und Verschlüsselung geschützte Informationen im Computer unerlaubterweise einsehen → *Hacker (der, -)*
Hacken ist sein Hobby, er will jeden Code „knacken".

herunter/fahren (fährt herunter, fuhr herunter, hat heruntergefahren) – das
Betriebssystem ordnungsgemäß schließen, so dass keine Daten zerstört werden
Um den Schaden zu beheben, müssen wir das Programm erst mal herunterfahren.

installieren – ein Programm auf der Festplatte eines Computers einrichten
→ *ein Programm installieren*
*Damit ich kein Problem mit Computerviren habe, installierte ich ein Anti-Virus-
Programm.*

laden (läd, lud, hat geladen) – eine Datei in den Arbeitsspeicher nehmen
(englisch: load)
Klaus hat das neue Computerspiel geladen.

markieren – Teile eines Dokuments / einer Datei zur Bearbeitung kennzeichnen
→ *Markierung (die, -en)*
Sie hat die markierte Stelle aus Versehen gelöscht.

programmieren – ein Programm für den Computer schreiben und eingeben
*Mit einem Computer einen Text erstellen können viele Leute, aber um einen
Computer zu programmieren, braucht man mehr Kenntnisse.*

speichern – Dateien auf Datenträgern (z.B. Festplatte, Diskette) lagern, so dass
sie wieder abrufbar sind (englisch: save)
Bevor man den Computer ausschaltet, sollte man alle neuen Daten speichern.

überarbeiten – etwas noch einmal durcharbeiten, verbessern und umändern
Wir können den Text noch nicht abgeben, er muss noch überarbeitet werden.

um/rüsten – Computer mit neuer Ausstattung versehen
*Annas Computer ist schon älter. Um die neuen Programme benutzen zu können,
muss sie ihn umrüsten.*

vernetzen – mehrere Computer miteinander verbinden
*In der Firma wurden alle Computer vernetzt, jetzt können viele Arbeiten viel
schneller erledigt werden.*

Nomen
Ausdruck (der, -e) – hier: von einem Drucker auf Papier gedruckte Datei
Obwohl sie einen neuen Drucker hatte, war der Ausdruck unleserlich.

Betriebssystem (das, -e) – Basisprogramm, das ein Computer braucht, um zu
funktionieren und andere Programme aufnehmen zu können
Das Betriebssystem MS DOS hatte noch keine graphische Benutzeroberfläche.

Bit (das, -s) (englisch) – die kleinste Rechen- und Informationseinheit beim
Computer
*Meiner Mutter ist der Begriff Bit vollkommen unbekannt, sie beschäftigt sich
überhaupt nicht mit Computern.*

Computersimulation (die, -en) – Vortäuschen von Situationen auf dem Computer,
als ob sie wirklich passierten
Durch Computersimulation können Piloten gut das Fliegen trainieren.

Datei (die, -en) – gesammelte Informationen, die im Computer in Einheiten
gespeichert wurden (englisch: file)
Als mein Computer abstürzte, gingen viele Dateien verloren.

Datenbank (die, -en) – Programm, das große Mengen an Daten erfasst und nach
bestimmten Kriterien sortiert
Die CIA hat eine Datenbank über alle ehemaligen Agenten.

Datenschutz (der) – die Garantie, dass angegebene Daten, z.B. über eine Person,
anonym bleiben und die Person so geschützt wird
Der Datenschutz garantiert bei dieser Umfrage Anonymität.

E-Mail (die, -s) (englisch) – elektronische Post, die Informationen weltweit über
Internet von Computer zu Computer schickt
Über Internet erhält sie eine E-Mail von ihrem Freund aus Schweden.

Festplatte (die, -n) – das Hauptspeichermedium eines Computers
(englisch: hard disc)
Die wichtigen Programme sind alle auf der Festplatte gespeichert.

8. Computer

Homepage (die, -s) (englisch) – eine Startseite, auf der sich ein Internetteilnehmer durch Texte und Bilder vorstellt
Auf der Homepage unserer Schule steht u.a. die genaue Adresse.

Informatik (die) – die Wissenschaft von Computern und ihrer Anwendung
Er studierte Informatik, weil Computer schon immer sein Hobby waren.

Informatiker (der, -) – Computerfachmann
Er arbeitet als Informatiker in dieser Firma.

Laufwerk (das, -e) – das Antriebswerk für einen Speicher (englisch: drive), z.B. Festplattenlaufwerk, CD-ROM-Laufwerk, Diskettenlaufwerk
Die meisten PCs haben heute ein CD-ROM-Laufwerk, da Multimedia-Anwendungen viel Speicherplatz benötigen.

Mailbox (die, -en) (englisch) – einem Briefkasten ähnlicher Speicherplatz im Internet für E-Mail-Mitteilungen
Auf dem Bildschirm gibt es eine Anzeige, die dem Benutzer zeigt, ob er eine E-Mail-Nachricht in der Mailbox hat.

Menü (das, -s) – Programmleiste, auf der man Programme oder Befehle auswählen kann
Auf dem Menü sehen wir auch die Hilfsinformationen zum Programm.

Modem (das, -s) – Gerät, durch das ein Computer an das Telefonnetz angeschlossen werden kann und so Daten senden und empfangen kann
Ohne Modem können wir die Daten nicht direkt von einem Computer zum anderen übertragen.

Mousepad (das, -s) (englisch) – Unterlage, auf der sich die Maus des Computers bewegen lässt
Viele Firmen drucken ihren Firmennamen auf Mousepads, um Werbung für sich zu machen.

Option (die, -en) – eine Möglichkeit von vielen
Um diesen Text zu speichern, gibt es verschiedene Optionen.

Programm (das, -e) – hier: eine Reihe von Befehlen für den Computer, die bewirken, dass der Computer läuft
Das neue Programm von der dänischen Firma wurde speziell für Anfänger entwickelt.

Raubkopie (die, -n) – eine unerlaubte Kopie von einem urheberrechtlich geschützten Programm
Raubkopien sind billiger als Originale, aber man hat keine Garantie.

Scanner (der, -) (englisch) – Gerät, das Informationen auf einem vorgegebenen Bild abtastet, z.B. Strichcodes an Produktverpackungen im Supermarkt
Die meisten Supermärkte in Deutschland registrieren die Preise an der Kasse mit einem Scanner.

Speicherkapazität (die) – Aufnahmemöglichkeit von Daten
Die Speicherkapazität der handelsüblichen PCs verdoppelt sich alle zwei Jahre.

Tastatur (die, -en) – Gerät mit Tasten, das zur Eingabe von Buchstaben, Ziffern und Befehlen in den Computer dient (englisch: keyboard)
Auf der Tastatur kann man viele Buchstaben, Zahlen und andere Zeichen sehen.

Taste (die, -n) – knopfartige kleine Teile, mit denen z.B. an elektrischen Geräten Funktionen in Gang gesetzt werden können / beim Computer Schaltfläche auf der → *Tastatur (die, -en)*
Er drückte auf die Taste „Delete" und der ganze Text wurde gelöscht.

Textverarbeitungsprogramm (das, -e) – ein Programm, mit dessen Hilfe man Texte erstellen, ordnen und bearbeiten kann
Mein Textverarbeitungsprogramm heißt Word.

Tippfehler (der, -) – ein versehentlich falsch geschriebenes Wort oder Zeichen in einem Text
Bevor wir die Bewerbung abschicken, müssen wir die Tippfehler korrigieren.

Virus (hier: **der, Viren**) – Miniprogramm, das unbemerkt in Computerdateien ....
gelangt, vieles vernichten und großen Schaden anrichten kann ....
(Medizin: das Virus) ....
Ein Virus hat meine Daten zerstört, die Arbeit war umsonst. ....
Web-Seite (**die, -n**) – Präsentation eines Anbieters im Internet (englisch: website) ....
Auf der Web-Seite des Goethe-Instituts findet man Informationen über ....
Sprachkurse und Prüfungstermine. ....

Adjektive

computergesteuert – durch einen Computer kontrolliert ....
Die Lackierungsmaschine in der Autofabrik funktioniert computergesteuert. ....
computergestützt – mit Hilfe des Computers ....
In Krankenhäusern werden heute viele Operationen computergestützt durch- ....
geführt, weil der Computer oft präziser als der Mensch arbeitet. ....
online (englisch) (↔ offline) – über ein Computernetz verbunden ....
Die meisten Betriebe sind heute online über Internet zu erreichen. ....
virtuell – die durch Computerprogramme vorgespielte Realität ....
In manchen virtuellen Spielen hat man das Gefühl, alles wirklich zu erleben. ....

Ausdrücke

einen Code knacken – eine verschlüsselte, geheime Folge von Zeichen (Code) ....
herausfinden ....
Der junge Informatiker brauchte drei Stunden, um den Code dieses Programms ....
zu knacken. ....
ans Netz gehen (**ging, ist gegangen**) – 1. mit anderen Computern verbunden ....
werden, 2. mit Strom verbunden werden ....
Der neue Großrechner, über den die ganze Firma arbeitet, ging gestern ans Netz. ....
eine Datei löschen – Informationen, die in einem Computer gespeichert sind, ...
vernichten ....
Diese Datei brauchen wir nicht mehr, wir können sie löschen. ....

Weitere Fragestellungen zum Thema

1. Wie wird sich Ihrer Meinung nach der Schulunterricht durch den Einsatz von Computern in Zukunft verändern?

2. Ab welchem Alter würden Sie Kinder mit Computern vertraut machen? Begründen Sie Ihre Meinung.

3. Sollten alle Haushalte ans Internet angeschlossen werden? Begründen Sie Ihre Meinung.

4. Stellen Sie dar, inwiefern der Computer in Ihrem Beruf oder in Ihrer Ausbildung eine Rolle spielt bzw. einsetzbar ist oder nicht.

5. Kann ein Computer beim Erlernen einer Fremdsprache helfen? Beschreiben Sie das Dafür und Dagegen.

6. Der Computer macht alles schneller, besser und schöner. Ist dieser Perfektionismus erstrebenswert? Begründen Sie Ihre Meinung.

7. In den reichen Nationen sind heute schon viele Haushalte ans Internet angeschlossen. In armen Ländern sind selbst große Unternehmen von dieser Technologie ausgeschlossen, teils wegen fehlender Infrastruktur, teils wegen zu hoher Kosten. Wie wird die zukünftige Entwicklung sein? Welche Konsequenzen ergeben sich daraus?

8. Wir verlassen uns heute in vielen Bereichen auf die Computer. Trotzdem wächst die Angst vor einem „Blackout". Nehmen Sie Stellung zu diesen Tendenzen.

Gibt es unter den Medien Fernsehen, Rundfunk, Presse und Internet eine Rangordnung? Welches Medium hat Ihrer Meinung nach die besten Entwicklungschancen? Stellen Sie Ihre Meinung dar.

Vorüberlegungen

1 **Durch welche Kanäle und in welcher Darstellungsart vermitteln die einzelnen Medien die Informationen?**

a) **Fernsehen:** ....

b) **Rundfunk:** ....

c) **Presse:** ....

d) **Internet:** ....

② **Welches ist das älteste dieser Medien?** ....

③ **Beschreiben Sie kurz, was sich bei der Weitergabe von Informationen durch die Medien in den letzten 50 Jahren verändert hat.**

....

....

....

....

Vorschlag zur Gliederung in Stichworten

Einleitung

Vorschläge zur Auswahl:

– Medien sind Mittel zur Weitergabe von Informationen
– Informationsvermittlung verändert sich ständig, sowohl in der Art der Darbietung als auch in der Schnelligkeit
– Wandel der Aufgabe der Medien: nicht nur Unterhaltung und Information, sondern z.B. auch Einkauf möglich
– Medien können beeinflussen

Hauptteil

– Menschen werden von Informationsflut erdrückt, Wichtiges und Unwichtiges ist schwer unterscheidbar
– jedes Medium hat Vor- und Nachteile

Presse
Vorteile:

– billig
– leicht zu transportieren, überall zu lesen
– individuelle Informationsauswahl möglich, jeder findet seinen „Typ"
– unabhängig von bestimmten Tageszeiten
– gute Übersicht über verschiedene Themen möglich
– Informationen sind bereits aufgearbeitet (Kommentare, Analysen)

Nachteile:

– kein akustischer Reiz, relativ wenige Bilder
– andere Tätigkeiten parallel zum Lesen nicht möglich
– für Analphabeten und Blinde nicht zugänglich
– nicht so schnell

Fernsehen
Vorteile:

– andere Tätigkeiten nebenbei möglich
– visueller, akustischer Reiz und sich bewegendes Bild (→ zusätzlicher Reiz)
– hohe Aktualität

Nachteile:

- man braucht Strom
- abhängig von bestimmten Tageszeiten
- individuelle Informationsauswahl nicht möglich (durch das Auswählen eines Kanals), Einfluss auf Sendungen selten möglich
- kann zu passivem Konsumieren verführen

Rundfunk

Vorteile:

- andere Tätigkeiten gleichzeitig möglich (z.B. Autofahren)
- unmittelbarer Kontakt der Hörer mit Sendern möglich (anrufen, Meinung sagen)
- leicht zu transportieren

Nachteile:

- individuelle Informationsauswahl nur begrenzt möglich (durch die Auswahl eines Senders)
- von bestimmten Tageszeiten abhängig
- nur akustischer Reiz

Internet

Vorteile:

- individuelle Informationsauswahl möglich
- visuelle, akustische Reize und sich bewegende Bilder
- Medium mit größten Entwicklungsmöglichkeiten
- Zugang zu riesigen Informationsmengen
- Kontakt zu anderen Personen und zusätzlicher Nutzen (z.B. Buchungen, Bankgeschäfte, Einkäufe)
- Mobilität bei Laptop-Geräten
- nicht von bestimmten Tageszeiten abhängig
- sehr aktuell

Nachteile:

- teures Gerät nötig, Onlinegebühren
- Wissen über Computer und Benutzung von Internet nötig
- Gefahr der Zerstörung von Informationen durch Viren
- Gefährdung der Anonymität, da Kontakte oder Aufträge von anderen zurückverfolgt werden können

Rangordnung

Beachten Sie die genannten Vor- und Nachteile und drücken Sie nun Ihre eigene Meinung aus; Anregungen dazu:

- Nützlichkeit ist abhängig von Lebensumständen und Gewohnheiten der Personen
- Fernsehen und Internet beeinflussen am stärksten, da Bilder sehr real wirken

Schluss

Vorschläge zur Auswahl:

- Herausfiltern der individuell wichtigsten Informationen wird komplizierter
- Besitz von Informationen wird im Beruf immer wichtiger
- öffentliche Meinung wird immer stärker von Medien gesteuert

zu diesem Thema siehe auch: **Werbung, Freizeit, Computer**

④ **Formulieren Sie nun mit Hilfe der Stichworte einen Vortrag bzw. einen Aufsatz. Verwenden Sie dabei einige der folgenden und aus vorigen Kapiteln bereits bekannte Formulierungshilfen.**

Formulierungshilfen

Grund und Ursache nennen

die Begründung sein für + A	Das steigende Interesse der Zeitungsleser am Internet ist die Begründung dafür, dass viele Zeitungen jetzt auch im Internet erscheinen.
deutlich werden	Mein Zweifel an der Wirksamkeit des Hörfunks wird deutlich, wenn man sich fragt, wie oft man selbst Radio hört.
der Grund liegt in + D	Der Grund für den großen Erfolg dieser Zeitschrift liegt in der guten Qualität ihrer Reportagen.
der Grund sein für + A	Der Grund für das geringe Interesse am Einkauf über Videotext ist die wachsende Zahl der guten Angebote im Internet.
daran liegen, dass ...	Die geringe Produktion von Hörspielen liegt daran, dass immer weniger Menschen Radio hören.
sich begründen lassen mit + D	Der große Erfolg dieser Zeitung lässt sich mit der guten Qualität der Berichterstattung begründen.
sich daran zeigen, dass ...	Der Erfolg des Internets zeigt sich daran, dass immer mehr Haushalte mit dem Internet verbunden werden.
darauf zurückzuführen sein, dass ...	Das wachsende Interesse der Bevölkerung ist darauf zurückzuführen, dass viel im Fernsehen darüber berichtet wurde.
so sein, weil / da ...	Das ist so, weil / da sich viele Menschen fürs Internet interessieren.
denn	Die Nachricht erreichte viele Menschen, denn sie wurde über alle Medien verbreitet.

Übungen zu Grammatik und Wortschatz

5 **Rund um den Begriff „Kritik". Ergänzen Sie die Ausdrücke in der richtigen Form. Sollten Sie einige der Ausdrücke nicht kennen, helfen Ihnen die Erklärungen im Lösungsschlüssel.**

> Kritik ausgesetzt sein   Kritik üben   sich der Kritik stellen   kritiklos akzeptieren
> bei den Kritikern (gut / schlecht) ankommen   eine Kritik verfassen

a) Der Journalist .... harte .... an dem Verhalten des Bürgermeisters, da die

   Maßnahmen zur Verkehrsberuhigung nicht ausreichend waren.

b) Der Programmdirektor verlangte, dass die Mitarbeiter seine Entscheidungen ....

   ....

c) Nach dem Abbau von Arbeitsplätzen .... der Vorstand des Unternehmens starker

   ....

d) Die neue Operninszenierung wurde als Erfolg gefeiert, denn sie ....

   ....

e) Nach dem Theaterbesuch sollten die Schüler ...., in der

   ihre Meinung zum Stück zum Ausdruck kommt.

f) Der umstrittene Politiker wollte .... nicht ....

   ...., da er Angst vor einem Imageverlust hatte.

9. Medien

6 Ergänzen Sie die fehlenden Präpositionen.

a) Die beliebte Jugendsendung wurde .... Beschluss der Programmredaktion abgesetzt, weil sie zu kostspielig war.

b) Im Hinblick .... die mangelnde schauspielerische Qualität wurde der Kinderfilm stark kritisiert.

c) Mein Freund liest .... Interesse an der Politik drei verschiedene Tageszeitungen.

d) .... der Zeit werden viel mehr Leute ihre Informationen über Internet abrufen als es jetzt der Fall ist.

e) Im Vergleich .... früher sehen die jungen Leute heute mehr fern.

f) Manche Reportagen werden ohne Rücksicht .... die Beteiligten gesendet, nur weil sie Aufsehen erregen.

7 Rund um das Wort „verlegen". Die Zeitung, das älteste Medium, wird verlegt, d.h. sie wird von einem Verlag herausgegeben. Das Verb „verlegen" hat aber auch noch andere Bedeutungen. Entscheiden Sie bei jedem Satz, in welcher Bedeutung „verlegen" verwendet wird.

1 etwas verlegen auf + A (Datum) – einen Termin verschieben
2 etwas (zu Druckendes) verlegen – ein Druckerzeugnis herausgeben
3 etwas (Baumaterial) verlegen – Material wie Rohre, Teppichboden usw. installieren
4 etwas (eine Sache) verlegen – etwas an einen anderen Ort legen, so dass man es nicht mehr findet
5 sich verlegen auf + A – eine neue Vorgehensweise ausprobieren, um ein Ziel zu erreichen
6 verlegen sein – schüchtern, unsicher sein

Beispiel: Ich finde meine Brille nicht, ich habe sie wohl verlegt. → ☐ 4

a) Wenn sich jemand schuldig fühlt, wird er verlegen, sobald man ihn auf das kritische Thema anspricht. ☐

b) Als Letztes werden die Fliesen im Bad verlegt. ☐

c) Der Manager hatte am Montag keine Zeit; daher musste das Fortbildungsseminar verlegt werden. ☐

d) Diese interessante geographische Reihe wurde von einem Kölner Verlagshaus verlegt. ☐

e) Da sie mit Strenge bei ihren Kindern nichts erreicht hatte, verlegte sie sich nun auf eine verständnisvollere Erziehungsmethode. ☐

f) Seit zwei Stunden sucht die alte Dame ihre Zeitung, wahrscheinlich hat sie sie verlegt. ☐

8 Lesen Sie die folgenden Erklärungen und ergänzen Sie dann die passenden Verben. Manchmal sind zwei Lösungen möglich.

auf/führen – etwas auf einer Bühne vor Publikum darstellen
auf/nehmen – mit einem Gerät filmen, fotografieren oder speichern
auf/zeichnen – etwas mit Kassettenrecorder, Kamera, VCR, DVD-Recorder o.a. aufnehmen
kopieren – nachbilden, eine Kopie erstellen
überspielen – von einer Kassette auf eine andere bringen

a) Ich möchte deine Kassette ...., denn die Lieder gefallen mir so gut.

b) Mit diesem Videogerät kann man jede Fernsehsendung ohne Probleme ....

c) Diesen Zeitungsartikel muss ich mir unbedingt ...., um ihn in meinem Archiv aufzube-
wahren.

d) Das Theaterstück soll zum ersten Mal im Theater .... werden.

e) Die Schülerband wollte gleich eine CD ....

f) Die Kamera soll jede Bewegung der kämpfenden Tiere für die Dokumentarsendung ....

Übrigens ...

Verben des Denkens

Die Verben, die ausdrücken, dass man etwas denkt oder glaubt, haben Bedeutungsunterschiede, die unterschiedliche Grade der Überzeugung ausdrücken.

an/nehmen / vermuten – drückt aus, dass man etwas für möglich hält oder voraussetzt
1. *Der Deutschlehrer nimmt an, dass der gute Schüler die Prüfung besteht.*
2. *Ich vermute, dass Maria heute später als gewöhnlich nach Hause kommt, denn es gibt sehr viel Verkehr auf der Straße.*

denken – drückt ein persönliches Urteil aus
Ich denke, du solltest dich für dein schlechtes Benehmen bei deinem Bekannten entschuldigen.

meinen – ist mehr auf den Verstand bzw. eine Überzeugung bezogen und drückt ein persönliches Urteil aus
Meine Mutter meint, dass ich unbedingt eine Diät machen muss.

glauben – ist mehr auf das Gefühl bezogen und drückt ein persönliches Urteil aus, das aber nicht
unbedingt ausgesprochen wird
Peter glaubt auch, dass ich eine Diät machen muss.

finden – drückt ein persönliches Urteil aus und kann mit Akkusativobjekt stehen
Mark findet, dass Arabisch eine schwierige Sprache ist. / Mark findet Arabisch schwierig.

9 **Lesen Sie die Erklärungen und Beispiele zu den Verben. Ergänzen Sie dann die passenden Verben
in der richtigen Form. Manchmal sind mehrere Lösungen möglich.**

a) Die Polizei ...., dass sie den gesuchten Verbrecher bald fasst, da sie viele Beweise hat.

b) Ich ...., dass dir dieses Kleid besonders gut steht.

c) Niemand ...., dass dieser junge Mann der Präsident einer großen Firma ist, denn
er sieht ganz unscheinbar und bescheiden aus.

d) Meine Freunde ...., dass ich zu verschlossen bin, aber ich empfinde mein Verhalten
als normal.

Wortschatz

Verben

abonnieren – sich eine Zeitschrift bzw. Zeitung über einen längeren Zeitraum nach
Hause liefern lassen, nachdem dafür bezahlt wurde → *Abonnement (das, -s)*
*Er möchte seine Lieblingszeitschrift abonnieren, um sie immer rechtzeitig lesen
zu können.*

annoncieren – eine Anzeige aufgeben / inserieren → *Annonce (die, -n)*
Du kannst dein Mietgesuch in einer großen Tageszeitung annoncieren.

an/schließen (schloss an, hat angeschlossen) – ein elektrisches Gerät durch ein
Kabel mit Strom versorgen → *Anschluss (der, -schlüsse)*
Ich habe den Küchenherd von einem Elektriker anschließen lassen.

inserieren – annoncieren / eine Anzeige aufgeben → *Inserat (das, -e)*
*Wenn du dein Auto verkaufen willst, kannst du in der Zeitung inserieren,
vielleicht meldet sich ein Interessent und kauft es.*

recherchieren – nachforschen → *Recherche (die, -n)*
*Der Journalist recherchierte eine Woche, bevor er alle Fakten für seine Reportage
gesammelt hatte.*

übertragen (überträgt, übertrug, hat übertragen) – etwas, das gerade irgendwo
geschieht (z.B. ein Fußballspiel), im Fernsehen oder Radio senden
→ *Übertragung (die, -en), etwas live übertragen*
Die Eröffnung der Olympischen Spiele wird in die ganze Welt live übertragen.

zappen – mit einer Fernbedienung schnell die Fernsehkanäle wechseln
Erst seit es die Fernbedienung gibt, kann man einfach und problemlos zappen.

zensieren – 1. hier: Medien überprüfen, ob die Beiträge von allen gesehen werden
dürfen oder ob sie gegen bestimmte moralische, politische oder religiöse
Grundsätze verstoßen, 2. eine Note geben → *Zensur (die, -en), Zensor (der, -en)*
*zu 1: Bevor in diesem Land etwas gedruckt werden darf, wird es von den Behörden
zensiert.*
zu 2: Die Diplomarbeit wurde mit „sehr gut" zensiert.

Nomen

Empfang (der) – 1. hier: Qualität, mit der man eine Sendung hören oder sehen
kann, 2. Fest
→ *zu 1: einen guten oder schlechten Empfang haben*
In den Bergen hat man oft keinen guten Empfang, die Bildqualität ist sehr schlecht.

Globalisierung (die) – Ausdehnung oder Ausbreitung über die ganze Erde
*Diese Konferenz hat die Globalisierung der Umweltzerstörung zum Thema, da es
auf der ganzen Welt Probleme mit der Umwelt gibt.*

Informationsflut (die) – große Menge an Informationen
*Mancher Internetbenutzer fühlt sich von der Informationsflut, die ihm zur
Verfügung steht, erdrückt.*

Internetanschluss (der, -schlüsse) – Verbindung eines Computers mit dem
Internet
*In Nordeuropa verfügen mehr Haushalte über einen Internetanschluss als in
Südeuropa.*

Kabelfernsehen (das) – Übertragung von Fernsehen durch Kabel (in Deutschland
gebührenpflichtig)
*Durch das Kabelfernsehen stehen dem Verbraucher sehr viele verschiedene Sender
zur Verfügung.*

Kanal (der, -näle) – Frequenz, auf der man einen Sender hören (Radio) bzw. sehen
(Fernsehen) kann
Dieser Kanal bietet nur Jazzmusik.

Layout (das, -s) (englisch) – Anordnung von Texten und Bildern bei den
Druckmedien
Diese Tageszeitung hat vor kurzem ihr Layout verändert, sie ist jetzt viel bunter.

Lektor (der, -en) – jemand, der für einen Verlag Manuskripte beurteilt und korrigiert, bevor sie gedruckt werden
Der Lektor verlangte zahlreiche Änderungen, bevor das Manuskript gedruckt werden konnte.

Meinungsvielfalt (die) – große Menge an verschiedenen Meinungen
Die vielen Zeitungen verschiedener politischer Richtungen garantieren uns eine große Meinungsvielfalt.

Multimedia (Plural) – das Zusammenwirken mehrerer Medien zur gleichen Zeit
Wir leben im Zeitalter von Multimedia.

Piratensender (der, -) – privater Sender, der ohne Zulassung arbeitet
Der Piratensender war wegen seiner witzigen Moderatoren sehr beliebt.

Pressefreiheit (die) – Freiheit, in der Presse eine Meinung zu verbreiten
Die Pressefreiheit gehört zu den Grundrechten der demokratischen Verfassung.

Presseorgan (das, -e) – Zeitung oder Zeitschrift
Manche Parteien haben ein eigenes Presseorgan.

Privatsphäre (die, -n) – Bereich, der zum Privatleben gehört, z.B. das Liebesleben
Der bekannte Sänger fühlte sich von den Fotografen in seinem Haus in seiner Privatsphäre gestört.

Provider (der, -) (englisch) – Anbieter des Zugangs zum Internet
Bei der Auswahl des Providers sollte man unbedingt die Preise vergleichen.

Redaktion (die, -en) – Abteilung eines Verlags oder eines Fernsehsenders, die die Inhalte liefert
In der Redaktion werden täglich alle aktuellen Themen für die Sendungen besprochen.

Regenbogenpresse (die) – Zeitungen und Zeitschriften, die vorwiegend über das Privatleben berühmter Personen oder über Sensationen berichten
In der Regenbogenpresse wurde sehr ausführlich über den Skandal berichtet.

Sender (der, -) – Fernseh- oder Radiostation → senden
Das ZDF, also das Zweite Deutsche Fernsehen, ist ein öffentlich-rechtlicher Sender in Deutschland.

Teleshopping (das) – während einer Fernsehsendung angebotene Waren kaufen
Teleshopping erfreut sich in manchen Ländern großer Beliebtheit.

Web-Seite (die, -n) – Präsentation eines Anbieters im Internet (englisch: website)
Ich erfuhr über die Web-Seite der Konzertagentur von dem Rockfestival.

Zensor (der, -en) – jemand, der etwas zensiert → zensieren
Während des Krieges strich der Zensor sämtliche Kommentare über die Kriegsgebiete.

Zensur (die) – hier: das Überprüfen, ob in Medien gegen geltende moralische, politische oder religiöse Grundsätze verstoßen wird
Während einer Diktatur herrscht meist eine strenge Zensur. Regimekritische Äußerungen in den Medien werden verboten.

Adjektive

medienwirksam – etwas, das intensiv über die Medien wirkt und starkes Interesse bei den Medien hervorruft
Der gestrige Auftritt der Politikerin war sehr medienwirksam, fast alle Sender berichteten darüber.

Ausdrücke

eine Sendung aus/strahlen – etwas senden
Dieser Dokumentarfilm soll Ende des Monats ausgestrahlt werden.

im Internet surfen – ohne bestimmtes Ziel das Internet benutzen und Informationen suchen
Bevor er mit der Arbeit beginnt, surft er immer eine Stunde lang im Internet.

seine / die Meinung äußern – seine Meinung sagen ....
In dieser Kolumne können die Journalisten ihre Meinung äußern, sie verfassen hier ....
keine neutrale Nachrichtenmeldung. ....
Person des öffentlichen Lebens (die, -en) – in der Öffentlichkeit allgemein ....
bekannte Person ....
Als Person des öffentlichen Lebens wurde auch ihr Privatleben von den Medien ....
verfolgt. ....
eine gute Presse haben (hatte, hat gehabt) – über etwas oder jdn. wird in der ....
Zeitung positiv berichtet ....
Wenn der Minister keine gute Presse hat, ärgert er sich. ....
durch die Presse gehen (ging, ist gegangen) – über etwas wird in der Presse berichtet ....
Der neue Sexskandal ging schnell durch die Presse. ....
verkabelt sein – Anschluss an das Kabelfernsehen haben ....
Die meisten Haushalte in Deutschland sind verkabelt. ....

Weitere Fragestellungen zum Thema

1. Manche Zeitungen und Zeitschriften berichten ausführlich über das Privatleben von berühmten Menschen wie Politikern, Schauspielern usw. Wird damit deren Recht auf Privatsphäre verletzt?

2. Durch das Fernsehen können Meldungen sehr schnell um die ganze Welt gehen. Sehen Sie darin einen Vor- oder Nachteil? Begründen Sie Ihre Meinung.

3. Das Internet erleichtert viele ehemals komplexe, langwierige Vorgänge. Ist diese Erfindung in Ihren Augen positiv oder gibt es auch negative Seiten?

4. Stellen Sie dar, warum die Pressefreiheit ein Grundrecht einer demokratischen Verfassung ist.

5. Beschreiben Sie, wie Sie ein Fernsehprogramm nach Ihrem Geschmack gestalten würden.

6. Wozu dienen Ihrer Meinung nach Schülerzeitungen, die von den Schülern selbst verfasst werden?

7. Dürfen die Medien Ihrer Meinung nach alles zeigen und über alles berichten oder gibt es eine moralische und ethische Grenze, die nicht überschritten werden darf? Begründen Sie Ihre Meinung.

In unserem Alltag sind wir von Werbung in ihren zahlreichen Erscheinungsformen umgeben. Wägen Sie Vor- und Nachteile dieser Entwicklung ab und überlegen Sie sich, wie man Werbung steuern kann.

Vorüberlegungen

1 Welche positiven und negativen Effekte von Werbung fallen Ihnen spontan ein?
2 Welcher Medien bedient sich Werbung?
3 Wie entsteht Werbung?

Vorschlag zur Gliederung in Stichworten

Einleitung

Vorschläge zur Auswahl:

- Werbung umgibt uns fast ständig (Beispiel)
- wenig Chancen für ein Produkt auf dem Markt ohne Werbung
- Definition von Werbung
- Arten der Werbung, z.B. direkt – indirekt (ohne dass man es sofort als Werbung identifiziert, wie „zufällig" benutzte Produkte in einem Kinofilm)

Hauptteil

Vorteile der Werbung:

- Information über neue Produkte bzw. Dienstleistungen
- steigender Umsatz für die Firmen
- bunteres, fröhliches Stadtbild durch Plakatwerbung
- Arbeitsplätze in der Werbebranche
- Qualitätsverbesserung durch verstärkte Konkurrenz
- Werbung als Kunst

Nachteile der Werbung:

- Beeinflussung und Manipulation der Menschen:
  - durch die Werbung entsteht ein Gefühl der Vertrautheit mit gewissen Produkten
  - Werbung kann Rollenklischees verstärken (Beispiel: In der Werbung für Babypflegeprodukte werden nur Mütter gezeigt; die Väter treten nicht in Erscheinung, obwohl sich viele junge Väter heute die Kindererziehung mit den Frauen teilen)
  - Identifizierung mit bestimmten Produkten
  - unterschwellige Werbung (beim Fernsehen Einblenden von Produkten in Sekundensequenzen)
- man kann sich der Werbung nicht ganz entziehen
- vermeintliche Informationen über Produkte sind meist Desinformationen
- führt zu mehr Konsum → stärkere Umweltverschmutzung (Verpackungen, Abwässer der Industrie usw.)
- keine Chancengleichheit für Konkurrenten, da der Erfolg durch die Qualität und das Volumen der Werbung steuerbar ist → Vorteil für große finanzkräftige Unternehmen
- zeigt „Wunschbilder", z.B. Frau ist attraktiv, Mutter, macht Karriere ..., d.h. weckt Hoffnungen, die das Produkt nicht erfüllen kann

Steuerung von Werbung:

- durch gesetzliche Vorgaben, z.B.:
  - Einschränken der Werbung für Zigaretten und andere gesundheitsgefährdende Produkte
  - Verbot von Szenen, die Gewalt verherrlichen oder Sex zeigen, in der Werbung
  - Reduzierung der Werbung in Medien, die speziell für Kinder gedacht sind (Kindersendungen im Fernsehen, Kinderzeitschriften, Kinderkinofilme, ...)
- frühe Aufklärung und Analyse von Werbung in den Schulen
- gezielter Boykott der Verbraucher bei unseriösen Werbemethoden

Schluss

Vorschläge zur Auswahl:

- eigene Meinung zur Werbung
- Beispiel einer gelungenen oder misslungenen Werbeaktion
- Vorschlag, was sich bei Werbekonzepten in Zukunft ändern sollte

zu diesem Thema siehe auch: Medien, Geld und Wirtschaft, Computer

④ **Formulieren Sie nun mit Hilfe der Stichworte einen Vortrag bzw. einen Aufsatz. Verwenden Sie dabei einige der folgenden und aus vorigen Kapiteln bereits bekannte Formulierungshilfen.**

Formulierungshilfen

Überzeugtheit betonen

eine Tatsache sein ...	Es ist eine Tatsache, dass die Menschen von Werbung beeinflusst werden.
sicher wissen	Wir wissen sicher, dass Werbung ein wichtiger Teil unseres Lebens ist.
fest/stehen, dass ...	Es steht fest, dass manche Werbespots sehr ästhetisch sind.
überzeugt sein von + D / davon, dass ...	Ich bin davon überzeugt, dass Kinder von Werbung beeinflusst werden.
heraus/heben	Dass Werbung oft sehr kostspielig ist, sollte herausgehoben werden.
heraus/stellen	Ich möchte herausstellen, dass ich Werbung für Medikamente als schädlich ansehe.
geltend machen	Ich möchte geltend machen, dass sich Alkohol- und Zigarettenwerbung negativ auswirken kann.
sicher ist, dass ...	Sicher ist, dass es viele Arbeitsplätze in der Werbebranche gibt.
Es besteht kein Zweifel, dass ...	Es besteht kein Zweifel, dass wir alle schon einmal von Werbung manipuliert worden sind.

Übungen zu Grammatik und Wortschatz

⑤ **Rund um das Wort „werben". Ordnen Sie die Verben den Definitionen zu. Bilden Sie dann mit jedem Verb einen Beispielsatz.**

sich bewerben um + A   umwerben   werben für + A   ~~werben um + A~~   ab/werben   an/werben

Beispiel: sich um eine Person oder Freundschaft bemühen = um jdn. werben
Der junge Mann wirbt um die Frau, in die er verliebt ist.

a) versuchen, einen Arbeitsplatz zu finden = ...
....

b) die Vorteile eines Produkts bzw. einer Dienstleistung herausstellen = ...
....

c) jemanden dazu bringen, einen Arbeitgeber zu verlassen, um zu einem anderen überzuwechseln =
....
....

d) jemanden dazu bringen, für einen zu arbeiten oder einen zu unterstützen = ...
....

e) versuchen, die Freundschaft oder Liebe von jemandem zu erlangen = ...
....

10. Werbung

6 Bilden Sie aus den Wörtern Sätze.

a) viele Passanten – nehmen – Anstoß – schockierende Werbeplakate – bekannte Firma

  ....

  ....

b) Zigarettenindustrie – fassen – freiwillig – Beschluss – Fernsehwerbung – einstellen

  ....

  ....

c) dieser Werbespot – sollen – Verbraucher – neues Getränk – machen – aufmerksam

  ....

  ....

d) ständige Unterbrechung – Filme – fallen – viele Fernsehzuschauer – schon lange – Nerven

  ....

  ....

e) Tourismusministerium – wollen – diese Plakate – Diskussion – Gastfreundschaft – Gang – bringen

  ....

  ....

f) Unternehmen – führen – Konkurrenz – gestohlener Werbeslogan – Klage

  ....

  ....

7 Rund um den Begriff „Konsum". Ergänzen Sie die Nomen.

Konsumverzicht	Konsument	~~Zigarettenkonsum~~	Konsumgesellschaft
	Konsumverhalten	~~Konsum~~	Konsumboykott

Beispiel: Die Werbung beeinflusst das Volumen des *Zigarettenkonsums* kaum, alle rauchen genauso viel wie immer.

a) Mit der Werbung soll das .... der Menschen beeinflusst werden.

b) Da die Bewohner der wohlhabenden Länder Europas und der USA sehr viel kaufen und konsumieren,

  werden sie als .... bezeichnet.

c) An heißen Sommertagen steigt der .... von Erfrischungsgetränken.

d) Manche Psychologen fordern die Menschen zum .... auf, damit sie weniger Geld

  ausgeben und lernen, auch an anderen Dingen Freude zu haben.

e) Der unentschlossene .... soll durch die Werbung beeinflusst werden.

f) Die Reaktion auf diese frauenfeindliche Werbung war ein dreitägiger ....

8 Ergänzen Sie die fehlenden Präpositionen.

a) Untersuchungen haben gezeigt, dass sich Werbung positiv ……… die Verkaufszahlen auswirkt.

b) Die Abteilungsleiter beglückwünschten sich ……… der gelungenen Werbekampagne.

c) Zigarettenwerbung ist schon seit längerer Zeit im Fernsehen verboten, kein Sender darf ……… diese Regelung verstoßen.

d) Die meisten Werbespots im Radio unterscheiden sich ……… ihren Aussagen kaum ……… den Spots im Fernsehen.

e) ……… die Werbeplakate am Straßenrand gebe ich kaum acht.

f) Die Produktpalette hat sich ……… 18 ……… 20 Produkte erhöht.

Übrigens …

Meinetwegen, deinetwegen …

„Meinetwegen", „deinetwegen" usw. sind Adverbien, die aus dem Possessivpronomen „mein", „dein" usw. und „wegen" gebildet werden. Sie zeigen an, wem ein Gefallen getan wird (mir, dir … zuliebe) oder für wen etwas gemacht wird (wegen mir, dir …) (1). Es kann auch ein Einverständnis ausgedrückt werden (2).

Beispiel: (1) Er wollte, um mir einen Gefallen zu tun, ins Kino mitkommen.
Er wollte meinetwegen ins Kino mitkommen.
(2) „Sehen wir den Film?" – „Einverstanden."
„Sehen wir den Film?" – „Meinetwegen."

Formen:

ich	–	meinetwegen	wir	–	unser(e)twegen
du	–	deinetwegen	ihr	–	euretwegen
er	–	seinetwegen	sie	–	ihretwegen
sie	–	ihretwegen	Sie	–	Ihretwegen
es	–	seinetwegen			

9 Formen Sie die Sätze um, indem Sie die Adverbien verwenden.

a) Die Filmaufnahmen wurden ihr zuliebe um drei Tage verschoben.

………………………………………………………………………………

………………………………………………………………………………

b) Herr Martin ist Geologe. Seine Frau abonnierte eine wissenschaftliche Zeitschrift, um ihm eine Freude zu bereiten.

………………………………………………………………………………

………………………………………………………………………………

10. Werbung

c) Ich werde mir nur euch zuliebe dieses klassische Konzert im Fernsehen ansehen.

....

....

d) Meine Mutter kochte jede Woche einmal Lasagne, um mich zu erfreuen.

....

....

Wortschatz

Verben

sich etwas an/schaffen – kaufen / erwerben; meistens gebraucht, wenn es sich um einen größeren Gegenstand handelt → *Anschaffung (die, -en)*
Im nächsten Monat möchte sich Roland den teuren Computer anschaffen, für den in der letzten Zeit so viel geworben wird.

sich etwas leisten – ökonomisch in der Lage sein, sich etwas zu kaufen
Man kann sich natürlich nicht alle Sachen leisten, die man in der Werbung sieht.

manipulieren – jdn. beeinflussen, ohne dass er es merkt → *Manipulation (die, -en)*
Durch indirekte Werbung in Filmen sollen Zuschauer manipuliert werden.

suggerieren – geschickt beeinflussen, so dass eine bestimmte Meinung oder ein Wunsch entsteht → *Suggestion (die)*
In dieser Werbung wird suggeriert, dass eine Frau dieses Parfüm braucht, um erfolgreich zu sein.

verführen – jdn. dazu bringen, etwas zu tun, was eigentlich nicht seine Absicht war
Die Musik im Supermarkt soll die Kunden dazu verführen, Waren zu kaufen, die sie eigentlich nicht kaufen wollten.

vertreiben (vertrieb, hat vertrieben) – verkaufen → *Vertrieb (der)*
Dieses Produkt wird nur über besonders geschulte Verkäufer vertrieben.

werben für + A (wirbt, warb, hat geworben) – etwas bekannt machen, so dass es gekauft wird
Das Plakat wirbt für eine neue Zeitschrift.

Nomen

Abnehmer (der, -) – Käufer, Kunde
Deutsche Autos finden in der ganzen Welt Abnehmer.

Anschaffung (die, -en) – Kauf eines größeren Gegenstandes
Familie Klein überlegte sich lange die Anschaffung einer neuen Waschmaschine, schließlich ist so ein Elektrogerät sehr teuer.

Auslage (die, -n) – in einem Schaufenster oder einer Vitrine ausgestellte Waren und ihre Dekoration
Zur Weihnachtszeit sind die Auslagen der Geschäfte besonders schön.

Kauflust (die) – Kaufinteresse / Spaß am Kaufen
Im Urlaub ist die Kauflust der Leute besonders groß, sie achten in dieser Zeit nicht so stark aufs Geld.

Kunde (der, -n) – Person, die etwas kauft
Dieses Produkt ist bei den Kunden sehr beliebt.

Kundenkreis (der, -e) – die Gesamtheit der möglichen oder wirklichen Kunden, die ein Unternehmen hat oder die für ein Produkt existiert
Der Kundenkreis dieses Antiquitätengeschäfts ist sehr klein.

Kundschaft (die) – alle Kunden eines Geschäfts
  Die Kundschaft wird in diesem Laden sehr freundlich bedient.
Mailing (das) (englisch) – Werbeaktion, bei der mit der Post an einen großen
  Personenkreis Werbematerial verschickt wird → *Mailing-Aktion (die, -en)*
  Das Unternehmen beschloss, die jungen Eltern mit einer Mailing-Aktion auf ihre
  neuen Babynahrungsprodukte aufmerksam zu machen.
Mogelpackung (die, -en) – Verpackung, die die Menge des Inhalts größer als in
  Wirklichkeit erscheinen lässt (mogeln = lügen, schwindeln)
  In der großen Verpackung war schließlich nur eine kleine Parfümflasche, typisch
  für eine Mogelpackung.
Propaganda (die) – werbende und beeinflussende Tätigkeit für eine Lehre oder
  Idee, besonders für politische Ziele
  Vor der Wahl zeigt das Fernsehen ständig Propaganda der Parteien.
Reklame (die, -n) – Werbung
  Der Schriftsteller machte überall Reklame für sein neues Buch.
Schleichwerbung (die, -en) – Werbung, die indirekt wirkt und nicht sofort als
  solche erkennbar ist (z.B. in Kinofilmen „zufällig" gezeigte Automarken)
  Dass James Bond in dem Film einen BMW fährt, ist für mich Schleichwerbung.
Slogan (der, -s) – einprägsamer Satz oder Ausspruch, der in der Werbung verwen-
  det wird → *Werbeslogan (der, -s)*
  Tage nachdem ich die Werbung im Radio gehört hatte, blieb mir der Slogan noch
  im Gedächtnis.
Verbraucher (der, -) – Konsument
  Die Werbung soll die Verbraucher zum Kauf von Waren bringen.
Verkaufsschlager (der, -) / Verkaufshit (der, -s) – Produkt, das mit großem Erfolg
  verkauft wird
  Niemand hätte gedacht, dass dieses Spiel ein so großer Verkaufsschlager wird.
Werbeabteilung (die, -en) – für Werbung zuständiger Bereich eines Unternehmens
  In der Werbeabteilung werden ständig neue Werbeaktionen geplant.
Werbefeldzug (der, -züge) – kämpferisch geplante Werbeaktion / Werbekampagne
  Der Werbefeldzug für das neue Automodell war sehr genau geplant.
Werbegeschenk (das, -e) – Geschenk, mit dem für etwas geworben wird
  Große und kleine Firmen geben Werbegeschenke an gute Kunden.
Werbekampagne (die, -n) – Aktion zum Werben / Werbefeldzug
  Die Werbekampagne begann mit einer großen Anzeigenaktion.
Werbespot (der, -s) – kurzer Werbefilm, der im Fernsehen oder Kino gezeigt wird
  Humorvolle Werbespots kommen bei den Zuschauern am besten an.
Werbeträger (der, -) – das Medium, mit dessen Hilfe geworben wird, z.B. Fern-
  sehen
  Versicherungen bevorzugen Zeitungen und Zeitschriften als Werbeträger.
Zielgruppe (die, -n) – Gruppe von Personen, die mit einer Werbung hauptsächlich
  angesprochen werden soll
  Die Zielgruppe dieser Schokoladenwerbung sind Kinder unter 10 Jahren.

Adjektive

kommerziell – auf den wirtschaftlichen Gewinn gerichtet
  Die meiste Werbung machen kommerzielle Unternehmen, öffentliche Institutionen
  geben meist viel weniger für Werbung aus.
verkaufsfördernd – den Verkauf unterstützend
  Das Preisausschreiben ist eine verkaufsfördernde Aktion für die teuren Kosmetika.
werbewirksam – mit Erfolg werbend
  Stars sind bei der Einführung eines neuen Produkts oft sehr werbewirksam.

10. Werbung

Ausdrücke

die Katze im Sack kaufen – etwas kaufen, ohne vorher zu testen, ob es von guter
Qualität ist
*Frau Jungblut sagte zu dem Autoverkäufer, dass sie keine Katze im Sack kaufen
und deshalb den Gebrauchtwagen genau testen wolle.*

zum Kauf an/regen / bewegen – jdn. dazu bringen, etwas zu kaufen
*Einige Werbespots regen tatsächlich zum Kauf an, andere Werbespots erreichen
eher das Gegenteil.*

vergleichende Werbung (die) – Werbung, in der ein Produkt mit dem
Konkurrenzprodukt verglichen wird
Vergleichende Werbung ist in manchen Ländern verboten.

die Werbetrommel rühren – stark für etwas werben
*Dieser Kandidat muss noch die Werbetrommel rühren, um auf sich aufmerksam
zu machen.*

Weitere Fragestellungen zum Thema

1. Inwiefern hängen Konsum und Werbung zusammen? Können Produkte auch ohne Werbung erfolgreich
   vertrieben werden?

2. Beschreiben Sie eine Werbung im Fernsehen oder in einer Zeitung, die Ihnen besonders gefallen hat.
   Erklären Sie genau, was daran gut war.

3. Ist die Werbung – abgesehen von der Sprache – international oder landesspezifisch? Welche Art von
   Werbung kann in verschiedenen Ländern genau gleich bleiben und welche Werbung muss auf das Land
   abgestimmt werden?

4. Wie würden Sie in einem Werbeprospekt für Ihr Land werben? Welche Schlagwörter müssten dabei eine
   wichtige Rolle spielen und warum? Welches Bildmaterial würden Sie verwenden?

5. Jedes Jahr werden künstlerisch wertvolle Werbefilme ausgezeichnet. Entscheiden Sie, ob die Werbung
   eine Form der Kunst ist. Worauf würden Sie achten, wenn Sie Werbung nach ihrem künstlerischen Wert
   beurteilen müssten?

6. Es gibt Motive, die in der Werbung besonders gern benutzt werden. Welche sind das und warum?

Umweltschutz betrifft sowohl jeden Einzelnen als auch die Gesellschaft insgesamt. Beschreiben Sie Ursachen und Wirkungen der Umweltverschmutzung und gehen Sie darauf ein, wie wir unsere Umwelt schützen können.

Vorüberlegungen

1 An welche Bereiche denken Sie beim Thema Umweltschutz?

2 Wie ist die Situation in Ihrem Land? In welchen Bereichen glauben Sie, wird genug für den Umweltschutz getan und wo gibt es Mängel?

3 Greenpeace, der grüne Punkt, BUND, WWF – was verbinden Sie mit diesen Organisationen?

Vorschlag zur Gliederung in Stichworten

Einleitung

Vorschläge zur Auswahl:

- aktuelles Beispiel
- wo ist der Einzelne betroffen, wo die ganze Gesellschaft
- Umweltschutz ist ein sehr wichtiges Thema, für das sich alle interessieren sollten
- der Mensch hat nur in einer intakten Umwelt eine Überlebenschance
- Umweltorganisationen mahnen die Menschen, Natur und Umwelt zu respektieren

Hauptteil

Die Situation:

Luft

Smog verursacht:
- Atemwegsbeschwerden und -erkrankungen
- Allergien
- Waldsterben

Forderung:
- Einschränkung beim privaten Verkehr
- Einbau von Filteranlagen in der Industrie

Verursacher:
- privater Verkehr, Flugzeuge, Industrieanlagen, Heizungsanlagen im Winter

Gewässer

Abwässer verursachen:
- Gefährdung des Trinkwasservorrats
- Fischsterben
- Zerstörung von Erholungsgebieten (Seen)

Forderung:
- stärkere Kontrollen
- Kläranlagen

Verursacher:
- Industrie, private Haushalte, Tankerunglücke, Gebrauch von Düngemitteln und Pflanzenschutzmitteln

Boden

vergiftete Böden verursachen:
- Bodenerosion
- Zerstörung landwirtschaftlicher Flächen und Erholungsgebiete
- Pflanzen- und Waldsterben
- Allergien und Krankheiten

Forderung:
- strengere Umweltgesetzgebung und Kontrollen

Verursacher:
- Industrie, Gebrauch von Düngemitteln und Pflanzenschutzmitteln, private Haushalte

Tier- und Pflanzenwelt

Ursache und Wirkung:
- Überfischung durch High-Tech-Ausrüstung → Fischbestände können sich nicht erholen
- ungeeignete und zu kleine Netze → Delfine sterben
- Umweltkatastrophen, z.B. Schiffsunglück, Ölpest → Lebensgrundlage der Tiere wird zerstört

- zu häufiger und intensiver Einsatz von Pflanzenschutzmitteln → Insekten, Kleintiere sterben; Sauerstoffmangel in Flüssen und Seen
- Brandrodung → Land wird unfruchtbar
- Trockenlegung von Seen und anderen Gewässern; Bau von Staudämmen → Lebensgrundlage (Biotope) von verschieden Tierarten gehen verloren
- weltweite Klimaveränderungen, die Atmosphäre wird immer wärmer → Anstieg des Meeresspiegels
- Zerstörung großer Urwaldgebiete durch Abholzung → Lebensraum und Nahrungsgrundlage vieler Tierarten sowie wichtigster Sauerstofflieferant werden zerstört
- Vergrößerung des Ozonlochs → unabsehbare Folgen für Natur und Menschheit

Was sich ändern muss:

- der Mensch muss lernen, in Einklang mit seiner Umwelt zu leben

jeder kann Beitrag leisten:

- Strom-, Wasser-, und Energieverbrauch reduzieren
- Information und Aufklärung über die Folgen der Umweltzerstörung
- geringerer Verbrauch von Rohstoffen in den Industriestaaten
- Verbote und strengere Gesetze im Bereich von umweltzerstörenden Chemikalien, strengere Kontrollen der Industrie
- Förderung alternativer Energiequellen
- Förderungsprogramme zum Schutz bedrohter Gebiete, z.B. des Regenwaldes
- Aufforstung (= das Pflanzen von Bäumen)
- Schutz bedrohter Tierarten
- Förderung einer Bildung des Bewusstseins dessen, dass der Mensch nur ein Teil der Natur ist

Schluss

Vorschläge zur Auswahl:

- Umweltschutz geht jeden an
- die Industriestaaten sollten aufgrund ihrer Möglichkeiten eine aktive Rolle einnehmen
- Ausblick in die Zukunft

zu diesem Thema siehe auch: **Entwicklungshilfe, Stadt und Land**

⚐ **Formulieren Sie nun mit Hilfe der Stichworte einen Vortrag bzw. einen Aufsatz. Verwenden Sie dabei einige der folgenden und aus vorigen Kapiteln bereits bekannten Formulierungshilfen.**

Formulierungshilfen

Folgerungen und Konsequenzen nennen

als Konsequenz ergibt sich daraus, dass ...	Alte Autos können nur schlecht wiederverarbeitet werden; als Konsequenz ergibt sich daraus, dass man Alternativen finden muss.
eine logische Folge sein	Das Waldsterben ist eine logische Folge des sauren Regens.
zur Folge haben	Der Protest der Umweltschutzorganisation hatte zur Folge, dass die Fabrik schließen musste.
sich ab/leiten lassen aus + D, dass ...	Aus dem Verhalten der Kinder lässt sich ableiten, dass sie etwas über das Thema Umweltschutz gelernt haben.
sich folgern lassen aus + D, dass ...	Aus dem neuen Gesetz zur Filtrierung von Industrieabgasen lässt sich folgern, dass die Regierung daran interessiert ist, die Umwelt zu schützen.

11. Umweltschutz

sich schließen lassen aus + D, dass ...	Aus dieser Tatsache lässt sich schließen, dass die Menschen das Problem nicht erkannt haben.
sich ergeben aus + D	Aus umweltfreundlichem Verhalten der Bürger ergibt sich eine langfristige Verbesserung der Lebensbedingungen.
folgen aus + D	Aus dem neuen Gesetzesentwurf folgt eine Verschärfung der Strafen für Umweltsünder.
führen zu + D	Das Trennen von Müll führt zu einer besseren Verwertbarkeit der Reststoffe.
demnach	Große Tankerunglücke führen immer wieder zu Umweltkatastrophen. Demnach sollte die Regierung wirksamere Maßnahmen ergreifen.
folglich	Die Abgase verschmutzen die Luft. Folglich muss man versuchen, den Benzin-verbrauch zu reduzieren.
deshalb	Wir sollten etwas für die Umwelt tun. Deshalb schlage ich vor, weniger Auto zu fahren.
also	Es ist Smogalarm, also müssen alle ihre Autos stehen lassen.

Übungen zu Grammatik und Wortschatz

5 Erklären Sie die folgenden Begriffe mit eigenen Worten.

a) der Artenrückgang ....

b) jdn. / etw. ausbeuten ....

c) die Energieverschwendung ....

d) der Krankheitserreger ....

e) die Lebensqualität ....

f) der natürliche Kreislauf ....

g) die Überbevölkerung ....

h) der Artenschutz ....

i) der Umweltsünder ....

j) der Umweltschutz ....

6 Ergänzen Sie das Gegenteil des unterstrichenen Ausdrucks.

a) Gottseidank haben die letzten Regenfälle keine großen Schäden verursacht, doch das Erdbeben hat

.... zwei Opfer gefordert.

b) Die Zahl der Umweltschützer ist in den letzten Jahren gestiegen, dagegen ist die Zahl der

Umweltsünder ....

c) Experten können zur Lösung des Problems beitragen, aber auch .... können

einen Beitrag leisten.

d) Am Katastrophenschutz zu <u>sparen</u> wäre ein Fehler, man müsste sogar mehr Geld dafür

....

e) <u>Es ist unerlässlich</u>, die Bevölkerung ausreichend aufzuklären. Man sollte aber darauf

.................................., die Leute unnötig in Panik zu versetzen.

f) Der große Chemiekonzern sollte endlich alle Gesetze <u>einhalten</u> anstatt sie ständig zu

....

7 Erklären Sie die folgenden Begriffe mit eigenen Worten.

a) das Reizklima ....

b) das Tropenklima ....

c) das Seeklima ....

d) das Wüstenklima ....

8 Bilden Sie aus den Wörtern Sätze.

a) trotz – regelmäßig – international – Gipfeltreffen – können – kein – einheitlich – Regelung – Verminderung – Schadstoffausstoß – finden *(Passiv)*

....

....

b) Industriestaaten – am meisten – Umwelt – belasten *(Relativsatz)* – müssen – ärmere Länder – Thema „Umweltschutz" – gut – Beispiel – sein

....

....

c) Aufklärung – und – Information – sein – wichtig – möglichst – viel – Mensch – Thema – sensibilisieren

....

....

d) Schadstoffe – Autoabgase – sollen – neuer Katalysator – mindestens 10% – verringert werden

....

....

e) Kommission – sollen – öffentliche Verkehrsmittel – attraktiver – machen – privater Autoverkehr – und – Umweltbelastung – verringern

....

....

f) Umweltschutzorganisationen – protestieren – lockere Sicherheitsvorkehrungen – Chemiefabrik

....

....

Übrigens ...

gegenüber

Die Präposition „gegenüber" kann auf unterschiedliche Art und Weise verwendet werden:

1. gegenüber + D (lokal)
   Direkt gegenüber der Fabrik liegt ein kleiner Park.

2. Bei einem Nomen kann „gegenüber" vor- oder nachgestellt werden.
   Gegenüber der Schule ist ein Spielplatz.
   Der Schule gegenüber ist ein Spielplatz.
   Der Minister war dem Amtskollegen gegenüber sehr misstrauisch.
   Der Minister war gegenüber dem Amtskollegen sehr misstrauisch.

3. Bei Pronomen wird „gegenüber" immer nachgestellt.
   Mir gegenüber hat sie sich nicht geäußert.

4. Bei Ortsnamen wird „von" ergänzt.
   Finnland liegt gegenüber von Schweden.

5. „gegenüber" + Verb
   „gegenüber" kann als Präfix Teil eines Verbs sein. Dann schreibt man „gegenüber" und das Verb zusammen.
   Sie musste dem Kunden selbstsicher gegenübertreten, sonst hätte sie nichts verkauft.
   Wenn man auf dem Fußballfeld dem Gegner gegenübersteht, ist das ein schönes Gefühl.

   Man schreibt „gegenüber" getrennt vom Verb, wenn es im Sinne von „auf der anderen Seite, dort drüben" verwendet wird.
   Gegenüber liegt das Hotel.
   Der Nachbar steht gegenüber am Fenster.

9 **Bilden Sie aus den Wörtern Sätze.**

a) Bank – gegenüber – Stadtpark – liegen

   ....

b) Er – können – Vater – gegenüber – mit Stolz – treten

   ....

c) Feinde – gegenüber – müssen – auf freiem Feld – stehen

   ....

d) Klaus – sitzen – gegenüber – Anna

   ....

e) Man – müssen – Chef – gegenüber – höflich sein

   ....

Wortschatz

Verben

ab/holzen – Bäume fällen → *Abholzung (die, -en)*
Oft werden Bäume abgeholzt, um Platz zum Bauen zu schaffen.

auf/forsten (↔ roden) – einen Wald durch das Anpflanzen von neuen Bäumen
vergrößern → *Aufforstung (die, -en)*
Nach dem großen Waldbrand wurde ein Teil der Fläche wieder aufgeforstet.

aus/beuten – etw. / jdn. ausnutzen → *Ausbeutung (die)*
*Manche Bauern beuten ihre Felder so rücksichtslos aus, dass sie nach einigen
Jahren kaum noch zu bepflanzen sind.*

aus/sterben (**stirbt aus, starb aus, ist ausgestorben**) – eine Pflanzen- oder Tierart
kann sich an eine geänderte Umwelt nicht anpassen und hört auf zu existieren
*Die Pandabären werden bald aussterben, wenn es nicht gelingt, sie besser zu
beschützen.*

bedrohen – gefährden / in Gefahr bringen
Viele Tierarten werden von den Menschen bedroht.

befristen – einen festen Zeitraum für etwas festlegen
Die Zeit, in der in Deutschland Rehe gejagt werden dürfen, ist befristet.

belasten – erschweren / eine schädliche Einwirkung auf etwas haben
→ *Belastung (die, -en)*
Die Autoabgase belasten die Luft.

ein/sparen – etwas nicht verbrauchen → *Einsparung (die, -en)*
Durch alternative Energien lässt sich ein Teil des Erdölverbrauchs einsparen.

roden (↔ aufforsten) – Bäume fällen und die Wurzeln entfernen, so dass andere
Pflanzen angebaut werden können → *Rodung (die, -en)*
Der Bauer ließ den ganzen Wald roden, um dort Mais anzubauen.

stinken (**stank, hat gestunken**) – sehr schlecht riechen → *Gestank (der)*
*Diese Chemikalien stinken so stark, dass man sie ständig unter Verschluss halten
muss.*

verpesten – die Luft mit einem unangenehmen Geruch oder schädlichen Stoff
füllen → *Verpestung (die)*
Schon seit Jahren verpestet diese Plastikfabrik die Luft der Umgebung.

verseuchen – durch giftige Stoffe etwas so verändern, dass die Gesundheit
gefährdet wird → *Verseuchung (die)*
Zahlreiche Chemieunfälle haben den Rhein jahrelang verseucht.

Nomen

Abfall (der, -fälle) – Müll
Der Abfall wird in großen Containern aufbewahrt, bis die Müllabfuhr kommt.

Abgas (das, -e) – Gas, das entsteht, wenn etwas verbrannt wird
Das Heizwerk produziert viele Abgase.

Abwasser (das, -wässer) – schmutziges Wasser von Haushalten oder Industrie-
betrieben
*Die Abwässer werden in der Kanalisation gesammelt und dann in Kläranlagen
gereinigt.*

Ausnahmezustand (der) – Situation, in der wegen einer Gefahr gewisse Rechte
oder Regelungen vorübergehend nicht gelten → *den Ausnahmezustand erklären*
*In dem betroffenen Gebiet wurde nach der Hochwasserkatastrophe der
Ausnahmezustand erklärt, da viele Menschen in Gefahr waren.*

Besiedelung (die) – Neugründung eines Wohngebietes in einem vorher unbe-
wohnten Gebiet
*Die Besiedelung dieser Insel fand im letzten Jahrhundert statt, vorher war sie
unbewohnt.*

11. Umweltschutz

Bevölkerungswachstum (das) – Zunahme der Bevölkerung (durch Geburtenüberschuss und / oder Einwanderungsüberschuss)
Das Bevölkerungswachstum ist in vielen afrikanischen Staaten sehr hoch. ....

Biotop (das, -e) – Lebensraum von Tieren und Pflanzen ....
*Das Biotop der Berggorillas wurde durch die voranschreitende Zivilisation und
die Besiedelung fast ganz zerstört.* ....

Brand (der, Brände) – großes Feuer ....
*Ein großer Brand hat vor zwei Jahren große Waldflächen rund um die griechische
Hauptstadt Athen vernichtet.* ....

Brandrodung (die, -en) – Abbrennen von Waldflächen, um Ackerland zu gewinnen ....
*Die Umweltkommission der UNO setzt sich dafür ein, dass Brandrodung in
gefährdeten Gebieten verboten wird.* ....

Dürre (die, -n) – lang anhaltende Trockenheit ....
Durch die monatelange Dürre wurden viele Anbauflächen zerstört. ....

Energiequelle (die, -n) – Stoff, aus dem Energie gewonnen wird ....
→ *alternative Energiequellen* ....
*An den Universitäten wird nach der besseren Nutzung von umweltfreundlichen
Energiequellen geforscht.* ....

Energiegewinnung (die) – Methode, mit der Energie erzeugt wird ....
*Diese großen Windmühlen dienen der Energiegewinnung. Die Flügel werden
vom Wind angetrieben und dadurch sind die Turbinen in der Lage, Elektrizität
zu produzieren.* ....

Filteranlage (die, -n) – großes Gerät, das Gase und Flüssigkeiten reinigen kann ....
*Die Fabrik besitzt eine Filteranlage, die verhindert, dass giftige Stoffe in die Luft
abgelassen werden.* ....

Forst (der, -e) – Wald, der wirtschaftlich genutzt wird ....
Die Gemeinde verdient durch den Verkauf von Holz aus diesem Forst. ....

Gipfeltreffen (das, -) – ein Treffen von Spitzenpolitikern oder Top-Managern
der Wirtschaft ....
*Auf dem letzten Umweltgipfeltreffen wurde beschlossen, den Kohlenmonoxid-
ausstoß der Industrieländer zu beschränken.* ....

Kanalisation (die, -en) – das System von unterirdischen Leitungen, in denen
das schmutzige Wasser eines Gebietes abläuft ....
Diese Stadt hat erst seit einigen Jahren eine Kanalisation. ....

Katalysator (der, -en) – 1. ein Stoff, der eine chemische Reaktion bewirkt, ohne ....
sich selbst zu verändern, 2. ein Gerät für Autos, das die Abgase filtert, so dass ....
weniger Schadstoffe austreten
zu 2: Seit vielen Jahren fahren die Autos in Europa vorwiegend mit Katalysatoren. ....

Katastrophenschutz (der) – Organisation von Hilfsgruppen, die im Fall einer ....
Katastrophe der Bevölkerung helfen ....
*Gleich nach dem Erdbeben wurde der zum Katastrophenschutz entwickelte Plan
in Gang gesetzt.* ....

Kläranlage (die, -n) – technisches System, mit dessen Hilfe schmutziges Wasser ....
gereinigt wird ....
*Die Kläranlage reinigt das Abwasser, so dass es danach ins Meer geleitet werden
kann, ohne dass Schäden entstehen.* ....

Klimazone (die, -n) – bestimmtes Gebiet, in dem eine Klimaart herrscht, ...
z.B. die Tropen
Viele Tiere können nur in bestimmten Klimazonen leben. ....

Lärmbelästigung (die) – sehr laute und unangenehme Geräusche, die z.B. durch ....
Fahrzeuge oder Maschinen entstehen
*Die Lärmbelästigung im Bereich des Frankfurter Flughafens ist sehr groß, deshalb
fordern die Anwohner ein striktes Nachtflugverbot.* ....

Lebensraum (der) – die Umwelt, in der Menschen, Tiere, Pflanzen gewöhnlich leben
Der Lebensraum der Wölfe hat sich in den letzten Jahren in Europa stark verkleinert, man trifft diese Tiere nur noch in einigen abgelegenen Gebieten.

Mülldeponie (die, -n) – abgesperrtes Gebiet, in dem Müll gelagert wird
Die Einwohner der Stadt wollten die Mülldeponie nicht in ihrer Nähe haben.

Müllverbrennungsanlage (die, -n) – technische Apparatur, die den Müll durch Verbrennung vernichtet
Diese Müllverbrennungsanlage wurde nach den neuesten umwelttechnischen Auflagen erbaut, so dass sie die Umwelt nicht verschmutzt.

Ölpest (die) – starke Verschmutzung von Wasser und Land durch Öl
Ein Tankerunglück war die Ursache für die neueste Ölpest vor der französischen Küste.

Ozonloch (das) – Gebiete, in denen die Ozonschicht der Erdatmosphäre zerstört ist
Das Ozonloch beschäftigt die Wissenschaftler, da es für die Menschen schädliche Folgen mit sich bringt.

Ozonschicht (die) – bestimmte Gasschicht in der Erdatmosphäre, die die UV-Strahlung filtert
Kohlenmonoxid soll die Ozonschicht zerstören.

Ressource (die, -n) – (= Quelle) die materiellen oder immateriellen Mittel, über die man verfügen kann → *Ressourcen erschließen, Ressourcen nutzen*
Brasilien ist ein Land mit zahlreichen Ressourcen, die noch nicht genutzt wurden.

Rohstoff (der, -e) – Substanz, die in der Natur vorkommt und industriell genutzt werden kann
Südafrika ist reich an Rohstoffen, es gibt Gold, Edelsteine, Kohle und vieles andere.

Schadstoff (der, -e) – Substanz, die den Lebewesen schadet
Zahlreiche Gase, die aus dem Autoauspuff kommen, gelten als Schadstoffe.

Schadstoffausstoß (der) – (= Schadstoffemission) – das Abgeben von schädlichen Substanzen aus einer Maschine oder Fabrikanlage
Der Schadstoffausstoß alter Motoren ist besonders hoch.

Schadstoffemission (die, -en) – (= Schadstoffausstoß) – das Abgeben von schädlichen Substanzen in die Luft
Jeden Morgen wird im Radio durchgesagt, wie hoch die Schadstoffemission im Zentrum der Stadt ist.

Staudamm (der, -dämme) – großes Bauwerk, mit dem Wasser gestaut wird, um Energie zu gewinnen
Der Bau des Staudamms war sehr umstritten, da durch ihn der natürliche Flussverlauf verändert werden sollte.

Treibhauseffekt (der) – die Erwärmung der Erdatmosphäre, die nach Ansicht vieler Wissenschaftler durch die Umweltverschmutzung entsteht
Wissenschaftler meinen, dass viele Unwetter auf den Treibhauseffekt zurückzuführen sind.

Überbevölkerung (die) – zu viele Menschen im Verhältnis zu den vorhandenen Nahrungsmittel- und Energieressourcen
Die Überbevölkerung der Erde beschäftigt zahlreiche Experten.

Überschwemmung (die, -en) – Phänomen, dass eine große Menge Wasser über eine Fläche fließt, die normalerweise trocken ist, und Schaden entsteht
Durch starke Regenfälle kam es in diesem Gebiet zu einer großen Überschwemmung.

Verkehrsaufkommen (das) – Anzahl von Fahrzeugen, die gleichzeitig unterwegs sind
Vor Arbeitsbeginn, gegen 8.00 Uhr, ist das Verkehrsaufkommen in der Stadt am höchsten.

11. Umweltschutz

Waldsterben (das) – massenhaftes Absterben von Bäumen
....
Nadelbäume sind häufiger vom Waldsterben betroffen, da sie empfindlicher als
....
Laubbäume sind.
....
Wassergüte (die) – die Qualität des Wassers
....
Die Wassergüte dieses Sees ist nicht zufriedenstellend, man darf das Wasser auf
....
keinen Fall trinken.
....
Wiederverwertung (die) (= Recycling) – Materialien wie Papier, Glas oder
....
Aluminium nach dem ersten Gebrauch so verarbeiten, dass sie wieder benutzt
....
werden können
....
Durch Wiederverwertung kann aus Altpapier, wie z.B. Zeitungen, wieder benutz-
....
bares Papier entstehen.
....
Zersiedelung (die) – Phänomen, dass Wohnfläche über ein weites Gebiet verstreut
....
ist
....
Die Zersiedelung der Dörfer ist ein Fehler gewesen, heute gefällt der Anblick den
....
Einwohnern gar nicht mehr.
....

Adjektive

umweltschonend – mit besonderer Rücksicht auf die Umwelt
....
Meine Mutter benutzt nur umweltschonende Waschmittel, um zum Umweltschutz
....
beizutragen.
....
umweltverträglich – für die Umwelt gut zu ertragen
....
Es wurde noch nicht wissenschaftlich überprüft, ob das neue Recyclingverfahren
....
wirklich umweltverträglich ist.
....
verheerend – katastrophal
....
Das Unwetter richtete verheerende Schäden an, viele Häuser standen bis zum
....
zweiten Stock unter Wasser.
....

Ausdrücke

Gleichgewicht der Natur (das) – Vorstellung, dass sich in der Natur eine ökolo-
....
gische Balance ausbildet, die allen organischen Systemen einen Lebensraum
....
ermöglicht
....
Wenn die Menschen das Gleichgewicht der Natur zerstören, kann dies katastro-
....
phale Folgen für alles Leben auf der Erde haben.
....

Weitere Fragestellungen zum Thema

1. In den Nachrichten wird oft über Naturkatastrophen berichtet. Dabei werden häufig schockierende Bilder gezeigt, z.B. von Menschen, die mit dem Leben kämpfen. Wie weit können diese Nachrichten oder Bilder zur Sensibilisierung der Menschen ihrer Umwelt gegenüber beitragen? Begründen Sie Ihre Meinung.

2. Welches Klima ist Ihrer Meinung nach ideal? Inwieweit trifft das Klima Ihrer Heimat mit Ihren Vorstellungen überein?

3. Welche Maßnahmen werden in Ihrem Heimatland getroffen, um in einem akuten Fall das Ausmaß von Naturkatastrophen möglichst gering zu halten? Was umfasst der Katastrophenschutz? Welcher Aufgabenbereich fällt ihm in Ihrer Heimat zu?

4. Was leiste ich persönlich zum Umweltschutz? Nennen Sie Bereiche oder Aktionen.

5. Wer kann und wie soll man Kinder zum Umweltschutz erziehen?

6. Umweltschutz – ein Thema nur für die reichen Industrienationen? Begründen Sie Ihre Meinung.

Rollen-verteilung

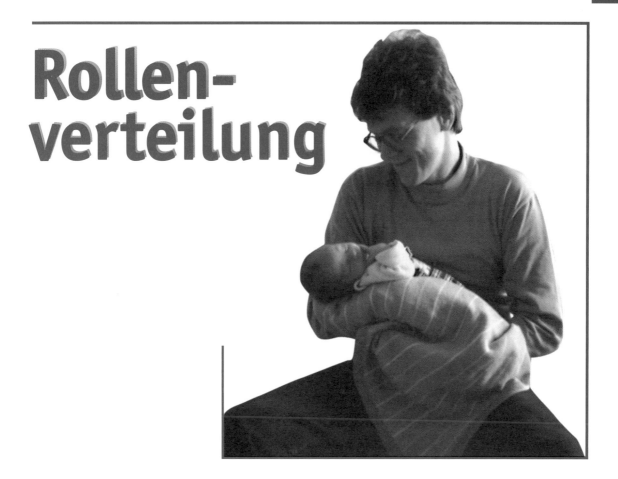

Beschreiben Sie die Rollenverteilung zwischen Mann und Frau in Ihrem Heimatland. Finden Sie die Aufteilung der Aufgaben gerecht oder ungerecht? Was sollte sich ändern? Begründen Sie Ihre Meinung.

Vorüberlegungen

1 **Gibt es in Ihrem Heimatland eine typische Rollenverteilung zwischen Mann und Frau? Wenn ja, beschreiben Sie diese.**

2 **Warum hat sich Ihrer Meinung nach diese Rollenverteilung durchgesetzt?**

3 **Welche Berufe werden häufiger von Frauen, welche häufiger von Männern ausgeübt?**

Frauen: ....

Männer: ....

Vorschlag zur Gliederung in Stichworten

Einleitung

Vorschläge zur Auswahl:

- in den Medien finden häufig Diskussionen darüber statt, was „Frauen-" bzw. „Männersache" ist
- nach dem Zweiten Weltkrieg veränderte sich die Situation der Frauen in Europa sehr stark
- aktuelles Ereignis zur Rollenverteilung

Hauptteil

Entscheiden Sie, was auf die Situation in Ihrem Heimatland zutrifft:

typische Arbeiten und Rollen des Mannes

entweder:

- Ernährer, verdient das Geld
- Entscheidungsträger (wichtige Entscheidungen, die die ganze Familie betreffen, trifft er)
- Autoritätsperson (er ist die oberste Autorität in der Familie)
- „Beschützer" der Frau und der Familie
- Ausführung von schweren, körperlichen Arbeiten
- Reparaturen im Haus
- karriereorientiert im Berufsleben
- berufsorientierte Ausbildung
- gilt häufig als skrupellos und rücksichtslos

oder:

- übernimmt seinen Teil an der Hausarbeit
- teilt sich die Pflege, Versorgung der Kinder mit der Frau
- nimmt auch Erziehungsurlaub
- verzichtet auf Karriere
- trifft alle Entscheidungen in Absprache mit seiner Partnerin

typische Arbeiten und Rollen der Frau

entweder:

- Haushaltsorganisation: Kochen, Waschen, Putzen usw.
- Erziehung und Versorgung der Kinder
- Kontakt zur Schule der Kinder
- Versorgung von alten Familienangehörigen
- Pflege gesellschaftlicher Kontakte
- im Beruf oft geringere Karrierechancen
- Verzicht auf Karriere wegen der Familie
- Unterbrechungen des Berufslebens durch Geburten und Erziehungsurlaub
- oft in Teilzeit berufstätig

oder:

- Frau überlässt Erziehung der Kinder anderen
- karriereorientiert
- trifft alle Entscheidungen in Absprache mit ihrem Partner
- teilt sich alle Hausarbeiten mit dem Partner

Gegebenheiten:

- viele Verhaltensweisen gelten in der Gesellschaft als typisch männlich oder typisch weiblich
- viele Vorurteile über das unterschiedliche Verhalten von Männern und Frauen (z.B. Männer fahren besser Auto) → jeder sollte sie kritisch hinterfragen
- frühe Prägung → schon kleine Kinder werden nach dem Geschlecht unterschiedlich erzogen und beurteilt
- Chefetagen bleiben oft Männern vorbehalten
- bestimmte Berufe bleiben Frauen verschlossen

- für ihre Rechte kämpfende Frauen werden kritisiert oder verachtet
- Frauen erkämpften sich langsam gleiche Rechte
- Verstöße gegen das Rollenverhalten werden kritisiert
- Desinteresse der meisten Männer an Veränderungen

Begründung, falls Sie eine partnerschaftliche Aufgabenverteilung gerecht finden:
- gleiche Aufgabenlast im Haushalt für Mann und Frau
- gleiche Karrierechancen
- gleiche Verantwortung und Entscheidungsgewalt
- Kinderversorgung und -erziehung zu gleichen Teilen

Begründung, falls Sie eine partnerschaftliche Aufgabenverteilung ungerecht finden:
- ungleiche Aufgabenlast im Haushalt (ein Partner muss viel mehr leisten)
- ungleiche Chancen, im Beruf erfolgreich zu sein
- ungleiche Verteilung der Verantwortung und der Entscheidungsgewalt
- ungleiche Verteilung der Kinderversorgung und -erziehung
- Unterdrückung der Frau / des Mannes

Begründung, falls Sie die traditionelle Rollenverteilung begrüßen:
- Frauen sind schwächer, sie sollten nicht am Arbeitsleben teilnehmen
- Männer leisten im Arbeitsleben genug, sie sollten sich zu Hause bedienen lassen
- Frauen sollten sich um Kinder und Haushalt kümmern, da sie dafür besser geeignet sind
- Mutterschaft und Beruf sind oft nicht miteinander vereinbar

Mögliche Änderungen:
- Erziehung ohne Rollenstereotypen
- Männer bzw. Frauen sollten sich gegenseitig bei allen Entscheidungen gleichberechtigt behandeln
- bei Unzufriedenheit mit der jetzigen Situation gemeinsam bessere Lösungen suchen

Schluss

Vorschläge zur Auswahl:
- was zu erwarten ist
- wichtige Rolle spielt die Erziehung der Kinder

zu diesem Thema siehe auch: Generationen, Ehe und Familie

4 **Formulieren Sie nun mit Hilfe der Stichworte einen Vortrag bzw. einen Aufsatz. Verwenden Sie dabei einige der folgenden und aus vorigen Kapiteln bereits bekannte Formulierungshilfen.**

Formulierungshilfen

schon Gesagtes wieder aufgreifen

das Thema ... möchte ich hier noch einmal auf/greifen	Das Thema Aufgabenteilung im Haushalt möchte ich hier noch einmal aufgreifen.
wie bereits gesagt	Eine wichtige Rolle spielt hier, wie bereits gesagt, die Erziehung.
es muss noch einmal betont werden, dass ...	Es muss noch einmal betont werden, dass das Vorbild der eigenen Eltern eine große Rolle spielt.

12. Rollenverteilung

wie oben schon erwähnt wurde	Wie oben schon erwähnt wurde, sollten sich die Eltern die Kindererziehung teilen.
(hier) noch einmal zurück/kommen auf + A	Ich komme hier noch einmal auf die Chancengleichheit von Mann und Frau im Beruf zurück.
an/knüpfen an + A	Ich knüpfe hier noch einmal an meine Anfangsthese über die sinnvolle Teilung der Aufgaben in einer Partnerschaft an.
sich beziehen auf + A	Ich beziehe mich hiermit auf die vorher erwähnten Argumente.

Übungen zu Grammatik und Wortschatz

5 Ergänzen Sie die fehlenden Präpositionen.

a) Die Frauen gingen ……… Anschluss an den Vortrag noch etwas essen.

b) Das Frauenhaus, in dem bedrohte Frauen wohnen können, ist seit zwei Jahren ……… Betrieb.

c) Gespräche mit der Frauenbeauftragten können ……… Vereinbarung eines Termins geführt werden.

d) Wir trafen uns gestern ……… Zufall beim Einkaufen.

e) ……… Wut wollte sie ihm schaden.

f) ……… Zukunft sollte es nicht nur theoretisch, sondern auch ……… der Praxis eine größere Gleichberechtigung geben.

6 Formen Sie die Sätze um. Verwenden Sie dabei Nomen-Verb-Verbindungen mit den angegebenen Nomen.

a) Auf dem Frauenkongress wurde über das Thema der gleichen Bezahlung der Frauen gesprochen. (Sprache)

………………………………………………………………………………………

………………………………………………………………………………………

b) Die Arbeiterin wurde nach einem langen Arbeitsleben im Alter von 65 Jahren pensioniert. (Rente)

………………………………………………………………………………………

………………………………………………………………………………………

c) Die Frauenministerin sagte im Interview ihre Meinung über die Chancengleichheit. (Stellung)

………………………………………………………………………………………

………………………………………………………………………………………

d) Die Landesregierung bezahlt das neue Schulprojekt der nach Jungen und Mädchen getrennten Mathematik-Klassen. (Kosten)

………………………………………………………………………………………

………………………………………………………………………………………

e) Viele Frauen erkennen erst bei der Bewerbung die Tatsache, dass Männer ihnen bei gleicher Qualifikation vorgezogen werden. (Bekanntschaft)

  ....

  ....

f) Sie beantragte Sozialhilfe. (Antrag)

  ....

  ....

7 **Rund um das Wort „weiblich". Lesen Sie die Erklärungen und Beispiele zu den Adjektiven. Ergänzen Sie die Adjektive dann in der richtigen Form.**

damenhaft – (veraltet) wie eine Dame
Die Königin von England kleidet sich immer damenhaft mit Hut und Handschuhen, man sieht sie nie in Hosen.

feminin – typisch für Frauen / den weiblichen Körper betonend
Sie trägt nur feminine Kleidung, die ihre gute Figur zur Geltung bringt.

feministisch – für die Gleichberechtigung der Frauen kämpfend
Die feministische Literatur wird vorwiegend von Frauen gelesen.

fraulich – im Aussehen und Verhalten wie eine reife Frau (kein junges Mädchen)
Meine ältere Kollegin ist ein sehr fraulicher Typ, alle sehen in ihr eine Mutterfigur.

mädchenhaft – wie ein Mädchen
Die Eltern ziehen der kleinen Anna immer nur mädchenhafte Kleidung an.

weibisch – (negativ) sich unmännlich verhaltend
In Cowboyfilmen verhalten sich die Schauspieler nie weibisch, da die Zuschauer „harte" Männer mit starken Nerven sehen wollen.

weiblich – zu einer Frau gehörend
Um jemanden zu überzeugen, setzt sie gern ihren weiblichen Charme ein.

a) In der Zeitung steht ein .... Artikel über das Arbeitsleben der Frauen.

b) Dieser Schauspieler ist bei den Zuschauern nicht so beliebt, sie finden sein Verhalten zu

  ....

c) Meine Freundin ist noch keine 18 Jahre und trotzdem zieht sie nur .... Kleidung an, die sie viel älter macht, als sie ist.

d) Obwohl diese Frau schon Großmutter geworden ist, verhält sie sich oft noch ....

e) Der .... Körper hat meist einige charakteristische Kurven.

f) Du solltest deine Haare nicht immer so kurz wie die Männer tragen, eine .... Frisur mit schulterlangem Haar würde dir sicher auch gut stehen.

g) Sie ist ein mütterlicher und .... Typ, denn sie wirkt wie eine reife Frau.

12. Rollenverteilung

⑧ Ergänzen Sie die folgenden Sätze, ohne den Sinn zu verändern.

a) Das Buch mit dem Thema „Die Rolle der Frau" musste angesichts der großen Nachfrage neu aufgelegt werden.

...., musste das Buch mit dem Thema „Die Rolle

der Frau" neu aufgelegt werden.

b) Das Frauenhaus ist zum Schutz von Frauen und deren Kindern eröffnet worden und wird natürlich auch von einer Frau geleitet.

Das Frauenhaus ist eröffnet worden, ..., und wird

natürlich auch von einer Frau geleitet.

c) Trotz aller Probleme, die mit einer Beziehung verbunden sein können, möchten doch nur wenige Menschen ohne Partner leben.

...., möchten doch nur wenige Menschen ohne

Partner leben.

d) Infolge der veränderten gesellschaftlichen Verhältnisse studieren heute wesentlich mehr Frauen als noch vor fünfzig Jahren.

Die gesellschaftlichen Verhältnisse haben sich verändert, ...

....

e) Bei einem höheren Ausbildungsniveau haben Frauen immer öfter die Chance, Führungspositionen zu besetzen.

Je ...., ...

f) Nachdem in Tiefgaragen spezielle, rund um die Uhr bewachte Parkplätze eingerichtet wurden, wird diese Parkmöglichkeit viel öfter von Frauen genutzt.

.... wird diese Parkmöglichkeit viel öfter von

Frauen genutzt.

Übrigens ...

Demonstrativpronomen

Wenn man allgemeingültige Aussagen machen will, wird häufig ein Relativsatz mit Fragepronomen (a, b) oder ein „wenn"-Satz (c) benutzt.

Beispiel:
    a) *Wer hilfsbereit ist, (der) macht seinen Mitmenschen Freude.*
    b) *Wer einmal lügt, dem glaubt man nicht. (deutsches Sprichwort)*
    c) *Wenn jemand lügt, misstrauen ihm alle.*

Das Fragepronomen wird oft durch ein Demonstrativpronomen wieder aufgegriffen (a, b); es ist aber nicht obligatorisch, wenn es im gleichen Kasus steht (a). Wenn Fragepronomen und Demonstrativpronomen einen unterschiedlichen Kasus haben, ist es obligatorisch (b).

⑨ **Ergänzen Sie – wo nötig – die fehlenden Demonstrativpronomen. Überlegen Sie sich dann, welche Bedeutung die Sprichwörter wohl haben.**

a) Wer zuletzt lacht, ... lacht am besten.

b) Wer zuerst kommt, ... mahlt zuerst. *(malen = Bilder herstellen, mahlen = Körner durch Reibung – z.B. in einer Mühle – zu Mehl zerkleinern)*

c) Wo Rauch ist, ... ist auch Feuer.

d) Wer ernten will, ... muss auch säen.

e) Wen die Götter lieben, ... stirbt jung.

f) Wem Gott will rechte Gunst erweisen, ... schickt er in die weite Welt. *(deutsches Volkslied von Joseph v. Eichendorff)*

Wortschatz

Verben

benachteiligen – jdn. mit Absicht schlechter behandeln als andere
Im Berufsleben werden Frauen oft benachteiligt, sie verdienen zum Beispiel weniger als ihre männlichen Kollegen.

diskriminieren – wegen des Geschlechts, der Rasse oder der Religion schlechter behandeln → *Diskriminierung (die)*
In vielen Ländern werden die Frauen sehr stark diskriminiert.

sich emanzipieren – sich aus einer Situation der Abhängigkeit befreien
→ *emanzipiert, Emanzipation (die)*
Die Arbeiterinnen haben sich mit als Erste emanzipiert.

prägen – starken Einfluss auf die Charakterbildung haben / formen
→ *etwas prägt jdn., Prägung (die, -en)*
Wir werden meistens stark durch unser Elternhaus geprägt.

sozialisieren – trainieren, sich in die Gesellschaft einzufügen → *Sozialisierung (die)*
Die Kinder werden schon durch die Art der Spielzeuge sozialisiert.

vernachlässigen – sich um etwas weniger kümmern als es notwendig wäre
Viele berufstätige und allein erziehende Mütter haben Angst, dass sie ihre Kinder vernachlässigen, aber oft ist diese Angst unbegründet.

Nomen

Abtreibung (die, -en) – Schwangerschaftsabbruch
Eine Abtreibung sollte unbedingt von einem Gynäkologen durchgeführt werden, sonst kann die Gesundheit der Frau gefährdet werden.

Dame (die, -n) – höfliche Anrede für eine Frau / vornehme Frau
Beim Standardtanz wird die Dame vom Herrn aufgefordert.

Emanze (die, -n) – Frau, die für die Gleichberechtigung kämpft (negativ benutzt)
Früher war „Emanze" ein Schimpfwort für feministische Frauen.

Emanzipation (die) – Befreiung aus sozialer, wirtschaftlicher und rechtlicher Abhängigkeit
Schon im 19. Jahrhundert kämpften die Frauen in Europa für die Emanzipation und für die gleichen Rechte wie die Männer.

Feminismus (der) – Lehre, die für die gleichen Rechte für Frauen eintritt
→ *Feministin (die, -nen), feministisch*
In den 70er-Jahren war das Thema Feminismus an den Universitäten sehr aktuell, denn die Frauen wollten auch im Bereich der Bildung unabhängiger von den Männern werden.

12. Rollenverteilung

Frauchen (das, -) – Tierbesitzerin
Dieser Hund hat ein sehr pflichtbewusstes Frauchen, das ihn mehrmals am Tag zum Spaziergang bringt.

Frauenbeauftragte (der / die, -n) – Person, die sich in einem Unternehmen oder Amt um die Belange der Frauen und die Gleichbehandlung von Männern und Frauen kümmert
Die Frauenbeauftragte der Stadt München kümmert sich darum, dass Frauen die gleiche Chance wie Männer haben, offene Stellen zu besetzen.

Frauenquote (die, -n) – Prozentsatz der Frauen (in vielen deutschen politischen Parteien gibt es eine Frauenquote, die festlegt, wie viel Prozent der Ämter von Frauen besetzt werden muss)
Diese Politikerin kam durch die Frauenquote auf diesen Posten, denn es gibt immer noch zu wenig Frauen in der Parteiführung.

Frauenrolle (die) – der Platz, den die Frauen in der Gesellschaft einnehmen
Durch die zwei Weltkriege hat sich die Frauenrolle in Europa sehr verändert.

Frauensache (die, -n) – etwas, das den Frauen vorbehalten ist
Kinder aufzuziehen gilt meistens noch als Frauensache.

Geschlecht (das, -er) – 1. jeweilige Form, männlich oder weiblich, in der Lebewesen vorkommen, 2. adlige Familie
zu 1: *Bei vielen Babys kann man auf den ersten Blick das Geschlecht nicht erkennen.*

Gleichberechtigung (die) – gleiche Rechte für unterschiedliche Gruppen (z.B. Mann und Frau)
Die volle Gleichberechtigung von Mann und Frau ist leider noch in keiner Gesellschaft erreicht worden.

Hausfrauendasein (das) – das Leben als Hausfrau
Für die jungen Frauen ist ein reines Hausfrauendasein oft zu monoton.

Herr (der, -en) – höfliche Anrede oder Bezeichnung für einen Mann
Die Herren führen die Damen beim Tanz.

Herrchen (das, -) – Tierbesitzer
Dieser Hund ist seinem Herrchen weggelaufen, jetzt wird nach dem vierbeinigen Freund gesucht.

Junggeselle (der, -n) – Mann, der nicht verheiratet ist
Als Junggeselle musste er sich allein um seinen Haushalt kümmern.

Kampfgeist (der) – Wille und Bereitschaft zu kämpfen
Vor der Schlacht zeigten die Römer großen Kampfgeist.

Männerrolle (die) – der Platz, den die Männer in Ehe, Partnerschaft und Gesellschaft einnehmen
Die Männerrolle hat sich in der letzten Generation stark verändert.

Männersache (die, -n) – etwas, das den Männern vorbehalten ist
Arbeiten an Maschinen werden immer noch für eine Männersache gehalten.

Matriarchat (das, -e) (↔ Patriarchat) – gesellschaftliches System, in dem die Frauen die herrschende Rolle einnehmen
Einige Völker Südamerikas lebten vor dem Einfluss der Kolonisatoren im Matriarchat.

Nachwuchs (der) – Kinder / die nachfolgende Generation
In der Tierwelt ist es oft so, dass sich nur das weibliche Tier um den Nachwuchs kümmert. Die Katze ist dafür ein gutes Beispiel.

Patriarchat (das, -e) (↔ Matriarchat) – gesellschaftliches System, in dem die Männer die herrschende Rolle einnehmen
Im Europa der Neuzeit leben fast alle Gesellschaften im Patriarchat.

Quotenregelung (die) – Übereinkommen, dass Frauen bestimmten Prozentsätzen entsprechend eingestellt oder gefördert werden
Die Partei lehnte die Quotenregelung ab, da sie kein Interesse daran hatte, Frauen besonders zu fördern.

Selbstverwirklichung (die) – seine Persönlichkeit nach seinen eigenen Wünschen und Fähigkeiten entfalten und entwickeln
Die Selbstverwirklichung der Frau spielt in den Büchern von Simone de Beauvoir eine große Rolle.

Sexismus (der) – Benachteiligung der Frauen wegen ihres Geschlechts / Glaube, dass die Männer mehr wert sind
Man sollte streng gegen Sexismus am Arbeitsplatz vorgehen.

Single (der, -s) (englisch: single = allein) – Mann oder Frau, der / die im Moment ohne Partnerin bzw. Partner ist
In Deutschland leben immer mehr junge Menschen als Singles und wollen langfristig lieber allein bleiben, als sich zu binden.

Softie (der, -s) – Mann, der nicht hart handelt und der seine Gefühle betont
Er schämte sich, bei einem Kinofilm zu weinen, weil er Angst hatte, bei seinen Freunden als Softie zu gelten.

Vorherrschaft (die) – Vormachtstellung / eine führende Rolle bzw. mehr Macht im Bereich von Politik, Wirtschaft oder Kultur
Die Vorherrschaft der Männer in wichtigen Positionen der Politik und der Wirtschaft ist offensichtlich, es gibt viel mehr Präsidenten als Präsidentinnen.

Weib (das, -er) – 1. (veraltet) Ehefrau, 2. (negativ) Frau
zu 1: In der Bibel steht, dass er sein Weib nahm und Babylon verließ.
zu 2: Herr Schmitt hat seine Mutter „altes Weib" genannt. Das war sehr unhöflich von ihm.

Weiberheld (der, -en) – ein Mann, der mit vielen Frauen (oft sexuellen) Kontakt hat und das offen erzählt
Da er allen Frauen gefällt, gilt er als Weiberheld.

Weibsbild (das, -er) – (umgangssprachlich und negativ) Frau
Klaus spricht oft negativ von seinen Kolleginnen und bezeichnet sie dann als Weibsbilder.

Adjektive

frauenfeindlich – gegen die Interessen der Frauen gerichtet
Der neue Chef ist äußerst frauenfeindlich eingestellt.

geschlechtsspezifisch – für das Geschlecht bzw. die Geschlechterrolle typisch oder charakteristisch
Jugendliche haben oft ein ganz geschlechtsspezifisches Verhalten.

keusch – ohne sexuellen Kontakt / „rein" / schüchtern / zurückhaltend
Katholische Priester müssen ein keusches Leben führen.

leiblich – 1. blutsverwandt / das eigene Kind einer Mutter oder eines Vaters, 2. den Körper betreffend (Leib = Körper)
zu 1: Sigrid und Peter haben neben ihren zwei leiblichen Kindern noch einen Jungen aus Indien adoptiert.
zu 2: Das leibliche Wohl war für die alten Römer sehr wichtig, sie aßen und tranken die besten Sachen.

männlich – zu einem Mann gehörend
Er hatte eine sehr männliche Stimme.

maskulin – stark männlich
Dieses Parfüm wirkt sehr maskulin.

prüde – sexuell unfrei oder gehemmt
Der Pastor in unserer Stadt ist gar nicht prüde, er spricht ganz offen mit den Jugendlichen über Sex und Verhütung.

Ausdrücke

eine Frau / einen Mann an/machen (umgangssprachlich) – eine Frau bzw. einen Mann ansprechen, um mit ihr / ihm in sexuellen Kontakt zu kommen
Da sie sehr auffällig gekleidet war, machten sie mehrere Männer in der Disko an.

im Vorteil / Nachteil sein – in einer besseren / schlechteren Lage als andere sein ....
Ohne abgeschlossene Berufsausbildung ist man auf dem Arbeitsmarkt anderen ....
gegenüber im Nachteil. ....

Weitere Fragestellungen zum Thema

1. Beschreiben Sie die historische Entwicklung der Frauenrolle in Ihrem Heimatland.

2. Sollten Frauen auch zum Militär eingezogen werden oder nicht? Begründen Sie Ihre Meinung.

3. Es gibt in Deutschland noch einige Bereiche, von denen Frauen weitgehend ausgeschlossen sind, z.B. der Bergbau, höhere Etagen in Politik und Wirtschaft und die Seefahrt. Meinen Sie, dass es sinnvoll wäre, auch diese Bereiche den Frauen zu öffnen?

4. Stellen Sie dar, inwiefern die Ausbildung der Frauen die Emanzipation beeinflusst hat.

5. Genießen die Männer und die Frauen Ihrer Meinung nach die gleichen Rechte oder sind heutzutage die Männer benachteiligt?

6. In der Pädagogik wird darüber diskutiert, die Koedukation rückgängig zu machen und Jungen und Mädchen wieder getrennt zu unterrichten. Was halten Sie für sinnvoll?

7. Erziehungsurlaub wird in Deutschland der Mutter oder dem Vater des Kindes gegeben. Nur sehr wenige Väter machen von diesem Recht Gebrauch. Wie lässt sich das begründen?

Generationen

Gibt es immer einen Konflikt zwischen den Generationen oder lässt er sich auch vermeiden? Welche Gründe kann es geben, dass es zwischen der Eltern- und der Kindergeneration zu einem Konflikt kommt?

Vorüberlegungen

1 Warum schätzen Heranwachsende die Meinung der Eltern oft nicht und umgekehrt?

2 Über welche Themen gibt es Ihrer Meinung nach besonders häufig Streit zwischen Eltern und Kindern?

3 Handelt es sich bei dem Generationskonflikt um ein neuzeitliches Problem?

4 Welche Rolle können die Großeltern bei Konflikten zwischen Kindern und Eltern spielen? Welchen Platz nehmen sie in der Familie ein?

Vorschlag zur Gliederung in Stichworten

Einleitung

Vorschläge zur Auswahl:

- Beispiel eines häufigen Anlasses für Konflikte zwischen Eltern und Kindern
- eigene Erfahrungen mit dem Generationskonflikt
- aktuelles Ereignis zum Thema
- Tendenz, Elternhaus immer früher zu verlassen (Statistik)

Hauptteil

Gründe für einen Konflikt vonseiten der nachwachsenden Generation:

- das Gefühl, von den Eltern nicht verstanden zu werden
- starke Lust und Neugier auf Neues, auch wenn es gefährlich oder verboten ist
- Wunsch nach neuer Lebensform (nicht wie die Eltern sein)
- zu große Einschränkung der persönlichen Freiheit durch Verbote oder Gebote der Eltern, Bevormundung durch die Eltern
- wenig Motivation zur Beteiligung an Hausarbeiten oder allgemeinen Pflichten der Familie
- Eltern haben zu wenig Zeit für die Kinder (z.B. bei Scheidungskindern)
- noch nicht erschütterter Glaube an die Machbarkeit der Dinge und an die eigenen Fähigkeiten

Gründe für einen Konflikt vonseiten der Elterngeneration:

- zu wenig Kooperation der Kinder
- Ratschläge, Regeln und Verbote werden von den Kindern missachtet
- zu wenig Unterstützung der Kinder im Haushalt und bei anderen familiären Pflichten
- keine Anerkennung der eigenen Leistungen und der Erfahrungen durch die Kinder
- Kritik der Kinder an Verhalten und Lebensform der Eltern
- Wunsch, eigene Kinder zu beschützen und deren Leben mitzubestimmen
- Unverständnis für die Wahl des Freundeskreises
- Wunsch, dass die Kinder eigene Jugendträume erfüllen, die man selbst nicht realisieren konnte
- Wunsch, durch die Leistung der Kinder selbst mehr Anerkennung in der Gesellschaft zu genießen

Umgang miteinander, so dass sich Konflikte vermeiden lassen:

- dem anderen persönlichen Freiraum zugestehen
- Toleranz und Respekt gegenüber anderen Lebensanschauungen
- an die Fähigkeiten der Kinder glauben
- Leistungen der älteren Generation anerkennen
- Einfühlungsvermögen
- Fähigkeit, Konflikte anzusprechen und gemeinsam Lösungen zu finden
- offene Diskussion im Familienkreis über Streitpunkte
- (für die Erwachsenen) Vergegenwärtigung der eigenen Konflikte als Jugendlicher und als Kind
- Eltern sollten den Jugendlichen verdeutlichen, wie ihre eigene Kindheit war
- positivere Darstellung des Alters in den Medien
- Konflikte zwischen Jung und Alt als natürlichen Prozess der „Abnabelung" (d.h. des Selbstständigwerdens) betrachten

Schluss

Vorschläge zur Auswahl:

- Zusammenfassung der wichtigsten Konfliktgründe
- wichtiger Vorschlag oder wichtige Idee zur Verbesserung der Situation

zu diesem Thema siehe auch: Ehe und Familie, Rollenverteilung, Tradition

⑤ Formulieren Sie nun mit Hilfe der Stichworte einen Vortrag bzw. einen Aufsatz. Verwenden Sie dabei Formulierungshilfen aus der Aufstellung auf Seite 289.

Übungen zu Grammatik und Wortschatz

⑥ Welche der unten stehenden Ausdrücke gehören ins Wortfeld „Streit" und welche ins Wortfeld „Harmonie"? Sollten Sie einige der Ausdrücke nicht kennen, helfen Ihnen die Erklärungen in der Wortschatzliste (Seite 136–139).

1) der Konflikt
2) die Einigkeit
3) Friede, Freude, Eierkuchen*
4) die Auseinandersetzung
5) der Zank
6) das Zerwürfnis
7) der Zwist
8) im Einklang
9) der Krawall
10) die Eintracht
11) die Zwietracht
12) der Krach
13) die Rangelei
14) die Fehde
15) der Zoff*
16) alles in Butter*
17) das Einvernehmen
18) die Meinungsverschiedenheit
19) dicke Luft*

Mit * gekennzeichnete Ausdrücke sind umgangssprachlich bzw. typisch für die Jugendsprache.

Streit	Harmonie
....	....
....	....
....	....
....	....
....	....
....	....
....	....
....	....
....	....
....	....
....	....
....	....
....	....
....	....
....	....
....	....
....	....

13. Generationen

7 Formen Sie die Sätze um. Verwenden Sie dabei Nomen-Verb-Verbindungen mit den angegebenen Nomen.

a) Der junge Mann glaubte den Erzählungen seiner Eltern nicht. (Glauben)

   ....

   ....

b) Der Jugendliche wehrte sich gegen die Polizeigewalt. (Widerstand)

   ....

   ....

c) Früher wollten die Eltern, dass die Kinder während der Unterhaltung zwischen Erwachsenen nicht sprechen. (Mund) *(umgangssprachlich)*

   ....

   ....

d) Lehrer sollten die Eltern informieren, wenn ihr Kind in der Klasse auffällt. (Bescheid)

   ....

   ....

e) Die Mutter achtete nicht auf die Hausaufgaben ihres Kindes, weil sie müde war. (Blick)

   ....

   ....

f) Bei Diskussionen in der Familie müssen alle den Standpunkt des anderen berücksichtigen. (Rücksicht)

   ....

   ....

8 Ergänzen Sie die fehlenden Präpositionen.

a) Junge Leute vertiefen sich sehr gern .... ein spannendes Buch.

b) Eltern wundern sich oft .... die rasche Entwicklung ihrer Kinder.

c) Das Verhalten der Eltern lässt sich .... ihre eigenen Kindheitserfahrungen zurückführen.

d) Viele junge Mädchen schwärmen .... einem Filmstar oder Sänger.

e) Das Kind plagte sich .... der schweren Lektüre, um die strengen Eltern zu erfreuen.

f) Manchen Eltern mangelt es .... Einfühlungsvermögen. Sie versuchen nicht, die Kinder zu verstehen.

9 **Bilden Sie aus den Wörtern Sätze.**

a) er – brauchen – Erlaubnis – Vater – Freunde – verreisen *(Nebensatz)*

....

....

b) Jugendliche – verlangen – ihre Lehrer – sie – ihre Schule – Partys – feiern – dürfen *(Nebensatz)*

....

....

c) alte Leute – sein – oft – Hilfe – Jüngere – angewiesen

....

....

d) Politiker – sollen – Verständnis – Ängste und Hoffnungen – junge Generation – aufbringen

....

....

e) Kindergartenkinder – besuchen – dieses Projekt – Altersheim – Beziehungen – Alt und Jung – verbessern *(Nebensatz)*

....

....

f) Forderungen – Studenten – stoßen – 1968 – ältere Generation – Unverständnis

....

....

Übrigens ...

Satzverneinung – Teilverneinung

„Nicht" kann verschiedene Arten der Negation ausdrücken. Hauptsächlich unterscheidet man zwischen Satz- und Teilnegation. Welche Negation entsteht, hängt davon ab, an welcher Stelle im Satz „nicht" steht.

Bei der Satznegation wird die gesamte Aussage verneint.
1. Der Pianist spielt heute nicht.
2. Der Pianist hat heute nicht gespielt.
3. Der Pianist sitzt nicht am Klavier.

Bei der Teilnegation wird nur ein Teil der Aussage verneint.
4. Nicht der Pianist spielt heute. (sondern ein anderer)
5. Der Pianist spielt nicht heute. (sondern an einem anderen Tag)

Bei der Satznegation steht „nicht" also entweder am Ende des Satzes oder vor der Ergänzung bzw. vor dem zweiten Verbteil (1-3). Bei der Teilnegation kann „nicht" auch an anderer Stelle stehen (4, 5), nämlich direkt vor dem Satzteil, das verneint wird. In diesem Fall werden „nicht" oder das folgende verneinte Satzglied beim Sprechen besonders betont.

13. Generationen

10 **Finden Sie für die Sätze verschiedene Nuancen der Negation, indem Sie die Position von „nicht"
variieren.**

a) Die Kinder sollten die Großeltern morgen besuchen.

   ....

   ....

b) Die jungen Leute begeistern sich besonders für die Disko.

   ....

   ....

c) Dein Verhalten empfinde ich als provokativ.

   ....

   ....

d) Martin hat sich mit seinen Freunden gestritten.

   ....

   ....

Wortschatz

Verben

sich auseinander setzen mit + D – sich intensiv mit etwas beschäftigen und
   Probleme diskutieren, um Lösungen zu finden
   *Um junge Leute verstehen zu können, muss man sich mit ihren Problemen
   ernsthaft auseinander setzen.*

sich aus/sprechen über + A (spricht aus, sprach aus, hat ausgesprochen) – ein
   offenes Gespräch über unterschiedliche Standpunkte führen / jdm. ehrlich
   sagen, was einem missfällt
   *Ehepartner sollten sich über ihre Probleme aussprechen, um ein Vertrauens-
   verhältnis zu haben.*

sich etw. erkämpfen – mit viel Mühe etwas erreichen
   Mit der Zeit haben sich die Schüler gewisse Rechte erkämpft.

etwas ein/sehen (sieht ein, sah ein, hat eingesehen) – etwas verstehen und sich
   überzeugen lassen
   Wenn man etwas falsch macht, sollte man versuchen, seinen Fehler einzusehen.

sich (los/)lösen von + D – von etwas unabhängig werden
   Er brauchte sehr lange, um sich von seinem Elternhaus loszulösen / zu lösen.

provozieren – etwas tun, damit sich jemand ärgert und darauf reagiert
   → *Provokation (die, -en)*
   Mit dem Punk-Haarschnitt will der Junge seine Eltern ärgern und provozieren.

sich überwerfen mit + D (überwirft, überwarf, hat überworfen) – sich streiten
   und nicht mehr vertragen
   *Der Geschäftsführer überwarf sich mit einem langjährigen Kunden, da dieser nicht
   zahlen wollte.*

sich selbst verwirklichen – eigene Wünsche und Ideen realisieren
   → *Selbstverwirklichung (die)*
   Junge Leute träumen davon, sich in ihrem Beruf selbst verwirklichen zu können.

sich versöhnen mit + D – sich nach einem Streit wieder gut verstehen
Nach einem Streit sollten sich Freunde wieder versöhnen.

sich vertragen mit + D (verträgt, vertrug, hat vertragen) – wieder gut mit jdm. auskommen, nachdem es Streit gab
Viele Paare streiten sich, aber es ist wichtig, dass man sich mit seinem Partner schnell wieder verträgt.

widersprechen (widerspricht, widersprach, hat widersprochen) (↔ zustimmen) – eine andere Meinung vertreten und sie aussprechen
In einem bestimmten Alter wollen Kinder immer ihren Eltern widersprechen.

zusammen/halten (hält zusammen, hielt zusammen, hat zusammengehalten) – sich gut verstehen und sich gegenseitig unterstützen
In einer Krise müssen die Familienmitglieder zusammenhalten und sich helfen, um die schwierige Zeit zu überstehen.

Nomen

Adoleszenz (die) – Zeit, in der man ein Jugendlicher ist (ca. 13 bis 21 Jahre)
In der Adoleszenz suchen die Menschen ihren Weg und ihren Platz in der Gesellschaft.

Auseinandersetzung (die, -en) – Streit
Nach der Auseinandersetzung mit seinen Eltern ist er ausgezogen und lebt allein.

Clique (die, -n) – Gruppe von Jugendlichen, die Freunde sind und zusammenhalten
Jedes Wochenende will das Mädchen mit ihrer Clique zusammen sein.

Einigkeit (die) – gleiche Meinung über etwas
Über die Erziehung der Kinder herrschte Einigkeit bei Anna und Frank; sie hatten beide die gleichen Ideale.

Einvernehmen (das) – Zustand des gegenseitigen Verständnisses
Nach langen Verhandlungen trennten sich die Rechtsanwälte der streitenden Parteien in gegenseitigem Einvernehmen.

Erfahrungsaustausch (der) – Gespräch mit dem Ziel, die gegenseitigen Erfahrungen kennen zu lernen
In der Expertenrunde ging es vor allem um einen Erfahrungsaustausch.

Fehde (die, -n) – Feindschaft oder lang andauernder Streit, häufig zwischen Familien oder Sippen
Schiller und Shakespeare haben in ihren Dramen oft Fehden zwischen aristokratischen Familien dargestellt.

Freiraum (der, -räume) – Zeit und Möglichkeit, die eigenen Wünsche zu verwirklichen
Weil er zu Hause kaum Freiraum hat, möchte er gern ausziehen.

Freundeskreis (der, -e) – Gruppe von Freunden
Wir zählen ungefähr 20 Personen zu unserem engeren Freundeskreis.

Jugend (die) – 1. junge Menschen (ca. 13 bis 21 Jahre), 2. Zeit, in der man jung ist
zu 1: *Der neue Freizeitpark orientiert sich an den Bedürfnissen der Jugend, aber natürlich dürfen ihn auch Erwachsene besuchen.*
zu 2: *Meine Oma sagt immer, in ihrer Jugend war alles viel besser.*

Kindheit (die) – von der Geburt bis zur Jugend (ca. bis 12 Jahre)
Meine Großmutter verlebte eine unbeschwerte Kindheit, da ihre Familie intakt und sehr wohlhabend war.

Kluft (die, Klüfte) – hier: tiefer Gegensatz oder Missverständnis zwischen zwei Personen
Die Kluft zwischen Vater und Sohn entstand schon vor vielen Jahren, als sie anfingen, über Politik zu diskutieren und nicht derselben Meinung waren.

Konflikt (der, -e) – schwierige Situation, die durch verschiedene Meinungen über ein Thema entstanden ist
Konflikte am Arbeitsplatz oder in der Familie sind belastend.

13. Generationen

Krach (der) – 1. lautes Geräusch, 2. (mündlich ausgetragener) Streit
  zu 2: *In der Pubertät hatte ich häufig mit meinen Eltern Krach.*

Krawall (der, -e) – laute, gewalttätige Aktivität
  Nach dem Fußballspiel kam es zu Krawallen von Hooligans in der Innenstadt.

Lebensabend (der) – fortgeschrittenes Alter
  Er wollte nach seiner Pensionierung einen ruhigen Lebensabend mit seiner Frau verbringen.

Lebensanschauung (die, -en) – Einstellung zum Leben / Art der Lebensführung
  Er hat eine offene Lebensanschauung und hält Toleranz anderen gegenüber für sehr wichtig.

Meinungsverschiedenheit (die, -en) – Streit, Auseinandersetzung
  Heute hatte ich eine Meinungsverschiedenheit mit meinem Chef. Er wird sich jetzt bestimmt über mich ärgern.

Pflegefall (der, -fälle) – eine Person, die gesundheitliche Probleme hat, so dass sie nicht mehr allein zurecht kommt
  Nach dem schweren Verkehrsunfall wurde sie zum Pflegefall.

Pubertät (die) – Phase in der Entwicklung, in der der kindliche Körper zum erwachsenen Körper reift
  In der Pubertät wollen viele Jugendliche unabhängiger von ihren Eltern werden.

Rangelei (die, -en) – Streiterei, bei der man sich oft auch mit dem anderen schlägt
  Die kleine Martina ärgert ihren Bruder oft. Deshalb gibt es ständig Rangeleien zwischen den beiden.

Reife (die) (↔ Unreife) – Vollendung einer Entwicklung / Verhalten mit Überlegung und Weisheit
  Ihm fehlt die Reife, um die Aufgabe eines Schuldirektors zu übernehmen.

Symbiose (die, -n) – Lebensform, in der zwei Lebewesen voneinander abhängig sind und beide vom Zusammenleben profitieren
  In der Tier- und Pflanzenwelt lassen sich häufig Symbiosen beobachten.

Widerwille (der) – starke Abneigung
  Ich mag Spinnen überhaupt nicht, ich habe einen starken Widerwillen gegen sie.

Zank (der) – mündlich ausgetragener Streit
  Der Zank bei unseren Nachbarn wurde so laut, dass mein Vater sich schließlich über den Lärm bei ihnen beschwerte.

Zerwürfnis (das, -se) – heftiger Streit, meist zwischen Familienmitgliedern, der zur Trennung führt
  Die alte Dame ist sehr traurig über das Zerwürfnis zwischen ihren Kindern, denn sie sprechen nicht mehr miteinander.

Zoff (der) – (umgangssprachlich) Streit
  Als Susanne erst um 4 Uhr morgens nach Hause kam, gab es Zoff mit ihren Eltern.

Zwietracht (die) – Zustand der Uneinigkeit
  Obwohl sich Maria sehr bemühte und nie ein böses Wort sagte, bestand zwischen ihr und ihrer Schwiegermutter nur Zwietracht.

Zwist (der) – kleiner Streit
  Obwohl ich letzte Woche einen Zwist mit meinem Bruder hatte, vertragen wir uns wieder.

Adjektive

antiautoritär (↔ autoritär) – Kinder frei und ohne Vorgaben erziehend
  Die Kinder, die antiautoritär erzogen wurden, haben von ihren Eltern nur sehr selten Grenzen aufgezeigt bekommen.

autoritär (↔ antiautoritär) – streng
  Die autoritäre Erziehung galt im 19. Jahrhundert als ideale Erziehungsmethode, heute sind Eltern und Lehrer nicht mehr so streng.

gebrechlich – aus Altersgründen leicht anfällig für Krankheiten
  Nach seinem Herzinfarkt wurde der alte Herr sehr gebrechlich und ging kaum allein aus dem Haus.

nachsichtig (↔ streng) – Verständnis und Geduld zeigend
Unser Lehrer ist sehr nachsichtig; wenn wir die Hausaufgaben vergessen, dürfen wir sie nachreichen.

rüstig – trotz des Alters noch sehr aktiv
Meine Großmutter ist mit 75 Jahren noch so rüstig, dass sie täglich zehn Kilometer Rad fährt.

spießig – keine Veränderungen akzeptierend / engstirnig / kleinlich denkend
Junge Paare leben heute in Deutschland auch ohne Trauschein zusammen. Es nicht zu akzeptieren ist spießig.

streng (↔ nachsichtig, mild) – ohne Mitleid / hart
Sie war eine sehr strenge Lehrerin und gab nur sehr selten die Note „sehr gut".

Ausdrücke

alles in Butter – (umgangssprachlich) alles in Ordnung
Nachdem ich meiner beleidigten Mutter einen Blumenstrauß gebracht hatte, war wieder alles in Butter.

sich aufs Altenteil zurück/ziehen (zog sich zurück, hat sich zurückgezogen) – Redewendung: sich zur (Alters-)Ruhe setzen, sich aus dem aktiven Leben zurückziehen, ursprünglich: in einen Teil eines Hauses oder eines Bauernhofs ziehen, in dem die alt gewordenen Mitglieder der Familie wohnen
Nachdem der junge Bauer geheiratet hatte, zogen seine Eltern sich aufs Altenteil zurück.

dicke Luft – (umgangssprachlich) unangenehme Atmosphäre nach einem Streit
Nach dem großen Streit über das freche Verhalten meiner Schwester herrschte zu Hause dicke Luft.

im Einklang mit + D – in Harmonie mit etwas
Für das junge Mädchen war es nicht immer leicht, im Einklang mit den Vorstellungen ihrer Eltern zu leben.

in Eintracht – in Einigkeit / harmonisch
Sobald man dieses Paar sieht, erkennt man, dass sie in Eintracht zusammen leben.

familiäre Verpflichtung (die, -en) – moralischer Zwang der Familie gegenüber
Zum Geburtstag seiner Tante zu gehen, war für ihn eine familiäre Verpflichtung.

Friede, Freude, Eierkuchen – (umgangssprachlich) eine oft zwanghafte Befriedung eines Streits oder eine künstlich befriedete Atmosphäre
Nach unserer Aussprache war zu Hause wieder alles Friede, Freude, Eierkuchen.

gewohnte Umfeld (das) – Umgebung, in der ein Mensch lange gelebt hat und an die er sich gewöhnt hat
Älteren Menschen fällt es meist schwer, ihr gewohntes Umfeld zu verlassen.

jdm. unter die Arme greifen (griff, hat gegriffen) – jdm. in einer schwierigen Situation helfen
Ihre Eltern griffen ihr am Anfang ihres Berufslebens öfter finanziell unter die Arme.

jdm. Grenzen auf/zeigen – jdm. klar machen, was er machen darf und was nicht
Eltern zeigen den Kindern immer wieder Grenzen auf, um sie vor Gefahren zu schützen.

sich an Richtlinien halten (hält, hielt, hat gehalten) – gewisse Regeln beachten
Alle Kollegen sind böse mit ihr, weil sie sich an keine Richtlinien hält.

auf eigenen Beinen stehen (stand, hat gestanden) – ohne Hilfe anderer zurecht kommen können / unabhängig sein
Schon mit 18 stand sie auf eigenen Beinen. Sie hatte ihre eigene Wohnung und kümmerte sich um alles selbst.

Weitere Fragestellungen zum Thema

1. Welche Parteien oder Institutionen vertreten die Interessen älterer Menschen in Ihrem Heimatland? Welche Interessen könnten das sein?

2. Viele alte Leute stehen irgendwann in ihrem Leben vor der Entscheidung, ins Altersheim gehen zu müssen oder zu ihren Kindern zu ziehen, da sie nicht mehr allein zurecht kommen können. Welche Lösung halten Sie für günstiger? Wofür entscheiden sich die meisten Menschen in Ihrem Heimatland und warum?

3. Vergleichen Sie Ihren Schulalltag mit dem Schulalltag Ihrer Eltern.

4. Fehlt es der heutigen Jugend an Orientierung, Leistung und Anpassungsfähigkeit?

5. Wie bereitet man sich in Ihrem Land aufs Altwerden vor?

6. In vielen Kulturen werden alte Leute als besonders weise und klug verehrt, ihnen wird mit besonderer Höflichkeit begegnet. In vielen westlichen Ländern dagegen suggerieren die Medien, dass es erstrebenswert sei, jung zu sein und zu bleiben. Wie steht man in Ihrem Heimatland den älteren Menschen gegenüber? Beschreiben Sie die Situation.

7. Die Werbung und die Medien entdecken immer mehr die „jung gebliebenen Alten" als Zielgruppe. Warum diese Neubewertung? Wer gehört zu dieser Gruppe? Gibt es eine solche Gruppe auch in Ihrem Heimatland?

8. In Deutschland werden junge Leute meist früh zur Selbstständigkeit erzogen, so dass sie oft nach Beendigung der Schule bzw. Ausbildung von zu Hause ausziehen. Wie ist das in Ihrem Heimatland? Erzieht man Jugendliche eher zur Selbstständigkeit oder bleiben sie von ihrer Familie abhängig?

Medizin

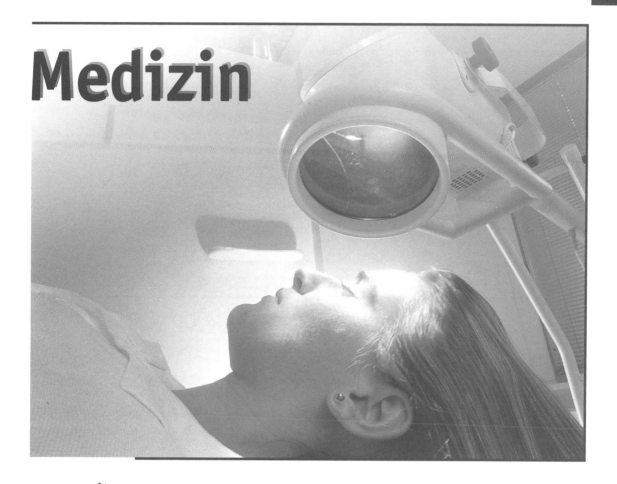

Das Thema „Sterbehilfe" war lange Zeit ein Tabu. In den letzten Jahren wird über dieses Thema immer häufiger öffentlich diskutiert. Wie ist Ihre Meinung zu diesem Thema?

Vorüberlegungen

1. Warum wird immer häufiger über dieses Thema diskutiert?
2. Was bedeuten die Begriffe „aktive" und „passive" Sterbehilfe?
3. In welcher Situation könnte sich Ihrer Meinung nach ein Mensch für Sterbehilfe entscheiden?
4. Wer oder welche Institutionen sollten sich mit diesem Thema auseinander setzen?
5. Denken Sie an die medizinische Versorgung zu Beginn des 20. Jahrhunderts und vergleichen Sie sie mit den heutigen Standards. Was hat sich verändert? Denken Sie dabei auch an die Lebenserwartung. Antworten Sie in Stichworten.

Hinweise zum Thema

Grundlagen, die geklärt sein müssen:

- der Kranke selbst muss entscheiden / entschieden haben, seinem Leben mit Hilfe der Medizin ein Ende zu setzen
- Einwilligung bei klarem Bewusstsein, um Missbrauch vorzubeugen → „Patiententestament" kann als Grundlage dienen
- Rechtsgrundlage muss eindeutig sein
- Kirche und andere Institutionen müssen eindeutige ethische Standards vertreten, um Unsicherheit einzuschränken
- Regelung der Kosten für den medizinischen Eingriff
- Versicherungen müssen klare Regelungen schaffen, z.B. bestimmen, ob Lebensversicherungen auch in diesem Fall gelten
- Thema darf kein Tabu sein

Vorschlag zur Gliederung in Stichworten

Einleitung

Vorschläge zur Auswahl:

- der aktuelle Stand der Diskussion in Ihrer Heimat
- Thema „Sterbehilfe" wird in den letzten Jahren verstärkt öffentlich diskutiert
- noch keine einheitliche Meinung zu diesem Thema
- Zunahme von Unfällen, dadurch Anstieg der Zahl Schwerstbehinderter bzw. von Pflegefällen
- High-Tech-Medizin kann Leben erhalten bzw. verlängern, aber nicht immer ist es ein lebenswertes Leben
- aktuelles Ereignis oder neueste Entwicklung zum Thema

Hauptteil

mögliche Situationen, in denen Sterbehilfe denkbar ist:

- unheilbare Krankheit: Leben nur mit Hilfe von Maschinen, Umwelt wird nicht mehr wahrgenommen (Gehirntod, Koma) → Erhalt eines solchen hoffnungslosen Lebens kostet die Gesellschaft viel Geld
- geringe Lebenserwartung und weiteres Leben mit großen Schmerzen verbunden, gegen die keine Medikamente helfen (Endstadium Krebs) → Erlösung von Krankheit oder Schmerz
- würdevolles Sterben anstatt Vegetieren
- bewusster Abschied aus dem Leben
- der Kranke weiß, dass er niemandem „zur Last" fallen wird → Sorge um „Morgen" wird genommen

mögliche Argumente gegen die Sterbehilfe:

- der Arzt und die Medizin allgemein sollen Leben erhalten (Hippokratischer Eid)
- Arzt wird mit der Entscheidung zu töten überfordert
- Mensch darf nicht in den Lauf der Natur eingreifen
- nur Gott gibt und nimmt Leben
- Missbrauch ist nicht auszuschließen → politische Hintergründe, Gründe von Verwandten
- gesetzliche Grundlage fehlt
- es gibt High-Tech-Medizin, also soll sie eingesetzt werden

– Wer kann garantieren, dass eine Krankheit nicht doch therapierbar ist?
– Erinnerungen an Massenvernichtungen werden wach (z.B. Euthanasie-Programm der Nazis zur Vernichtung von so genanntem „unwerten Leben")

Schluss

Vorschläge zur Auswahl:

– eigene Meinung zum Thema
– schwieriges Thema, das durch öffentliche Diskussion geklärt werden muss
– persönliche Einstellung zu Leben und Tod ist ausschlaggebend

zu diesem Thema siehe auch: **Suchtkrankheiten**

6 **Formulieren Sie nun mit Hilfe der Stichworte einen Vortrag bzw. einen Aufsatz. Verwenden Sie dabei Formulierungshilfen aus der Aufstellung auf Seite 289.**

Übungen zu Grammatik und Wortschatz

7 **Ergänzen Sie die Ausdrücke in der richtigen Form.**

betreuen   hüten   in Ordnung halten   pflegen   sauber halten   umsorgen   warten

Beispiel: Professor Jungblut *betreut* seine Studenten intensiv; er steht den Studierenden für alle Fragen immer gern zur Verfügung.

a) Sabine hat es immer schon gefallen, Menschen zu ...., deshalb ist sie Krankenschwester geworden.

b) Frau Müller .... die Papiere für ihre vielbeschäftigte Chefin ....
....

c) Du bist allein für dein Zimmer verantwortlich, ich putze es nicht. Du musst es selbst
....

d) Meine Tante war zwei Wochen in Italien. In dieser Zeit .... ich ihren Hund.

e) Er .... sein Auto ganz allein, sein Motorrad kann er aber nicht selbst reparieren und instand halten.

f) Am Wochenende .... Herr Scheurer seine Frau besonders liebevoll, er erfüllt ihr jeden Wunsch.

14. Medizin

⑧ Erklären Sie die folgenden Begriffe mit eigenen Worten.

a) das Rezept ....

b) der Krankenwagen ....

c) der Pflegefall ....

d) die Notaufnahme ....

e) das Pflegepersonal ....

f) die Intensivstation ....

⑨ Rund um das Wort „sterben". Lesen Sie die Erklärungen zu den Wörtern. Ergänzen Sie die Wörter dann in der richtigen Form.

um/kommen (kam um, ist umgekommen):	durch ein Unglück, eine Katastrophe sterben
verunglücken:	durch einen Unfall sterben
fallen (fällt, fiel, ist gefallen):	als Soldat im Krieg sterben
entschlafen (entschläft, entschlief, ist entschlafen):	*(poetisch)* friedlich sterben
zugrunde gehen an + D (ging zugrunde, ist zugrunde gegangen):	zerstört werden, sterben, die Lebenskraft verlieren
töten:	ermorden, umbringen
ein/gehen (ging ein, ist eingegangen):	aufgrund mangelnder Pflege oder Fürsorge sterben, „sterben" für Pflanzen
verdörren:	an Wassermangel sterben *(Pflanzen)*
aus/sterben (stirbt aus, starb aus, ist ausgestorben):	als Art nicht mehr existieren
das Ableben (nur Singular):	*(poetisch)* das Sterben

a) Bei dem Untergang der „Titanic" sind viele Menschen .... Die meisten sind

ertrunken oder erfroren.

b) Frau Schmitt ist nach langer Krankheit im Kreis ihrer Familie ....

c) Der Einbrecher hat den Hausbesitzer ....

d) Wölfe sind in Westeuropa fast .... ; sie haben dort keine Lebensgrundlage mehr.

e) Das ganze Volk war traurig über das .... des alten Präsidenten.

f) Jedes Jahr .... viele junge Menschen bei Auto- und Motorradunfällen.

g) Michael hat vergessen, das Obst in den Kühlschrank zu tun. Jetzt ist leider alles ....

und man kann nichts mehr davon essen.

h) Im Zweiten Weltkrieg sind Millionen von Soldaten ....

i) Viele Kühe sind an dieser Seuche ....

j) In der Presse stand, dass der berühmte Schauspieler am Alkohol .... ist.

10 Bilden Sie aus den Wörtern Sätze.

a) Patientin – bringen – schwere Operation – die Intensivstation *(Passiv)*

....

....

b) zuständiger Arzt – übernehmen – Verantwortung – ungewöhnliche Behandlungsmethode des Patienten

....

....

c) Säuglingssterblichkeit – zurückgehen – erheblich – man – mehr Hygiene – Geburt – achten
   (temporaler Nebensatz)

....

....

d) junger Mann – warten – gründliche Untersuchung – gespannt – Diagnose – Arzt

....

....

e) Angehörige – Krebskranker – sich versprechen – viel – Therapie – besondere Diät – bestehen
   (Relativsatz)

....

....

f) Hippokratischer Eid – besagen – Arzt – Leben – schützen – müssen

....

....

Übrigens ...

Selten gebrauchte Präpositionen:
laut, per, pro, seitens, ungeachtet, zuliebe

laut (+ G, auch + D, meistens mit Nomen ohne Artikel – modal) – gemäß / nach Angaben von
Laut Katalog kostet das Medikament fünf Euro.
Das Medikament ist laut Werbung ungefährlich.

per (+ A, Nomen ohne Artikel) –   1. gibt das Transportmittel an: mit
                                                        2. gibt das Mittel an: durch
Der Brief des Arztes wurde per Einschreiben geschickt.
Sie reiste per Schiff nach Brasilien.
Er verpflichtete sich per Vertrag dazu.

pro (+ A, + Nomen ohne Artikel) – für jeden, je
Die Mutter kauft pro Person ein Steak.
Einmal pro Woche gehe ich zur Massage.

seitens (+ G) – vonseiten / von einer bestimmten Seite, Person aus
Seitens des Arztes durfte er essen, was er wollte.
Von der Krankenkasse gab es keine finanzielle Unterstützung, aber seitens des Ministeriums
wurde Hilfe angeboten.

ungeachtet (+ G) – trotz / ohne zu achten auf / ohne Rücksicht auf (auch nachgestellt)
Ungeachtet des Verbots verließ der Mann das Krankenhaus.
Aller ärztlichen Ermahnungen ungeachtet rauchte sie weiter.

zuliebe (+ D, nachgestellt) – um jdm. einen Gefallen zu tun
Seiner Mutter zuliebe ist er zu Hause geblieben.
Er hat seiner Frau zuliebe auf die Reise verzichtet.

Weitere selten gebrauchte Präpositionen im Kapitel „Tourismus" auf Seite 40.

11 Ergänzen Sie die fehlenden Präpositionen.

a) Der Patient soll 2 Tabletten ……… Tag einnehmen.

b) Die Oma hat ihnen ……… einen Kuchen gebacken.

c) Die medizinische Versorgung in Krisengebieten geschieht oft ……… Hubschrauber.

d) Sie durfte das Krankenhaus verlassen, denn ……… des Arztes gab es keine Bedenken.

e) In der Klinik darf nicht geraucht werden, ……… Hausordnung ist es sogar in der Kantine verboten.

f) Der Patient trank ……… seines schlechten Gesundheitszustandes Alkohol.

Wortschatz

Verben

an/stecken – eine Krankheit übertragen → *Ansteckung (die), sich an/stecken bei + D*
Sigrid war stark erkältet, zwei Tage später steckte sie auch ihre kleine Schwester an.

betäuben – mit Medikamenten gegen Schmerzen unempfindlich machen
→ *Betäubung (die, -en)*
Vor dem Eingriff betäubte der Zahnarzt den Zahn, damit der Patient nichts spürte.

genesen (genas, ist genesen) – wieder gesund werden
→ *Genesung (die), Genesende (der, -n)*
Als er nach drei Wochen von seiner Krankheit genesen war und wieder ins Büro kam, freuten sich alle Kollegen.

heilen (= therapieren) – 1. wieder gesund werden, 2. jdn. gesund machen, z.B. durch Medikamente oder Therapie → *Heilung (die)*
zu 1: *Klaus hatte durch den Autounfall eine große Wunde am Kopf, die aber sehr schnell heilte.*
zu 2: *Der Arzt konnte die Krankheit der Patientin durch die richtigen Medikamente heilen.*

pflegen – sich um jdn. oder etwas intensiv kümmern / versorgen
Die Mutter pflegt das kranke Kind.

therapieren (= heilen) – einen Kranken behandeln
→ *Therapie (die, -n), Therapeut (der, -en)*
Mit diesen heißen Bädern lässt sich Rheuma therapieren.

verschreiben (verschrieb, hat verschrieben) – festlegen, welches Medikament ein Patient bekommt
Meine Ärztin verschrieb mir eine Salbe gegen trockene Haut.

Nomen

Altenheim (das, -e) / Altersheim (das, -e) – Wohnort für alte Menschen
Nachdem seine Frau gestorben war, zog Herr Schulz ins Altenheim.

Altern (das) – Prozess des Älterwerdens
Viele Menschen haben Angst vor dem Altern.

Altersvorsorge (die) – Absicherung für das Alter, z.B. Rente, Lebensversicherung
Es ist wichtig schon früh an die Altersvorsorge zu denken, damit man im Alter finanziell abgesichert ist.

Anamnese (die, -n) – Krankengeschichte eines Patienten
Wenn der Arzt den Patienten nicht kennt, macht er meistens erst die Anamnese.

Frührentner (der, -) – Person, die früher als üblich in Rente geht
Nach seinem Unfall konnte er nicht mehr arbeiten und wurde deshalb zum Frührentner.

Gesundheitspolitik (die) – die Politik, die sich mit dem Gesundheitswesen beschäftigt
Große Teile der Bevölkerung waren mit der Gesundheitspolitik der Regierung nicht einverstanden.

Homöopathie (die) – Heilmethode mit natürlichen, pflanzlichen Mitteln
Bei manchen Beschwerden hat die Homöopathie großen Heilerfolg.

High-Tech-Medizin (die) – Medizin mit vielen Apparaten auf dem neuesten Stand der Technik
In diesem Essay wird die High-Tech-Medizin kritisiert, weil sie so unpersönlich ist.

Intensivmedizin (die) – Medizin, die sich mit Patienten beschäftigt, deren Leben bedroht ist
Sie forschte jahrelang nach besseren Methoden der Intensivmedizin.

Intensivstation (die, -en) – Abteilung des Krankenhauses, auf der Patienten liegen, deren Leben bedroht ist
Nach dem Unfall lag das Kind zwei Tage auf der Intensivstation.

14. Medizin

Lebensversicherung (die, -en) – Versicherung, die ausgezahlt wird, wenn die versicherte Person stirbt oder ein bestimmtes Alter erreicht
Mein Vater hatte mit 35 Jahren eine Lebensversicherung über 50 000 Euro abgeschlossen, die ihm zu seinem 65. Geburtstag ausgezahlt wurde.

Pflegefall (der, -fälle) – Person, die ständig von anderen versorgt werden muss, da sie es selbst nicht mehr kann
Durch ihren Autounfall wurde sie zum Pflegefall.

Pflegeheim (das, -e) – Institution, in der Personen leben, die ständig versorgt werden müssen, weil sie es selbst nicht mehr können
Da Frau Jungbluts Kinder im Ausland leben und sich nicht regelmäßig um sie kümmern können, hat sie beschlossen, in ein Pflegeheim zu gehen.

Pflegekosten (Plural) – Geld, das ausgegeben wird, um Menschen ständig zu versorgen
Die Pflegekosten für kranke und alte Menschen sind in Deutschland sehr hoch.

Pflegeversicherung (die, -en) – Versicherung, die bezahlt, wenn die versicherte Person ständig versorgt werden muss
Die Pflegeversicherung trägt die Kosten, wenn jemand so schlechter Gesundheit ist, dass er zu Hause gepflegt werden muss.

Rezept (das, -e) – hier: schriftliche Anweisung des Arztes, welche Medizin oder welche Behandlung ein Patient bekommen soll
Der Patient benötigte ein Rezept vom Arzt, sonst hätte er das Medikament nicht vom Apotheker bekommen.

Schmerztherapie (die, -n) – besondere Therapie für Patienten, die sehr starke Schmerzen erleiden
Zur Schmerztherapie von Krebspatienten wird oft Morphium eingesetzt.

Schweigepflicht (die) – Verpflichtung des Arztes, über seine Patienten und deren Krankheiten nichts an Dritte weiterzugeben
→ *die Schweigepflicht aufheben / brechen*
Der Gynäkologe durfte seine Schweigepflicht nicht brechen, deshalb sagte er den Eltern des Mädchens nichts von ihrer Schwangerschaft.

Testament (das, -e) – schriftliche Erklärung, in der jemand bestimmt, wie sein Vermögen nach dem Tod auf die Erben übergeht
Vor ihrem Tod hatte Frau Schmitt in ihrem Testament genau festgelegt, was jedes ihrer drei Kinder erbt.

Wiederbelebung (die) – Versuch, einen klinisch toten Patienten zurück ins Leben zu bringen
Schon an der Unfallstelle begannen die Notärzte mit der Wiederbelebung der jungen Frau.

Adjektive

ambulant (↔ stationär) – ärztliche Versorgung in einer Praxis ohne Krankenhausaufenthalt
Kleinere Operationen mit örtlicher Betäubung werden oft ambulant vorgenommen.

bettlägerig – krank, so dass man im Bett liegen muss
Dirks Grippe wird immer schlimmer. Seit gestern ist er bettlägerig.

medikamentös – mit Hilfe von Medikamenten
Das Fieber war so hoch, dass man es medikamentös behandeln musste.

pflegebedürftig – ständige Versorgung brauchend
Diese behinderte Frau ist pflegebedürftig, sie kommt nicht allein zurecht.

stationär (↔ ambulant) – ärztliche Versorgung mit Aufenthalt in einem Krankenhaus
Diese Operation wird in Deutschland stationär durchgeführt.

unheilbar – eine Krankheit, die man nicht heilen kann
Gegen viele Krankheiten, die noch vor einigen Jahren als unheilbar galten, hat man Medikamente entwickeln können.

Ausdrücke

rezeptpflichtige Medikament (das, -e) – Arznei, die nur auf ausdrückliche
Empfehlung des Arztes an Patienten verkauft wird
*Dieses rezeptpflichtige Medikament kann der Apotheker nicht ohne Weiteres
verkaufen.*

eine Therapie schlägt an – eine Therapie ist erfolgreich
*Manche Therapien schlagen nicht an, weil die Patienten allergisch auf ein
Medikament reagieren.*

das Bett hüten – im Bett bleiben
Wegen einer Grippe musste ich tagelang das Bett hüten.

**jdn. an einen Apparat (eine Maschine) an/schließen (schloss an, hat
angeschlossen)** – eine Person mit einer Maschine verbinden, die ihm bei einer
wichtigen Körperfunktion hilft
*Er hatte Schwierigkeiten zu atmen, deshalb schloss man ihn an eine
Beatmungsmaschine an.*

Selbstmord begehen (beging, hat begangen) – sich selbst töten
Dieser Mann ist depressiv; er hat oft daran gedacht, Selbstmord zu begehen.

....
....
....
....
....
....
....
....
....
....
....
....
....
....
....

Weitere Fragestellungen zum Thema

1. „Der Mensch muss sein Schicksal ertragen." Nehmen Sie Stellung zu dieser Aussage.

2. Körper und Seele sind eine Einheit. Die Schulmedizin begnügt sich oft damit, den Körper, also die Organe, zu heilen, bezieht den psychischen Zustand des Patienten aber nicht mit ein. Die Ganzheitsmedizin versucht beide Komponenten zu beachten. Wie beurteilen Sie diese Methoden?

3. Ärzte – Götter in Weiß! Nehmen Sie Stellung zu dieser Aussage.

4. Gibt es Situationen, die rechtfertigen, dass ein Arzt seine Schweigepflicht bricht? Begründen Sie Ihre Meinung.

5. Großes Aufsehen erregen immer wieder Videoaufzeichnungen über „Sterbehilfe", also Dokumentationen darüber, wie ein Mensch freiwillig aus dem Leben scheidet. Tragen diese Videos zum Verständnis der Problematik bei oder bewirken sie eher das Gegenteil? Begründen Sie Ihre Meinung.

6. „Sterben" ist eher ein Tabuthema in unserer Gesellschaft. Warum ist das so? Ziehen Sie in Ihre Überlegungen die Vergangenheit und unterschiedliche Kulturen mit ein.

7. Für bestimmte Gruppen von Menschen gibt es besondere Gräber, sei es für Soldaten, Stars oder Politiker. Diese Stätten werden oft zu Sehenswürdigkeiten oder Anziehungspunkten für viele Menschen. Wie ist Ihre Meinung zu diesem Thema? Begründen Sie anhand von Beispielen.

8. In den letzten Jahren wird immer öfter über so genannte Wohlstandskrankheiten gesprochen. Wie entstehen sie und was ist die Ursache? Nehmen Sie ausführlich Stellung.

Gefährdet das Fernsehen den Buchmarkt oder Kulturangebote wie Kino und Theater? Wie beurteilen Sie die Situation in Ihrem Land? Begründen Sie Ihre Meinung anhand von Beispielen.

Vorüberlegungen

1 Was verbinden Sie mit dem Begriff „Kultur"?

2 Warum interessieren sich Menschen für Kultur?

3 Gibt es in Ihrem Land regelmäßige Kulturveranstaltungen? Wann, wo und warum werden sie organisiert? Nennen Sie Beispiele.

4 Kennen Sie diese Begriffe? Versuchen Sie zu erklären.

    a)   der Kulturaustausch ....

    b)   der Kulturbanause ....

    c)   die Kulturpolitik ....

    d)   die Kulturlandschaft ....

    e)   die Kulturstufe ....

Vorschlag zur Gliederung in Stichworten

Einleitung

Vorschläge zur Auswahl:

- aktuelles Ereignis zum Thema passend
- Fernsehen wird im Durchschnitt täglich gesehen, Kino-, Theater- oder Bücherangebot wird wesentlich seltener genutzt
- Fernsehen hat andere Kulturbereiche zurückgedrängt, trotzdem existieren alle Kulturangebote nebeneinander

Hauptteil

mögliche Vorteile des Fernsehens:

- ständig verfügbar, abrufbar (für Kinder nicht immer vorteilhaft), ohne Aufwand zu erreichen
- unterhält und informiert, ohne dass der Konsument aktiv werden muss
- zeigt „Bilder"
- bringt uns die Welt „näher"
- ist für viele Menschen der (manchmal einzige) Kontakt zur Umwelt
- aktuell, live
- internationaler Charakter
- relativ billig
- kann Wissen vermitteln und fremde Kulturen näher bringen
- lenkt ab
- Ereignisse können von vielen Menschen gleichzeitig verfolgt werden, z.B. Olympische Spiele

mögliche Nachteile des Fernsehens:

- nicht objektiv
- kann manipulieren
- weckt Hoffnungen und Wünsche, die nicht realisiert werden können
- so genannte „Reality-Shows" zeigen kein realistisches Bild der Gesellschaft
- lenkt von den wesentlichen und wichtigen Dingen im Leben ab
- oft anspruchsloses Angebot
- macht passiv, d.h. man „konsumiert" und wird nicht selbst aktiv
- keine Mitbestimmung der Bürger bei der Gestaltung; eine kleine Gruppe bestimmt, was die große Masse sehen soll
- viele Sendungen sind nicht für Kinder geeignet
- zeigt zu viel Brutalität
- macht „süchtig"
- so genannte Spielshows „erkaufen" sich mit wertvollen Preisen ihr Publikum

mögliche Vorteile von Kulturveranstaltungen:

- bieten Abwechslung und sind unterhaltsam
- man muss selbst aktiv werden
- regen die Gedanken an
- Kontakt zu anderen Menschen
- bestimmte Kulturveranstaltungen sind gesellschaftliche Ereignisse (z.B. Wagner-Festspiele in Bayreuth, Opernball in Wien)
- haben lange Tradition
- Musik, Theater oder Literatur können Hobbys sein
- spezielle Veranstaltungen für Kinder sind pädagogisch wertvoll

15. Kultur

mögliche Nachteile von Kulturveranstaltungen:

- zu teuer
- Geldmangel, Subventionen vom Staat werden nicht immer geleistet
- sind nur einer bestimmten Gruppe zugänglich (z.B. wohlhabenden Leuten)
- Kleiderordnung (festliche Kleidung) hält manche Besucher ab
- sind nicht immer gut erreichbar, z.B. für Leute auf dem Land
- Angebot richtet sich nicht immer nach den Wünschen der Zuschauer

mögliche Vorteile von Büchern:

- Phantasie anregend
- relativ preisgünstig
- fast immer und überall verfügbar
- fast grenzenlose Auswahl an Themen
- können gesammelt werden

mögliche Nachteile von Büchern:

- riesiges Angebot erschwert die Auswahl
- nicht zugänglich für Kleinkinder und Analphabeten
- relativ viel Zeit und Konzentration zum Lesen nötig

Situation in Ihrem Heimatland:

- Beschreiben Sie kurz die Situation anhand von Beispielen.

Schluss

Vorschläge zur Auswahl:

- das Fernsehen sollte einen positiven Beitrag zur Kultur leisten
- ein ausgewogenes Verhältnis zwischen Fernsehen und Kulturveranstaltungen wäre wünschenswert
- Staat sollte Kultur finanziell unterstützen
- Schule kann Kultur Jugendlichen näher bringen

zu diesem Thema siehe auch: **Freizeit, Sport, Medien**

5 **Formulieren Sie nun mit Hilfe der Stichworte einen Vortrag bzw. einen Aufsatz. Verwenden Sie dabei die Formulierungshilfen aus der Aufstellung auf Seite 289.**

Übungen zu Grammatik und Wortschatz

6 **Hier geht es um leicht verwechselbare Wörter. Lesen Sie die Erklärungen und Beispiele zu den Wörtern. Ergänzen Sie die Wörter dann in der richtigen Form.**

1. künstlerisch oder künstlich
   künstlerisch = in Bezug auf die Kunst oder einen Künstler
   Sie hat künstlerisches Talent.
   künstlich = nicht echt, nicht natürlich
   Der Apfel ist künstlich, man kann ihn nicht essen.

2. geistlich oder geistig
   geistlich (↔ weltlich) = die Kirche betreffend
   Viele geistliche Schriften werden im Vatikan aufbewahrt.
   geistig (↔ körperlich) = den Verstand betreffend
   Max Müller treibt viel Sport als Ausgleich für seine geistige Arbeit.

3. Fernseher oder Fernsehen
   der Fernseher (-) = das Fernsehgerät
   In vielen Wohnungen steht der Fernseher im Wohnzimmer.
   das Fernsehen (ohne Pl.) = das Medium Fernsehen
   Das Fernsehen hat sich in den letzten Jahren zu einem sehr wichtigen Medium entwickelt.

4. zuschauen oder beobachten
   jdm. / etw. zu/schauen = etwas aufmerksam betrachten, zusehen
   Die Kinder schauten der Mutter beim Backen zu.
   beobachten = überwachen, nicht aus den Augen lassen
   Im Wald kann man manchmal Rehe beobachten.
   Die Polizei beobachtete den Dieb unauffällig.

5. applaudieren, klatschen oder klatschen über + A
   jdm. applaudieren = Beifall spenden
   Das Publikum applaudierte dem Sänger.
   klatschen = applaudieren
   Das Publikum klatschte begeistert.
   klatschen über + A = über jdn. negativ sprechen
   Meine Nachbarin klatscht von morgens bis abends über die Mitbewohner.

Beispiel: Wir konnten eine Woche keine Nachrichten sehen, denn der Fernseher war kaputt.

a) Der .... Wert der Bilder war lange umstritten.

b) Man sagt, an der Universität zeigt sich das .... Niveau eines Landes.

c) Erika bemüht sich um einen Job beim ....

d) Da Michaels Freundin Schauspielerin ist, darf er bei den Proben oft ....

e) Die Blumen auf der Bühne waren natürlich ...., man müsste sonst ja täglich einen

   frischen Strauß kaufen.

f) Frau Müller .... jede Regung des Schauspielers ganz genau.

g) Die Johannes-Passion von Johann Sebastian Bach gilt als eines der schönsten Beispiele

   .... Musik. Sie wird zu hohen Festtagen in Kirchen gespielt.

h) Im Büro wird die ganze Zeit über die anderen Kollegen .... Das stört mich wirklich.

i) Nach der Vorlesung .... die Studenten dem Professor.

j) Der Sänger war enttäuscht, weil niemand ....

7 Bilden Sie aus den Wörtern Sätze.

a) Kulturangebot – haben – innerhalb – letzte 10 Jahre – sich verbessern

   ....

   ....

b) Opernabend – Mailänder Skala – sein – besonderes Vergnügen

   ....

   ....

15. Kultur

c) Eintrittspreis – Konzerte – sich richten – Bekanntheit – Orchester

....

....

d) Großstadt – Kulturangebot – vielfältig – geben – ich – lieber – fernsehen *(Nebensatz)*

....

....

e) junge Schauspielerin – werden – ihr Auftritt – Schillertheater – bekannt

....

....

f) wir – wollen – „Casablanca" – sich ansehen – Humphrey Bogart – seine berühmteste Rolle – bewundern *(Nebensatz)*

....

....

8 Kennen Sie diese Berufe? Was machen die Leute?

Beispiel: der Opernsänger: Er singt in einer Oper.

a) der Regisseur: ....

b) der Bühnenbildner: ....

c) die Ansagerin: ....

d) die Theaterkritikerin: ....

e) der Drehbuchautor: ....

f) der Statist: ....

g) der Toningenieur: ....

h) der Bildhauer: ....

i) der Artist: ....

j) der Kunstmaler: ....

Übrigens ...

Wendungen mit „Punkt"

Wendungen mit dem Nomen „Punkt" haben unterschiedliche Bedeutungen:

sich in allen Punkten einig sein = die gleiche Meinung haben
Die Kritiker waren sich in allen Punkten einig und verliehen den diesjährigen Kulturpreis an Anna Fischer.

der springende Punkt = das wichtigste Argument, der wichtigste Aspekt
Seit vielen Tagen wird in der Stadt über den Skandal diskutiert. Der springende Punkt aber, nämlich wer diesen Skandal ausgelöst hat, wird völlig ignoriert.

ein strittiger Punkt = Bereich, in dem man sich nicht einig ist
  Das Thema Taschengeld ist in vielen Familien ein strittiger Punkt.

etwas auf den Punkt bringen = zusammenfassen, das Wichtigste einer Sache sagen
  *Sie sprachen lange über das Thema Liebe; Werner brachte es schließlich auf den Punkt, als er sagte:
  „Wer liebt, soll auch heiraten."*

jemandes wunder Punkt = ein Thema, das jemandem unangenehm ist
  Sabine spricht nicht gern über ihre Scheidung. Dieses Thema ist ihr wunder Punkt.

jemandes dunkler Punkt = Vorfall, der in der Vergangenheit passiert ist und der, falls er bekannt wird,
  der Person schaden könnte
  *Der Journalist suchte so lange in den Archiven nach einem dunklen Punkt des neuen Ministers, bis er
  schließlich auf eine Affäre aus den sechziger Jahren stieß.*

der tote Punkt = a) wenn man den Augenblick erreicht, wo man keine Kraft mehr hat
  b) Stelle, an der es nicht mehr weiter geht
  *a) Zum Erstaunen aller erreichte der Marathonläufer nach weniger als 15 Kilometern seinen toten Punkt
  und konnte nicht mehr weiter.*
  *b) Die Verhandlungen zwischen den beiden Gruppen erreichten ihren toten Punkt, als keine Partei nach-
  geben wollte.*

ohne Punkt und Komma reden (umgangssprachlich) = ununterbrochen / pausenlos reden
  Seine Schwiegermutter redet ohne Punkt und Komma.

⑨ **Lesen Sie die Erklärungen und Beispiele zu den Wendungen. Ergänzen Sie die Wendungen dann
in der richtigen Form.**

Interview mit Regisseur Peter Schuster

● Herr Schuster, Ihr neuster Film ist sehr zeitkritisch.

▪ Ja, mit dieser Charakterisierung haben Sie es .... Diese

  Beschreibung stimmt genau.

● Warum drehen Sie keine Actionfilme mehr?

▪ Da sprechen Sie meinen .... an. Diese Filme waren nicht sehr

  erfolgreich, deshalb wechseln wir lieber das Thema.

● Ihren letzten Film haben Sie vor acht Jahren gedreht. Warum gab es so eine lange Pause?

▪ Ich fühlte mich plötzlich ziemlich müde, ich hatte wohl meinen ....

  erreicht und musste ihn erst überwinden.

● Gibt es in Ihrer Biographie Ereignisse, die Sie lieber verschweigen?

▪ Nein, in meiner Vergangenheit gibt es keinen ....

● Mögen Sie Ihren Kollegen Stefan Spielberger?

▪ Nein, er kann nicht schweigen und .... immer ....

● Lieber Herr Schuster, ich stimme Ihnen nicht zu, aber man kann sich nicht

  ....

15. Kultur

■ Das ist Ihre persönliche Meinung. Unter meinen Kollegen ist das kein ....

Alle teilen meine Meinung. .... ist aber, dass Herr Spielberger ein

ausgezeichneter Regisseur ist.

Wortschatz

Verben

applaudieren (= klatschen) – Beifall spenden → *Applaus (der)* ....
Nach der Vorführung applaudierte der ganze Saal. ....

auf/führen – etwas auf einer Bühne darstellen → *Aufführung (die, -en)* ....
Im Theater wird heute eine Stück von Berthold Brecht aufgeführt. ....

auf/treten (tritt auf, trat auf, ist aufgetreten) – in einem Theaterstück oder Film ....
eine Rolle spielen oder etwas singen oder musizieren → *Auftritt (der, -e)* ....
Der Schauspieler trat jahrelang im Mannheimer Nationaltheater auf. ....

klatschen (= applaudieren) – Beifall spenden ....
Auf dem Konzert der Rolling Stones klatschten die Fans nach jedem Lied. ....

senden (= übertragen) – eine Sendung im Radio oder Fernsehen bringen ....
→ *Sendung (die, -en)* ....
Heute wird ein Film mit Marlene Dietrich gesendet. ....

subventionieren – finanziell unterstützen → *Subvention (die, -en)* ....
Kleine Theater werden oft vom Staat subventioniert, weil sie sonst nicht überleben ....
könnten. ....

übertragen (überträgt, übertrug, hat übertragen) (= senden) – eine Sendung ....
im Radio oder Fernsehen bringen → *Übertragung (die, -en)* ....
Das Fußballspiel wird direkt aus dem Stadion übertragen. ....

veranstalten – durchführen / stattfinden lassen / organisieren ....
→ *Veranstaltung (die, -en)* ....
Jedes Jahr wird in München das Oktoberfest veranstaltet. ....

verreißen (verriss, hat verrissen) – in der Kritik schlecht beurteilen ....
Das neue Theaterstück wurde von den Kritikern verrissen. ....

zensieren – 1. eine Note geben, 2. hier: Medien überprüfen, ob die Beiträge von ....
allen gesehen werden dürfen oder ob sie gegen bestimmte moralische, politische ....
oder religiöse Grundsätze verstoßen → *Zensur (die, -en)* ....
zu 1: *Diese Diplomarbeit wurde mit „sehr gut" zensiert.* ....
zu 2: *Bevor in diesem Land etwas gedruckt werden darf, wird es von den Behörden* ....
zensiert. ....

jdm. / etw. zu/schauen (= zu/sehen) – etwas aufmerksam verfolgen ....
→ *Zuschauer (der, -)* ....
Beim Pferderennen schauten viele Menschen zu. ....

Nomen

Bildhauerei (die) – Kunstform, bei der aus Stein, Holz oder anderen Materialien ....
Figuren oder Skulpturen gehauen, geformt oder gemeißelt werden ....
Alle, die sich für Bildhauerei interessieren, kennen die Skulpturen von Henry ....
Moore.

Bühne (die, -n) – erhöhte Fläche im Theater, auf der das Stück gespielt wird ....
Als die junge Schauspielerin auf der Bühne stand und die vielen Menschen sah, ...
bekam sie plötzlich Angst.

Debüt (das, -s) – der erste öffentliche Auftritt eines Künstlers oder Sportlers ....
Bei den Wiener Festspielen gab der junge Schauspieler sein Debüt. ....

Fan (der, -s) (= Anhänger) – eine Person, die von etwas begeistert ist ....
Seit Jahren ist Michael Fan dieser Rockgruppe, er kauft sich jede neue CD. ....

Festival (das, -s) – kulturelle Veranstaltung, die meist mehrere Tage dauert ....
Woodstock ist das bekannteste Rockfestival. ....

Festspiel (das, -e) – eine Reihe von kulturellen Veranstaltungen, die in ....
regelmäßigen Abständen an einem bestimmten Ort aufgeführt werden ....
Die Salzburger Festspiele sind beim Publikum sehr beliebt. ....

Intendant (der, -en) – der Leiter eines Theaters oder einer Oper ....
An der Frankfurter Oper gab es vor einigen Jahren einen sehr jungen Intendanten. ....

Komitee (das, -s) – eine Gruppe von Leuten, die gemeinsam an etwas arbeiten ....
oder etwas organisieren ....
Das deutsche Komitee der Olympischen Spiele trifft sich regelmäßig. ....

Kritiker (der, -) – Person, die Kunst und Kultur nach bestimmten Kriterien ....
beurteilt ....
Der bekannte Kritiker lobte das zweite Buch der Schriftstellerin in einem ....
Zeitungsartikel. ....

Kulturaustausch (der) – aufgrund von Regierungsabkommen erfolgender ....
Austausch im kulturellen Bereich, z.B. Entsendung von Schriftstellern und ....
Künstlern, Stipendienvergabe, Gastspiele von Theatern u.Ä. ....
Der Kulturaustausch zwischen Deutschland und Frankreich ist in den letzten ....
Jahrzehnten immer intensiver geworden. ....

Kulturbanause (der, -n) – eine Person, die sich nicht für Kultur interessiert ....
oder nur sehr oberflächliche Kenntnisse in diesem Bereich hat ....
Weil Klaus nie ins Theater geht, bezeichnet ihn seine Frau als Kulturbanausen. ....

Kulturgut (das, -güter) – kulturelles Werk, das als besonders wertvoll gilt und ....
bewahrt wird ....
Die ägyptischen Pyramiden gelten als eines der wichtigsten Kulturgüter der Welt. ....

Kultusministerium (das, -ministerien) – oberste Behörde in den deutschen ....
Bundesländern, die für Wissenschaft, Kultur und Bildung zuständig ist ....
Dieses Festival subventionierte das Kultusministerium. ....

Laienschauspieler (der, -) – Person, die als Hobby, also nicht beruflich, im Theater ....
spielt ....
Der deutsche Regisseur Fassbinder hat in seinen Filmen oft Laienschauspieler ....
eingesetzt. ....

Lampenfieber (das) – Nervosität vor einem Auftritt vor dem Publikum ....
Die Sängerin hatte vor ihrem Auftritt großes Lampenfieber, als sie aber auf der ....
Bühne stand, war sie nicht mehr aufgeregt. ....

Nachwuchstalent (das, -e) – junger, noch unbekannter Künstler mit Begabung ....
Dieser Pianist ist mit nur 16 Jahren ein Nachwuchstalent. ....

Reinfall (der) – (umgangssprachlich) Misserfolg ....
Der zweite Film des jungen Italieners war ein Reinfall, die meisten Zuschauer ....
waren von der Qualität des Films enttäuscht. ....

Verkaufsschlager (der, -) / **Verkaufshit** (der, -s) – Sache, die sich gut verkaufen ....
lässt ....
Die neue CD von Madonna ist ein Verkaufsschlager, in der ersten Woche wurden ....
über 1 Million Stück verkauft. ....

Adjektive

berühmt – bei vielen Leuten sehr bekannt ....
Die Beatles sind eine sehr berühmte Musikgruppe. ....

traditionell – seit langer Zeit üblich → *Tradition (die, -en)* ....
Tango ist ein traditioneller argentinischer Tanz. ....

kulturell – die Kultur betreffend ....
Das kulturelle Angebot der Universität ist in diesem Jahr sehr interessant. ....

live (englisch) – etwas wird ohne Verzögerung direkt gesendet ....
Das Neujahrskonzert der Berliner Philharmoniker kam live im Fernsehen. ....

15. Kultur

Ausdrücke

Bretter, die die Welt bedeuten – Theaterspielen als Lebensinhalt   ....
  Schon als Kind stand er auf den Brettern, die die Welt bedeuten.   ....
eine Rolle besetzen mit + D – einen Schauspieler für eine bestimmte Rolle   ....
  auswählen   ....
  Die Rolle des Mephisto wurde mit Gustav Gründgens besetzt.   ....
ein Stück ab/setzen – ein Stück aus dem Spielplan nehmen   ....
  Weil das Stück sehr wenig Zuschauer fand, wurde es nach zwei Wochen abgesetzt   ....
  und durch ein Werk von Schiller ersetzt.   ....

Weitere Fragestellungen zum Thema

1. Was macht ein Buch zu „großer Literatur"? Nennen Sie Merkmale, die ein solches Buch haben sollte, gegebenenfalls an einem Beispiel.

2. Kultur und Gewinn – passen die zwei Begriffe zusammen? Begründen Sie Ihre Meinung.

3. Sollten Theater, Opernhäuser und Kulturstätten allgemein vom Staat subventioniert werden? Nehmen Sie Stellung.

4. „Kunsterziehung" – welche Bereiche sollten Ihrer Meinung nach hier erfasst werden und wer sollte sich damit beschäftigen, sowohl als Lehrender als auch als Lernender? Nennen Sie Beispiele.

5. Computer halten immer öfter Einzug auch in den Bereich der Kunst. Nennen Sie Beispiele, wo dies deutlich wird und begründen Sie Ihre Meinung zu diesem Thema.

6. Fördert das Fernsehen die geistige Entwicklung eines Kindes oder hemmt es sie? Begründen Sie Ihre Meinung.

7. Welcher Kunstform messen Sie die meiste Bedeutung bei und warum?

8. Der Rat der Europäischen Union verleiht alljährlich einer europäischen Stadt den Titel „Kulturstadt Europas". Welche Bedeutung hat Ihrer Meinung nach dieser Titel für die jeweilige Stadt, welche Verpflichtungen, Vor- und Nachteile können damit verbunden sein? Nehmen Sie ausführlich Stellung.

9. Immer wieder wird das Angebot des Fernsehens kritisiert. Wie sähe Ihrer Meinung nach die sinnvolle Nutzung des Fernsehens aus?

10. Hat die Kunst Ihrer Meinung nach einen erzieherischen Wert? Begründen Sie Ihre Meinung.

11. Häufig werden bekannte Werke der Literatur verfilmt. Welche Vor- und Nachteile bringt die Übersetzung einer literarischen Vorlage in ein audio-visuelles Medium mit sich? Beziehen Sie sich auf konkrete Beispiele, um Ihre Meinung zu verdeutlichen.

Ausländer

Welche positiven und welche negativen Auswirkungen auf das Gastland ergeben sich beim Zuzug von Ausländern? Begründen Sie Ihre Meinung.

Vorüberlegungen

1. Aus welchen Ländern und in welcher Absicht kommen Menschen in Ihr Land, um dort zu leben?

2. Woher kommen Ihrer Meinung nach die meisten Immigranten, die nach Deutschland einwandern? Aus welchen Gründen kommen sie nach Deutschland?

3. Auf welche Schwierigkeiten kann man treffen, wenn man als Ausländer oder Ausländerin in einem anderen Land ist?

4. In welchen Bereichen kann es kulturelle Unterschiede zwischen verschiedenen Ländern geben?

Vorschlag zur Gliederung in Stichworten

Einleitung

Vorschläge zur Auswahl:

- viele Menschen machen einmal die Erfahrung, Ausländer zu sein
- eigene Erfahrung mit Ausländern oder damit, Ausländer zu sein
- aktuelles Ereignis, das mit der Integration von Ausländern in Zusammenhang steht
- historisches Phänomen: Zuzug von Menschen aus anderen Kulturen (z.B. französische Hugenotten nach Berlin im 18. Jahrhundert)

Hauptteil

Es gibt zahlreiche Unterschiede zwischen der Kultur im Herkunftsland der Immigranten und der am neuen Wohnort vorherrschenden Kultur.

mögliche positive Auswirkungen für das Gastland:

- Kennenlernen einer anderen Kultur und Sprache (Bereicherung) → besseres Verständnis fremder Kulturen durch Kontakte zu Ausländern
- interessanteres und reicheres kulturelles Angebot im Gastland
- Besetzung von Arbeitsplätzen, die die einheimische Bevölkerung nicht einnimmt
- Anwachsen der Bevölkerung (Sicherung der Sozialeinnahmen)
- neue Anstöße für die Wirtschaft des Gastlandes
- Verjüngung der Bevölkerung
- positives internationales „Image"

mögliche negative Auswirkungen für das Gastland:

- einheimische Bevölkerung kann sich zurückgedrängt fühlen:
  - Gefühl der Raumnot und Enge
  - Gefühl der Bedrohung, da kein Verständnis fremder Lebensweisen und Kulturen vorhanden ist
- Gefühl der Konkurrenz um Arbeitsplätze
- Überlastung des Sozialsystems (Vergabe von Kindergeld, Wohngeld, Sozialunterstützung usw.)
- steigende Kriminalität, wenn illegale Einwanderer keine Verdienstmöglichkeiten haben

Schluss

Vorschläge zur Auswahl:

- persönliche Meinung, ob Vor- oder Nachteile überwiegen
- Vorschlag, wie in Zukunft mit den Phänomenen der Aus- und Einwanderung umgegangen werden sollte
- Idee, wie das Zusammenleben von Ausländern und Einheimischen harmonischer werden könnte
- Fazit (z.B.: Der Verlauf der Integration hängt sowohl von der Bereitwilligkeit der einzelnen Ausländer ab, als auch von der Haltung der einheimischen Bevölkerung.)

zu diesem Thema siehe auch: Vorurteile, Tradition, Aussteiger und Randgruppen

⑤ **Formulieren Sie nun mit Hilfe der Stichworte einen Vortrag bzw. einen Aufsatz. Verwenden Sie dabei die Formulierungshilfen aus der Aufstellung auf Seite 289.**

Übungen zu Grammatik und Wortschatz

⑥ **Ergänzen Sie die Verben in der richtigen Form. Sollten Sie einige der Verben nicht kennen, helfen Ihnen die Erklärungen in der Wortschatzliste auf Seite 164.**

erteilen   ein/reisen   sich integrieren   aus/reisen   sich auf/halten   verzollen

a) Bei der Einreise in ein Land müssen größere Mengen Alkoholika .... werden.

b) Als sie in die Schweiz ...., wurden ihre Passe und ihr Gepäck kontrolliert.

c) Als Olaf Müller in Australien bleiben wollte, musste er warten, bis ihm eine Aufenthaltserlaubnis

.... wurde.

d) Um eine permanente Aufenthaltserlaubnis zu erhalten, muss man .... mindestens drei

Jahre lang in dem Gastland .... haben.

e) Meistens fällt es ausländischen Studenten nicht so schwer, ... in die Gesellschaft des

Gastlandes zu ....

f) Nachdem der Diplomatin ein Verbrechen nachgewiesen worden ist, muss sie innerhalb von

24 Stunden ....

⑦ **Rund um den Begriff „Antrag". Ergänzen Sie die Ausdrücke in der richtigen Form.**

Antrag stellen   beantragen   Antrag ab/lehnen   Antrag statt/geben   auf Antrag   Bescheid erhalten

a) Yoshi Akomoto reiste nach Frankreich und .... dort eine Aufenthaltserlaubnis für

Studienzwecke.

b) Nachdem er den ...., wartete er zwei Wochen.

c) Dann .... er ...., dass noch einige Dokumente fehlten.

d) Nach weiteren drei Wochen wurde sein .... Darüber war er sehr traurig, weil er

gern in Frankreich studiert hätte.

e) Es stellte sich heraus, dass den Behörden ein Irrtum unterlaufen war und bald danach wurde seinem

....

f) Falls er die geplante Studienzeit überschreitet, kann er .... auch das Visum verlängern

lassen.

⑧ **Bilden Sie aus den Wörtern Sätze.**

a) amerikanische Student – besuchen – Sprachkurs – sein Auslandsaufenthalt – sich vorbereiten
   (Nebensatz)

   ....

   ....

16. Ausländer

b) junge Frau – wollen – gültige Papiere – einreisen – Bundesrepublik Deutschland

....

....

c) Büro – Ausländerbeauftragte – Frankfurt – veranstalten – Juni – multikulturelles Straßenfest

....

....

d) viele Menschen – nie – ihre Heimat – verlassen – erleiden – Ausland – Kulturschock *(Relativsatz)*

....

....

e) reger Kulturaustausch – helfen – Menschen – sich verstehen – besser

....

....

f) erfolgreicher Manager – müssen – diese Firma – auch – Auslandserfahrungen – vorweisen

....

....

9 **Rund um den Begriff „ausländisch". Ergänzen Sie die Adjektive in der richtigen Form. Mehrfachnennungen sind möglich. Sollten Sie einige der Adjektive nicht kennen, helfen Ihnen die Erklärungen in der Wortschatzliste auf Seite 164.**

| fremdartig | ausländisch | exotisch | auswärtig | wildfremd | fremdländisch | unbekannt |

Beispiel: Er geht gern in *exotische* Bars.

a) Ihm schmeckt das .... Essen nicht, er mag die ihm vertraute Küche lieber.

b) Mit einer .... Staatsangehörigkeit brauchst du eine besondere Arbeitserlaubnis, um zu arbeiten.

c) Ich verstehe nicht, was dieser Mann sagt, er spricht einen .... Dialekt.

d) Man erkennt die Autofahrer vom Land an ihrem .... Autokennzeichen.

e) Der .... Baustil dieses Hauses ist mir sofort aufgefallen.

f) .... Frauen finden oft große Beachtung.

g) Sie ist sehr kontaktfreudig. Auf Partys spricht sie sogar .... Menschen an.

h) Obwohl ich schon so lange in diesem Land lebe und mich hier auch zu Hause fühle, empfinde ich manche Verhaltensweisen als sehr ....

Übrigens ...

Zurecht-

„Zurecht-" ist eine seltene, trennbare Vorsilbe von Verben. Sie hat zwei Bedeutungsvarianten:

1. einer Sache die Form geben, die sie haben soll
   z.B.: zurechtschneiden, zurechtklopfen

2. einer Sache den Platz geben oder sie an den Platz legen, der dafür vorgesehen ist, oder an dem man sie braucht
   z.B.: zurechthängen, zurechtlegen

10 **Stellen Sie fest, welche Bedeutungsvariante vorliegt. Bilden Sie dann einen eindeutigen Beispielsatz.**

Beispiel: zurechtschneiden – Bedeutung 1
Bevor das Kleid genäht wurde, mussten die einzelnen Teile noch zurechtgeschnitten werden.

a) sich zurechtfinden   ....

....

....

b) zurechtbiegen   ....

....

....

c) zurechtweisen   ....

....

....

d) zurechtrücken   ....

....

....

e) zurechtzimmern   ....

....

....

Wortschatz

Verben

sich an/siedeln – sich in einer Gegend niederlassen, um dauerhaft dort zu leben
In dieser unattraktiven Gegend haben sich jetzt viele Studenten angesiedelt.
Sie finden diesen Wohnort nicht schlecht.

sich assimilieren – sich einer fremden Umgebung anpassen
→ *Assimilation (die, -en)*
Die Kinder der ausländischen Mitbürger haben sich so gut assimiliert, dass man
sie für Einheimische hält.

aus/bürgern – jdm. die Staatsbürgerschaft nehmen → *Ausbürgerung (die, -en)*
Während der Nazidiktatur wurden zahlreiche unbequeme Gegner ausgebürgert.

aus/wandern (↔ ein/wandern) – sein Land verlassen, um in einem anderen Land
zu leben / emigrieren → *Auswanderung (die, -en)*
Die Familie wollte für immer ihr Land verlassen und nach Australien auswandern.

diskriminieren – jdn. wegen seiner Rasse, Religion oder seines Geschlechts
schlechter behandeln → *Diskriminierung (die)*
Gesellschaftliche Vorurteile und Rassismus führen oft dazu, dass Menschen anderer
Hautfarbe diskriminiert werden.

ein/bürgern – einem Ausländer die Staatsbürgerschaft des Landes geben
→ *Einbürgerung (die, -en)*
Um in ein Land eingebürgert zu werden und die neue Staatsangehörigkeit zu
erhalten, muss man meistens viele Voraussetzungen erfüllen.

sich ein/leben – sich in einer neuen, ungewohnten Umgebung zurechtfinden und
wohl fühlen
Unsere spanischen Freunde haben sich schnell in Frankreich eingelebt, sie fühlen
sich jetzt dort wie zu Hause.

ein/wandern (↔ aus/wandern) – in ein fremdes Land kommen, um dort zu
bleiben / immigrieren → *Einwanderung (die, -en), Einwanderer (der, -)*
Jedes Jahr wollen viele Menschen in die USA einwandern, um dort ein neues Leben
zu beginnen.

emigrieren (↔ immigrieren) – auswandern / in ein fremdes Land gehen, um dort
zu leben → *Emigration (die, -en), Emigrant (der, -en)*
Während des Zweiten Weltkriegs sind viele Europäer nach Amerika emigriert.

immigrieren (↔ emigrieren) – einwandern / in ein Land kommen, um dort zu
leben → *Immigration (die, -en), Immigrant (der, -en)*
Alle Ausländer, die in die USA immigrieren, müssen sich auf ihre Gesundheit
untersuchen lassen.

integrieren – sich an eine Gruppe anpassen → *Integration (die, -en)*
Um sich als Ausländer integrieren zu können, sollte man die Sprache des
Gastlandes sprechen.

missverstehen (missverstand, hat missverstanden) – etwas falsch verstehen
→ *Missverständnis (das, -se)*
Er hatte mich missverstanden und kam erst um 10 statt um 9 Uhr.

verzollen – für einen Gegenstand an der Grenze Zoll, d.h. eine Abgabe an den
Staat, bezahlen
An der Grenze musste ich die Zigaretten, die ich billig im Ausland gekauft hatte,
verzollen.

sich zurecht/finden (fand zurecht, hat zurechtgefunden) – sich in einer neuen
Umgebung oder bei einer neuen Arbeit orientieren können
Diese Stadt hat ein sehr kompliziertes Verkehrssystem. Es ist schwer, sich zurecht-
zufinden.

zurecht/kommen mit + D (kam zurecht, ist zurechtgekommen) – ohne
Schwierigkeiten mit etwas fertig werden
Die Bürokratie ist sehr kompliziert; es ist schwer, damit zurechtzukommen.

Nomen

Armutsflüchtling (der, -e) – Person, die aus wirtschaftlicher Not ihr Land verlässt und versucht, in einem anderen Land ein besseres Leben zu führen (mit Arbeit, angemessenem Wohnraum usw.)
Viele Armutsflüchtlinge aus Afrika versuchen illegal nach Spanien zu kommen.

Asyl (das) – Aufenthaltsrecht, das einer in ihrer Heimat politisch verfolgten Person im anderen Land gewährt wird → *Asyl beantragen*
Der politisch Verfolgte beantragte direkt nach seiner Einreise in die USA Asyl, um in Sicherheit zu kommen.

Asylant (der, -en) (= Asylbewerber) – politisch Verfolgter, der Asyl beantragt (umgangssprachlich, oft abwertend gebraucht)
Es ist nicht einfach, in Deutschland als Asylant anerkannt zu werden. Man muss beweisen können, dass man wirklich politisch verfolgt wird.

Asylbewerber (der, -) (= Asylant) – jemand, der versucht, Asyl zu erhalten und einen Antrag gestellt hat (amtliche Bezeichnung)
Asylbewerber müssen in Deutschland oft lange warten, bis sie als Asylanten anerkannt werden.

Aufenthaltserlaubnis (die) – offizielle Bescheinigung, mit der ein Ausländer in einem Land bleiben darf
Um in Deutschland leben zu dürfen, brauchen Ausländer eine Aufenthalts-erlaubnis.

Ausländeramt (das, -ämter) – Behörde, die für die Administration von Ausländern zuständig ist
Beim Ausländeramt müssen sich die Ausländer anmelden.

Ausländerbeauftragte (der / die, -n) – Person mit einem Amt, die von einer Kommune dafür bezahlt wird, dass sie sich um die Probleme der Ausländer im Ort kümmert
Der Ausländerbeauftragte vertritt in den Versammlungen der Bürger die Interessen der Ausländer.

Aussiedler (der, -) – Person, deren Vorfahren aus Deutschland stammen und die wieder in Deutschland sesshaft werden will (meist aus Osteuropa kommend)
Die Aussiedler müssen, bevor sie nach Deutschland kommen, einen Antrag bei der deutschen Botschaft stellen.

Einwanderungsquote (die, -n) – offiziell festgelegte Anzahl von Personen, die pro Jahr einwandern dürfen
Nach Australien durften dieses Jahr 1000 Personen aus Europa einwandern; diese Einwanderungsquote galt als niedrig.

Elend (das) – große Armut
Das Elend in den Slums der Großstädte in Südamerika, Afrika und Asien ist unbeschreiblich.

Exil (das) – Land, in das jemand flüchtet, um sicher leben zu können, da er im Heimatland politisch verfolgt wird → *ins Exil gehen*
Während der Nazidiktatur gingen zahlreiche jüdische Intellektuelle ins Exil, um sich zu retten.

Fremdarbeiter (der, -) – (veraltet) Arbeitsmigrant / Ausländer, der sich zum Arbeiten in einem anderen Land aufhält und später zurückkehren will oder soll
In der Landwirtschaft werden saisonal – vor allem während der Erntezeiten – zahl-reiche Fremdarbeiter beschäftigt.

Fremde (die) – Ausland / unbekannte, weit entfernte Gegend → *in die Fremde gehen*
Da er schon immer in die Fremde gehen wollte, fing er schon als junger Mann an, Fremdsprachen zu lernen.

Gastarbeiter (der, -) – jemand, der in ein anderes Land geht, um dort zu arbeiten, und der wieder zurückkehren will
In den 60er Jahren kamen viele Gastarbeiter aus Italien nach Deutschland, weil Arbeitskräfte gesucht wurden.

16. Ausländer

Gastfreundschaft (die) – Bereitschaft, sich gut um Gäste zu kümmern ....
Er ist immer froh, Gäste bei sich aufzunehmen. Seine Gastfreundschaft ist bekannt. ....
Heimatvertriebene (der / die, -n) – deutsche Person, die nach 1945 ihre Heimat ....
verlassen musste, da diese nicht mehr zu Deutschland gehörte (z.B. Ost- ....
preußen) ....
Die Heimatvertriebenen wurden nach dem Krieg für ihren Verlust entschädigt. ....
Herkunft (die) – Land oder Schicht, aus der jemand kommt ....
Man weiß nicht, wer seine Eltern waren; seine Herkunft ist unbekannt. ....
Kulturaustausch (der) – aufgrund von Regierungsabkommen erfolgender ....
Austausch im kulturellen Bereich, z.B. Entsendung von Schriftstellern und ....
Künstlern, Stipendienvergabe, Gastspiele von Theatern usw. ....
Im Rahmen des Kulturaustauschs zwischen Indien und Italien fand in Bombay ....
eine große Leonardo-da-Vinci-Ausstellung statt. ....
Kulturschock (der, -s) – Erschrecken im direkten Kontakt mit Angehörigen einer ....
anderen Kultur über deren fremdes Verhalten ....
Die engen Wohnverhältnisse in Japan lösten bei dem deutschen Studenten einen ....
Kulturschock aus. ....
Provenienz (die, -en) (seltener Ausdruck) – Herkunft ....
Der Käufer, ein Ausländer unbestimmter Provenienz, vergaß seine Kreditkarte. ....
Ressentiment (das, -s) – gefühlsbedingtes Vorurteil → *Ressentiments haben* ....
gegen + A ....
Leider haben manche Einheimische starke Ressentiments gegen ihre ausländischen ....
Mitbürger, ohne schlechte Erfahrungen gemacht zu haben. ....
Schüleraustausch (der) – zwischenstaatliches Programm, das Schülern ermöglicht, ...
für eine bestimmte Zeit (z.B. ein Schuljahr) die Schule eines anderen Landes zu ....
besuchen, mit dem Ziel, Fremdsprachenkenntnisse und internationale Verstän- ....
digung zu fördern ....
Durch den Schüleraustausch haben die jungen Leute ihre Sprachkenntnisse stark ....
verbessert. ....
Sprachbarriere (die, -n) – durch mangelnde Sprachkenntnisse entstandenes ....
Hindernis für die zwischenmenschliche Kommunikation ....
Zwischen den ausländischen Touristen und den Einheimischen bestand eine ....
Sprachbarriere, denn keiner sprach die Sprache des anderen. ....

Adjektive

andersartig – sich in charakteristischen Merkmalen von anderen unterscheidend ....
Wir sind nie einer Meinung, er hat eine andersartige Denkweise. ....
binational – zwei Staaten betreffend ....
Die binationalen Abkommen zwischen Deutschland und Polen vereinfachen ....
den Reiseverkehr. ....
einheimisch (↔ fremd, fremdländisch) – aus dem eigenen Land ....
Er liebt das Essen seiner Heimat, deshalb kocht er nur einheimische Gerichte. ....
exotisch – aus einem fremden Land kommend und so fremd, dass es etwas ....
geheimnisvoll wirkt ....
Sie trägt sehr ungewöhnliche Kleidung, vieles sieht sehr exotisch aus. ....
fremdartig – ungewohnt und fremd ....
Sie hat ihr Schlafzimmer mit indischen Möbeln eingerichtet, es wirkt ganz fremd- ....
artig. ....
fremdenfeindlich – dem Fremden gegenüber negativ eingestellt ....
Die rechten Parteien vertreten fremdenfeindliche Ansichten, sie wollen Stimmung ....
gegen Einwanderer machen. ....
fremdländisch (↔ einheimisch) – aus einem fremden Land kommend / ungewohnt ....
Die Asiatin hat für europäische Begriffe ein sehr fremdländisches Aussehen. ....
gastfreundlich – gern bereit, Gäste zu bewirten und aufzunehmen ....
Die Einwohner der Bergdörfer waren den Touristen gegenüber sehr gastfreundlich. ....

isoliert – ohne Kontakt zu anderen → *Isolation (die), isolieren* ....

    Ohne die Sprache des Gastlandes verstehen zu können, sind viele Ausländer isoliert. ....

multikulturell – mit vielen verschiedenen Kulturen ....

    In New York gibt es ein reges, multikulturelles Leben. ....

Ausdrücke

einen Antrag (der, -träge) ab/lehnen – eine schriftliche Bitte, etwas genehmigt ....

    zu bekommen, nicht erfüllen ....

    Sein Antrag auf Einreise wurde abgelehnt. ....

einen Antrag billigen – eine schriftliche Bitte um Genehmigung erfüllen ....

    Als Ali erfuhr, dass sein Antrag auf die deutsche Staatsangehörigkeit gebilligt ....

    wurde, gab er eine große Party. ....

einen Antrag stellen – eine schriftliche Bitte um Genehmigung schicken oder ....

    einreichen ....

    Um einen Pass zu bekommen, muss man einen Antrag stellen. ....

einem Antrag statt/geben (gibt statt, gab statt, hat stattgegeben) – eine schriftli- ....

    che Bitte um Genehmigung annehmen ....

    Sie bekommt nun Sozialhilfe, ihrem Antrag wurde stattgegeben. ....

doppelte Staatsangehörigkeit (die, -en) – Zustand, bei dem jemand zwei Ländern ....

    angehört und die Pässe und Bürgerrechte beider Staaten hat ....

    Kinder aus binationalen Ehen sollten automatisch die doppelte Staatsangehörigkeit ....

    erhalten. ....

Weitere Fragestellungen zum Thema

1. Viele Länder haben eine strenge Einwanderungspolitik und lassen pro Jahr nur eine bestimmte Anzahl Einwanderer ins Land, während andere Länder bereitwilliger Asylanten und andere Einwanderer aufnehmen. Welche Politik verfolgt Ihr Heimatland? Was halten Sie für sinnvoller?

2. Deutschland verschärft von Jahr zu Jahr die Kriterien einer ehemals großzügigen Definition vom Recht auf Asyl. Wie lässt sich diese Entwicklung erklären?

3. Immer mehr Menschen versuchen, sich illegal in die Länder der EU einschleusen zu lassen, um Arbeit zu finden und ihre Familien in ihrer Heimat dann zu unterstützen. Wie sollte Ihrer Meinung nach die EU mit diesem Problem umgehen? Wie könnte es entschärft werden?

4. Sind Sie für oder gegen eine doppelte Staatsangehörigkeit? Legen Sie die Vor- und Nachteile dar, die sie mit sich bringt.

5. Berichten Sie über Ihre eigenen Erfahrungen als Ausländer in einem anderen Land.

6. Wir sind von vielen ausländischen Produkten umgeben (z.B. japanische Autos, italienische Kleider ...), trotzdem verschärft sich der Ausländerhass in vielen Ländern. Wie könnte man dieses Phänomen erklären?

7. In welchem anderen Land, außer Ihrem Heimatland, würden Sie gern leben? Begründen Sie Ihre Wahl.

Arbeit und Arbeitslosigkeit

Massenarbeitslosigkeit ist ein weltweites Problem, mit dem wir uns seit einigen Jahren verstärkt auseinander setzen müssen. Welche Gründe sind Ihrer Meinung nach verantwortlich für diese Entwicklung und welche Maßnahmen könnten dem entgegenwirken? Gehen Sie bei Ihren Überlegungen auch auf das Problem der Jugendarbeitslosigkeit ein.

Vorüberlegungen

1 Nennen Sie mögliche Gründe für Arbeitslosigkeit in Ihrem Heimatland. Antworten Sie in Stichworten.

2 Welche Probleme können mit Arbeitslosigkeit verbunden sein? Denken Sie dabei an alle Bereiche des Lebens.

3 Warum gibt es so viele jugendliche Arbeitslose?

4 Furcht vor Arbeitslosigkeit schlägt sich auch im Betriebsklima nieder. Was trägt zu einem guten Betriebsklima bei?

   a) Vonseiten der Arbeitnehmer: ....

   ....

   b) Vonseiten der Arbeitgeber: ....

   ....

Hinweise zum Thema

mögliche Auswirkungen der Arbeitslosigkeit für die betroffenen Personen:

- finanzielle Schwierigkeiten und Engpässe
- Gefühl der Minderwertigkeit, Sinken des gesellschaflichen Ansehens ("Stigma")
- kann weitere Probleme nach sich ziehen (Beziehungsprobleme, Alkohol, psychische Probleme)

mögliche Auswirkungen der Arbeitslosigkeit für die Gesellschaft:

- weniger Steuereinnahmen und mehr Ausgaben für die soziale Unterstützung der Arbeitslosen
- Abnahme der Kaufkraft
- rassistische Phänomene: einige suchen nach einem "Sündenbock", nach Schuldigen

Vorschlag zur Gliederung in Stichworten

Einleitung

Vorschläge zur Auswahl:

- aktuelle Zahlen
- ein Beispiel aus Ihrem Heimatland
- selbst gut ausgebildete Personen sind nicht gegen Arbeitslosigkeit gefeit
- staatliche Maßnahmen haben bis jetzt das Problem nicht lösen können
- Jugendliche finden immer schwerer einen Arbeits- bzw. Ausbildungsplatz
- eigene Erfahrungen oder die von anderen Personen

Hauptteil

mögliche Gründe für Arbeitslosigkeit:

- Rationalisierungsmaßnahmen in Betrieben, d.h. Computer und andere Maschinen ersetzen menschliche Arbeitskraft
- Verlegung der Produktionstätten in so genannte "Billiglohnländer" mit niedrigen Lohn- und Nebenkosten
- zu viele Bewerber für zu wenig Stellen
- steigende Zahl der Akademiker ohne gleichwertiges Angebot an qualifizierten Arbeitsplätzen für sie
  → Verdrängung weniger qualifizierter Kandidaten
- steigende Lebenserwartung bzw. längere Lebensarbeitszeit, dadurch kein "Platz" für nachrückende jüngere Leute
- steigender Lebensstandard führt zu erhöhten Ansprüchen: man ist nicht bereit, jeden Job anzunehmen

mögliche Maßnahmen von Wirtschaft und Staat:

- ausreichend Ausbildungsplätze für Jugendliche und Anstellungsgarantien nach der Lehre
- Wertewandel: kein Beruf sollte verachtet werden; handwerkliche Berufe aufwerten
- das Studium sollte berufsorientierter sein
- bessere Information und Beratung vonseiten der Arbeitsämter (Angebot – Nachfrage)
- neue Berufe, z.B. im Dienstleistungsbereich, schaffen
- Förderung von "Job-Sharing" (zwei Personen teilen sich einen Arbeitsplatz)
- Arbeitszeitverkürzung zur Schaffung von Arbeitsplätzen
- flexiblere Arbeitszeiten, z.B. für Mütter
- Abwanderung von großen Firmen in Billiglohnländer durch finanzielle Anreize verhindern
- steuerliche Erleichterungen für Arbeitgeber, um Arbeitsplätze billiger zu machen
- flexiblere Rentenregelung, d.h. man sollte früher in Rente gehen können
- internationale Zusammenarbeit der Staaten, um Lösungen zu finden

17. Arbeit und Arbeitslosigkeit

mögliche Auswirkungen der Arbeitslosigkeit auf Jugendliche:

- Jugendliche fühlen sich von Gesellschaft ausgegrenzt, deren Werte sich hauptsächlich an Konsum und Geld orientieren
- wenden sich von der Gesellschaft ab: Gefahr der Jugendkriminalität
- fühlen sich mutlos, ohne Perspektive
- sind länger finanziell von Eltern abhängig

Schluss

Vorschläge zur Auswahl:

- Bekämpfung der Arbeitslosigkeit ist wichtig, um Bildung von Randgruppen zu vermeiden
- Garantie auf einen Arbeits- bzw. Ausbildungsplatz muss gegeben werden
- ausreichende Informationen für Schüler und Studenten, in welchen Bereichen Nachfrage besteht, ist notwendig
- Arbeitslosigkeit ist mittlerweile internationales Problem, deshalb länderübergreifende Lösungen

zu diesem Thema siehe auch: Schule, Geld und Wirtschaft

5 **Formulieren Sie nun mit Hilfe der Stichworte einen Vortrag bzw. einen Aufsatz. Verwenden Sie dabei die Formulierungshilfen aus der Aufstellung auf Seite 289.**

Übungen zu Grammatik und Wortschatz

6 **Erklären Sie die Ausdrücke mit entsprechenden Nomen-Verb-Verbindungen, indem Sie das fehlende Verb ergänzen.**

a) mit der Arbeit anfangen

an die Arbeit .... / sich an die Arbeit ....

b) mit der Arbeit aufhören

Feierabend ....

c) nicht mehr zunehmen / bewegungslos werden

zum Stillstand ....

d) jdm. etwas zu tun geben

eine Aufgabe ....

e) einen Streik beginnen

in Streik ....

f) einen Beruf wählen / sich für einen Beruf entscheiden

einen Beruf ....

7 Ergänzen Sie die fehlenden Präpositionen.

a) Sie hat einen Antrag .... Arbeitslosengeld gestellt.

b) Er hat ein Anrecht .... Urlaubsgeld.

c) Die Firma konnte keine Garantie .... die Qualität des Produkts geben.

d) Nach der Schule machte sie eine Lehre .... Bankkauffrau.

e) Die Suche .... einem geeigneten Ferienjob kann langwierig sein.

f) Voraussetzung .... diesen Beruf sind gute Fremdsprachenkenntnisse.

**8 Lesen Sie die Erklärungen und Beispiele zu den verschiedenen Bedeutungen des Verbs „kündigen".
Ergänzen Sie dann, welche Bedeutung „kündigen" hier hat: 1, 2 oder 3.**

1 jdm. kündigen – der Arbeitgeber löst einen Arbeitsvertrag / entlässt jemanden
   Weil er Geld aus der Kasse gestohlen hatte, wurde ihm gekündigt.
2 kündigen – seinen Arbeitsplatz selbst aufgeben
   Ich möchte meinen Arbeitsplatz wechseln, deshalb kündige ich.
3 etw. kündigen – etwas (z.B. einen Vertrag) nicht mehr weiter führen / zu einem bestimmten Termin
   mit einer Vereinbarung aufhören
   Wir haben den Vertrag nach 10 Jahren gekündigt.
   In dem Gesetz steht, dass gekündigte Verträge ungültig sind.

a) Der Chef war so wütend, dass er der Sekretärin sofort kündigte.   Bedeutung ☐

b) Weil ihm gekündigt wurde, war er lange arbeitslos.   Bedeutung ☐

c) Sobald sie einen besseren Arbeitsplatz findet, will sie kündigen.   Bedeutung ☐

d) Frau Rieber zieht bald um, sie muss rechtzeitig ihren Mietvertrag kündigen.   Bedeutung ☐

e) Leider wurde mir heute gekündigt.   Bedeutung ☐

f) Den gekündigten Arbeitern muss eine Abfindung gezahlt werden.   Bedeutung ☐

Übrigens ...

Besonderheiten von Pluralformen

Vorsicht bei Nomen, die mit der Endung *-mann* zusammengesetzt sind. Sie bilden den Plural mit der
Form *-männer* (a), wenn einzelne Personen bezeichnet werden oder *-leute* (b), wenn eine ganze
Kategorie (Berufsgruppe) bezeichnet wird und auch Frauen eingeschlossen sein sollen.

a) der Staatsmann   die Staatsmänner
   der Schneemann   die Schneemänner
   der Ehemann   die Ehemänner

b) der Geschäftsmann   die Geschäftsleute
   der Kaufmann   die Kaufleute
   der Fachmann   die Fachleute

17. Arbeit und Arbeitslosigkeit

Beide Formen sind möglich bei:

der Feuerwehrmann – die Feuerwehrmänner / die Feuerwehrleute
der Seemann – die Seemänner / die Seeleute
der Vertrauensmann – die Vertrauensmänner / die Vertrauensleute

Der Plural auf -leute wird dann gewählt, wenn die betreffende Gruppe aus Männern und Frauen besteht oder wenn ein geschlechtsneutraler Ausdruck gewünscht wird.

⑨ **Ergänzen Sie die Pluralformen.**

a) Meine Schwester hat sich in einen Feuerwehrmann verliebt; ich finde Feuerwehr............... auch

   sehr sympathisch.

b) Alle Kauf............... der Stadt versammelten sich vor dem Rathaus, um gegen die geplante

   Steuererhöhung zu demonstrieren.

c) Unter Petras Freunden sind viele Geschäfts............... .

d) Die meisten Fach............... sind sich einig; die neue Methode ist sehr gut.

e) Diese Hotelsuite ist reserviert für Staats............... .

Wortschatz

Verben

ab/rutschen – hier: plötzlich zu einer weniger geachteten gesellschaftlichen Schicht ....
gehören ....
Nach seiner Scheidung und nach längerer Arbeitslosigkeit rutschte er immer weiter ....
ab. Wenn er so weiter macht, schläft er bald unter Brücken. ....

auf/nehmen (nimmt auf, nahm auf, hat aufgenommen) – beginnen / anfangen ....
mit etwas → *eine Tätigkeit / Arbeit aufnehmen* ....
Die Prüfungskommission wird am 1. Mai ihre Arbeit aufnehmen. ....

aus/schreiben (schrieb aus, hat ausgeschrieben) – hier: in der Öffentlichkeit ....
bekannt machen → *eine Stelle / einen Wettbewerb ausschreiben* ....
In der Zeitung wurde die Stelle eines Direktors ausgeschrieben, man kann sich ....
bis zum nächsten Freitag bewerben. ....

befördern – 1. jdm. eine höhere Position geben, z.B. im Beruf oder beim Militär, ...
2. etw. / jdn. transportieren ....
zu 1: *Nach drei Jahren beförderte ihn der Chef zum Abteilungsleiter.* ....
zu 2: *Die Post befördert die Pakete mit der Bundesbahn oder mit großen* ....
Lastwagen. ....

ein/reichen – bei einer offiziellen Stelle (Behörde) abgeben oder dorthin schicken ....
→ *ein Formular / einen Antrag einreichen* ....
Sie hat vor zwei Tagen einen Antrag auf Arbeitslosenunterstützng beim Arbeitsamt ....
eingereicht. ....

ergreifen (ergriff, hat ergriffen) – wählen / sich für etwas entscheiden / in ....
Anspruch nehmen → *einen Beruf / das Wort / die Macht ergreifen* ....
Er wollte ursprünglich einen anderen Beruf ergreifen, jetzt ist er aber mit seiner ....
Wahl zufrieden. ....

verfügen über + A – über etwas bestimmen können ....
Arbeitslose verfügen in der Regel über wenig Geld. ....

versetzen – jdn. an einen anderen Ort oder Arbeitsplatz schicken ....

Martin wurde von der Personalabteilung in die Buchhaltung versetzt und Anna ....

in die Firmenzentrale nach Frankfurt. ....

Nomen

ABM-Stelle (die, -n) (Arbeitsbeschaffungsmaßnahme) – von der Arbeitsver- ....

waltung kurzfristig finanzierter Arbeitsplatz für einen begrenzten Zeitraum ....

Erst war sie arbeitslos, dann bekam sie eine auf ein Jahr befristete ABM-Stelle. ....

Abteilung (die, -en) – hier: Teilbereich eines Unternehmens, der sich relativ selbst- ....

ständig mit einem bestimmten Aufgabengebiet beschäftigt ....

Ich arbeite seit Januar in einer neuen Abteilung, die auch für den Kundendienst ....

zuständig ist. ....

Akademikerschwemme (die) – Überangebot an Universitätsabsolventen ....

Die Akademikerschwemme hat die Konkurrenz um einen geeigneten Arbeitsplatz ....

vergrößert. ....

Amt (das, Ämter) – 1. offizielle Position / Arbeit, 2. Aufgabe oder Verpflichtung, ...

3. Behörde → zu 1: *ein Amt innehaben, ein Amt ausüben* ....

Er übte das Amt des Bürgermeisters zehn Jahre lang aus. ....

Anstellung (die, -en) – festes Arbeitsverhältnis ....

Nach langem Suchen fand sie eine Anstellung bei der Post. ....

Angestellte (der / die, -n) – jemand, der für ein festes Monatsgehalt arbeitet (meist ....

in Büro- und Dienstleistungsberufen) ....

Julia arbeitet als Angestellte bei einer Bank. ....

Arbeitgeber (der, -) – die Person oder Organisation, die jdm. Arbeit gibt ....

Die Arbeitgeber haben die Verpflichtung, ihre Angestellten ausreichend zu bezahlen. ....

Arbeitnehmer (der, -) – die Person, die Arbeit von jdm. erhält ....

Die Arbeitnehmer arbeiten gegen Bezahlung für einen Arbeitgeber. ....

Arbeitsamt (das, -ämter) – Amt, das Arbeitsplätze vermittelt, jungen Leuten hilft, ...

den richtigen Beruf zu finden und für das Arbeitslosengeld zuständig ist ....

Wenn man arbeitslos wird, sollte man sich sofort beim Arbeitsamt melden. Dort ....

bekommt man die nötigen Informationen. ....

Arbeitslast (die, -en) – das Arbeitsvolumen / die Menge an Arbeit ....

Als Manager muss man mit einer großen Arbeitslast fertig werden. ....

Arbeitslosengeld (das) – Geld, das arbeitslose Arbeitnehmer von der ....

Arbeitslosenversicherung erhalten ....

Nachdem ihr gekündigt worden war, erhielt sie Arbeitslosengeld. ....

Arbeitslosenhilfe (die) – staatliche Unterstützung für Arbeitslose, die keinen ....

weiteren Anspruch auf Arbeitslosengeld haben ....

Nach einem Jahr erhielt Jens kein Arbeitslosengeld mehr. Die Arbeitslosenhilfe ....

war weniger – nur noch etwas mehr als die Hälfte seines früheren Gehaltes. ....

Arbeitsstätte (die, -n) – der Arbeitsplatz ....

Die Schule ist für Pädagogen eine angenehme Arbeitsstätte, aber auch der ....

Kindergarten ist ein schöner Arbeitsplatz. ....

Arbeitszeitverkürzung (die, -en) – Senkung der ursprünglichen Arbeitszeit ....

Die Arbeiter fordern eine Arbeitszeitverkürzung. Statt 8 Stunden täglich wollen ....

sie nur 6 Stunden arbeiten. ....

Auszubildende (der / die, -n) (= Azubi, Lehrling) – eine Person, die in der ....

Ausbildung ist, um einen Beruf zu erlernen ....

Die Auszubildenden erhalten noch kein normales Gehalt. ....

Ausbildungsplatz (der, -plätze) – Ort, an dem ausgebildet wird ....

Nach dem Schulabschluss fand Claudia sofort einen Ausbildungsplatz als ....

Hotelfachfrau. Diesen Beruf wollte sie unbedingt lernen. ....

Beamte (der, -n) – Beschäftigter im öffentlichen Dienst mit unkündbarer Stellung ....

Als Beamter hatte er nicht das Recht zu streiken und musste weiterhin zur Arbeit ....

gehen. ....

173

17. Arbeit und Arbeitslosigkeit

Berufsberatung (die, -en) – Beratungsstelle beim Arbeitsamt, die Arbeitsplätze vermittelt und Umschulungen organisiert und finanziert
In der letzten Klasse sollten alle Schüler, die noch nicht genau wissen, welche Ausbildung sie machen wollen, die Berufsberatung aufsuchen. Dort bekommen sie alle notwendigen Informationen und Tipps.

Berufserfahrung (die, -en) – die Erfahrungen, das Wissen, das man während seines Berufslebens sammelt → *Berufserfahrungen machen / sammeln*
Nach zehn Jahren in diesem Job hatte sie genug Berufserfahrung gesammelt.

Berufskrankheit (die, -en) – Krankheit, die jemand aufgrund seines Berufes bekommt, z.B. Staublunge bei Bergarbeitern, Allergien bei Frisösen
Die Hautkrankheit von Frau Müller wurde als Berufskrankheit anerkannt, denn die Krankheit wurde von den Chemikalien, mit denen sie als Frisöse zu tun hatte, ausgelöst.

Betriebsklima (das) (= das Arbeitsklima) – Atmosphäre am Arbeitsplatz
An meinem Arbeitsplatz gibt es manchmal Ärger mit dem Chef oder den Kollegen, allgemein aber ist das Betriebsklima sehr gut.

Bewerbungsunterlagen (Plural) – Dokumente für eine Bewerbung (Lebenslauf und Zeugnisse)
Vor dem Gespräch mit der Bewerberin wollte der Chef ihre Bewerbungsunterlagen sehen.

Ellenbogengesellschaft (die) – Bezeichnung für eine Gesellschaft, in der jeder an sich selber denkt und sich nicht solidarisch, sondern egoistisch verhält
Besonders die kapitalistische Gesellschaft wird oft als Ellenbogengesellschaft bezeichnet, weil sich die meisten Menschen nur um sich selbst kümmern.

Führungskraft (die, -kräfte) – höherer Angestellter, der für einen bestimmten Bereich verantwortlich ist
IBM fördert seine Führungskräfte durch besondere Seminare.

Gewerkschaft (die, -en) – eine Organisation, die die Interessen der Arbeitnehmer vertritt
Für Freitag hat die Gewerkschaft der Metallarbeiter zum Streik für bessere Arbeitsbedingungen aufgerufen.

Gehalt (das, -hälter) – regelmäßige Bezahlung für Angestellte und Beamte
→ *Monatsgehalt (das, -hälter)*
Mein Gehalt wurde im letzten Monat erhöht. Jetzt verdiene ich 40 Euro mehr.

Halbtagsbeschäftigung (die, -en) (↔ Ganztagsbeschäftigung) – Arbeit, die nur einen halben Tag ausgeübt wird
Viele Mütter suchen Halbtagsbeschäftigungen, um sich nachmittags um ihre Kinder kümmern zu können.

Handwerk (das) – Beruf, bei dem hauptsächlich mit der Hand gearbeitet wird
→ *Handwerker (der, -)*
Schreinern ist ein Handwerk, das große Tradition hat.

Honorar (das, -e) – einmalige Bezahlung bei freien Berufen
Der Künstler erhielt ein stattliches Honorar für diese Auftragsarbeit.

Kernzeit (die, -en) – bei gleitender Arbeitszeit (= nicht festgelegtem Arbeitsbeginn und Arbeitsende) die Hauptarbeitszeit, in der alle Angestellten am Arbeitsplatz anwesend sein müssen
In Annas Firma dauert die Kernzeit von 9.00 Uhr bis 15.00 Uhr.

Job-Sharing (das) (englisch) – Aufteilung einer vollen Stelle in zwei halbe Stellen
Durch Job-Sharing entstehen mehr Arbeitsplätze.

Langzeitarbeitslose (der / die, -n) – Person, die über einen langen Zeitraum arbeitslos ist
Viele Langzeitarbeitslose geben die Hoffnung auf eine Stelle auf.

Laufbahn (die, -en) (= Karriere) – beruflicher oder persönlicher Aufstieg einer Person
Seine Laufbahn führte ihn durch zahlreiche Unternehmen.

Lebensarbeitszeit (die, -en) – alle Jahre, die jemand in seinem Leben arbeitet
Bei der Höhe der Rente spielt die Lebensarbeitszeit eine große Rolle; je länger man arbeitet, desto höher ist in der Regel die Rente.

Lohn (der, Löhne) – Geld, das ein Arbeiter für seine Arbeit erhält, nach Arbeitsstunden (= Zeitlohn) oder produzierten Einheiten (= Stücklohn) berechnet
Am Ende der Woche wurde ihm sein Lohn ausgezahlt.

Lohnkürzung (die, -en) – Verminderung des Lohns
Die Arbeiter verlangten kürzere Arbeitsschichten ohne Lohnkürzung.

Lohnsteuerkarte (die, -n) – Karte, auf der jährlich eingetragen wird, wie viel Lohn oder Gehalt ein Arbeitnehmer verdient hat und wie viel Steuern einbehalten worden sind
Um legal arbeiten zu können, braucht ein Arbeitnehmer in Deutschland eine Lohnsteuerkarte.

Mobbing (das) (englisch) – bewusst feindseliges Verhalten anderen Kollegen gegenüber
Man hört immer wieder von Mobbing in dieser Abteilung.

Praktikum (das, Praktika) – Teil der Ausbildung, der an einer Arbeitsstätte absolviert wird, um Erfahrungen zu sammeln
Vor dem Medizinstudium machen die Studenten ein Praktikum im Krankenhaus.

Ruhestand (der) – die Zeit im Leben eines Meschen, in der er nicht mehr beruflich tätig sein muss.
Wenn er mit 60 in den Ruhestand tritt, will er zu seiner Schwester nach Kanada fliegen.

Tätigkeit (die, -en) – Aktivität in Beruf oder Freizeit
Seine Tätigkeit als Journalist gefiel ihm gut.

Umschulung (die, -en) – Lernen eines neuen Berufs, nachdem man schon einen anderen gelernt hatte → *umschulen, sich umschulen lassen*
Seine Umschulung wurde vom Arbeitsamt finanziert.

Überstunde (die, -n) – Arbeit über die vereinbarte Arbeitszeit hinaus
→ *Überstunden machen*
Diese Woche machte sie 10 Überstunden.

Volkshochschule (die, -n) – kostengünstige kommunale Bildungseinrichtung für Erwachsene, die Kurse in verschiedenen Interessengebieten anbietet
Wir besuchten einen Töpferkurs an der Volkshochschule.

Zeitvertrag (der, -träge) – befristeter Arbeitsvertrag
Sie hat bei dieser Firma nur einen Zeitvertrag über zwei Jahre.

Adjektive

existenzbedrohend – etwas, was die eigenen Lebensgrundlagen bedroht, z.B. eine schwere Erkrankung oder finanzieller Bankrott
Arbeitslosigkeit empfinden viele Menschen als existenzbedrohend.

kurzfristig (↔ langfristig) – für eine kurze Zeit
Sie sucht nach einem Job, durch den sie in den Semesterferien kurzfristig etwas Geld verdienen kann.

kündbar (↔ unkündbar) – kann gekündigt werden
Sein Vertrag war innerhalb von 6 Wochen kündbar.

termingerecht – pünktlich zu einem vereinbarten Termin
Der Verlag konnte alle Bücher termingerecht an die Schule liefern.

Ausdrücke

einen Weg ein/schlagen (schlägt ein, schlug ein, hat eingeschlagen) – eine bestimmte Richtung im Leben, z.B. im Berufsleben, wählen
Die beiden Schwestern haben völlig unterschiedliche Lebenswege eingeschlagen; die eine hat mit 18 geheiratet und ist Hausfrau, die andere macht Karriere im Silicon Vally.

17. Arbeit und Arbeitslosigkeit

gleitende Arbeitszeit (die) – flexible Arbeitszeit, die weitgehend den Arbeitnehmern ....
überlässt, in welchem Zeitraum sie die vereinbarten Stunden arbeiten wollen ....
Die gleitende Arbeitszeit ist bei den Angestellten sehr beliebt, weil sie freier ent- ....
scheiden können, wann sie ins Büro kommen.
in Betrieb nehmen (nimmt, nahm, hat genommen) – eröffnen ....
Der neue Flughafen wird im Jahre 2005 offiziell in Betrieb genommen. ....
sich zur Ruhe setzen – in Rente gehen / nicht mehr arbeiten / einen Beruf nicht ....
mehr ausüben ....
Mit 72 hat sie sich endlich zur Ruhe gesetzt und hat ihre kleine Buchhandlung ....
verkauft. ....
strukturschwache Gebiet (das, -e) – Gebiet, das wirtschaftlich wenig entwickelt ist ....
und eine geringe Infrastruktur hat ....
Strukturschwache Gebiete wie der Bayerische Wald werden durch Subventionen ....
gefördert. ....

Weitere Fragestellungen zum Thema

1. Berufe und Berufsbilder verändern sich in unserer modernen Gesellschaft sehr schnell. Können Schule und Elternhaus angesichts dieser Entwicklung einen jungen Menschen auf einen Beruf vorbereiten oder ihm hilfreich zur Seite stehen?

2. Typischer Männerberuf – typischer Frauenberuf? Gibt es diese Kategorien tatsächlich? Berücksichtigen Sie bei Ihrer Argumentation Vergangenheit, Gegenwart und Zukunft.

3. Welche Veränderungen erwarten Sie in der Berufs- und Arbeitswelt in diesem Jahrhundert? Wo werden Unterschiede zu heute deutlich?

4. „Das wichtigste Kriterium bei der Auswahl eines Berufes ist der Verdienst." Stimmen Sie dieser Ansicht zu? Begründen Sie Ihre Meinung.

5. Für viele Menschen ist die Arbeit ein notwendiges Übel, für andere ist sie das Wichtigste im Leben. Wie stehen Sie zu diesen Aussagen? Begründen Sie Ihre Meinung.

6. Quotenregelung – d.h. Arbeitsplätze sollen prozentual auf Frauen und Männer gleich verteilt werden, der Gesetzgeber achtet auf die Einhaltung dieser Vorgabe. Kann Ihrer Meinung nach eine solche Maßnahme mehr Gerechtigkeit bieten? Begründen Sie Ihre Meinung.

7. Tanz, Schauspiel, Musik – sind das brotlose Künste? Was würden Sie Ihrem Kind raten, wenn es den Wunsch hätte, einen künstlerischen Beruf zu ergreifen?

8. Die Begriffe Beruf, Arbeit und Karriere drücken nicht in allen Teilen der Welt die gleichen Inhalte aus. Welche Unterschiede gibt es Ihrer Meinung nach? Denken Sie dabei an Alter, Ausbildungsmöglichkeiten und gesellschaftliche Systeme.

9. Unsere Gesellschaft bewertet Erwerbsarbeit höher als unbezahlte Leistungen wie z.B. die Hausarbeit. Welche Erklärung kann es dafür geben? Wer und welche Bereiche sind davon betroffen?

Suchtkrankheiten

Die Zahl der Suchtkranken hat in den letzten Jahren besonders in den Großstädten zugenommen. Welche Erklärung gibt es Ihrer Meinung nach dafür und was könnte man dagegen tun?

Vorüberlegungen

1. Welche legalen und illegalen Suchtmittel fallen Ihnen ein und wie wird ihr Konsum von der Gesellschaft bewertet?

2. Nennen Sie mögliche Gründe, die Menschen dazu bringen können, Drogen bzw. Tabletten oder Alkohol im Übermaß zu konsumieren.

3. In welchen Bereichen ist manchmal ein Missbrauch oder ein übermäßiger Konsum zu beobachten, so dass man auch dort von Sucht sprechen kann?

Vorschlag zur Gliederung in Stichworten

Einleitung

Vorschläge zur Auswahl:

- Definition: Verlangen nach Stoffen oder Tätigkeiten, die körperliches Wohlbefinden auslösen, von Hemmungen, Ängsten und Belastung befreien und eine höhere Leistungsfähigkeit bewirken, z.B. Drogensucht, Alkoholismus, Tablettenabhängigkeit, aber auch Kaufsucht, Spielsucht, Bulimie und die Internetsucht
- Suchtkrankheiten sind ein Problem, von dem die gesamte Gesellschaft betroffen ist: Behandlung der körperlichen Schäden durch Krankenkassen, Beschaffungskriminalität, Arbeitsausfall
- Betroffen sind alle Altersgruppen und gesellschaftlichen Schichten
- Staat, Schule und Familie tragen Verantwortung und müssen Lösungen finden
- aktuelles Ereignis zum Thema

Hauptteil

Was zu Suchtkrankheiten führen kann:

Einsamkeit und Isolation:

- Jugendlichen fehlen Ansprechpartner, Liebe und Geborgenheit innerhalb der Familie
- Droge als Hilferuf → Aufmerksamkeit erwecken
- Ehepartner sprechen nicht (mehr) miteinander, die Ehe bringt keine Erfüllung mehr
- Fehlen eines intakten Freundes- oder Verwandtenkreises, der Probleme auffängt

Überforderung:

- Anforderungen des Lebens zu groß → unter Alkoholeinfluss verliert man seine Angst, fühlt sich stärker
- Überarbeitung
- Stress am Arbeitsplatz, in der Schule, in der Familie, mit Freunden oder Verwandten

andere Gründe:

- man „rutscht" langsam in die Abhängigkeit, ohne es selbst zu merken (Tabletten / Alkohol)
- eine Krankheit führt zur Sucht, z.B. die Einnahme von Schlaf- oder Schmerztabletten
- man wird verleitet
- Gruppendruck → man will sich nicht von anderen unterscheiden, besonders bei Jugendlichen
- man imitiert „Vorbilder"
- Neugier
- Streben nach schnellem Glück
- die Werbung verleitet zu Alkohol- oder Zigarettenkonsum und verharmlost die Folgen

mögliche Gegenmaßnahmen:

a) präventiv

- sich mehr um seine Mitmenschen kümmern
- erste Anzeichen, besonders bei Jugendlichen, ernst nehmen
- Aufklärung vonseiten des Staates, der Schulen und des Elternhauses
- Großstädte weniger anonym gestalten, z.B. Treffpunkte einrichten
- lernen, offen über seine Probleme zu sprechen
- nicht zwischen „guten" (Zigaretten, Alkohol) und „bösen" (Heroin, Tabletten) Suchtmitteln unterscheiden

b) Verhinderung der Ausbreitung

- Beratungsstellen einrichten
- Sucht als eine Krankheit anerkennen und den Betroffenen helfen, sie nicht ausschließen
- Bekämpfung des Drogenhandels auf internationaler Ebene

c) Weitere Modelle, die in der Diskussion sind und teilweise ausprobiert werden

- Einrichtung von Fixerstuben
- Drogen legalisieren (um Süchtige nicht in die Illegalität abzudrängen)
- Ausgabe der Ersatzdroge Methadon

Schluss

Vorschläge zur Auswahl:
- die Ihrer Meinung nach wichtigste Gegenmaßnahme
- Zukunftsprognose
- Tabletten, Alkohol usw. sind keine Mittel, um Probleme zu lösen
- Aufklärung und vorbeugende Maßnahmen sind wichtig
- Suchterkrankungen zeigen der Gesellschaft, dass sie ihren Wertekanon überdenken muss

zu diesem Thema siehe auch: **Arbeit und Arbeitslosigkeit, Vorurteile**

4 **Formulieren Sie nun mit Hilfe der Stichworte einen Vortrag bzw. einen Aufsatz. Verwenden Sie dabei die Formulierungshilfen aus der Aufstellung auf Seite 289.**

Übungen zu Grammatik und Wortschatz

5 **Rund um das Wort „Mittel". Welche „Mittel" kennen Sie? Erklären Sie folgende Ausdrücke mit eigenen Worten.**

a) das Hilfsmittel ....
b) das Heilmittel ....
c) das Gegenmittel ....
d) das Betäubungsmittel ....
e) das Stärkungsmittel ....
f) Mittel und Wege ....
g) das Verkehrsmittel ....
h) das Rauschmittel ....

6 **Bilden Sie aus den Wörtern Sätze.**

a) Suchtkrankheit – können – stark – gesundheitlich – Problem – führen

....
....

b) viele – Restaurants – geben – es – heute – Raucherecken – es – Gäste – verlangen *(Nebensatz)*

....
....

18. Suchtkrankheiten

c) besonders – Party – trinken – gern – viel – Alkohol *(Passiv)*

  ....

  ....

d) er – einnehmen – früher – häufig – seine Kopfschmerzen – stark – Tabletten – heute – sich – verlassen – er – heilende Wirkung – Meditation

  ....

  ....

e) schon – Alter – 15 Jahre – sein – er – abhängig – Heroin – er – zerstören *(Relativsatz)*

  ....

  ....

f) sie – täglich – mehrere Beruhigungstabletten – nehmen – bezeichnen – niemand – sie – süchtig *(Nebensatz)*

  ....

  ....

7 Ersetzen Sie die unterstrichenen Ausdrücke durch ein passendes Modalverb, und formen Sie entsprechend um.

Beispiel: Der Betrunkene <u>war nicht imstande</u>, allein nach Hause zu gehen.
    Der Betrunkene konnte nicht allein nach Hause gehen.

a) <u>Es ist nicht ausgeschlossen</u>, dass Herr Tobias alkoholkrank ist.

  ....

  ....

b) Die Politiker <u>haben die Pflicht</u>, die Jugendlichen ausreichend über die Gefahren von Drogen zu informieren.

  ....

  ....

c) <u>Ich würde dir empfehlen</u>, weniger zu rauchen. Es schadet deiner Gesundheit.

  ....

  ....

d) Der Mann <u>bestreitet</u>, Kontakt zu einem Dealer gehabt zu haben.

  ....

  ....

e) <u>Die Wahrscheinlichkeit ist groß</u>, dass bald ein Betäubungsmittel ohne Nebenwirkungen auf den Markt kommt.

  ....

  ....

f) <u>Falls</u> du nicht einschlafen kannst, trink warme Milch.

....

....

g) <u>Mir ist es völlig egal</u>, was die Leute denken.

....

....

h) Rauchen <u>verboten</u>!

....

....

8 **Hier geht es um das Wort „Gefahr". Erklären Sie die folgenden Ausdrücke mit eigenen Worten.**

a) in Gefahr kommen / geraten: ....

b) außer Gefahr sein: ....

c) Gefahr laufen: ....

d) sich in Gefahr begeben: ....

e) die Gefahrenquelle: ....

f) die Gefahrenzone: ....

g) auf eigene Gefahr: ....

h) gefahrlos: ....

Übrigens ...

Homonyme

Die folgenden Nomen sehen zwar gleich aus, haben aber eine unterschiedliche Bedeutung. Solche Nomen nennt man Homonyme. Die Homonyme dieser Liste haben im Singular jeweils das gleiche Genus. Im Plural jedoch sind die Formen unterschiedlich.

1. die Bank	→ die Bänke	= Sitzmöbel
die Bank	→ die Banken	= Geldinstitut
2. die Mutter	→ die Mütter	= Frau mit Kind
die Mutter	→ die Muttern	= Teil aus Metall, das auf eine Schraube gedreht wird
3. der Strauß	→ die Sträuße	= gebundene Blumen
der Strauß	→ die Strauße	= Vogelart
4. das Wort	→ die Worte	= Ausspruch, Gesagtes
das Wort	→ die Wörter	= Einzelwort, Vokabel
5. der Ausdruck	→ die Ausdrucke	= gedruckte Wiedergabe eines Textes oder Bildes
der Ausdruck	→ die Ausdrücke	= Redensart, Wörter

18. Suchtkrankheiten

⑨ Ergänzen Sie die passenden Nomen.

a) Am Wochenende sind alle .... geschlossen.

b) Die Schüler schrieben die neuen .... in ihre Hefte.

c) Er wiederholte die .... seiner Frau ganz genau.

d) Bei der Siegesfeier überreichte man den Siegern schöne bunte ....

e) Als ihm das Paket mit den .... vom Tisch fiel, war er sehr ärgerlich. Er wollte das Fahrrad doch so schnell wie möglich reparieren.

f) Achtung! Alle .... im Park sind frisch gestrichen.

g) Die ...., die in Drogenkreisen benutzt werden, sind für Außenstehende nicht immer verständlich.

Homonyme sind auch die Nomen folgender Liste. Jedoch haben die Nomen hier nicht nur eine unterschiedliche Pluralform, sondern auch ein anderes Genus.

1. der Band → die Bände = einzelnes Buch einer Büchersammlung
   die Band → die Bands = eine Musikgruppe
   das Band → die Bänder = ein schmales Stück Tuch

2. der Gehalt (ohne Pl.) = der Inhalt, innerer Wert
   das Gehalt → die Gehälter = der Lohn, das Arbeitsentgelt, das Monatsgehalt

3. der Leiter → die Leiter = der Chef, der Direktor
   die Leiter → die Leitern = ein Gestell mit Sprossen, um hoch zu steigen (flexible Treppe)

4. die Steuer → die Steuern = Geld, das man an den Staat zahlen muss
   das Steuer → die Steuer = das Lenkrad

5. der Verdienst (ohne Pl.) = Geld, das man verdient
   das Verdienst → die Verdienste = die Leistung, positives Ergebnis einer Arbeit oder Anstrengung

6. der Moment → die Momente = der Augenblick
   das Moment → die Momente = das Element / etwas, das für einen Vorgang, ein Gespräch usw. sehr wichtig ist

7. der Teil → die Teile = Element aus einem Ganzen
   das Teil → die Teile = ein einzelnes Stück, das man austauschen bzw. ersetzen kann (meist bei Maschinen und Geräten)

---

⑩ Ergänzen Sie die Definitivartikel.

a) .... Alkoholgehalt des Getränks ist recht hoch.

b) Mir fehlt noch .... letzte Band, dann ist die Enzyklopädie komplett.

c) Es war .... Verdienst der Feuerwehr, dass das Feuer so schnell gelöscht werden konnte.

d) Der Computer funktioniert nicht, ... kaputte Teil muss ersetzt werden.

e) Endlich war .... richtige Moment gekommen.

f) .... kaputte Leiter solltet ihr nicht benutzen, lieber den stabilen Stuhl.

Wortschatz

Verben

dealen mit + D (englisch) – mit Rauschgift handeln → *Dealer (der, -)*
Er wurde von der Polizei verhaftet, da er mit Kokain dealte.

ein/nehmen (nimmt ein, nahm ein, hat eingenommen) – hier: essen / schlucken
Er nimmt schon seit Jahren ein Medikament gegen Kopfschmerzen ein.

fixen – sich Heroin mit einer Spritze zuführen → *Fixer (der, -), Fixerstube (die, -n)*
Schon mit 16 Jahren fing sie an zu fixen.

los/kommen von + D (kam los, ist losgekommen) – schaffen, mit etw. aufzuhören
Obwohl er sich sehr bemühte, konnte er nicht vom Alkohol loskommen.

schnupfen – Pulver, Tabak o.Ä. durch die Nase einziehen → *Kokain schnupfen*
Vor seinem Auftritt schnupfte der Musiker Kokain.

schnüffeln – 1. hier: als Drogenersatz an stark riechendem Klebstoff riechen,
2. einatmen durch die Nase bei Tieren (z.B. Hunden), 3. heimlich und unerlaubt Informationen über jdn. suchen
zu 1: *Besonders in armen Ländern gibt es viele Kinder und Jugendliche, die an
Klebstoff oder anderen Chemikalien schnüffeln, um ihre Armut zu vergessen.*
zu 2: *Der Hund schnüffelte an meiner Hose.*
zu 3: *Die Sekretärin schnüffelte im Schreibtisch ihres Chefs, als dieser zur Kantine
gegangen war.*

Nomen

Beschaffungskriminalität (die) – illegale Aktivitäten, die dazu dienen, Drogen
zu kaufen (zu „beschaffen")
*Durch eine teilweise Legalisierung leichter Drogen ließe sich die Beschaffungs-
kriminalität reduzieren.*

Entziehungskur (die, -en) – Therapie, um mit dem Drogenkonsum aufzuhören
*Wenn Alkoholiker eine Entziehungskur machen, brauchen sie auch die Unter-
stützung ihrer Familie und Freunde.*

Entzug (der) – das Wegnehmen einer Sache, von der man abhängig ist
In der Klinik ist am Anfang der Entzug von Alkohol für die Patienten sehr schwer.

Ersatzdroge (die, -n) – Stoff, der anstelle einer Droge genommen wird und helfen
soll, die Abhängigkeit zu bekämpfen
*In Holland werden Rauschgiftsüchtige mit der Ersatzdroge Methadon versorgt,
die weniger gefährlich sein soll.*

Kettenraucher (der, -) – eine Person, die sehr stark raucht
Es besteht eine große Wahrscheinlichkeit, dass Kettenraucher Krebs bekommen.

Rausch (der) – ekstatischer Zustand, in dem man nicht mehr genau weiß, was
man macht, z.B. nach Alkoholkonsum
*Nachdem er sehr viel getrunken hatte, musste er erst einmal seinen Rausch
ausschlafen.*

Rauschgift (das, -e) (= Droge) – Substanz, die man nimmt, damit man bessere
Gefühle hat (z.B. Marihuana, Kokain) → *Rauschgift nehmen*
Auch Alkohol zählt zu den Rauschgiften.

Rauschmittel (das, -) (= Rauschgift, Droge) – Substanz, die man nimmt, damit
man bessere Gefühle hat
Der Verkauf von Rauschmitteln an Jugendliche ist verboten.

Suchtkrankheit (die, -en) – Krankheit, die aufgrund einer Sucht entsteht
→ *Suchtkranke (der / die, -n)*
In diesem Teil des Krankenhauses liegen Patienten, die eine Suchtkrankheit haben.

Trunksucht (die) – Abhängigkeit von Alkohol / Alkoholismus
*Durch seine Trunksucht hat er Arbeit und Familie verloren. Er konnte seinen
Alkoholkonsum leider nicht kontrollieren.*

18. Suchtkrankheiten

Adjektive

abhängig von + D – 1. bedingt durch (↔ unabhängig von + D), 2. süchtig / ohne ....
eine bestimmte Sache nicht leben könnend → *tablettenabhängig* ....
zu 2: *Am Anfang nahm Anna nur Schlaftabletten, wenn sie wirklich nicht schlafen* ....
konnte, heute kann sie ohne Tabletten nicht mehr leben; sie ist abhängig davon. ....

drogensüchtig – von einer Droge abhängig → *Drogensüchtige (der / die, -n)* ....
Viele bedeutende Künstler waren drogensüchtig. ....

Ausdrücke

blau sein (umgangssprachlich) – betrunken sein ....
Meine Freundin war nach dem zweiten Bier schon blau, deshalb sind wir mit dem ....
Taxi nach Hause gefahren. ....

clean sein (englisch) – keine Drogen mehr nehmen ....
Erst nachdem Paul wieder völlig clean war, also kein Heroin mehr brauchte, fand ....
er einen Arbeitsplatz. ....

harte Droge (die, -n) – Droge mit starker Wirkung, die schnell abhängig macht, ...
z.B. Heroin ....
Wenn man harte Drogen nimmt, sind die Nebenwirkungen sehr gefährlich. ....

high sein (englisch, umgangssprachlich) – durch Drogenkonsum ein gutes Gefühl ....
haben ....
Nachdem sie Haschisch geraucht hatten, waren sie high. ....

einen Joint rauchen – Haschisch in Form einer Zigarette rauchen ....
In manchen Ländern ist es nicht strafbar, einen Joint zu rauchen. ....

einen Kater haben (umgangssprachlich) – Kopfschmerzen haben und unwohl sein ....
nach zu viel Alkoholgenuss ....
Am Morgen nach der Party hatte ich von dem vielen Schnaps einen Kater. ....

sich Stoff besorgen – versuchen, eine Droge zu bekommen ....
Er macht fast alles, um sich Stoff zu besorgen. ....

trocken sein – nicht mehr abhängig vom Alkohol sein ....
Nach seiner Entziehungskur trinkt er keinen Alkohol mehr, er ist schon mehr als ....
zwei Jahre trocken. ....

weiche Droge (die, -n) – Droge, die keine sehr starke Wirkung hat und nicht so ....
schnell abhängig macht, z.B. Haschisch ....
Einige Jugendliche probieren weiche Drogen und glauben, davon nicht süchtig zu ....
werden. ....

Weitere Fragestellungen zum Thema

1. Drogensüchtige: Krank oder kriminell? Nehmen Sie Stellung.

2. Sollten Alkohol- und Zigarettenwerbung total verboten werden? Begründen Sie Ihre Meinung.

3. Suchtkrankheiten – Was können der Staat und die Familie tun, um Menschen davor zu schützen? Welche Möglichkeiten hat jeder Einzelne?

4. Spielen als Leidenschaft – Was ist Spielen aus Spaß, wo fängt die Sucht an? Wie sollte sich der Staat verhalten? Begründen Sie Ihre Meinung.

5. In Filmen oder in der Presse sieht und liest man immer wieder von so genannten Modedrogen, die mit Reichtum, Extravaganz und gutem Leben in Verbindung gebracht werden. Nennen Sie Beispiele für diese Modedrogen und äußern Sie Ihre Meinung zu diesem Thema.

6. Sollten Drogen legalisiert werden? Unterscheiden Sie zwischen den einzelnen Drogen. Begründen Sie Ihre Meinung.

7. Internet – eine Droge der Neuzeit? Inwiefern kann das Internet süchtig machen und wie könnte sich eine solche Sucht bei den Betroffenen auswirken? Welche Gemeinsamkeiten mit anderen Suchtkrankheiten lassen sich denken? Wie lässt sich Ihrer Meinung nach dagegen angehen?

Kriminalität

Es wird immer wieder nach wirksamen Mitteln zur Bekämpfung der Kriminalität gesucht.
Wie erklären Sie sich den Anstieg der Kriminalität z.B. in den Städten?
Welche Maßnahmen könnten Ihrer Meinung nach dagegen ergriffen werden?

Vorüberlegungen

1 Welche Motive kann es Ihrer Meinung nach für Verbrechen geben?

2 Sammeln Sie stichpunktartig Taten, die nach dem Strafgesetz als kriminell gelten.
 Beispiel: der Bankraub

3 Erklären Sie kurz die folgenden Begriffe, die das Strafrecht als Bestrafung Krimineller vorsieht
 bzw. früher vorsah.

 a) Freiheitsentzug ....

 b) Geldstrafe ....

 c) Todesstrafe ....

 d) Verlust der Bürgerrechte ....

19. Kriminalität

④ Ordnen Sie Täter und Tätigkeiten zu.

1	
2	
3	
4	
5	
6	
7	
8	
9	

1. der Einbrecher
2. der Bankräuber
3. der Erpresser
4. der Mörder
5. der Betrüger
6. der Kidnapper
7. der Hehler
8. der Dieb
9. der Vergewaltiger

a) einen Safe knacken
b) einbrechen
c) jdm. die Geldbörse stehlen
d) Lösegeld fordern
e) jdn. ermorden
f) sexuelle Handlungen erzwingen
g) ein Kind entführen
h) gestohlene Ware verkaufen
i) jdm. falsche Gewinnversprechen machen

Vorschlag zur Gliederung in Stichworten

Einleitung

Vorschläge zur Auswahl:

- Beispiel einer kriminellen Tat, über die vor kurzem in den Medien berichtet wurde
- viele Menschen werden heutzutage Opfer von Gewalttaten
- Maßnahmen zum Schutz vor Kriminalität (Alarmanlage, Versicherungen ...)

Hauptteil

mögliche Gründe für die steigende Kriminalität:

- Erziehung zu rücksichtslosem Verhalten durch die Eltern und Pädagogen → Verfall von Werten, Autorität der Familie und der Älteren wird angezweifelt, veränderte Familienstrukturen
- im Vordergrund stehende Werte: Besitz und Konsum
- Darstellung und Verherrlichung von Gewaltszenen in den Medien
- viele Jugendliche empfinden ihre Lage auf dem Arbeitsmarkt als aussichtslos → Verleitung zu kriminellen Taten, um finanzielle Bedürfnisse zu befriedigen
- steigende Anonymität in den Großstädten (besonders in sehr großen, einfachen, anonymen Wohngebieten mit Hochhäusern) → weniger Schutz für den Einzelnen, weniger Kontrolle und Interesse
- Beschaffungskriminalität von Drogenabhängigen
- steigender Unterschied im Lebensstandard der verschiedenen Bevölkerungsschichten → Neid entsteht
- offene Grenzen, weniger Kontrolle innerhalb der EU (das begünstigt z.B. den Drogenhandel)
- veränderte Rolle des Staates und der Polizei → Vertrauensverlust, da die Polizei und Politiker auch oft in Straftaten verwickelt sind
- Gruppenkriminalität (z.B. Fußballfans, rechtsradikale Gruppierungen ...)

mögliche Maßnahmen:

- mehr sinnvolle Freizeitangebote für die Jugendlichen nach der Schule bzw. wenn sie ohne Arbeit oder Ausbildungsplatz sind
- konkrete Programme für Straßenkinder (als Chance zur Integration in die Gesellschaft)
- Vermittlung ethischer Werte, besonders in Risikogruppen
- Zensur von Fernsehen und Internet in Bezug auf Gewalt
- Maßnahmen gegen Drogenkonsum
- rechtzeitiges Eingreifen, wenn sich gewisse Gegenden zu Orten des Verbrechens entwickeln (z.B. Bewachung von öffentlichen Parks auch in der Nacht, gute Beleuchtung usw.)
- konsequentes Vorgehen auch gegen geringe Zerstörung (an parkenden Autos oder Beschmieren von Häusern)

– strengere und schnellere Strafen für Kriminelle, besonders für rückfällige Täter oder Serientäter
– bessere Ausbildung und Ausrüstung der Polizei
– verstärkte internationale Zusammenarbeit bei der Fahndung nach Verbrecherbanden

Schluss

Vorschläge zur Auswahl:

– die Ihrer Meinung nach wichtigste Maßnahme betonen
– Ausblick in die Zukunft: Werden Maßnahmen Erfolg haben oder wird sich die Situation verschärfen?
– Wie sollte sich die Gesellschaft in Zukunft verhalten und welche neuen Aufgaben müssten die Ordnungskräfte (Polizei usw.) bekommen?

zu diesem Thema siehe auch: **Generationen, Frieden**

5 **Formulieren Sie nun mit Hilfe der Stichworte einen Vortrag bzw. einen Aufsatz. Verwenden Sie dabei die Formulierungshilfen aus der Aufstellung auf Seite 289.**

Übungen zu Grammatik und Wortschatz

6 **Rund um das Wort „klagen". Lesen Sie die Erklärungen zu den Verben. Ergänzen Sie die Verben dann in der richtigen Form.**

klagen über + A	– 1. sich beschweren, unzufrieden sein, 2. trauern
sich beklagen bei + D / über + A	– sich beschweren
etw. beklagen	– traurig sein über etwas
jdn. an/klagen	– jdm. etwas vorwerfen, jdn. (vor Gericht) beschuldigen
jdn. verklagen	– jdn. vor Gericht bringen, einen Streit mit einer Person gerichtlich lösen
etw. ein/klagen	– sein Recht vor Gericht verlangen

a) Der Mann .... sich bei den Behörden über den unzuverlässigen Postboten.

b) Tante Frieda ist das Wetter nie recht. Im Sommer .... sie über die Hitze und im Winter über die Kälte.

c) Man hat uns beim Autokauf betrogen, wir werden unser Recht .... müssen.

d) Weil sein Nachbar ständig laute Musik hört, will Herr Bauer ihn ....; ich glaube, man kann das Problem auch ohne Gericht lösen, also von Mensch zu Mensch.

e) In ihrer Rede hat die Politikerin alle Menschen ...., die sich nicht von rassistischen Gewaltaktionen distanzieren.

f) Sie .... ihre schlechte Situation als allein erziehende Mutter.

7 **Ergänzen Sie die fehlenden Präpositionen.**

a) Er stand wegen Totschlags .... Gericht.

b) Der Richter ließ Gnade .... Recht ergehen und verurteilte den Angeklagten nur .... drei Monaten Haft.

c) Seine Tat war .... dem Strafgesetzbuch strafbar.

19. Kriminalität

d) Die Geschworenen plädierten in diesem Fall .... Freispruch.

e) Ihr Anwalt wollte .... das Urteil Revision einlegen.

f) Der Prozess .... die zwei Angeklagten wird um drei Tage verschoben.

⑧ Bilden Sie aus den Wörtern Sätze.

a) junger Mann – stehen – Verdacht – Autos – stehlen

....

....

b) Gegend – New Yorker Central Park – kommen – schon – lange Zeit – Verruf

....

....

c) Detektiv – äußern – Verdacht – zwei Frauen – Bank – überfallen

....

....

d) Staatsanwaltschaft – erheben – Anklage – Diebstahl

....

....

e) Gewalttat – nehmen – Eingreifen – Polizei – blutiges Ende

....

....

f) Verbrecher – leisten – Festnahme – Widerstand

....

....

⑨ Formen Sie die Sätze um. Verwenden Sie dabei Nomen-Verb-Verbindungen mit den angegebenen Nomen.

a) Die Geschworenen sollten sich innerhalb sehr kurzer Zeit entscheiden. (Entscheidung)

....

....

b) Für diese Verhandlung war es wichtig, dass der Angeklagte nicht vorbestraft war. (Rolle)

....

....

c) Der Zeuge musste am Anfang schwören, dass er die Wahrheit sagt. (Eid)

....

....

d) Nach seinen Misserfolgen als Strafverteidiger reagierte der Rechtsanwalt entsprechend und wechselte den Beruf. (Konsequenz)

  ....

  ....

e) Der Richter und die Schöffenrichter beschlossen gemeinsam, in diesem Fall die Strafe zu erlassen. (Beschluss)

  ....

  ....

f) Die Öffentlichkeit hatte erwartet, dass der Richter streng urteilen würde. (Urteil)

  ....

  ....

Übrigens ...

Verben, die eine Negation ausdrücken

Einige Verben drücken eine Negation aus, ohne dass „nicht" oder die Vorsilbe „un-" benutzt wird. Häufig ändert sich dann auch die Syntax des Satzes.

Beispiel: Der Richter sagte, die Zuschauer dürften nicht sprechen.
        Der Richter *untersagte* den Zuschauern das Sprechen.

10 Ersetzen Sie die unterstrichenen Ausdrücke durch ein passendes Verb.

ab/lehnen   leugnen   ab/raten von + D   verzichten auf + A   hindern an + D   sich weigern

a) Mein Anwalt <u>riet mir, nicht</u> auszusagen.

  ....

  ....

b) Sie <u>wollte</u> die Fotos der Verdächtigen <u>nicht</u> durchsehen.

  ....

  ....

c) Er <u>behauptete</u>, er habe die junge Frau <u>nicht</u> gekannt.

  ....

  ....

d) Der Angeklagte <u>wollte nicht</u> aussagen.

  ....

  ....

19. Kriminalität

e) Der Richter erlaubte der Zeugin, nicht vorzutreten, als er ihre Behinderung bemerkte.

   ....

   ....

f) Die Passanten ließen den Täter nicht fliehen.

   ....

   ....

Wortschatz

Verben

aus/sagen – Fragen vor Gericht beantworten → *Aussage (die, -n)*
   Der Zeuge sagte aus, dass er den Angeklagten kurz nach 22.00 Uhr gesehen habe.

begnadigen – eine verhängte Strafe erlassen
   Der Verurteilte wurde wegen seines korrekten Verhaltens nach 10 Jahren begnadigt.

bereuen – sich wünschen, etwas nicht getan zu haben, und traurig darüber sein
   Obwohl er die Tat bereute, wurde er zu einer hohen Strafe verurteilt.

entmündigen – jdm. durch Beschluss eines Gerichts bestimmte Rechte (z.B. Verträge zu schließen) entziehen, weil er geistig gestört oder unzurechnungsfähig ist
   Das Gericht beschloss, den Täter zu entmündigen, da er wegen seiner starken psychischen Probleme unzurechnungsfähig war.

sich ergeben (ergibt, ergab, hat ergeben) – einen Kampf oder die Flucht aufgeben
   Nach einer langen Verfolgungsjagd ergab sich der fliehende Täter.

fahnden nach + D – jdn. / etw. systematisch suchen → *Fahndung (die, -en)*
   Die Polizei fahndet nach den Bankräubern.

fest/nehmen (nimmt fest, nahm fest, hat festgenommen) – die Polizei nimmt jdn. gefangen / verhaften → *Festnahme (die, -n)*
   Der Verdächtige wurde in seiner eigenen Wohnung festgenommen.

frei/sprechen (spricht frei, sprach frei, hat freigesprochen) – der Richter bestraft jdn. nicht, sondern erklärt, dass er unschuldig ist (oder seine Schuld nicht nachgewiesen werden kann) → *Freispruch (der, -sprüche)*
   Das Gericht glaubte an seine Unschuld und sprach ihn frei.

gestehen (gestand, hat gestanden) – zugeben, dass man etwas Verbotenes getan hat → *Geständnis (das, -se)*
   Nach ein paar Tagen gestand sie das Verbrechen.

haften für + A – verantwortlich für etwas sein / im Fall eines Schadens Ersatz leisten müssen → *Haftung (die)*
   Eltern haften in Deutschland für die Taten ihrer Kinder.

hin/richten – einen zum Tode Verurteilten töten
   In manchen Staaten der USA werden auch heute noch Menschen hingerichtet.

nach/forschen – Informationen sammeln → *Nachforschung (die, -en)*
   Die Polizei forschte wochenlang nach, aber sie fand keine neuen Spuren.

plädieren für + A / gegen + A / auf + A – Argumente für oder gegen etwas nennen → *auf Freispruch plädieren*
   Der Verteidiger plädierte für eine milde Strafe, da der Angeklagte Reue zeigte.

ramponieren – etwas relativ stark beschädigen
   Die aufgebrachten Fußballfans hatten das ganze Stadion ramponiert.

resozialisieren – einem Gefängnisinsassen helfen, wieder in die Normalität des Alltags und in die Gesellschaft zurückzufinden → *Resozialisierung (die)*
   Es ist umstritten, ob ein Mensch, der lange im Gefängnis war, resozialisert werden kann.

richten – ein Urteil über jdn. fällen
....
Die Polizei wusste noch nicht, ob er wirklich schuldig ist, aber die Leute richteten
....
über ihn und ignorierten ihn.
....
terrorisieren – mit Gewalttaten und durch Hervorrufen von Angst versuchen,
....
Ziele zu erreichen → *Terror (der), Terrorismus (der)*
....
Manche politischen Gruppen terrorisieren mit ihren Anschlägen die gesamte
....
Bevölkerung eines Landes.
....
überfallen (überfällt, überfiel, hat überfallen) – unerwartet (meist mit Waffen)
....
angreifen → *Überfall (der, -fälle)*
Die Bank wurde um 10 Uhr von zwei Maskierten überfallen.
....
verhaften – jdn. in ein Gefängnis (in Haft) bringen → *Verhaftung (die, -en)*
....
Die Bankräuber wurden am Tag nach der Tat verhaftet.
....
verurteilen zu + D – gerichtlich entscheiden, welche Strafe jemand für seine Tat
....
bekommt
Das Gericht verurteilte sie zu vier Jahren Haft.
....

Nomen

Angeklagte (der / die, -n) – eine Person, der man vorwirft, ein Verbrechen
....
begangen zu haben
Der Angeklagte sagte vor Gericht, dass er unschuldig sei.
....
Anklage (die, -n) – Vorwurf vor Gericht, dass jemand eine Straftat begangen hat
....
→ *Anklage erheben*
Gegen den Terroristen wurde Anklage wegen Mitarbeit bei einer terroristischen
....
Vereinigung erhoben.
Anzeige (die, -n) – offizielle Mitteilung an die Polizei, dass jemand eine Straftat
....
oder Ordnungswidrigkeit begangen hat → *Anzeige erstatten*
....
Mein Nachbar erstattete Anzeige gegen uns, weil wir seine Ruhe gestört hatten.
....
Aussage (die, -n) – 1. das, was über einen Sachverhalt gesagt wird, 2. vor Polizei
....
oder Gericht: Bericht über eine Person oder über einen Vorfall → *aussagen*
zu 2: Ich musste vor Gericht eine Aussage machen und genau beschreiben, was
....
ich gesehen und gehört hatte.
....
Berufung (die) – die Möglichkeit, gegen das Urteil einer unteren Gerichtsinstanz
....
zu protestieren und den Fall vor der übergeordneten Instanz neu zu verhandeln
→ *Berufung einlegen*
Da er sich unschuldig fühlte, legte er gegen seine Verurteilung Berufung ein.
....
Beschaffungskriminalität (die) – kriminelle Taten, die von Drogenabhängigen
....
begangen werden, um sich das Geld für Drogen zu besorgen / beschaffen
....
Häufig lassen sich Einbrüche durch die Beschaffungskriminalität erklären.
....
Bewährung (die) – eine erteilte Strafe erlassen, unter der Voraussetzung, dass
....
der Straftäter sich nun den Gesetzen entsprechend verhält → *eine Strafe auf*
....
Bewährung aussetzen
Nach sechs Jahren im Gefängnis wurde der Täter auf Bewährung entlassen,
....
obwohl er zu zehn Jahren verurteilt worden war.
....
Bewährungshelfer (der, -) – von den Gerichten beauftragte Person, die entlassene
....
Gefängnisinsassen oder Verurteilte im Alltag betreut und hilft, dass sie sich
....
wieder in die Gesellschaft eingliedern
....
Der entlassene Häftling musste sich einmal pro Woche mit seinem Bewährungs-
....
helfer treffen.
Diebstahl (der, -stähle) – Nehmen von Dingen, die einem nicht gehören
....
Wir meldeten der Polizei sofort den Diebstahl unseres Autos.
....
Freiheitsstrafe (die, -n) – gerichtlich verhängte Strafe, bei der man die persönliche
....
Freiheit verliert, d.h. ins Gefängnis geht
....
Er bekam vom Gericht eine Freiheitsstrafe von drei Jahren.
....
Gefängnis (das, -se) – ein gesichertes und bewachtes Gebäude, in dem Straftäter
....
eingesperrt werden
Das Gefängnis wird Tag und Nacht streng bewacht.
....

19. Kriminalität

Gefängniswärter (der, -) – die Person, die die Insassen (Gefangenen) im Gefängnis bewacht
Der Gefängniswärter hat die Schlüssel zu den einzelnen Zellen.

Gericht (das, -e) – die Institution, in der ein Richter entscheidet, ob jemand gegen ein Gesetz verstoßen hat und welche Strafe er dafür bekommen sollte
Der juristische Streitfall wurde lange vor Gericht verhandelt.

geschlossene Anstalt (die, -en) – Institution, in der Menschen von der Außenwelt isoliert und betreut werden, die in Freiheit zu einer Gefahr für ihre Mitmenschen werden können
Wegen seiner psychischen Krankheit lebte er jahrelang in einer geschlossenen Anstalt.

Geschworene (der / die, -n) – ehrenamtlicher Richter / Laienrichter (→ *Schöffe*)
Die Geschworenen sprachen den Angeklagten frei.

Gnade (die) – Mitleid für einen Bestraften / die Erlassung der Strafe
Der zum Tode Verurteilte bat den Präsidenten um Gnade.

Haft (die) – Arrest / Festgehaltenwerden bei der Polizei oder im Gefängnis
→ *in Haft sein*
Er war sieben Jahre in Haft.

Häftling (der, -e) – Person, die wegen einer Strafe im Gefängnis ist
In diesem Gefängnis können die Häftlinge eine Stunde pro Tag Sport treiben.

Henker (der, -) – vom Gericht bestimmte Person, die die Todesstrafe vollzieht
Der Name des Henkers, der die Königin Marie Antoinette hingerichtet hat, ist mir unbekannt.

Indiz (das, -ien) – Beweisstück für eine kriminelle Tat
Die gefundenen Indizien bewiesen seine Schuld.

Klient (der, -en) – jemand, der von einem Rechtsanwalt betreut wird (→ *Mandant*)
Der Rechtsanwalt musste sich häufig mit seinem Klienten zu Gesprächen treffen.

Kripo (= Kriminalpolizei) (die) – Abteilung der Polizei, die sich mit kriminellen Straftaten beschäftigt
Die Kripo leitete die Nachforschungen in dem Mordfall.

Kronzeuge (der, -n) – Person, die in eine kriminelle Tat verwickelt ist und, wenn sie bereit ist, darüber auszusagen, nicht bestraft wird
In dem Prozess gegen einige Mitglieder der Mafia wurde der Kronzeuge von der Polizei besonders gut bewacht.

Mandant (der, -en) – Kunde eines Rechtsanwalts (→ *Klient*)
Ein Mandant sollte absolutes Vertrauen zu seinem Rechtsanwalt haben.

Ordnungswidrigkeit (die, -en) – Tat, die gegen öffentliche Vorschriften verstößt, aber nicht kriminell ist (z.B. falsch Parken)
Wer eine Ordnungswidrigkeit begeht, muss meistens nur Strafe zahlen.

Prävention (die, -en) – Vorbeugung / der Versuch, etwas Negatives zu verhindern
Die Polizeichefs der Großstädte überlegen, welche Maßnahmen zur Prävention von Verbrechen sinnvoll wären.

Prozess (der, -e) – hier: Verhandlung vor Gericht, die in verschiedenen Phasen stattfindet → *einen Prozess führen*
Der Prozess gegen seinen Arbeitgeber kostete ihn viel Zeit und Geld.

Resozialisierung (die) – Wiedereingliederung in die Gesellschaft nach einem Gefängnisaufenthalt → *resozialisieren*
Der Sozialarbeiter half vielen ehemaligen Häftlingen bei der Resozialisierung.

Reue (die) – Bedauern über eine Tat, die man begangen hat → *Reue zeigen*
Der Angeklagte zeigte vor Gericht Reue.

Revision (die) – Nachprüfung, ob ein untergeordnetes Gericht alle gesetzlichen Bestimmungen bei einer Urteilsfindung richtig interpretiert hatte
→ *gegen ein Urteil Revision einlegen*
Der Verurteilte legte Revision ein, weil der Richter nicht alle Zeugen angehört hatte, die seine Unschuld bestätigen konnten.

Richter (der, -) – der Vorsitzende des Gerichts, der das Urteil fällt und die Strafe festlegt bzw. einen Streitfall entscheidet
Der Richter verlangte von dem Publikum absolute Ruhe.

Schöffe (der, -n) – Laienrichter / Richter, der kein Jurist ist, sondern aus der Bevölkerung nach dem Zufall ausgesucht wird → *Schöffenrichter (der, -)*
Seit zwei Jahren ist mein Nachbar Schöffe und muss regelmäßig zu Gerichtsverhandlungen.

Serientäter (der, -) – ein Täter, der wiederholt ähnliche Verbrechen begangen hat
Dieser Autodieb ist ein Serientäter, er war schon mehrmals wegen Autodiebstahls im Gefängnis.

Staatsanwalt (der, -wälte) – Jurist, der im Auftrag des Staates ein Verbrechen untersucht und die Anklage vor Gericht vertritt
Der Staatsanwalt verlangte eine sehr hohe Strafe für den Angeklagten.

Staatsanwaltschaft (die) – die Behörde der Staatsanwälte
Die Mitglieder der Staatsanwaltschaft treffen sich regelmäßig, um über aktuelle Fälle zu sprechen.

Steckbrief (der, -e) – Personenbeschreibung der Polizei, um eine gesuchte Person zu finden, oft mit Foto
Der Steckbrief des gesuchten Mannes hing in allen Polizeistationen.

Straftat (die, -en) – Verstoß gegen das Gesetz, der bestraft wird / kriminelles Delikt → *eine Straftat begehen*
Der Angeklagte hatte nie zuvor eine Straftat begangen.

Strafvollzug (der) – Durchführung einer Haftstrafe
Der Strafvollzug ist in den letzten Jahren viel menschenfreundlicher geworden, die Gefangenen können heute im Gefängnis arbeiten und Besuch empfangen.

Untersuchungshaft (die) – Aufenthalt im Gefängnis, bevor die gerichtliche Entscheidung über die Schuld gefällt wird (z.B. bei Fluchtgefahr)
Bevor seine Gerichtsverhandlung begann, war er bereits drei Monate in Untersuchungshaft.

Verdacht (der) – Vermutung, dass jemand eine Straftat begangen hat → *Verdacht schöpfen, Verdacht erwecken, Verdachtsmoment (das, -e), der Verdacht fällt auf + A, jdn. verdächtigen*
Die Polizei schöpfte sofort Verdacht, als sie den Mann mit Maske und Hammer vor dem Schmuckgeschäft stehen sah.

Verbrechen (das, -) – krimineller Verstoß gegen ein Gesetz → *ein Verbrechen begehen, Verbrecher (der, -)*
Das schreckliche Verbrechen wurde am frühen Morgen begangen.

Vergehen (das, -) – Handlung, die gegen ein Gesetz oder eine Norm verstößt
Der Rechtsanwalt bewies, dass sein Mandant nur ein geringes Vergehen begangen hatte.

Vollzugsanstalt (die, -en) – Kurzform von Justizvollzugsanstalt (amtliche Bezeichnung für Gefängnis) / Ort, wo die Strafe abgeleistet wird
Der Pfarrer und die Sozialarbeiterin besuchen regelmäßig die Vollzugsanstalt, um den Gefangenen zu helfen.

Zeuge (der, -n) – Person, die bei einem Ereignis anwesend war und darüber vor Gericht berichtet
Der Zeuge konnte sich nicht mehr genau an das Gesicht des Täters erinnern.

Adjektive

strafbar – etwas kann bestraft werden / ist gesetzlich mit Strafe bedroht
Hausfriedensbruch ist in Deutschland strafbar.

zurechnungsfähig (↔ unzurechnungsfähig) – für seine Handlungen voll verantwortlich, sie wissend und mit klarem Kopf getan haben (unzurechnungsfähig ist jemand, der bei einer Handlung z.B. unter Drogeneinfluss stand) → *Zurechnungsfähigkeit (die)*
Da er unter Schizophrenie litt, galt er nicht als zurechnungsfähig.

19. Kriminalität

Ausdrücke

auf freiem Fuß sein – nach einer Zeit im Gefängnis wieder frei sein
Der Mörder war nach über 30 Jahren wieder auf freiem Fuß.

auf freien Fuß setzen – jdn., der gefangen war, frei lassen
Nach 10 Jahren im Gefängnis wurde der Häftling auf freien Fuß gesetzt.

jdn. von der Haft verschonen – jdn. nicht ins Gefängnis sperren, z.B. weil er
schwer krank ist → *Haftverschonung (die)*
Der alte Mann wurde von der Haft verschont, da er sehr krank war.

offene Vollzug (der) – Gefängnisstrafe, bei der die Insassen zu bestimmten Zeiten
(meist tagsüber) das Gefängnis verlassen dürfen
Seitdem er im offenen Vollzug ist, kann er seine Familie regelmäßig besuchen.

rückfällig werden – etwas Verbotenes noch einmal machen
*Er wollte seinen Lebenswandel verbessern, um nicht wieder rückfällig zu werden
und nicht mit den Gesetzen in Konflikt zu geraten.*

steckbrieflich gesucht – jemand wird überall mit Hilfe von aushängenden
Plakaten (= Steckbrief) gesucht
*Dieser Terrorist wurde jahrelang überall steckbrieflich gesucht, sein Bild hing
in jedem Bahnhof.*

straffällig werden – etwas gegen das Gesetz tun / etwas Kriminelles tun
Der junge Mann ist schon mehrfach straffällig geworden.

ein Urteil fällen – eine gerichtliche Entscheidung treffen
Erst nach langen Verhören fällte das Gericht das Urteil.

mildernde Umstände walten lassen – bei einem Urteil Verständnis für die
Situation des Angeklagten zeigen
*Da der Angeklagte noch nie gegen ein Gesetz verstoßen hatte, ließ der Richter
mildernde Umstände walten und verurteilte ihn nur zu einer kleinen Geldstrafe.*

Verdacht schöpfen – beginnen zu glauben, dass jemand etwas getan hat
*Die Polizei hatte Verdacht geschöpft, als sie den jungen Mann kleine Päckchen
auf der Straße verkaufen sah.*

Weitere Fragestellungen zum Thema

1. Die Todesstrafe ist in Deutschland schon lange abgeschafft. In den USA und in anderen Ländern wird sie noch verhängt und Verurteilte werden hingerichtet. Wie ist Ihre Haltung zu diesem Thema? Begründen Sie Ihre Meinung.

2. Zahlreiche Vergehen hängen heutzutage mit dem Drogenhandel und -konsum zusammen. Könnte Ihrer Meinung nach durch die Legalisierung von Drogen eine Entkriminalisierung erreicht werden?

3. Es werden immer mehr Kinder und Jugendliche straffällig. Sollte man das Alter der Straffähigkeit herabsetzen? (In Deutschland ab 14 Jahren Jugendgericht, ab 18 Jahren voll straffähig)

4. Armut als Tatmotiv. Was könnte man dagegen tun? Wie sollte man diese Taten sinnvoll bestrafen?

5. Wie können ehemalige Gefängnisinsassen wieder in das gesellschaftliche Leben eingegliedert werden, so dass sie nicht mehr straffällig werden?

6. In zahlreichen Ländern gibt es organisierte Verbrecherbanden, mit denen die Polizei nicht fertig wird. Wie sollte man Ihrer Meinung nach gegen das organisierte Verbrechen vorgehen?

7. Welcher Zusammenhang besteht Ihrer Meinung nach zwischen Kriminalität und dem Konsum von Filmen, die Gewalt zeigen und verharmlosen?

8. Immer öfter werden Terroranschläge verübt, die zum Teil viele Menschenleben fordern. Welche Motive können hinter solchen Anschlägen stecken und wie sollte ein Rechtsstaat damit umgehen? Begründen Sie Ihre Meinung gegebenenfalls anhand eines Beispiels.

Mit-
menschen

Jedes Volk hat von dem jeweils anderen Volk ein bestimmtes, durch die Geschichte und überlieferte Erfahrungen geprägtes Bild. Nennen Sie die wichtigsten Aussagen, die es Ihrer Meinung nach über die Deutschen und Deutschland gibt, und wägen Sie kritisch ab, ob diese zutreffen oder nicht.

Vorüberlegungen

1 **Wodurch wird das Bild, das man von einer Gruppe hat, gemeinhin geprägt?**

2 **Wie ist Ihr Deutschland- und Deutschen-Bild entstanden?**

3 **Überlegen Sie, welche der folgenden Adjektive einen „typischen" Deutschen am ehesten beschreiben. Finden Sie auch Beispiele für die zutreffenden Eigenschaften.**

Beispiel: **pünktlich** – Ich halte die Deutschen für pünktlich, da die Verkehrsmittel in Deutschland meistens genau zur angegebenen Zeit kommen.

altmodisch	ängstlich	diszipliniert	chaotisch	ehrlich	erfinderisch	ernst	exotisch
exzentrisch	faul	fleißig	fortschrittlich	fröhlich	höflich	humorvoll	kämpferisch
kontaktfreudig	kreativ	langweilig	modern	monoton	mutig	nachlässig	offen
ordentlich	pflichtbewusst	selbstbewusst		temperamentvoll		traditionsbewusst	
unberechenbar		unbesorgt		unehrlich		verschlossen	vorhersehbar

Vorschlag zur Gliederung in Stichworten

Vorbemerkung

Bevor Sie nun in das eigentliche Thema einsteigen, denken Sie daran, dass Sie zunächst eine möglichst sachliche Darstellung des Themas geben und danach erst Ihre Meinung und Ihren Blickwinkel darstellen sollen. Suchen Sie sich die angegebenen Punkte im Hauptteil dementsprechend heraus.

Einleitung

Vorschläge zur Auswahl:

– woran Sie spontan denken, wenn Sie „Deutschland" hören
– Rolle des Vorurteils
– welche politische Bedeutung das von einem Land bestehende Bild hat

Hauptteil

häufig genannte Charakteristika Deutschlands:

einerseits:

– starke Wirtschaft
– stellt technische Produkte von hoher Qualität her (z.B. Autos)
– reiches Land mit hohem Lebensstandard und gut ausgebauter Infrastruktur
– europaorientiert
– Sozialstaat
– gut organisierte Gesellschaft
– hoher Lebensstandard

... andererseits:

– Perfektionismus
– expansionssüchtig
– schlechte Küche
– wenig Freizeitvergnügungen

häufig genannte Eigenschaften der Deutschen:

einerseits:

– fleißig
– ehrlich
– ordentlich
– pünktlich
– vernünftig
– gebildet
– höflich
– selbstbewusst
– sportlich
– diszipliniert

... andererseits:

– nicht risikofreudig
– sparsam bis geizig
– humorlos
– emotionslos
– kühl
– missmutig
– intolerant
– arrogant
– nicht sehr gastfreundlich, eher fremdenfeindlich
– nicht sehr kinderfreundlich
– obrigkeitshörig
– gehorsam

mögliche Gründe für diese Meinungen:

– Vereinfachungen von Pauschalurteilen helfen, sich auf eine Situation oder eine Personengruppe vorzubereiten
– Sprachbarrieren (nur die Medien des Heimatlandes können zur Information herangezogen werden)
– historische Erfahrung der Völker (Rolle der Deutschen in den Kriegen)
– zu wenig Informationen über ein Land
– persönliche Kontakte fehlen

Schluss

Vorschläge zur Auswahl:

- knappe Zusammenfassung Ihrer heutigen Meinung über positive und negative Eigenschaften
- Vorschlag, z.B. Abbau von Vorurteilen
- Konsequenzen, die Sie aus Ihrem Deutschlandbild ziehen

zu diesem Thema siehe auch: **Vorurteile**

4 **Formulieren Sie nun mit Hilfe der Stichworte einen Vortrag bzw. einen Aufsatz. Verwenden Sie dabei die Formulierungshilfen aus der Aufstellung auf Seite 289.**

Übungen zu Grammatik und Wortschatz

5 **Ergänzen Sie die Gegenteile.**

misstrauisch	geizig	ruhig	vorsichtig	selbstbewusst	stolz
unkalkulierbar		konservativ		gleichgültig	kühl

a) großzügig ↔ ....

b) herzlich ↔ ....

c) vertrauensvoll ↔ ....

d) schüchtern ↔ ....

e) demütig ↔ ....

f) fortschrittlich ↔ ....

g) vorhersehbar ↔ ....

h) draufgängerisch ↔ ....

i) engagiert ↔ ....

j) überspannt ↔ ....

6 **Ergänzen Sie die Ausdrücke in der richtigen Form. Manchmal sind mehrere Lösungen möglich.**

an/sehen	beurteilen	halten	verrufen sein *(negativ!)*	neigen	gelten
verschrieen sein	bekannt sein	ein/schätzen	den Ruf haben	betrachten	

Beispiel: Lange Zeit waren Mini-Röcke in Deutschland als zu freizügig *verschrieen* .

a) Sein Vater wurde schnell wütend, er .... zum Jähzorn.

b) Berlin ist für seine zahlreichen, originellen Kneipen ....

c) Das deutsche Abitur .... als eine schwierige Prüfung.

d) Marlene Dietrichs Stimme wurde von vielen Kritikern für sehr erotisch ....

e) Die Franzosen ...., Feinschmecker zu sein.

f) Das neue Gesetz wurde allgemein als familienfreundlich ....

20. Mitmenschen

g) Warum sind die Deutschen als humorlos .... ?

h) Ab heute .... die Angestellten ihn als ihren Chef, da sie wissen, dass er der Nachfolger des jetzigen Direktors ist.

i) Kann man sein Verhalten als weise .... ?

j) Ich habe dich falsch ...., du bist viel begabter als ich dachte.

7 **Formen Sie die Nebensätze in Präpositionalkonstruktionen um.**

Beispiel: Nachdem er zum ersten Mal nach Italien gereist war, glaubte er, ganz Italien zu kennen. (nach)
Nach seiner ersten Italienreise glaubte er, ganz Italien zu kennen.

a) Seitdem er aus Deutschland zurückgekehrt ist, hat er keinen Kontakt zu mir aufgenommen. (seit)

....

....

b) Weil ich häufig gereist bin, habe ich viele Erfahrungen mit Hotels. (durch)

....

....

c) Bis ich zum ersten Mal Österreich besucht habe, hatte ich nie österreichisches Essen probiert. (bis)

....

....

d) Weil er immer korrekt ist, finden die anderen ihn kühl. (wegen)

....

....

e) Bevor ich ein Land nicht kennen gelernt habe, äußere ich meine Meinung darüber nicht. (vor)

....

....

f) Als ich in Aachen ankam, fiel mir auf, wie freundlich alle Menschen waren. (bei)

....

....

8 **Schreiben Sie mit folgenden Ausdrücken Begründungen.**

... ist mit ... zu erklären	zu ... kommt es durch ...	beruhen auf ...
... lässt sich dadurch erklären, dass ...	der Grund für ... liegt in ...	
... ist die Folge von ...	basieren auf ...	... hat ... zur Folge
lässt sich ... mit ... begründen	... lässt sich auf ... zurückführen	

Beispiel: der häufige Protest der jungen Leute – unzufrieden
Der häufige Protest der jungen Leute hat zur Folge, dass man sie für unzufrieden hält.

a) der Wunsch, mittags zu schlafen – große Hitze

....

....

b) Misstrauen Fremden gegenüber – schlechte Erfahrungen

....

....

c) das starke Bedürfnis nach Sicherheit – vieles im Leben ist unkalkulierbar

....

....

d) ihre Unsicherheit – ihre Misserfolge

....

....

e) deine Lustlosigkeit – deine schlechten Noten

....

....

f) ein warmer Frühling – eine frühe Obstblüte

....

....

g) unsere guten Zeugnisse – unser Lerneifer

....

....

h) Mozarts große Beliebtheit – seine Vielfältigkeit

....

....

i) sein detailliertes Wissen – sein intensives Studium

....

....

j) meine Meinung – Informationen aus den Medien

....

....

20. Mitmenschen

Übrigens ...

Vorsilben zur Negation von Adjektiven

Die häufigste Vorsilbe zur Negation von Adjektiven im Deutschen ist *un-* (z.B. unmodern, untreu, unhöflich). Es gibt aber auch Adjektive, die mit den Vorsilben *miss-, in-, il-, dis-, ir-, im-* und *a(n)-* negiert werden. Diese Vorsilben werden – mit Ausnahme von *miss-* – vorwiegend bei Adjektiven benutzt, deren Wortstamm aus dem Lateinischen kommt und die als „Fremdwörter" gelten.

9 **Negieren Sie folgende Adjektive und ordnen Sie sie den unten stehenden Beispielen zu.**

rational	reparabel	human	tolerant	formell	aktiv
sozial	diskret	loyal	verständlich	musisch	materiell
kompetent	liberal	regulär	harmonisch	legitim	kontinuierlich

1. misstrauisch, ...

   ....

2. indirekt, ...

   ....

3. illegal, ...

   ....

4. disproportional, ...

   ....

5. irreal, ...

   ....

6. immobil, ...

   ....

7. anormal, ...

   ....

Wortschatz

Verben

differenzieren zwischen + D und + D – genaue Unterschiede bei etwas machen
Man sollte genau zwischen echter und gespielter Freundschaft differenzieren.

gehorchen – tun, was einem gesagt worden ist
Kleine Kinder gehorchen den Eltern meistens, große nicht immer.

kennzeichnen – markieren / etwas erkennbar machen → *Kennzeichen (das, -)*
Unser Gepäck wurde mit besonderen Aufklebern gekennzeichnet, damit wir es bei der Ankunft gleich identifizieren können.

verallgemeinern – von einem Einzelfall oder wenigen Fällen ein allgemeines
  Prinzip ableiten / generalisieren → *Verallgemeinerung (die, -en)*
  *Wenn man einmal ein negatives Erlebnis im Ausland hatte, darf man das nicht
  verallgemeinern.*

verherrlichen – mit großer Begeisterung über etwas sprechen und es idealisieren
  → *Verherrlichung (die, -en)*
  *Die meisten Leute verherrlichen ihre Schulzeit und vergessen alle negativen
  Erlebnisse.*

Nomen

Autorität (die) – das Ansehen, das jemand oder eine Institution hat
  → *Autorität genießen, Autorität besitzen*
  Früher besaßen die Lehrer schon durch ihren Beruf eine gewisse Autorität.

Charakteristikum (das, Charakteristika) – die wesentliche Eigenschaft
  Ausgeprägte Höflichkeit gilt als Charakteristikum der Asiaten.

Egozentrik (die) – Lebenseinstellung, bei der man immer sich selbst als
  Mittelpunkt sieht → *Egozentriker (der, -)*
  *Das Verhalten vieler Künstler ist von ausgesprochener Egozentrik geprägt; sie
  halten sich für die wichtigste Person überhaupt.*

Eigensinn (der) – Eigenschaft, immer nur zu tun, was man selbst will
  Zweijährige haben meist einen starken Eigensinn.

Gehorsam (der) – gehorsames Verhalten
  → *blinder Gehorsam, jdm. Gehorsam leisten, den Gehorsam verweigern*
  Im Militär müssen die Soldaten den Vorgesetzten Gehorsam leisten.

Kennzeichen (das, -) – etwas, das jdn. erkennbar macht und von anderen unterscheidet
  Das besondere Kennzeichen dieses Mannes ist eine Narbe am Kinn.

Pauschalurteil (das, -e) – undifferenzierte Meinung über etwas im Allgemeinen,
  als Ganzes
  *Man sollte über andere Menschen nicht so schnell ein Pauschalurteil fällen, ohne
  sie näher zu kennen.*

Perfektionismus (der) – starker Wunsch, alles perfekt und ohne Fehler zu machen
  *Ihr Perfektionismus ist so stark, dass sie alle Arbeiten, die nicht perfekt sind, sofort
  vernichtet.*

Persönlichkeit (die, -en) – alle individuellen Eigenschaften eines Menschen
  Dieses Kind hat schon jetzt eine ausgeprägte Persönlichkeit.

Vorurteil (das, -e) – eine vorgefasste Meinung über etwas → *ein Vorurteil haben*
  Oft haben Menschen Vorurteile gegen Minderheiten, obwohl sie keinen persönlichen Kontakt zu diesen Gruppen haben.

Adjektive

charakteristisch – typisch / bezeichnend
  Für diesen Künstler sind die kräftigen Farben charakteristisch.

demütig (↔ stolz) – von tiefer Ergebenheit erfüllt, ohne Stolz
  *Er war seinem Vater gegenüber immer sehr demütig und übte nie an ihm Kritik,
  auch nicht berechtigterweise.*

draufgängerisch (↔ vorsichtig) – Risiken nicht beachtend / übermütig
  Durch seinen draufgängerischen Fahrstil hat er schon mehrere Unfälle verursacht.

expansionssüchtig – nach Expansion (Vergrößerung) strebend
  Hitler war sehr expansionssüchtig; er wollte ein „Großdeutsches Reich" schaffen.

exzentrisch – sehr ungewöhnlich / überspannt
  Da er nur knallbunte Socken trug, wurde er oft für exzentrisch gehalten.

gebildet – mit guter Erziehung, umfangreichen Kenntnissen in vielen Bereichen /
  kultiviert
  Meine neue Kollegin ist eine sehr gebildete junge Frau; sie spricht vier Sprachen.

20. Mitmenschen

gehorsam – sich so verhalten, wie es die Mächtigen (z.B. die Eltern) erwarten und wünschen → *jdm. gegenüber gehorsam sein*
Das Kind war sehr gehorsam und machte genau das, was ihm die Mutter sagte.

gleichgültig (↔ engagiert) – ohne Interesse und Emotionen
Die Ereignisse in der Politik waren der jungen Frau gleichgültig.

intolerant (↔ tolerant) – andere Meinungen und andere Lebensweisen ablehnend
Durch ihr intolerantes Verhalten hat sie diese Freundschaft zerstört.

integer – vertrauenswürdig / ehrlich → *Integrität (die)*
Alle achteten ihn; er galt als ein integrer Rechtsanwalt, auf den man sich verlassen konnte.

missmutig – schlecht gelaunt
Morgens ist er immer missmutig und einsilbig.

nachlässig (↔ sorgfältig) – nicht sehr genau / unordentlich / ohne Interesse / ohne Sorgfalt
Ihre Kleidung wirkt immer sehr nachlässig.

obrigkeitshörig – den Mächtigen (z.B. der Regierung, dem Direktor einer Firma usw.) blind gehorchend
In seinem Roman „Der Untertan" beschreibt Heinrich Mann einen Deutschen, der extrem obrigkeitshörig ist.

risikofreudig – jederzeit bereit, eine Gefahr auf sich zu nehmen
Um im Geschäftsleben erfolgreich zu sein, sollte man bisweilen risikofreudig handeln.

überspannt – exzentrisch / übertrieben
Das Verhalten dieser Schauspielerin ist oft sehr überspannt.

unberechenbar – schwer abzuschätzen / nicht kalkulierbar
Seine Reaktion ist oft unberechenbar; keiner weiß, wie er reagieren wird.

vernünftig (↔ unvernünftig) – klug / rational / der Vernunft folgend
Mein älterer Bruder war immer vernünftig, er machte selten Unsinn.

verschlossen (↔ offen) – Gedanken und Gefühle nicht mitteilend
Sie war schon als Kind sehr verschlossen und zeigte selten offen ihre Gefühle.

zurückhaltend – nicht gern selbst im Mittelpunkt stehend / bescheiden / reserviert
Schüchterne Menschen verhalten sich oft zurückhaltend.

Weitere Fragestellungen zum Thema

1. Welche Verhaltensweisen und welche Charaktereigenschaften spielen für Sie bei Menschen, mit denen Sie zusammenarbeiten, eine wichtige Rolle? Begründen Sie Ihre Meinung.

2. Wer ist für Sie ein echter Freund bzw. eine echte Freundin? Beschreiben Sie ein Erlebnis, bei dem es wichtig war, einen guten Freund zu haben.

3. Beschreiben Sie einen Menschen aus Ihrem Bekannten- oder Freundeskreis, der für Sie ein Vorbild ist (oder war). Begründen Sie auch Ihre Meinung.

4. Welche Qualitäten sind Ihrer Meinung nach heutzutage wichtig, um im Berufsleben und im Privatleben erfolgreich zu sein?

5. „Kleider machen Leute" ist ein häufig zu hörender Ausspruch. Lässt Ihrer Meinung nach die Kleidung Rückschlüsse auf den Charakter eines Menschen zu?

6. „Man kann alles verändern bis auf den Charakter". – Stimmen Sie dieser Ansicht zu?

7. Nicht in allen Kulturen gelten die gleichen Charaktereigenschaften als erstrebenswert. Glauben Sie, dass es Eigenschaften gibt, die auf der ganzen Welt gleich geschätzt oder abgelehnt werden?

Entwicklungshilfe

Trotz langjähriger Erfahrung und Arbeit im Bereich der Entwicklungshilfe gibt es immer noch ein großes „Nord-Süd-Gefälle" zwischen den extrem reichen Industrieländern im Norden und den sehr armen Entwicklungsländern im Süden. Wie lässt sich das Ihrer Meinung nach erklären? Welche Maßnahmen müssten getroffen werden, um die Situation zu verbessern?

Vorüberlegungen

1 Nennen Sie einige Länder, die sich Ihrer Meinung nach den folgenden Kategorien zuordnen lassen:

a) Industrieländer: ....

b) Schwellenländer: ....

c) Entwicklungsländer: ....

2 Anstatt „Entwicklungsländer" wird auch der Begriff „Dritte-Welt-Länder" benutzt. Wer oder was war mit der „Ersten" und der „Zweiten Welt" gemeint?

3 Welche Formen der Entwicklungshilfe sind Ihnen bekannt?

4 Welche Schwierigkeiten kann es bei der Entwicklungshilfe geben?

Hinweise zum Thema

Charakteristika der Industrieländer:

- hohes Bruttoinlandsprodukt (= Wert aller Waren und Dienstleistungen, die ein Land innerhalb eines Jahres produziert)
- hoher Lebensstandard im Bevölkerungsdurchschnitt
- relativ große Mittelschicht
- hohe Arbeitsproduktivität in der Industrie durch moderne Technologien und Verfahren
- hochwertige Dienstleistungen
- gut ausgebaute Infrastruktur, gute medizinische Versorgung
- meist niedrige Geburtenrate, niedrige Säuglingssterblichkeit
- Bevölkerung hat eine gute Allgemeinbildung und Ausbildung
- hohe Erträge bringende Landwirtschaft bei gleichzeitig niedrigem Anteil des Agrarsektors am Sozialprodukt
- genügend Nahrung für die Bevölkerung vorhanden (Überernährung)
- stabiles politisches System, rechtsstaatliche Verfahren

Charakteristika der Entwicklungsländer:

- relativ niedriges Bruttoinlandsprodukt
- niedriger Lebensstandard im Bevölkerungsdurchschnitt, große Einkommens- und Vermögensunterschiede
- relativ kleine Mittelschicht
- meist veraltete Industrien mit geringer Arbeitsproduktivität oder kaum vorhandene Industrie
- meist Außenhandelsdefizit (mehr Importe als Exporte) → starke Verschuldung
- schwache Infrastruktur, medizinische Unterversorgung
- meist hohe Geburtenrate, hohe Säuglingssterblichkeit
- kaum Bildungsmöglichkeiten für die Bevölkerung (Analphabetismus)
- veraltete Landwirtschaft, die nicht genügend Erträge für die eigene Bevölkerung erbringt (→ Mangelernährung oder Unterernährung)
- instabile politische und rechtliche Verhältnisse, Korruption und Nepotismus weit verbreitet
- starke Abhängigkeit von reichen Ländern, oft hohe Schulden bei diesen Ländern

Vorschlag zur Gliederung in Stichworten

Einleitung

Vorschläge zur Auswahl:

- einige wichtige Charakteristika der Entwicklungsländer
- unterschiedlicher Lebensstandard in verschiedenen Kontinenten
- durch die Medien sind die Probleme der ärmeren Länder ständig präsent
- Armut bzw. Unterentwicklung kann zu Flüchtlingsströmen führen

Hauptteil

Gründe für die heutige Situation:

- sehr große, wachsende Diskrepanz zwischen dem Entwicklungsstand der Geber- und der Nehmerländer
- zu wenig oder falsche finanzielle und wirtschaftliche Unterstützung der Entwicklungsländer
- Wille zur systematischen Hilfe nicht immer vorhanden

Schwierigkeiten bei der Entwicklungshilfe:

- Industrieländer wollen Mitspracherecht bei der Verwendung von Entwicklungshilfegeldern
  → Empfängerländer fühlen sich bevormundet wie zu Zeiten der Kolonien
- Konflikte innerhalb eines Empfängerlandes lähmen die Entwicklung
- Patentrezepte, die in den Industrieländern funktionieren, sind nicht immer übertragbar → andere klimatische Bedingungen und gesellschaftliche Voraussetzungen, andere Kulturen, Religionen usw.
- unterschiedliche Prioritäten der Geber- und Nehmerländer → z.B. Industrieländer wollen vorwiegend eigene Exporte fördern, Entwicklungsländer wollen Absatzmärkte für ihre Agrarprodukte erschließen
- religiöse Gegensätze erschweren Hilfeleistungen
- als ökologisch bedenklich oder katastrophal eingeschätzte Prestigeobjekte (z.B. Staudämme) wollen die einheimischen Regierungen trotz großer internationaler Bedenken verwirklichen
- Industrieländer wie die EU-Länder wehren sich mit hohen Zöllen oder Importkontingentierung gegen die Einfuhr von Agrarerzeugnissen, Stahl usw. und behindern damit die Entwicklung ärmerer Länder
- Monokulturen in der Landwirtschaft (nur ein Produkt wird angebaut, z.B. Bananen); damit extreme Abhängigkeit von der Weltkonjunktur
- ein Teil des Geldes wird von einem umfangreichen Verwaltungsapparat in beiden Ländern verschlungen, oft ausgeprägte Korruption → Geld erreicht nicht die tatsächlich Bedürftigen
- „Gießkannenprinzip": überall gibt es nur ein bisschen Geld, so dass kein Projekt wirklich vorankommt

Erfolg versprechende Konzepte:

- einheimische Berater zur Projektgestaltung von Entwicklungshilfe heranziehen
- weniger Arroganz der „reichen" Länder
- weniger kurzfristige Hilfe, die nur eine momentane Verbesserung verspricht, sondern langfristige Projekte
- Hilfe zur Selbsthilfe:
  - bessere Schulbildung für die Bevölkerung (besonders der Frauen), damit die Menschen in der Lage sind, selbst Informationen aufzunehmen und zu werten
  - Verbesserung schon vorhandener Geräte in der Landwirtschaft und in der einheimischen Industrie, so dass die Menschen auch ohne teure, importierte Ersatzteile arbeiten können
  - Rückbesinnung auf traditionelle Methoden, auch mit modernen Hilfsmitteln
- gerechteres und angemesseneres Kreditsystem des Internationalen Währungsfonds
- Schulung von Fachkräften, die in ihrem Land wieder andere weiterbilden können („Schneeballprinzip")
- Entsendung von erfahrenen Fachkräften aus den Industrieländern, die bereits pensioniert sind, aber noch sinnvoll beschäftigt werden wollen
- individuelle Konzepte für jedes Land

Schluss

Vorschläge zur Auswahl:

- unbefriedigende Situation heute, Änderungsideen für die Zukunft
- Betonung der eigenen Meinung bzw. der wichtigsten Gründe für dieses Problem
- wichtigste Schritte, die jetzt unternommen werden sollten

zu diesem Thema siehe auch: **Geld und Wirtschaft**

5 **Formulieren Sie nun mit Hilfe der Stichworte einen Vortrag bzw. einen Aufsatz. Verwenden Sie dabei die Formulierungshilfen aus der Aufstellung auf Seite 289.**

Übungen zu Grammatik und Wortschatz

⑥ **Bilden Sie aus dem unterstrichenen Satzteil einen Nebensatz.**

Beispiel: Wegen der großen Armut ihrer Familien müssen die Kinder in den Entwicklungsländern oft schon vor dem Schulalter arbeiten.
Weil ihre Familien sehr arm sind, müssen die Kinder in den Entwicklungsländern oft schon vor dem Schulalter arbeiten.

a) Trotz des Aufbaus eines neuen Bewässerungssystems wollten die Bauern lieber ihre alten Pumpen benutzen.

....

....

b) Die Provinzverwaltung beantragte einen Millionenkredit für die Durchführung des Familien-planungsprojekts.

....

....

c) Erst nach dem Bau der Schnellstraße durch den Regenwald beobachteten die Wissenschaftler, dass sich viele Tiere in andere Gebiete zurückzogen.

....

....

d) Durch den Einsatz des Finanzministers konnten die Entwicklungshilfegelder erhöht werden.

....

....

e) Die Hilfsgüter konnten wegen der starken Regenfälle im Notstandsgebiet nur verspätet geliefert werden.

....

....

f) Die Wiederherstellung der abgebrochenen diplomatischen Beziehungen gestaltet sich sehr kompliziert.

....

....

⑦ **Bilden Sie aus den Wörtern Sätze.**

a) Team – „Ärzte ohne Grenzen" – aufnehmen – nächster Monat – Tätigkeit

....

....

b) Entwicklungshilfeexperten – sich verschaffen – Überblick – Projekt

....

....

c) gestern – führen – Verantwortliche – Gespräche – Aufbau – Infrastruktur

....

....

d) gute Ergebnisse – Alphabetisierungsprogramm – lassen – wir – Mut – fassen

....

....

e) Einheimische – schenken – ausländische Experten – kein Vertrauen – sie – ihre Sprache – nicht – sprechen *(Kausalsatz)*

....

....

f) neues Schulungsprojekt – Landwirte – zeigen – schon – kurze Zeit – Erfolg

....

....

8 **Lesen Sie die Erklärungen zu den Verben. Unterstreichen Sie dann das jeweils passende Verb.**

sich entwickeln	– entstehen, zu etwas werden
voran/kommen	– vorwärts kommen, einem Ziel näher kommen, Fortschritte machen
voran/schreiten	– rasche Fortschritte machen, sich positiv entwickeln
vorwärts kommen	– vorankommen, sich einem positiven Ziel entgegen bewegen
auf/bauen	– etw. aus einzelnen Teilen zusammenbauen, etw. neu schaffen oder organisieren
fort/schreiten	– größer, intensiver oder stärker werden

Beispiel: Sollte die Trockenheit in der Wüste *fortschreiten* / *sich entwickeln*, werden auch die letzten Brunnen vertrocknen.

a) Die Arbeiten an der neuen Schnellstraße *kommen gut voran* / *werden gut aufgebaut.*

b) Nachdem ein gutes Bewässerungssystem angelegt worden ist, *kann sich die Landwirtschaft gut entwickeln* / *kann die Landwirtschaft gut vorwärts kommen.*

c) Um mit dem Alphabetisierungsprogramm der Bevölkerung *voranzuschreiten* / *aufzubauen*, benötigt man viele gut ausgebildete Lehrer.

d) Auch in den ländlichen Gebieten sollten Krankenstationen *entwickelt* / *aufgebaut* werden, damit ein Minimum an medizinischer Versorgung gewährleistet werden kann.

e) Dass die Entwicklung der Wirtschaft in manchen ärmeren Ländern *nicht vorwärts kommt* / *sich nicht entwickelt*, kann vielfältige Gründe haben.

f) Diese Seuche *schreitet* / *kommt* in den Slums der armen Länder sehr schnell *fort* / *voran*, weil die Betroffenen kein Geld für Medikamente haben.

21. Entwicklungshilfe

⑨ Ergänzen Sie die fehlenden Präpositionen.

a) Not leidende Länder sollten nicht .... Hilfe bitten müssen. Besonders wenn dringend Nahrungsmittel und Medikamente benötigt werden, sollte man sich .... bürokratische Hindernisse hinwegsetzen.

b) Die Hilfsaktion für die .... der Dürrekatastrophe betroffenen Gebiete muss .... internationaler Basis organisiert werden.

c) Die Kleiderpakete, die die Schüler gesammelt hatten, wurden .... das Rote Kreuz in Berlin adressiert.

d) Es ist wichtig, dass die Ureinwohner dieser Region .... ihre alten Traditionen anknüpfen und sich nicht zu sehr .... den Industrienationen orientieren.

e) Seit dem Ausbruch des Bürgerkriegs leben die Menschen .... Brot und Wasser.

f) Die Helfer .... „Ärzte ohne Grenzen" werden oft .... großen Problemen konfrontiert.

Übrigens ...

Vorsilben zur Verstärkung von Adjektiven

Adjektive können durch eine Vorsilbe verstärkt werden. So bedeuten beispielsweise „erzkonservativ" oder „ultrakonservativ" sehr konservativ.

Folgende Vorsilben sind relativ häufig:

1. ur-   4. hyper-   7. tief-
2. erz-   5. ultra-   8. bitter-
3. super-   6. hoch-   9. tod-

---

⑩ Ergänzen Sie die Adjektive in der richtigen Form.

| hochaktuell | tiefreligiös | todmüde | uralt | ~~superschnell~~ | erzkatholisch *(negativ bewertend)* |
| ultralinks | hypermodern | hochempfindlich | bitterkalt |

Beispiel: Die Nachricht von dem schrecklichen Erdbeben hat sich superschnell verbreitet.

a) Keiner kennt das Alter dieser Ruinen, aber sie sind sicher ....

b) Menschen, die die Gebote der katholischen Kirche sehr strikt befolgen, werden von anders Denkenden als .... bezeichnet.

c) Es hilft den Bauern in den Entwicklungsländern wenig, ... Maschinen zu erhalten, wenn es dann keine Ersatzteile dafür gibt.

d) .... Nachrichten zu Folge ist die Versorgungssituation im Krisengebiet immer noch dramatisch.

e) .... Moslems wollen einmal in ihrem Leben nach Mekka reisen.

f) Nach einem anstrengenden Arbeitstag bei großer Hitze fiel der Entwicklungshelfer .... in sein Bett.

g) Die Partisanen werden von der konservativen Presse als .... bezeichnet.

h) Die Mitglieder der Wüstenexpedition hatten nicht erwartet, dass es dort in der Nacht .... wird.

i) Vor dem Einsatz der .... Geräte sollte man alle Beteiligten mit ihrer Funktionsweise vertraut machen und auf die Sensibilität hinweisen.

Wortschatz

Verben

aus/beuten – 1. etwas völlig ausnutzen, 2. jdn. zwingen, etwas zu geben und davon profitieren → *Ausbeutung (die)*
Die Kolonien wurden von ihren Kolonialherren ausgebeutet.

bei/tragen zu + D **(trägt bei, trug bei, hat beigetragen)** – mithelfen bei etw. / sich durch eine Leistung oder Geld an etw. beteiligen
Alle Industrieländer müssen zur Entwicklungshilfe beitragen.

bevormunden – jdn. nicht allein entscheiden und handeln lassen
→ *Bevormundung (die)*
Keine Regierung will sich von einer anderen bevormunden lassen.

entbehren – etwas nicht haben
Wenn man lange etwas entbehrt hat, lernt man es später umso mehr schätzen.

fort/schreiten **(schritt fort, ist fortgeschritten)** – etwas entwickelt sich weiter / etwas wird größer, intensiver → *Fortschritt (der, -e), fortschrittlich*
Die Zerstörung des Regenwaldes schreitet fort, ohne dass es Programme gibt, die das verhindern könnten.

kooperieren – zusammenarbeiten (besonders im wirtschaftlichen oder politischen Bereich) → *Kooperation (die)*
Kleine Nachbarstaaten sollten im wirtschaftlichen Bereich kooperieren, um größere volkswirtschaftliche Gewinne zu erzielen.

koordinieren – verschiedene Aktivitäten in ein organisiertes Ganzes bringen, so dass der Ablauf funktioniert → *Koordination (die, -en), Koordinator (der, -en)*
Das deutsche Rote Kreuz koordiniert die Spendentransporte in die Hungergebiete.

spenden – freiwillig Sachen, Geld oder Lebensmittel schenken
In der Weihnachtszeit spenden die Leute besonders viel Geld für die Armen in der Welt.

unterstützen – helfen, indem man jdn. mit etwas versorgt, das er dringend benötigt (z.B. Geld, Lebensmittel)
Mit den Entwicklungshilfegeldern werden viele verschiedene Programme in der Landwirtschaft unterstützt.

sich verschulden – sich Geld leihen, das zurückgezahlt werden muss
→ *Verschuldung (die)*
Durch die lange Dürreperiode haben sich viele afrikanische Länder stark verschuldet, denn sie mussten viele Nahrungsmittel einführen.

21. Entwicklungshilfe

Nomen

Abhängigkeit (die) (↔ Unabhängigkeit, Selbstständigkeit) – Zustand, in dem man auf Hilfe angewiesen ist, von außen gesteuert oder beeinflusst wird
→ *in Abhängigkeit geraten, abhängig*
Durch die hohen Schulden sind viele arme Länder in finanzielle Abhängigkeit von den Kredit gebenden Ländern geraten.

Agrarstaat, (der, -en) – ein Staat, dessen Einnahmen überwiegend aus landwirtschaftlicher Produktion stammen
Vor der Industrialisierung war England ein Agrarstaat.

Analphabet (der, -en) – Mensch, der nicht lesen und schreiben kann
→ *Analphabetismus (der)*
Obwohl es seit Jahren die Schulpflicht gibt, gibt es immer noch Analphabeten.

Außenhandelsbilanz (die) – Gegenüberstellung der Importe und Exporte eines Landes
Deutschland erwirtschaftet seit Jahren wegen seiner stark exportorientierten Wirtschaft einen Überschuss in der Außenhandelsbilanz.

Beitrag (der, -träge) – 1. Mitwirkung bei etwas / der Anteil, mit dem sich jemand bei etw. beteiligt → *einen Beitrag leisten*, 2. regelmäßige Zahlung an eine Organisation, deren Mitglied man ist → *der Mitgliedsbeitrag, der Krankenkassenbeitrag*
zu 1: *Milton Friedman leistete einen bedeutenden Beitrag zur Geldtheorie.*
zu 2: *Der jährliche Beitrag, den die Mitglieder bezahlen, beträgt 50 Euro.*

Bevölkerungswachstum (das) – Zunahme der Bevölkerung (durch Geburtenüberschuss und / oder Einwanderungsüberschuss)
Das hohe Bevölkerungswachstum ist ein Problem für das Land, weil mehr Wohnraum, Schulen und Arbeitsplätze benötigt werden.

Bruttoinlandsprodukt (das, -e) – Summe aller Waren und Dienstleistungen, die ein Land innerhalb eines Jahres produziert
Um die Entwicklung der Wirtschaftskraft eines Landes darzustellen, vergleicht man das Bruttoinlandsprodukt der entsprechenden Jahre.

Diktatur (die, -en) – unbeschränkte Herrschaft einer Person oder Gruppe
Während einer Diktatur werden viele Menschenrechte eingeschränkt.

Entwicklungshelfer (der, -) – jemand, der in einem Entwicklungshilfeprojekt arbeitet
Er möchte als Entwicklungshelfer in Lateinamerika arbeiten.

Entwicklungsstand (der) – das Stadium, in dem sich die Entwicklung einer Sache befindet
Oft wird der hohe Entwicklungsstand der japanischen Forschung gerühmt.

Ertrag (der, -träge) – 1. die Einnahmen aus einer Arbeit oder Geschäftätigkeit, 2. die hergestellte Menge an Gütern einer Volkswirtschaft oder einer Branche
zu 1: *Nach einem arbeitsreichen Erwerbsleben konnte Herr Grebe von dem Ertrag seiner Arbeit eine Villa kaufen.*
zu 2: *Durch das Unwetter gab es nur geringe landwirtschaftliche Erträge.*

Existenzminimum (das) – das Mindeste an Essen, Kleidung und Wohnen, das ein Mensch zum Leben benötigt
In den Slums von Rio de Janeiro leben viele Menschen unter dem Existenzminimum.

Familienplanung (die) – bewusste Planung der Geburt von Kindern durch Geburtenkontrolle
Die Erfindung der Pille hat die Familienplanung sehr stark beeinflusst.

Grundnahrungsmittel (das, -) – die für die Ernährung wichtigsten Nahrungsmittel, die jeder essen sollte (z.B. Reis, Brot)
Die Flüchtlinge sollten zumindest mit den Grundnahrungsmitteln versorgt werden.

Gefälle (das) – die (meist sehr große) Differenz zwischen zwei Dingen
Es gibt ein großes Gefälle zwischen Armen und Reichen in den Entwicklungsländern.

Hilfsgüter (Plural) – Produkte, die zur schnellen Hilfe in ein Krisengebiet geschickt werden
Die Hilfsgüter wurden mit Hubschraubern in das Überschwemmungsgebiet gebracht.

Kolonialherrschaft (die) – Herrschaft eines auswärtigen Staates über ein Gebiet → *Kolonie (die, -n)*
Die Kolonialherrschaft verhinderte, dass sich die betroffenen Länder nach den eigenen Vorstellungen entwickeln konnten.

Kolonie (die, -n) – 1. auswärtiger Territorialbesitz eines Staates, von diesem wirtschaftlich und politisch abhängig, 2. eine Gruppe von Personen gleicher Nationalität, die im Ausland leben und dort nach ihrer Tradition leben
zu 1: *Indien war lange Zeit eine Kolonie Großbritanniens.*
zu 2: *Deutsche Künstler bildeten im 19. Jahrhundert eine deutsche Kolonie in Rom.*

Maßnahme (die, -n) – eine Handlung oder Regelung, die einen bestimmten Zweck verfolgt → *eine Maßnahme treffen*
Es wurden zahlreiche Maßnahmen getroffen, um die Landbevölkerung zu alphabetisieren.

Mitmensch (der, -en) – Mensch, der in der gleichen Gesellschaft lebt / der Nächste
Man sollte bei seinen Handlungen immer auch an die Mitmenschen denken.

Nächste (der, -n) (veraltet) – Mensch, der in derselben Gesellschaft lebt / Mitmensch
In der Bibel steht, man solle seinen Nächsten lieben.

Rückschlag (der, -schläge) – eine unerwartete, negative Entwicklung → *einen Rückschlag erleiden*
Durch die weltweite Rezession erlitt die Wirtschaft überall einen Rückschlag.

Schwellenland (das, -länder) – Land, dessen Wirtschaft und Lebensstandard schnell wachsen und das in absehbarer Zeit ein entwickeltes Land sein wird
Der Begriff „Schwellenland" für ein Land, das sich ökonomisch positiv entwickelt, ist bei Soziologen umstritten.

Slum (der, -s) – Wohngegend einer Stadt mit sehr ärmlichen, elenden Wohnverhältnissen / Elendsviertel
In den Slums gibt es keine Kanalisation und keine Wasserversorgung.

Solidarität (die) – Zusammenhalten von Personen mit ähnlichen Zielen → *solidarisch*
Mit Solidarität und Hilfsbereitschaft lässt sich vieles erreichen.

Spende (die, -n) – freiwilliges Geschenk → *Sachspende, Geldspende, spenden*
Viele Hilfsorganisationen sind auf die Spenden anderer angewiesen.

Subvention (die, -en) – finanzielle Unterstützung zu einem bestimmten Zweck, z.B. werden Grundnahrungsmittel in vielen Ländern subventioniert, damit alle Leute sie kaufen können → *subventionieren*
Die Subvention der Grundnahrungsmittel soll in diesem Land bald abgeschafft werden.

Teufelskreis (der) – eine ausweglose Situation, die durch eine negative Entwicklung entsteht, und dann weitere negative Entwicklungen zur Folge hat
Viele Länder befinden sich in einem Teufelskreis der Schulden, denn sie müssen Kredite aufnehmen, um die Zinsen der alten Schulden abzubezahlen.

Unterversorgung (die) – Situation, in der es von einer Sache oder einer Dienstleistung zu wenig gibt
Von der medizinischen Unterversorgung sind ländliche Gebiete besonders betroffen.

Unterstützung (die, -en) – Hilfeleistung
Die Flüchtlinge können nur durch die Unterstützung von internationalen Hilfsorganisationen überleben.

21. Entwicklungshilfe

Weltbank (die) – (International Bank for Reconstruction and Development =
Internationale Bank für Wiederaufbau und Entwicklung) internationale
Finanzorganisation der Mitgliedsländer des Internationalen Währungsfonds
(IMF), die Kredite an die Mitgliedsstaaten vergibt
*Nach dem verheerenden Erdbeben hoffen alle Politiker des Landes auf eine groß-
zügige Unterstützung der Weltbank.*
Weltmarkt (der) – weltweiter Handel
*Der Kaffeepreis auf dem Weltmarkt kann die Wirtschaft der Kaffee produzierenden
Länder entscheidend beeinflussen.*

Adjektive

korrupt – bestechlich / jemand, der sich durch Geld oder andere Vergünstigungen
verleiten lässt, etwas zu tun, was gegen das Gesetz oder die Moral ist
→ *Korruption (die)*
Diese Regierung ist korrupt, sie lässt sich von allen bestechen.
unterentwickelt – weniger entwickelt als der Durchschnitt
In den Entwicklungsländern ist die Industrie meistens unterentwickelt.

Ausdrücke

Not lindern – eine schwierige Situation oder Mangelsituation durch Taten
verbessern
Mutter Teresa hat durch ihr gutes Werk viel Not gelindert.

Weitere Fragestellungen zum Thema

1. Die Erdbevölkerung wächst immer noch mit dramatischer Schnelligkeit. Wie sollte man Ihrer Meinung nach mit diesem Problem umgehen?

2. Welchen Bereich würden Sie in der Entwicklungshilfe, wenn Sie die Entscheidungsgewalt hätten, am meisten fördern, die Erziehung, die Landwirtschaft, die Industrie oder den Aufbau der Infrastruktur? Begründen Sie Ihre Wahl.

3. Würden Sie selbst gern einmal als Entwicklungshelfer oder Entwicklungshelferin arbeiten? Begründen Sie Ihre Entscheidung.

4. Beschreiben Sie ein Ihnen bekanntes Entwicklungshilfeprojekt. Stellen Sie dar, inwiefern es erfolgreich war bzw. ist oder nicht.

5. Welche Form der Entwicklungshilfe kann erfolgreich sein, welche nicht? Wie sollte eine effektive Entwicklungshilfe aussehen?

6. „Die Industrieländer sind auf Kosten der Entwicklungsländer reich." – Stimmen Sie dieser These zu? Begründen Sie Ihre Meinung.

7. In der Europäischen Union und in Nordamerika werden jährlich Tonnen von Nahrungsmitteln vernichtet, um die Preise auf dem Weltmarkt stabil zu halten. Auf der anderen Seite gibt es Länder, wo die Menschen an Hunger sterben. Nehmen Sie dazu Stellung.

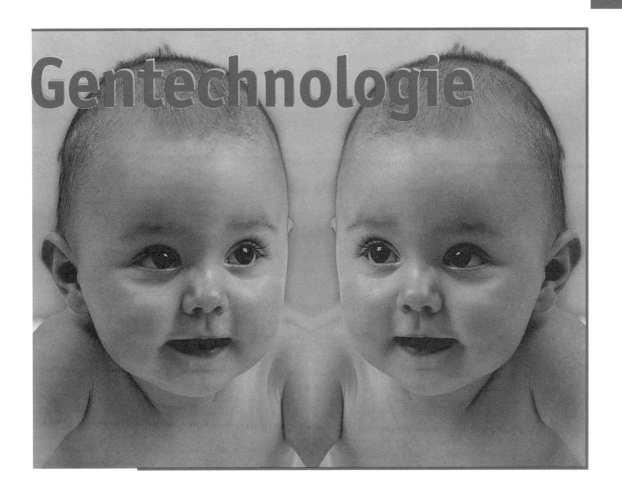

Gentechnologie

Berichte über Erfolge der Gentechnologie lösen unter Wissenschaftlern und Laien immer wieder heftige Diskussionen darüber aus, ob das Risiko nicht den Nutzen überwiege und ob sich die Wissenschaft nicht Schranken auferlegen müsse. Nehmen Sie ausführlich Stellung.

Vorüberlegungen

1 Was ist Gentechnologie?
2 In welchen Bereichen spielt die Gentechnologie Ihrer Meinung nach eine Rolle?

Vorschlag zur Gliederung in Stichworten

Einleitung

Vorschläge zur Auswahl:

– Definition und Zielsetzung der Gentechnologie
– bis jetzt größte Erfolge: z.B. Insulinherstellung, Herstellung von Medikamenten (z.B. gegen Krebs, Aids), Klonung von Tieren (z.B. Schaf „Dolli"), Entschlüsselung des menschlichen Erbguts
– Gentechnologie ist ein Forschungsbereich, in den viel Geld investiert wird
– wichtigste Zukunftstechnologie
– bisher verursachte Schäden dieser Technologie gelten als unbedeutend
– aktuelles Ereignis zu diesem Thema

Hauptteil

mögliche Vorteile der Gentechnologie:

– wichtig bei der Entwicklung neuer Medikamente
– wichtig bei der Bekämpfung von Krankheiten, wie z.B. Krebs
– soll helfen, weniger Pflanzenschutzmittel einzusetzen
– soll den Nahrungsmittelmangel besonders in armen Ländern bekämpfen (größere Ernten, widerstandsfähige Pflanzen)
– Gentechnologie soll die negativen Folgen des Älterwerdens verhindern oder verzögern
– Bereich der Gentechnologie ist expansiv und bietet Arbeitsplätze

mögliche Nachteile und umstrittene Punkte der Gentechnologie:

– Auswirkungen auf Mensch, Tier und Pflanzen sind nicht absehbar
– Gentechnologie ist schwer kontrollierbar, man kann diese Technik nicht einfach „abschalten"
– Missbrauch ist nicht auszuschließen
– wirtschaftliche Interessen und Gewinnstreben könnten über ethische Aspekte dominieren
– gesetzliche Grundlage fehlt
– unklar, wer für mögliche Schäden haftet bzw. die Verantwortung dafür übernimmt
– in die Gentechnologie fließt viel Geld, alternative Bereiche werden vernachlässigt
– zweifelhaft, ob positive Ergebnisse wirklich allen zugute kommen oder nur einer reichen Elite

Schluss

Vorschläge zur Auswahl:

– der Mensch muss die Entwicklungsrichtung festsetzen und kontrollieren
– Risiken müssen so gering wie möglich gehalten werden
– Erfolge und Risiken der Gentechnologie müssen abgewogen werden

zu diesem Thema siehe auch: **Medizin, Wissenschaft und Zukunft**

③ **Formulieren Sie nun mit Hilfe der Stichworte einen Vortrag bzw. einen Aufsatz. Verwenden Sie dabei die Formulierungshilfen aus der Aufstellung auf Seite 289.**

Übungen zu Grammatik und Wortschatz

4 **Ersetzen Sie die unterstrichenen Ausdrücke durch ein passendes Modalverb, und formen Sie entsprechend um.**

Beispiel: Einige Wissenschaftler behaupten, die Gentechnologie <u>sei in der Lage</u>, große Probleme der Menschheit zu lösen.
Einige Wissenschaftler behaupten, dass die Gentechnologie große Probleme der Menschheit lösen könne.

a) Um einen Missbrauch der Gentechnologie zu vermeiden, <u>sind</u> einheitliche internationale Standards <u>erforderlich</u>.

....

....

b) Es gibt Wissenschaftler, die <u>sich weigern</u>, in diesem Bereich zu forschen.

....

....

c) Immer wieder wird darüber diskutiert, wie sich die Gentechnologie <u>wohl</u> entwickeln <u>wird</u>.

....

....

d) Eine bekannte Firma wurde damit <u>beauftragt</u>, ein neues Medikament mit Hilfe der Gentechnologie zu entwickeln.

....

....

e) Man <u>nimmt an</u>, dass sich die Gentechnologie rasch entwickeln wird.

....

....

f) <u>Wie</u> aus Regierungskreisen <u>verlautet</u>, wird im kommenden Jahr mehr Geld für die Forschung ausgegeben.

....

....

5 **Ergänzen Sie die fehlenden Präpositionen.**

a) Der Professor fand die Idee des Studenten nicht gut. Er hat ihm da......... abgeraten, ... ersten Semester das Studium zu unterbrechen.

b) Die drei Wissenschaftler haben .... Fachzeitschriften da......... aufmerksam gemacht, dass bei dem Medikament gefährliche Nebenwirkungen auftreten.

c) Die Firma hatte erst .... Beendigung des Forschungsprojekts das Gehalt .... das Konto des Wissenschaftlers überwiesen, also zwei Monate später als vereinbart.

22. Gentechnologie

d) Der Politiker hat ……… seiner Rede dar……… hingewiesen, dass der erste Versuch missglückt ist, aber auch versichert, dass ……… Zukunft aber keine Probleme mehr auftreten werden.

e) Die Firmen, die sich ……… der Genmanipulation beschäftigen, spekulieren ……… große Gewinne und scheuen auch nicht ……… großen Investitionen zurück.

f) Es grenzt manchmal ……… ein Wunder, dass sich manche Firmen trotz wiederholter Verstöße ……… die Gesetze immer wieder ……… dem großen Nutzen ihrer Experimente herausreden können.

6 Ergänzen Sie je ein sinnverwandtes Wort und ein Wort, das den Gegensatz ausdrückt.

a) die Erlaubnis = …………………………………… ↔ ……………………………………

b) der Anfang = …………………………………… ↔ ……………………………………

c) die Rache = …………………………………… ↔ ……………………………………

d) der Reichtum = …………………………………… ↔ ……………………………………

7 Bilden Sie aus den Wörtern Sätze.

a) Forscherin – sein – großer Erfolg – Klon-Versuch – nicht – vorbereitet

………………………………………………………………………………………………………

………………………………………………………………………………………………………

b) viele Vertreter – Kirche – üben – starke Kritik – Experimente – lebende Zellen

………………………………………………………………………………………………………

………………………………………………………………………………………………………

c) Mitglieder – diese Kommission – versuchen – gesetzliche Richtlinien – Experimente – lebende Zellen – erarbeiten

………………………………………………………………………………………………………

………………………………………………………………………………………………………

d) dieses Institut – sich beschäftigen – genmanipulierte Pflanzen – Tropen – wachsen – können
(Relativsatz)

………………………………………………………………………………………………………

………………………………………………………………………………………………………

e) viele Ernährungsexperten – sich machen – Sorgen – manche gezüchteten Tiere – plötzlich – erkranken
(Nebensatz)

………………………………………………………………………………………………………

………………………………………………………………………………………………………

f) Genforschung – sollen – helfen – erbliche Krankheiten – Kontrolle – bekommen

………………………………………………………………………………………………………

………………………………………………………………………………………………………

Übrigens ...

endlich – schließlich

endlich: nach langer Erwartung / Verzögerung, nach langem Zweifel, zuletzt

„Endlich" drückt aus, dass man lange und ungeduldig auf etwas gewartet hat und nun erfreut oder erleichtert ist, dass es passiert ist.

schließlich: zum Schluss, am Ende, nach einigem Zögern

„Schließlich" drückt aus, dass nach einer längeren Zeit etwas eintritt, womit man nicht mehr gerechnet hatte.
Als Partikel führt „schließlich" ein zusätzliches und meist abschließendes Argument ein:
Schließlich sollten auch die Kosten berücksichtigt werden.
Es kann auch ausdrücken, dass ein Argument jedem einleuchtet und nicht weiter begründet werden muss:
Ich kann ihn doch nicht verhungern lassen, er ist doch schließlich ein Mensch.

„Endlich" oder „schließlich"? Ein wichtiger Faktor ist die subjektive Sichtweise des Sprechers:
Sie haben nach 10 Jahren schließlich geheiratet.
Niemand hat damit gerechnet, dass sie nach 10 Jahren Zusammenlebens doch noch heiraten. Die emotionale Anteilnahme an diesem Ereignis ist eher gering.
Sie haben nach 10 Jahren endlich geheiratet.
Man hat auf diese Heirat gewartet und ist erleichtert oder erfreut, dass dieses Ereignis stattgefunden hat. Die emotionale Anteilnahme wird deutlich.

8 **Ergänzen Sie „endlich" oder „schließlich".**

a) Meine Frau hat lange auf diesen Moment gewartet. Heute wurde sie .... gefragt, ob sie

   in diesem Forscherteam arbeiten wolle.

b) Er hatte keine Idee, was sie an diesem Abend machen könnten. .... gingen sie ins Kino.

c) Zwei Jahre lang wusste sie nicht, welchen Beruf sie ergreifen sollte. .... wurde sie

   Chemieassistentin.

d) Sie wartete mit großer Freude auf ihren Bruder. Dann stand er .... vor ihr.

e) Sie verpasste das letzte Flugzeug und musste .... mit dem Zug fahren.

f) Komm jetzt .... nach Hause!

g) Sie wollte nicht länger auf ihn warten und ging .... nach Hause.

h) Die Zeit im Labor wollte an diesem Tag nicht vergehen. Um 17.00 Uhr konnte sie dann ....

   ihren Arbeitsplatz verlassen.

i) Keiner hatte mehr damit gerechnet, aber .... wurden die Forschungsgelder bewilligt und

   die Arbeit konnte beginnen.

j) Kannst du nicht .... mit dem Lärm aufhören!

k) Die Politiker wollen die gentechnische Forschung unterstützen, es geht .... um die

   Wettbewerbsfähigkeit der eigenen Industrie.

Wortschatz

Verben

ein/greifen in + A (griff ein, hat eingegriffen) – eine Entwicklung oder Handlung beeinflussen
Die Mutter griff ein, als sie sah, dass ihr Kind mit dem Feuerzeug spielte.

befruchten – weibliche und männliche Samenzelle verbinden, um ein neues Lebewesen entstehen zu lassen
Im Zoo werden Tiere oft künstlich befruchtet, weil sie sich in Gefangenschaft nicht auf natürliche Weise fortpflanzen.

forschen über + A – etwas systematisch, mit den Mitteln der Wissenschaft untersuchen → *Forscher (der, -), Forschung (die, -en), erforschen*
Dieser Biologe forscht über das Verhalten der Affen.

klonen – genetisch identische Kopien von Pflanzen oder Tieren herstellen
Das Schaf Dolli wurde im Labor geklont.

manipulieren – jdn. / etw. beeinflussen, ohne dass er/sie/es es merkt
→ *Manipulation (die, -en)*
Das Ergebnis wurde manipuliert, wichtige Punkte wurden nicht genannt.

vererben – 1. hier: durch Gene etwas an leibliche Nachkommen weitergeben
→ *Vererbung (die)*, 2. nach dem eigenen Tod seine Besitztümer als Erbe überlassen → *Erbe (das) / Erbschaft (die)*
zu 1: *Die Allergie wurde dem Kind von der Mutter vererbt.*
zu 2: *Ich möchte dir mein Haus vererben.*

züchten – Tiere oder Pflanzen halten und vermehren, um besondere Eigenschaften zu erhalten oder zu betonen
Auf dem Bauernhof meiner Tante werden besonders starke und schnelle Pferde gezüchtet.

Nomen

Einsatz (der, -sätze) – Verwendung einer Maschine oder Vorgehensweise
→ *einsetzen*
Er war immer gegen den Einsatz von Tieren in der Arzneimittelforschung.

Erbanlage (die, -n) – die genetische Struktur eines Organismus, die er geerbt hat und durch die er bestimmte Eigenschaften ausbildet
Die Erbanlagen jedes Menschen sind sehr verschieden.

Ethik (die) – die Lehre von den Normen des menschlichen Handelns, d.h. wie sich die Menschen verhalten sollen, um in der Gemeinschaft zusammen existieren zu können
Aristoteles gilt als einer der größten Vertreter der klassischen Ethik.

Fachmann (der, Fachleute) (= Spezialist) – Experte / Person, die sich in einem Fach sehr gut auskennt → *fachmännisch*
Er ist Fachmann für Genetik.

Genussmittel (das, -) – Sache, die der Mensch zum bloßen Genuss isst, trinkt oder raucht, z.B. Kaffee, Tee, Schokolade
Häufig gibt es eine Steuer auf Genussmittel.

Grundnahrungsmittel (das, -) – die für die Ernährung wichtigsten Nahrungsmittel, die jeder essen sollte (z.B. Reis, Brot)
Kartoffeln gehören in Mitteleuropa zu den Grundnahrungsmitteln.

Hormon (das, -e) – ein Stoff, den der Körper bildet, um bestimmte Funktionen zu regulieren
Bestimmte Hormone regeln das Wachstum des Körpers, sie werden deshalb als Wachstumshormone bezeichnet.

Vererbungslehre (die) – Wissenschaft von der Vererbung
Die Vererbungslehre wurde von Gregor Mendel stark beeinflusst.

Adjektive

giftig – eine Substanz enthaltend, die den Tod oder eine Krankheit bringen kann ....

→ *Gift (das, -e)* ....

Schneewittchen erhielt von der Hexe einen giftigen Apfel. ....

hormonell – die Hormone betreffend ....

Ihre Krankheit wurde durch hormonelle Probleme ausgelöst. ....

interdisziplinär – verschiedene Fachgebiete betreffend ....

Umwelttechnik ist ein interdisziplinäres Fach, da es sowohl Chemie als auch ....

Ingenieurwissenschaften umfasst. ....

nahrhaft – mit vielen Kalorien, gesund und sättigend ....

Dieses Brot ist ausgesprochen nahrhaft. ....

Ausdrücke

genetisch manipuliert – mit künstlich beeinflusster Erbinformation ....

Umweltschutzorganisationen warnen davor, genetisch manipuliertes Obst und ....

Gemüse zu essen, da man noch nicht genau weiß, welche Auswirkungen sie ....

auf den menschlichen Organismus haben. ....

jdm. zugute kommen (kam zugute, ist zugute gekommen) – jdm. nützen ....

Die Ergebnisse der Krebsforschung kommen den Kranken jetzt zugute. ....

Weitere Fragestellungen zum Thema

1. Der Mensch hat kein Recht, in die Natur einzugreifen. Nehmen Sie Stellung zu dieser Aussage.

2. Als US-Forscher im Sommer 2000 an die Öffentlichkeit traten und verkündeten, das menschliche Erbgut weitgehend entschlüsselt zu haben, erklärte Präsident Clinton dies zur größten zivilisatorischen Umwälzung seit Erfindung des Buchdrucks. Nehmen Sie Stellung zu dieser These.

3. „Kinder nach Maß" – Eltern können in Zukunft ihren Nachwuchs im Labor bestellen. Sciencefiction oder realistische Perspektive? Wie schätzen Sie diese Aussichten ein?

4. Wie sollte sich der Staat gegenüber ethisch zweifelhaften oder riskanten Forschungsvorhaben verhalten? Streng kontrollieren und gegebenenfalls verbieten oder fördern und unterstützen und mögliche Risiken in Kauf nehmen? Gibt es einen Kompromiss? Begründen Sie Ihre Meinung.

5. Menschliche Organe können heute schon in Reagenzgläsern hergestellt werden. Wie beurteilen Sie diese Entwicklung?

6. Genbehandlung von Nahrungsmitteln – Wo liegen die Grenzen? Begründen Sie Ihre Meinung.

Frieden

Wie könnte man Ihrer Meinung nach Kinder und Jugendliche in den Schulen, im Elternhaus und in anderen Institutionen zu friedlichem Verhalten erziehen?

Vorüberlegungen

1. **Sammeln Sie Adjektive, die den Frieden umschreiben, und andere Adjektive, die den Krieg charakterisieren.**

   Frieden: pazifistisch, ..., ..., ..., ...

   Krieg: aggressiv, ..., ..., ..., ...

2. **Sammeln Sie zusammengesetzte Nomen mit dem Wort „Frieden".**

   Friedensangebot, ..., ..., ...

   ...., ..., ...

3. **Welche Maßnahmen könnten Ihrer Meinung nach langfristig den Frieden zwischen verschiedenen Staaten sichern?**

Vorschlag zur Gliederung in Stichworten

Einleitung

Vorschläge zur Auswahl:

– Zunahme der Gewalt im Alltag
– Kinder sind die Hoffnung auf Frieden in Zukunft
– Frieden ist leider kein Dauerzustand (aktuelles Ereignis)
– Krieg löst bei Menschen große Ängste aus

Hauptteil

Definition von Frieden:

– Abwesenheit von Gewalt, Diskussion statt kämpferischen Auseinandersetzungen
– es herrscht Toleranz

Erziehung zum Frieden allgemein:

– verantwortlich sind Eltern, Schule und andere Institutionen (Sportvereine, Kirche, Pfadfinder usw.)
– Erziehungspersonen sind Vorbilder → beeinflussen das Konfliktverhalten der Kinder

vorbildliches Verhalten heißt:

– Konflikte nicht verdrängen, darüber sprechen und gemeinsam Lösungen finden
– Aggressionen und Wut nicht an anderen auslassen
– keine Gewalt

Eltern:

– Eltern können Kindern zeigen, wie Meinungsverschiedenheiten ohne Gewalt beigelegt werden
– mit steigendem Alter den Kindern Mitspracherecht bei Entscheidungen einräumen, um demokratisches Verhalten zu praktizieren
– „erlebte" Gewalt, z.B. im Fernsehen, mit den Kindern aufarbeiten
– Kindern die Möglichkeit geben, natürliche Aggressionen auszuleben, z.B. beim Sport
– dem Alter entsprechend über Krieg und dessen Folgen aufklären (Zerstörung des Lebens, des Lebensraums, Flüchtlingswellen, Wirtschaftskrisen ...)
– sinnvolle Verbote und Grenzen setzen, aber erklären, warum es sie gibt, damit Kinder sich nicht ungerecht behandelt fühlen

Schule:

– Einrichtung einer Schülermitverwaltung (SMV = von den Schülern demokratisch gewählte Vertreter, bei Problemen vermitteln, Partys für die Schüler organisieren usw.) und anderer Schüleraktivitäten, die auch der Kritik an der Schule dienen und die Schüler zur Teilnahme motivieren → gewisses Mitspracherecht für die Schüler
– bei Problemen zwischen Schülern und Lehrern den Jugendlichen ein Rederecht zugestehen, d.h. auch die Seite der Schüler muss angehört werden
– gegen Mobbing (= Gewalt gegen Mitschüler) angehen
– Aufklärungsaktionen zu Krieg und Frieden organisieren
– in den jeweiligen Fächern (Geschichte, Politische Weltkunde, Ethik usw.) auf Krieg und Frieden eingehen, dabei Wirkung und Folge erklären

andere Institutionen (z.B. Sportvereine, Pfadfinder usw.):

– alle Gruppenmitglieder gleich behandeln
– die geltenden Regeln innerhalb der Gruppe respektieren
– bei Problemen innerhalb und außerhalb der Gruppe offen darüber diskutieren
– Solidarität untereinander fördern

23. Frieden

- üben, öffentlich seine Meinung zu vertreten
- Jugendliche, die zu Gewalt neigen, durch Sozialarbeiter betreuen, um Schlimmeres zu verhüten

Schluss

Vorschläge zur Auswahl:
- was sich Ihrer Meinung nach an der heutigen Situation verbessern könnte
- wie Sie die zukünftige Entwicklung beurteilen
- wie Sie sich selbst als Elternteil verhalten bzw. wie Sie sich verhalten würden

zu diesem Thema siehe auch: **Historische Persönlichkeiten, Schule**

④ **Formulieren Sie nun mit Hilfe der Stichworte einen Vortrag bzw. einen Aufsatz. Verwenden Sie dabei die Formulierungshilfen aus der Aufstellung auf Seite 289.**

Übungen zu Grammatik und Wortschatz

⑤ **Ergänzen Sie die Verben in der richtigen Form.**

erklären	fallen	einhalten	führen	herrschen	schließen	~~vereinbaren~~

Beispiel: Während der Verhandlungen wurde ein dreitägiger Waffenstillstand *vereinbart* .

a) Die Flüchtlinge warten darauf, dass die kämpfenden Parteien endlich Frieden ....

b) Nachdem ganz Europa lange unter dem Krieg gelitten hatte, ... die deutsche Heeresführung im Mai 1945 die bedingungslose Kapitulation.

c) Die amerikanischen Truppen hatten in Vietnam lange Krieg ....

d) Trotz internationaler Bemühungen .... immer noch Krieg in den von Partisanen kontrollierten Gebieten.

e) Im Ersten Weltkrieg .... viele Soldaten in der Schlacht von Verdun, woran ein Soldatenfriedhof dort erinnert.

f) Seit heute Morgen 6.00 Uhr wollen die gegnerischen Parteien den Waffenstillstand .... und nicht mehr schießen.

⑥ **Formen Sie die Sätze um. Verwenden Sie dabei Nomen-Verb-Verbindungen mit den angegebenen Nomen.**

a) Die neuen politischen Maßnahmen wurden überall stark kritisiert. (Kritik)

....

....

b) Als sich die feindliche Truppe näherte, floh die Bevölkerung. (Flucht)

....

....

c) Bismarck wurde im Jahre 1815 geboren. (Welt)

....

....

d) Niemand achtete auf den Kriegsverletzten, der am Straßenrand bettelte. (Beachtung)

....

....

e) Der Fernsehreporter verstand die Probleme der beiden Bürgerkriegsparteien nicht. (Verständnis)

....

....

f) Im Krisengebiet gibt es nicht genug Medikamente. (Mangel)

....

....

7 Ergänzen Sie die fehlenden Präpositionen.

a) Jahrelang kämpften die Menschen im besetzten Gebiet .... ihre Unabhängigkeit.

b) Ich kämpfte lange .... mir, bis ich mich entschloss, um Verzeihung zu bitten.

c) In der russischen Revolution kämpften die Massen .... mehr Freiheit und .... die Ausbeutung der Armen.

d) Das siegreiche Heer konnte den Feind .... die Flucht schlagen.

e) .... dieser Schlacht sind viele Soldaten verletzt und getötet worden.

f) Der General kam .... der Überzeugung, dass er die Schlacht nicht gewinnen könnte.

8 Ergänzen Sie die folgenden Sätze, ohne den Sinn zu verändern.

a) Vor der Unterzeichnung des Friedensabkommens kam es immer wieder zu gewalttätigen Auseinandersetzungen.

...., kam es immer wieder zu gewalttätigen

Auseinandersetzungen.

b) Aufgrund des hohen Sicherheitsrisikos sollen Touristen dieses Gebiet meiden.

...., sollen Touristen dieses Gebiet meiden.

23. Frieden

c) Aus Solidarität mit dem zu unrecht inhaftierten Oppositionspolitiker organisierten seine Parteifreunde eine Demonstration.

.... sich .... mit ....,

organisierten sie eine Demonstration.

d) Kriege werden oft begonnen, weil Politiker machthungrig, fanatisch und gewinnsüchtig sind.

.... werden von Politikern oft Kriege begonnen.

e) Trotz des Verbots dieser Waffen kommen sie immer wieder zum Einsatz.

...., kommen sie immer wieder

zum Einsatz.

f) Unter der Bedingung eines sofortigen Einfuhrstopps von Waffen sind die gegnerischen Truppen zu Gesprächen bereit.

...., sind die gegnerischen

Truppen zu Gesprächen bereit.

Übrigens ...

Vorsilben bei Nomen

Vorsilben ändern die ursprüngliche Bedeutung von Nomen.

Häufige Vorsilben sind:

Über-	zu groß, zu hoch, z.B. Übergröße
Riesen-	sehr groß, riesig, z.B. Riesenerfolg
Spitzen-	größt-, höchst-, z.B. Spitzensportler
Blitz-	sehr schnell, z.B. Blitzaktion
Ur-	lange zurückliegend, original, z.B. Urzeit
Haupt-	das Wichtigste, das Zentrale, z.B. Hauptbahnhof
Neben-	untergeordnet, schwächer, z.B. Nebenberuf
Fehl-	falsch, verkehrt, schlecht, z.B. Fehlentscheidung

9 **Bilden Sie mit passenden Vorsilben neue Nomen. Erklären Sie dann die Bedeutung dieser Nomen. Manchmal sind mehrere Kombinationen möglich.**

Beispiel: Stadt – Riesenstadt = sehr große Stadt
– Hauptstadt = Regierungssitz eines Landes

Angebot	Krieg	Buchung	Gespräch	Gestein	Anschluss	Aufgabe	Eifer	Schlange
	Beschäftigung	Fach	Berechnung	Gehalt	Betrag	Karriere		

....

....

....

....
....
....
....
....
....
....
....
....
....
....
....

Wortschatz

Verben

ab/rüsten (↔ auf/rüsten) – Waffen und militärische Ausrüstung abbauen
→ *Abrüstung (die)*
Da die Politiker wollen, dass abgerüstet wird, werden nun gezielt bestimmte Waffen vernichtet.

an/greifen (griff an, hat angegriffen) – einen Kampf beginnen → *Angriff (der, -e)*
Die feindliche Armee wollte die Stadt am frühen Morgen angreifen.

auf/rüsten (↔ ab/rüsten) – Zahl der Waffen vergrößern → *Aufrüstung (die)*
Vor dem Ersten Weltkrieg wurde die deutsche Marine aufgerüstet.

aus/mustern – 1. wegen schlechter Gesundheit nicht zum Militär einziehen, 2. alte
Dinge nicht mehr benutzen
zu 1: *Weil er ein schweres Nierenleiden hatte, wurde er ausgemustert und brauchte keinen Wehrdienst zu leisten.*
zu 2: *Karola muss endlich ihre alten Kleidungsstücke ausmustern, sie wird sie sicher nie mehr tragen.*

befehlen (befiehlt, befahl, hat befohlen) – mitteilen, dass etwas getan werden
muss / anordnen → *Befehl (der, -e)*
Der Offizier befahl den Soldaten zu schießen.

besetzen – hier: ein Gebiet mit militärischen Mitteln einnehmen und
beherrschen / okkupieren → *Besetzung (die, -en)*
Nach langem Kampf eroberten und besetzten die Truppen die Stadt.

bewaffnen (↔ entwaffnen) – mit Waffen ausstatten → *Bewaffnung (die, -en)*
Alle Einwohner der Stadt sollten sich verteidigen können, deshalb bewaffneten sie sich mit allen möglichen Gewehren und Pistolen.

desertieren – sich ohne Erlaubnis von seiner militärischen Einheit entfernen ....
→ *Deserteur (der, -e), Desertion (die, -en)* ....
Soldaten, die desertieren, müssen mit der Todesstrafe rechnen. ....

jdm. drohen – jdn. einschüchtern, so dass er etwas nicht tut / durch eine Handlung ....
zeigen, dass jdm. bald etwas Unangenehmes geschieht → *Drohung (die, -en)* ....
Wenn er dem Offizier nicht gehorcht, droht ihm eine Strafe. ....

ein/marschieren – Truppen in ein Gebiet entsenden und es unterwerfen ....
→ *in ein Land einmarschieren* ....
Als die Alliierten in Paris einmarschierten, wurden sie als Befreier gefeiert. ....

entwaffnen (↔ bewaffnen) – die Waffen wegnehmen ....
Nach ihrer Gefangennahme wurden die feindlichen Soldaten entwaffnet. ....

erobern – durch einen erfolgreichen Kampf die Kontrolle erlangen ....
Troja wurde nach einer zehnjährigen Belagerung erobert. ....

explodieren – durch inneren Druck zerplatzen, z.B. Auseinandersprengen einer ....
Bombe oder einer Granate → *Explosion (die, -en)* ....
Die Granate explodierte in der Luft und richtete großen Schaden an. ....

flüchten vor + D – vor einer Gefahr weglaufen, um Schutz zu suchen ....
→ *Flucht (die), Flüchtling (der, -e)* ....
Viele Bewohner flüchteten vor den Bombenangriffen von der Stadt aufs Land. ....

sich hüten vor + D – vorsichtig sein / sich vorsehen / vermeiden ....
Vor dieser Pflanze müsst ihr euch hüten, denn sie ist giftig. ....

kapitulieren – sich dem Feind ergeben und unterwerfen → *Kapitulation (die, -en)* ....
Im August 1945 kapitulierte Japan und der Zweite Weltkrieg war zu Ende. ....

mobil/machen – in einer Krise Männer zusätzlich zum Militär einziehen und das ....
militärische Gerät in kriegsbereiten Zustand versetzen / (Truppen) mobilisieren ....
→ *Mobilmachung (die)* ....
Nach der Kriegserklärung wurde sofort mobilgemacht, um die Streitkräfte zu ....
vergrößern. ....

mustern – 1. beim Militär ärztlich untersuchen, um festzustellen, ob jemand ....
für den Militärdienst geeignet ist → *Musterung (die)*, 2. genau betrachten ....
zu 1: Wenn die Männer gemustert worden sind, wird festgestellt, ob sie den ....
Wehrdienst antreten können oder nicht. ....
zu 2: Als Maria das erste Mal die Eltern ihres zukünftigen Ehemannes besuchte, ...
wurde sie von ihnen ganz genau gemustert. ....

okkupieren – besetzen / fremdes Staatsgebiet einnehmen → *Okkupation (die, -en)* ....
Nach kurzem Kampf okkupierten die feindlichen Truppen das ganze Land. ....

provozieren – etwas tun, um jdn. zu ärgern und ihn zu einer Reaktion zu bringen ....
→ *Provokation (die, -en)* ....
Mit Schimpfworten versucht man den Politiker so zu provozieren, dass er seine ....
Fassung verliert. ....

rächen – eine als Unrecht empfundene Tat vergelten ....
→ *Rache (die), Rache nehmen an + D* ....
Bei der Mafia wird die Ermordung von Mitgliedern gerächt. ....

sich verbrüdern – sich eng befreunden / wie Brüder werden ....
Nach dem Streit verbrüderten sich die beiden Männer. ....

verfolgen – hinter jdm. herjagen / versuchen, jdn. zu fangen → *Verfolgung (die, -en)* ....
Die Polizei verfolgte die Täter mit dem Auto, aber sie konnte sie nicht fangen. ....

vergelten (= rächen) (**vergilt, vergalt, hat vergolten**) – mit einem bestimmten ....
Verhalten auf etwas reagieren → *Vergeltung (die), Gleiches mit Gleichem vergelten* ....
Um die Entführung Helenas zu vergelten, wurde den Trojanern der Krieg erklärt. ....

verrohen – moralische und mitmenschliche Grundsätze verlieren / brutal werden ....
→ *Verrohung (die)* ....
Durch den langen Krieg verrohten die Soldaten. ....

versenken – ein Schiff zum Untergehen bringen → *Versenkung (die, -en)* ....
Im Krieg wurden auch viele zivile Schiffe von U-Booten versenkt. ....

sich versöhnen mit + D – nach Meinungsverschiedenheiten oder Streit sich wieder gut verstehen und vertragen → *Versöhnung (die, -en)*
Die verfeindeten Völker sollten anfangen, aufeinander zuzugehen und sich zu versöhnen.

sich verteidigen gegen + A – sich gegen Angriffe anderer schützen
→ *Verteidigung (die), Verteidigungsminister (der, -)*
Wenn mich jemand angreift, muss ich mich verteidigen können.

verwüsten – so stark zerstören, dass es einer Wüste gleicht → *Verwüstung (die, -en)*
Die Stadt war nach dem Angriff der gegnerischen Armee zerstört und verwüstet.

Nomen

ABC-Waffen (Plural) – atomare, biologische und chemische Waffen
Durch die Abrüstungsverträge sollen die ABC-Waffen vernichtet und ihr Gebrauch verboten werden.

Abschreckung (die, -en) – Versuch, einen Gegner durch Drohung dazu zu bringen, etwas Bestimmtes nicht zu tun → *abschrecken*
Zur Abschreckung seiner Feinde befal der König, dass sich das ganze Heer aufstellen sollte.

Aggression (die, -en) – 1. gewalttätiges Verhalten von Mensch oder Tier, 2. ein militärischer Angriff → *aggressiv*
zu 2: Auf die Aggression des Nachbarlandes reagierte man mit Krieg.

Antimilitarismus (der) – Haltung, die alles Militärische ablehnt
Vertreter des Antimilitarismus haben es in Kriegszeiten sehr schwer, weil ihre Haltung nicht akzeptiert wird.

Asyl (das) – Aufnahme in einem anderen Land wegen politischer Verfolgung in der Heimat → *Asyl beantragen, Asyl erhalten, Asylant (der, -en)*
Der in seiner Heimat verfolgte und gefolterte Journalist beantragte in Deutschland Asyl.

Attentat (das, -e) – (meist politisch motivierter) Mordanschlag
→ *ein Attentat auf jdn. verüben, Attentäter (der, -)*
Das am 20. Juli 1944 verübte Attentat auf Hitler schlug fehl, Hitler überlebte leicht verletzt.

Befehl (der, -e) – autoritäre Mitteilung, dass etw. getan werden muss
→ *einen Befehl ausführen, einen Befehl erteilen*
Offiziere haben das Recht, einfachen Soldaten Befehle zu erteilen.

Blauhelm (der, -e) (= Blauhelmsoldat) – Soldat der UNO-Friedenstruppe (da er im Gegensatz zu allen anderen einen blauen Helm trägt)
Blauhelme werden in Bürgerkriegsgebieten eingesetzt, um als neutrale Kraft den Waffenstillstand zu garantieren.

Bombe (die, -n) – mit Sprengstoff gefüllter Metallkörper mit Zünder
→ *Bombardement (das, -s), bombardieren*
Dresden wurde im Zweiten Weltkrieg durch zahlreiche Bomben zerstört.

Bürgerkrieg (der, -e) – der Krieg innerhalb eines Landes, in dem sich die Bürger untereinander bekämpfen
Nach dem Zweiten Weltkrieg herrschte in Griechenland noch jahrelang Bürgerkrieg.

Bürgerpflicht (die, -en) – Dienstleistungen und Abgaben, die ein Bürger erbringen muss
Der Wehrdienst bzw. der Zivildienst ist eine Bürgerpflicht.

Defensive (die) (↔ Offensive) – Verteidigung → *defensiv, in die Defensive gehen*
In der Tierwelt kann man beobachten, dass schwächere Tiere in die Defensive gehen, statt anzugreifen.

Diktator (der, -en) – eine Person, die unbeschränkt herrscht → *Diktatur (die, -en)*
Das Volk litt unter der Herrschaft des Diktators, der keine demokratischen Wahlen erlaubte.

23. Frieden

Expansion (die, -en) – Ausdehnung / Verbreitung der Macht
Die Expansion des römischen Reiches unter Julius Caesar kam erst bei Köln zum Stillstand.

Fahnenflucht (die) (= Desertion) – Situation, in der sich jemand ohne Erlaubnis von seiner militärischen Einheit entfernt hat → *Fahnenflucht begehen*
Am Ende eines Krieges sinkt die Moral bei den Verlierern und viele Soldaten begehen Fahnenflucht.

Feindbild (das, -er) – gefestigte, sehr negative Vorstellung über eine Person oder Gruppe
Während des Kalten Krieges hatte das westliche Militär den Osten als Feindbild und umgekehrt.

Frieden (der) – Zustand ohne Krieg und bewaffnete Auseinandersetzungen
→ *Frieden schließen, Frieden stiften*
Die weiße Taube gilt als Symbol des Friedens.

Friedensnobelpreis (der, -e) – ein Preis, der jährlich von der schwedischen Akademie in Anerkennung besonderer Leistungen für den Frieden vergeben wird
Der Friedensnobelpreis wurde unter anderem an den ägyptischen Präsidenten Saddat vergeben.

Friedensschluss (der) – 1. Beendigung eines Streites, 2. völkerrechtlicher Vertrag zwischen Staaten, durch den ein Krieg beendet wird (auch: Friedensabkommen, Friedensvertrag)
zu 2: Als es zwischen den beiden Ländern endlich zum Friedensschluss kam, normalisierte sich das Leben wieder.

Gefallene (der, -n) – während des Kampfes im Krieg Gestorbener → *fallen*
In einem Gedenkgottesdienst wurde an die Gefallenen des Zweiten Weltkrieges erinnert.

Grauen (das) – große Furcht / Entsetzen
Er musste sein Leben lang an das Grauen des Krieges denken.

Heer (das, -e) – der Teil des Militärs, der auf dem Land kämpft
Die meisten jungen Männer werden zum Heer eingezogen, weil dort mehr Männer als bei der Luftwaffe oder der Marine benötigt werden.

Kapitulation (die, -en) – offizielle Erklärung darüber, den Kampf bzw. den Krieg aufzugeben → *die Kapitulation erklären*
Nach bitteren Kämpfen erklärte die gegnerische Armee die Kapitulation.

Kaserne (die, -n) – Wohn- und Schlafstätte der Soldaten
In dieser Kaserne sind mehr als 500 Soldaten untergebracht.

Kompromiss (der, -e) – eine Einigung, bei der zwei Seiten von ihrem Standpunkt abrücken und eine neue, gemeinsame Lösung finden
Die beiden gegnerischen Parteien haben nach langen Verhandlungen einen Kompromiss gefunden.

Konflikt (der, -e) – Streit / Krise / Meinungsverschiedenheit
Der Konflikt in Jugoslawien weitete sich zum Krieg aus.

Krieg (der, -e) (↔ Frieden) – bewaffnete, aggressive Auseinandersetzung
→ *jdm. den Krieg erklären, Krieg führen gegen + A, Krieg herrscht*
Alexander der Große führte Krieg gegen die Perser, um sein Reich zu vergrößern.

Krisenherd (der, -e) – Gebiet, in dem es häufig zu politischen Krisen bzw. zu bewaffneten Konflikten kommt
Solange sich die irischen Protestanten und Katholiken bekämpfen, gibt es einen ständigen Krisenherd in Nordirland.

Landmine (die, -n) – ein im Boden vergrabener Sprengkörper, der explodiert, sobald jemand darauf tritt
Durch Landminen wurden auch noch nach dem Krieg zahlreiche Menschen verletzt und verstümmelt.

Luftwaffe (die) – der Teil des Militärs, der in der Luft kämpft
Die Luftwaffe bildet ihre Soldaten an modernen Flugzeugen aus.

Marine (die) – der Teil des Militärs, der auf dem Meer kämpft ....
Zur Ausbildung bei der Marine gehört auch die Fahrt mit einem U-Boot. ....

Militärbasis (die, -basen) – Stützpunkt / Gebiet, in dem das Militär stationiert ist ....
Auf einer Militärbasis gibt es Soldaten, Panzer und Waffen. ....

Militarismus (der) – Verherrlichung des Krieges und des Militärs ....
Viele Diktaturen drücken ihren Militarismus in großen Militärparaden, ...
Uniformen usw. aus. ....

Offensive (die) (↔ Defensive) – Angriff → *offensiv, in die Offensive gehen* ....
Nach dem feindlichen Angriff ging das Heer in die Offensive und rückte weiter vor. ....

Panzer (der, -) – großes, stark geschütztes Militärfahrzeug, das eine Kanone hat ....
und durch jedes Gelände fahren kann ....
Bei den Militärübungen richten die Panzer immer große Schäden an, sie zerstören ....
Felder und Wälder. ....

Partisan (der, -en) – Widerstandskämpfer / jemand, der nicht in einer Armee, ...
sondern in einer bewaffneten Gruppe gegen eine fremde Armee im eigenen ....
Land kämpft ....
Die Partisanen lebten versteckt in den Bergen und warteten auf ihren Befehl ....
anzugreifen. ....

Protest (der, -e) – Handlung, die deutlich zeigt, dass man nicht einverstanden ist ....
→ *protestieren gegen + A, es hagelt Proteste* ....
Die Parlamentarier zeigten ihren Protest gegen den Minister, indem sie laut pfiffen ....
und schrieen. ....

Putsch (der, -e) – der Versuch einer kleinen Gruppe, mit Gewalt die Macht zu ....
ergreifen, → *putschen* ....
Salvatore Allende wurde durch einen Putsch entmachtet und getötet. ....

Regime (das) – eine Clique, die unrechtmäßig zur Macht gelangt ist ....
Das Regime von Pinochet verfolgte politisch anders Denkende. ....

Revolution (die, -en) – politischer Aufstand → *revolutionär* ....
Die Französische Revolution richtete sich gegen die Vorrechte der Aristokratie. ....

Schlacht (die, -en) – aggressive Kampfhandlung an einem Ort ....
Die Schlacht um Stalingrad brachte während des Zweiten Weltkriegs die Wende ....
im Kriegsgeschehen. ....

Soldat (der, -en) – Mann, der ohne Offiziersrang und Befehlsgewalt im Militär ....
dient ....
Die Grenze wird von Soldaten bewacht. ....

Streitkräfte (Plural) – Militär / Armee ....
Es wird darüber diskutiert, die Größe der Streitkräfte zu verringern. ....

Stützpunkt (der, -e) – Basis / Gebiet, in dem Militär stationiert ist ....
Die Soldaten wurden zum neuen Stützpunkt gebracht, um ihre Ausbildung ....
fortzusetzen. ....

Truppe (die, -n) – hier: große Gruppe beim Militär ....
Die Truppe musste den ganzen Tag militärische Übungen machen. ....

UNO (die) (auch UN) – die Organisation der Vereinten Nationen mit Sitz in ....
New York ....
Die UNO möchte dazu beitragen, dass alle Völker der Welt friedlich miteinander ....
leben. ....

Waffenhandel (der) – Kauf und Verkauf von Waffen ....
Illegaler Waffenhandel wird in allen Ländern streng bestraft. ....

Waffenstillstand (der) – vertragliche Vereinbarung zwischen Krieg führenden ....
Ländern, die Waffen ruhen zu lassen → *den Waffenstillstand einhalten / brechen* ....
Durch den Waffenstillstand konnten die militärischen Führer erste Friedensver- ....
handlungen führen. ....

Wehrdienst (der) – obligatorische militärische Ausbildung aller jungen Männer ....
im Rahmen der Wehrpflicht → *Wehrdienst leisten, zum Wehrdienst einziehen* ....
Nach dem Wehrdienst will der junge Mann studieren. ....

23. Frieden

Widerstand (der) – Aktion, durch die man sich gegen etwas wehrt oder jdn. daran ....
hindert, etwas zu tun → *Widerstand leisten* ....
Der Widerstand gegen die Stationierung von Atomwaffen in Europa war groß. ....
Zivildienst (der) – Zeit, in der junge Männer, die aus moralischen Gründen keinen ....
Wehrdienst leisten wollen, statt beim Militär in sozialen Einrichtungen arbeiten ....
können → *Zivildienst leisten* ....
Erst wenn ein Komitee den Antrag auf Kriegsdienstverweigerung anerkannt hat, ...
kann man in Deutschland Zivildienst leisten. ....

Adjektive

feindselig – mit feindlichen Gefühlen ....
Die Flüchtlinge wurden feindselig betrachtet. ....
pazifistisch – dem Frieden verpflichtet / vom Frieden überzeugt → *Pazifismus (der)* ....
Diese Ausstellung soll der pazifistischen Bewegung dienen, sie verdeutlicht das ....
Grauen des Krieges. ....
subtil – scharfsinnig / fein / zart ....
Oft bemerke ich seine subtile Kritik erst, wenn ich darüber nachdenke, was er ....
genau gesagt hat. ....

Ausdrücke

ins Feld ziehen (zog, ist gezogen) – in den Krieg ziehen ....
Napoleon zog gegen Preußen ins Feld und siegte. ....
im Feld fallen (fällt, fiel, ist gefallen) – während eines Kampfes als Soldat im Krieg ....
sterben ....
Da ihr Mann im Feld gefallen war, erhielt sie eine Witwenrente vom Staat. ....
Konflikte bei/legen – sich einigen, so dass Konflikte beseitigt werden ....
Nachdem die gegnerischen Parteien ihre Konflikte beigelegt hatten, verhandelten ....
sie über ein Friedensabkommen. ....
Sicherung der Menschenrechte (die) – Kontrolle darüber, ob die Menschenrechte ....
eingehalten werden ....
Die Sicherung der Menschenrechte garantiert ein friedliches Zusammenleben. ....

Weitere Fragestellungen zum Thema

1. Die UN-Friedenstruppe erhielt den Friedensnobelpreis. Stellen Sie dar, inwiefern militärische Einheiten zum Erhalt des Friedens beitragen können oder nicht.

2. Politiker argumentieren oft, dass Waffen den Frieden garantieren. Kann Aufrüstung zum Frieden beitragen?

3. Allgemeine Wehrpflicht oder Berufsarmee – welche Vor- und Nachteile ergeben sich aus diesen militärischen Organisationsformen?

4. Sollten Ihrer Meinung nach Frauen Militärdienst leisten? Welche Gründe sprechen dafür und welche dagegen? Wie ist die Situation in Ihrem Heimatland?

5. Warum gibt es immer wieder Kriege auf der Welt?

6. In Deutschland gibt es einen Verein für Kriegsgräberfürsorge, der sich um die deutschen Soldatenfriedhöfe in vielen Ländern kümmert. Ist das Ihrer Meinung nach eine sinnvolle Einrichtung? Welchen Zweck hat es, Kriegsgräber einzurichten?

7. „Völkerfreundschaft" – Was beinhaltet Ihrer Meinung nach dieser Begriff?

8. Krieg ist etwas Schreckliches, daran gibt es keinen Zweifel. Trotzdem werden „Kriegshelden" oft über Generationen verehrt (z.B. Napoleon, Alexander der Große). Nehmen Sie dazu Stellung.

Tradition

Ist die Erhaltung von Traditionen in der globalisierten Welt von heute noch sinnvoll?
Erläutern Sie Ihre Meinung anhand von Traditionen aus Ihrem Heimatland.

Vorüberlegungen

1. Was versteht man unter einer Tradition?

2. Gibt es heute überhaupt noch Traditionen, wodurch werden sie gefährdet?

3. Beschreiben Sie ein traditionelles Fest, das in Ihrem Heimatland noch gefeiert wird (z.B. Weihnachten).

4. Zu welchen Gelegenheiten trägt man in Ihrem Heimatland traditionelle Kleidung oder Trachten? Welche Personen tragen dann Trachten?

Vorschlag zur Gliederung in Stichworten

Einleitung

Vorschläge zur Auswahl:

- Traditionen sind von Generation zu Generation weitergereichte Gewohnheiten, Ideen und Werte
- Nennung einer allgemein (auch im Ausland) bekannten Tradition
- eigene Erfahrung mit einer Tradition

Hauptteil

Gedanken zu Traditionen:

- z.B. vereintes Europa → Gefühl, als Europäer zusammenzugehören, gemeinsame Währung usw.
  → dies sollte nicht in Gleichmacherei ausarten
- Erhalt lokaler oder regionaler Traditionen innerhalb einer europäischen Gesamttradition möglich

Positives an der Tradition:

- hilft, die Identität zu bewahren
- überlieferte Geschichte
- Erhalten der Verbindung mit der Vergangenheit
- kann Touristen anziehen

Negatives an der Tradition:

- Tradition kann als Ausdruck von beschränktem Patriotismus rückständig wirken
- kann Fortschritt und Modernisierung behindern
- kann Barrieren zwischen verschiedenen Kulturen errichten bzw. erhalten
- kann dem friedlichen Zusammenleben verschiedener ethnischer Gruppen entgegenwirken

Überlegen Sie sich nun, welches Beispiel Sie wählen wollen, und beschreiben Sie es. Zeigen Sie daran die positiven bzw. negativen Seiten von Traditionen auf.

Schluss

Vorschläge zur Auswahl:

- Ausblick in die Zukunft: Traditionen werden wichtiger, um die nationale Identität zu bewahren, und weil sie Teil der Geschichte sind
- Traditionen werden sich an neue Lebensweisen anpassen und auch teilweise aussterben
- Fazit: für wie wichtig Sie die Tradition halten

zu diesem Thema siehe auch: **Kultur, Freizeit**

5 **Formulieren Sie nun mit Hilfe der Stichworte einen Vortrag bzw. einen Aufsatz. Verwenden Sie dabei die Formulierungshilfen aus der Aufstellung auf Seite 289.**

Übungen zu Grammatik und Wortschatz

6 Rund um das Wort „Sitte". Ergänzen Sie die Ausdrücke.

| eine strenge Sitte | die gute Sitte | neue Sitten | raue Sitten | die schlechten Sitten | sittenwidrig |

a) Das Kind befolgte .... und gab den Besuchern die rechte Hand zur Begrüßung.

b) Unter den Spartanern herrschte ...., die verlangte, dass sogar kleine Kinder in den Bergen um ihr Überleben kämpfen mussten.

c) Die Sexszenen in diesem Film sind ....

d) Viele ältere Leute meinen, ... würden durch die lockere Erziehung der Kinder gefördert.

e) Unter den Cowboys Amerikas, die den Westen des Landes eroberten, herrschten ....

f) Als mein Großvater sah, dass ich die Füße auf den Wohnzimmertisch gelegt hatte, meinte er: „Was sind denn das für .... ? Mich hätte mein Vater dafür bestimmt bestraft."

7 Bilden Sie aus den Wörtern Sätze.

a) Familienvater – legen – Wert – alle Familienmitglieder – Weihnachtsfest – teilnehmen

....
....

b) dieses Folklorefest – vorführen – der Reihe nach – alte Tänze *(Passiv)*

....
....

c) Vortrag – Sitten und Bräuche – Einwohner Balis – stoßen – großes Interesse

....
....

d) traditionelles Rodeo-Reiten – sich erfreuen – junge und alte Leute – auch heute noch – große Beliebtheit

....
....

e) viele heidnische Rituale – geraten – Verbreitung des Christentums – Vergessenheit *(Vergangenheit)*

....
....

24. Tradition

f) China – es – Bräute – nicht – erlaubt sein – Blick – ihr Bräutigam – werfen *(Vergangenheit)*

....

....

⑧ **Lesen Sie die Erklärungen und Beispiele zu den Ausdrücken. Ergänzen Sie die Ausdrücke dann in der richtigen Form.**

aufrecht/erhalten – dafür sorgen, dass etwas bestehen bleibt / etwas nicht aufgeben
Der Brautstrauß ist eine Tradition, die heute noch aufrechterhalten wird.

bewahren – behalten / eine Tradition vor dem Vergessen schützen
Manche Dörfer haben ihre eigenen Feste bewahrt, sie werden heute noch wie vor vielen Hundert Jahren gefeiert.

erhalten – dafür sorgen, dass etwas auch in Zukunft besteht
Wir möchten in unserer Familie die Tradition, Weihnachten alle zusammen zu feiern, erhalten.

konservieren – alte Gegenstände, Gebäude, Lebensmittel u.a. durch besondere Behandlung oder Pflege erhalten
Um die Bücher aus dem Mittelalter zu konservieren und vor den Umwelteinflüssen zu retten, wird viel Geld ausgegeben.

wieder beleben – eine fast vergessene Tradition wieder in Erinnerung bringen
Durch das große Stadtfest sollte das Karnevaltreiben in dieser Region wieder belebt werden.

fort/bestehen – weiterhin existieren
Die Aristokratie achtete immer darauf, dass ihre Familie fortbestand. Deshalb wünschten sich die Ehepaare einen Sohn, der den Namen der Familie fortsetzen könnte.

a) Um die alten Handwerkskünste zu ...., ernennt man in Japan besonders berühmte Vertreter einer Handwerkskunst, wie z.B. Töpfer, Schwertschmiede usw., zum „lebenden Nationalschatz".

b) In England .... man die Tradition, bei Hochzeiten den Trauzeugen eine Rede halten zu lassen, immer noch ....

c) Die Bürgermeisterin setzt sich dafür ein, den Dorfcharakter der Ortschaft ....

d) Mit zahlreichen neuen Kaspertheatervorführungen versuchen die Organisatoren, das alte, fast vergessene Puppentheater ....

e) Auch nach der Revolution konnten viele Privilegien der französischen Aristokratie ....

f) Das alte Gemälde aus dem 16. Jahrhundert konnte nicht mehr .... werden, weil es jahrelang unsachgemäß gelagert worden war.

⑨ **Ergänzen Sie die fehlenden Präpositionen.**

a) Der Vereinsleiter empfahl seinen Mitgliedern, sich mehr .... die alten Traditionen zu besinnen.

b) Viele junge Leute begeistern sich .... das neue Kulturprogramm.

c) In den Städten verlieren die alten Traditionen immer mehr .... Bedeutung.

d) Dieser Volkstanz stammt ……… Italien.

e) Das Buch mit den alten Sagen wurde ……… der griechischen ……… die deutsche Sprache übersetzt.

f) Herr Bauer konnte seine Abneigung ……… diese Art von Volksfesten nicht ……… den Anwesenden verbergen.

Übrigens ...

sehr – viel

sehr

a) „sehr" steht vor einem Adjektiv, um eine Steigerung auszudrücken. Es wird nicht dekliniert, z.B.:
   Der Brauch ist in dieser Region sehr verbreitet.

b) „sehr" kann auch allein stehen. Das Adjektiv wird in diesem Fall nicht genannt, geht aber aus dem Sinn des Satzes hervor, z.B.:
   Sie lachte sehr. (sehr laut, sehr heftig)

c) „sehr" kann auch vor „viel" stehen, z.B.:
   Ich habe gestern sehr viel auf der Feier gegessen.

viel

a) „viel" steht häufig vor Nomen. Bei Nomen mit Artikel wird es dekliniert, z.B.:
   Es gab keine Stühle für die vielen Gäste.

b) Vor Nomen im Singular ohne Artikel wird „viel" nicht dekliniert, z.B.:
   Er hat viel Zeit.

c) „viel" kann auch vor einem Adjektiv im Komparativ stehen. Dann wird „viel" nicht dekliniert, z.B.:
   Sie ist viel älter als er.

Achten Sie auch auf folgenden Unterschied, der sich auf einige Verben bezieht:

a) Wir haben gestern viel gestritten. → Es gab häufig Streit.
b) Wir haben gestern sehr gestritten. → Der Streit war intensiv.

---

10 Ergänzen Sie „sehr" oder „viel" und – wo nötig – die Endung.

a) Obwohl sie …………… Bilder verkaufte, bekam sie nicht …………… Geld.

b) Nach ihrem schönen Urlaub wirkte sie …………… selbstbewusster als vorher.

c) Ich habe mich wirklich …………… geärgert, als ich hörte, dass wir den Trachtentanz nicht aufführen werden.

d) Die …………… Touristen stören uns …………… bei der Osterprozession.

e) Man braucht …………… Geduld, um eine Jugendtanzgruppe zu leiten.

f) …………… traditionelle Trachten kann man nur noch in Museen bewundern, weil ihre Anfertigung nicht mehr von …………… Leuten beherrscht wird.

Wortschatz

Verben

überliefern – etwas mit kulturellem Wert von Generation zu Generation weitergeben → *Überlieferung (die, -en)*
Diese Sage ist aus alter Zeit überliefert worden.

Nomen

Aberglaube (der) – der Glaube, dass gewisse Dinge oder Handlungen Glück oder
Unglück bringen, ohne dass es einen logischen Grund dafür gibt
→ *abergläubisch*
Dass Schornsteinfeger Glück bringen, ist reiner Aberglaube.

Abstammung (die) – Herkunft eines Menschen oder einer Sache / Ursprung
→ *ab/stammen von + D*
Er ist auf seine vornehme Abstammung besonders stolz.

Einweihung (die, -en) – Fest zur Eröffnung (z.B. eines Gebäudes) → *einweihen*
Zur Einweihung des Spielplatzes kamen zahlreiche Einwohner des Stadtviertels.

Fastenzeit (die, -en) – Zeit, in der aus religiösen Gründen auf bestimmte
Nahrungsmittel verzichtet wird → *fasten*
In der Fastenzeit durften sie kein Fleisch essen.

Folklore (die) – volkstümliche Überlieferung (z.B. Lieder, Trachten, Bräuche)
→ *folkloristisch*
Die Touristen wollen gern etwas von der Folklore des Landes kennen lernen;
Trachten und Tänze finden sie besonders interessant.

Fortschritt (der, -e) – ständige Erneuerung, Verbesserung und Weiterentwicklung
Trotz des technischen Fortschritts sollten alte Traditionen bewahrt werden.

Fremde (die) – Gegend, die weit von der gewohnten Umgebung entfernt ist
→ *in die Fremde ziehen*
Früher mussten die Männer oft in die Fremde ziehen, um Arbeit zu finden.

Geborgenheit (die) – Zustand der Sicherheit und des Wohlgefühls → *geborgen*
Viele ausländische Studenten vermissen die Geborgenheit ihrer Familie.

Gepflogenheit (die, -en) – eine regelmäßige und damit zur Gewohnheit gewordene
Handlung oder Handlungsweise / ein Brauch
Es ist eine typisch südländische Gepflogenheit, spät am Abend eine warme
Mahlzeit zu essen.

Heimweh (das) – große Sehnsucht nach der Heimat
Im Ausland hatte sie großes Heimweh; sie wollte wieder zurückfahren.

Heilung (die, -en) – Prozess, während dem eine Krankheit oder eine Verletzung
besser wird → *heilen*
Die Bibel berichtet über die Heilung von Kranken durch ihren Glauben.

Initiation (die) – Fest des Erwachsenwerdens
In manchen Kulturen hat die Initiation eine große Bedeutung, schließlich nimmt
man Abschied von der Kindheit.

Jahreswechsel (der, -) – Zeitpunkt, zu dem ein neues Kalenderjahr beginnt
Der Jahreswechsel wird in den meisten Ländern gefeiert.

Nostalgie (die) – Stimmung, in der man sich nach alten Zeiten oder alten Kulturen
sehnt → *nostalgisch*
Ihn überkommt manchmal eine Nostalgie, dann denkt er an seine Studentenzeit.

Ritual (das, -e) – Handlungen, die immer nach einer festgelegten Reihenfolge
stattfinden
Die Bewohner dieser Südseeinsel begrüßten ihre Gäste nach einem bestimmten
Ritual.

Segnung (die, -en) – Weihe / Handlung, die ein Priester ausführt und die garantieren soll, dass jd. / etw. Glück hat oder bringt → *segnen*
Nach der Segnung des Pfarrers verließen die Gläubigen die Kirche.

Sitte (die, -n) – Verhaltensweise, die in einer Gesellschaft lange üblich ist /
Tradition
*Bei uns ist es Sitte, vor der Hochzeit auf dem Polterabend Geschirr kaputt zu
schlagen. Das soll dem Paar Glück bringen.*

Sitten und (Ge)bräuche (Plural) – Alltagskultur / die Verhaltensweisen, die vor
langer Zeit angenommen wurden und in einer Gesellschaft gelten
Die Sitten und Gebräuche eines Landes kann man am besten dort kennen lernen.

Sommersonnenwende (die, -n) – die kürzeste Nacht im Jahr
Die Sommersonnenwende wird in Schweden gefeiert.

Tracht (die, -en) – traditionelle Kleidung einer gesellschaftlichen Gruppe
Zum Oktoberfest kommen viele Bayern in Trachten.

Tradition (die, -en) – Verhaltensweise, die seit langem üblich ist / Sitte
*Es ist eine alte Tradition, dass der Nikolaus am 6. Dezember den Kindern Süßes
bringt.*

Ursprung (der, -sprünge) – Herkunft / Abstammung → *ursprünglich*
Der Ursprung dieses Liedes ist ungeklärt.

Vertrautheit (die) – Zustand, dass man jdn. / etw. gut kennt → *vertraut*
Ihre Vertrautheit mit dieser Insel ist sehr groß.

Wunder (das, -) – Ereignis, das nicht logisch zu erklären ist und übernatürlichen
Kräften zugeschrieben wird, modern: etwas, das stark erstaunt
Man sagt, diese Heilige habe viele Wunder vollbracht.

Adjektive

fortschrittlich (↔ konservativ) – progressiv / im Sinne des Fortschritts handelnd
Fortschrittliche Maßnahmen werden nicht immer sofort akzeptiert.

heidnisch – nicht-christlich, nicht-islamisch, nicht-jüdisch (jeweils aus der
Perspektive des betreffenden Religionsangehörigen), nicht-gläubig
→ *Heide (der, -n)*
*Den Brauch, einen Weihnachtsbaum aufzustellen, gab es schon vor dem
Christentum; es war ein heidnischer Brauch.*

konservativ (↔ fortschrittlich) – das Alte bewahrend / gegen Modernisierungen
und Veränderungen
Alte Menschen sind häufig konservativ eingestellt.

traditionsbewusst – die Traditionen befolgend und schätzend
Der traditionsbewusste Bürgermeister will das alte Ritterfest wieder einführen.

Ausdrücke

gegen die guten Sitten verstoßen (verstößt, verstieß, hat verstoßen) – etwas
machen, das den Traditionen widerspricht und von den üblichen Verhaltens-
formen der Gesellschaft abweicht
Vor dem Brautpaar auf deren Hochzeit zu tanzen, verstößt gegen die guten Sitten.

eine Tradition pflegen – nach der Tradition leben
*Nur noch wenige Menschen in Deutschland pflegen die Tradition der Fastenzeit
zwischen Karneval und Ostern.*

mit einer Tradition brechen (bricht, brach, hat gebrochen) – sich nicht mehr
der Tradition entsprechend verhalten
Sie brachen mit der Tradition und kauften zu Weihnachten keinen Baum.

Weitere Fragestellungen zum Thema

1. Ist es sinnvoll, auch im Ausland die Traditionen seines Heimatlandes fortzusetzen oder sollte man sich an der Kultur des Gastlandes orientieren? Begründen Sie Ihre Meinung.

2. Sollte man einheimische Tänze als touristische Attraktion aufführen? Kann man dadurch überlieferte Traditionen erhalten?

3. Welche Rolle spielt die Religion in Zusammenhang mit der Tradition Ihres Heimatlandes? Beschreiben Sie Traditionen, die eng mit der Religion verbunden sind.

4. Würden Sie sich selbst als traditionsbewusst charakterisieren? Begründen Sie warum bzw. warum nicht.

5. Halten Sie es für richtig, Kindern und jungen Leuten Traditionen nahe zu bringen? Wie sollte das am besten geschehen bzw. wie geschieht es?

6. In manchen Sitten und Gebräuchen spiegelt sich die jahrhundertealte Unterdrückung der Frauen. Auch andere Traditionen können die Entwicklung der Gesellschaft behindern und das Leben der Menschen einschränken. Nennen Sie Beispiele und schlagen Sie vor, wie man solche Traditionen überwinden kann.

Aussteiger und Randgruppen

Der ehemalige Schauspieler Karlheinz Böhm gründete die Stiftung „Menschen für Menschen", die Not leidenden Menschen in Äthiopien hilft.

Es gibt immer wieder Menschen, die nach alternativen Lebensformen suchen und aus der Gesellschaft „aussteigen" wollen. Welche Gründe könnten sie für diesen Wunsch haben und welche Arten des „Aussteigens" können Sie sich vorstellen? Überlegen Sie sich auch mögliche Reaktionen der Gesellschaft auf diese Randgruppe der „Aussteiger".

Vorüberlegungen

1 Was sind „alternative Lebensformen"?

2 Inwiefern wollen sich potenzielle Aussteiger nicht anpassen?

3 Welche Voraussetzungen braucht jemand, der aussteigen will?

4 Welche berühmten „Aussteiger" sind Ihnen aus der Geschichte bekannt?
Beispiel Mahatma Gandhi – Er verhielt sich bewusst anders als seine Zeitgenossen aus der gleichen gesellschaftlichen Schicht. Er vertrat friedlichen statt gewalttätigen Protest usw.

5 Welche anderen Randgruppen kennen Sie? Was unterscheidet sie von den Aussteigern?

6 Um welche Randgruppe sollten sich Staat und Gesellschaft besonders bemühen? Begründen Sie Ihre Ansicht.

Vorschlag zur Gliederung in Stichworten

Einleitung

Vorschläge zur Auswahl:

– Beispiel einer bekannten Person, die Aussteiger war oder ist
– aktuelles Ereignis zum Thema „Aussteigen"
– historisches Ereignis zum Thema „Aussteigen" (z.B. die ersten Siedler in den nordamerikanischen Kolonien, die dort hinzogen, um nach ihrer Religion leben zu können)

Hauptteil

mögliche Gründe für das Aussteigen:

– Konflikte mit den geltenden Normen
– Unzufriedenheit mit den bestehenden gesellschaftlichen Gegebenheiten
– Gefühl des Bedrohtseins (z.B. durch Umweltkatastrophen, Naturkatastrophen)
– Gefühl des Eingesperrtseins
– Suche nach neuem, passenderen Lebensstil, der befriedigender ist
– Suche nach neuen Chancen (im Beruf, im sozialen Leben ...)

Arten des Aussteigens:

– Auswandern in ein anderes Land
– Rückzug in die Natur, Wechsel des Wohnorts (z.B. Stadt → Land)
– Veränderung des Gelderwerbs, Umsteigen auf andere Arbeit
– Konsum- und Leistungsverzicht
– „Abtauchen" in eine Subkultur
– Ablehnung der geltenden gesellschaftlichen Normen, indem man sie selbst nicht befolgt („innere Emigration")

mögliche Reaktionen der Gesellschaft und mögliche Folgen:

– Kritik, Unverständnis
– Verfolgung, Bestrafung
– Ausbürgerung
– lächerlich machen
– Bewunderung
– Neid
– Veränderungen in der Gesellschaft

Schluss

Vorschläge zur Auswahl:

– eigene Meinung zum Aussteigen
– Betonung des wichtigsten Grundes bzw. der wichtigsten Gründe zum Aussteigen
– Situation in Ihrem Heimatland

zu diesem Thema siehe auch: **Vorurteile, Historische Persönlichkeiten, Ausländer**

7 **Formulieren Sie nun mit Hilfe der Stichworte einen Vortrag bzw. einen Aufsatz. Verwenden Sie dabei die Formulierungshilfen aus der Aufstellung auf Seite 289.**

Übungen zu Grammatik und Wortschatz

⑧ **Lesen Sie die Erklärungen zu den Verben. Ergänzen Sie die Verben dann in der richtigen Form.**

sich unterscheiden von + D	– bezüglich eines bestimmten Merkmals anders sein
sich ab/grenzen von + D	– bewusst eine Barriere zu etwas aufbauen
sich distanzieren von + D	– bewusst Abstand zu etwas halten / zum Ausdruck bringen, dass man mit etw. nichts zu tun haben möchte
sich ab/heben von + D	– deutlich anders sein als jd. / etw.
sich ab/kapseln von + D	– sich der Umwelt gegenüber verschließen
sich auf/lehnen gegen + A	– gegen etwas kämpfen
jdn. aus/grenzen	– jdn. bewusst nicht teilnehmen lassen
sich an/passen + D / an + A	– sich verändern, um zu einer bestimmten Gruppe zu passen
sich identifizieren mit + D	– sich oder seine Ideale in etwas wiedererkennen

Beispiel: Die Klasse wollte den neuen Schüler nicht aufnehmen, sie grenzte ihn aus.

a) Diese Geschwister .... sich stark voneinander, sie haben unterschiedliche Interessen und Fähigkeiten.

b) Der neue Mitschüler musste sich erst der Klassengemeinschaft ...., dann wurde er akzeptiert und fand viele Freunde.

c) Viele Politiker .... sich von den Vorschlägen des Ministerpräsidenten, denn sie stimmen mit seiner Politik nicht überein und wollen eine Änderung erreichen.

d) Burma hat sich stark ....; es hatte kaum Kontakt zu anderen Ländern und ließ nur wenige Menschen einreisen.

e) Die russischen Bauern und Arbeiter .... sich gegen die Politik des Zaren ...., so begann die Revolution.

f) Viele junge Menschen bewundern Stars. Sie .... sich mit deren Weltanschauung und Lebenshaltung.

g) Der junge Cellist will sich von den anderen Musikern des Orchesters ...., denn er plant, eine Solistenkarriere zu machen.

h) Die neueste Auflage des Buches .... sich nur in einigen Details von den vorherigen Auflagen.

⑨ **Ergänzen Sie die fehlenden Präpositionen.**

a) Nach langem Überlegen kam er .... der Einsicht, dass er seinen Lebensstil ändern müsste, um glücklicher zu sein.

b) Mit meinem Entschluss, nach Australien auszuwandern, versetzte ich alle .... Erstaunen.

c) Einige Menschen finden .... einem einsamen Leben Gefallen, sie verzichten .... menschliche Gesellschaft.

d) Die Motive der „Aussteiger" sind für die Soziologen .... besonderem Interesse.

e) Der Professor meinte, „Aussteigen" stehe immer im Zusammenhang ……… dem Überfluss, der in einer Gesellschaft herrsche.

f) Nur wenige Menschen sind ……… der Lage, ……… ihrer Unzufriedenheit die Konsequenzen zu ziehen und ihr Leben zu verändern.

10 **Lesen Sie die Erklärungen zu den Nomen. Ergänzen Sie die Nomen dann in der richtigen Form. Mehrfachnennungen sind möglich.**

die Randgruppe	– Gruppe von Menschen, die aufgrund bestimmter Merkmale von der Gesellschaft benachteiligt wird und isoliert lebt
die Elite	– Gruppe, die aufgrund einer ihrer Eigenschaften eine herausragende Stellung einnimmt
der Aussteiger	– jemand, der seinen Beruf / seine gesellschaftlichen Bindungen aufgibt, um frei von Zwängen zu leben
der Außenseiter	– jemand, der nicht in eine Gemeinschaft integriert ist
der Ausgestoßene	– jemand, der von einer Gemeinschaft nicht mehr akzeptiert und abgelehnt wird

a) Durch seine ungewöhnliche Begabung in der Musik gehört er mit Sicherheit zur …………………… des Landes.

b) Viele Menschen finden es erstrebenswert, der …………………… des Landes anzugehören.

c) Dieser Mann ist ein …………………… . Keiner möchte mehr mit ihm etwas zu tun haben, da er viele grausame Verbrechen begangen hat.

d) Schon in der Schule war er ein …………………… . Er hat sich selten an den Gesprächen und Spielen der Gleichaltrigen beteiligt.

e) Manchen Menschen gefallen die Zivilisation und die Lebensweise in den Industrieländern nicht mehr. Sie ziehen in einsame Gegenden und leben als …………………… so, wie sie es sich selbst vorstellen.

f) Die Zirkusartisten bilden eine ……………………, denn sie reisen ihr ganzes Leben lang herum und leben anders als die meisten Menschen.

11 **Bilden Sie aus den Wörtern Sätze.**

a) seine Behinderung – sich fühlen – die Gesellschaft – ausgeschlossen

……

……

b) Bürgermeisterin – sich engagieren – neues Obdachlosenheim – Verein – Stadtzentrum – bauen – wollen *(Relativsatz)*

……

……

c) er – ablehnen – Konsumgesellschaft – und – beschließen – einsame Gegend – Komfort – Kontakt – Außenwelt – leben

……

……

d) seine Kollegen – ausstoßen – er – sein unkollegiales Verhalten – und – er – teilnehmen – nicht mehr – gemeinsame Aktionen

....

....

e) Kind – sich fühlen – ausgestoßen – es – werden – alle Menschen – verschlossen *(Nebensatz)*

....

....

f) ausländische Studentin – sich bemühen – andere Studenten – Freundschaft schließen

....

....

Übrigens ...

Nominalisierte Adjektive und Partizipien

Manche gebräuchlichen Nomen sind von einem Adjektiv oder Partizip abgeleitet. Sie werden im Satz wie ein Adjektiv dekliniert.

1. von einem Adjektiv abgeleitet:
   der Jugendliche / ein Jugendlicher
   Ein Jugendlicher will mit anderen Jugendlichen zusammen sein.
   der Arbeitslose / ein Arbeitsloser
   Das Arbeitsamt soll den Arbeitslosen helfen.

2. von einem Partizip Präsens (Infinitiv + -d) abgeleitet:
   der Reisende / ein Reisender
   Ein Reisender nahm sich ein Taxi.
   der Überlebende / ein Überlebender
   Nach dem Zugunglück gab es nur einen Überlebenden.

3. von einem Partizip Perfekt abgeleitet:
   der Angestellte / ein Angestellter
   Ein Angestellter erhält regelmäßig sein Gehalt.
   der Ausgestoßene / ein Ausgestoßener
   Ein Ausgestoßener zu sein, ist ein schweres Schicksal.

12 **Ergänzen Sie die Nomen in der richtigen Form.**

Beamter   Vorgesetzter   Deutscher   Betrunkener   Auszubildender   Vorsitzender

a) Jeder .... hat in allen Ländern der EU Arbeits- und Aufenthaltsrecht.

b) Ein .... hat die Pflicht, seinem Staat zu dienen.

c) Als .... muss man in einem Betrieb arbeiten und eine Berufsschule besuchen.

d) Es ist schwer, mit einem .... ein vernünftiges Wort zu reden.

e) Bei einer Versammlung eröffnet immer der .... des Vereins die Diskussion.

f) Dass er kündigen wollte, um auszuwandern, teilte er zuerst seinem .... mit.

Wortschatz

Verben

sich ab/sondern – den Kontakt zu anderen vermeiden / sich isolieren
Dieses Kind möchte nie mit den anderen spielen, es sondert sich ständig ab.

aus/wandern – sein Heimatland verlassen und in ein anderes Land gehen, um dort zu leben / emigrieren → *Auswanderung (die), Auswanderer (der, -)*
Früher wollten viele Menschen in die USA auswandern und dort ein besseres Leben beginnen.

sich ein/gliedern in + A – sich einer Gruppe angleichen / sich einordnen
In der Schule lernen die Kinder auch, sich in eine Gemeinschaft einzugliedern.

ein/wandern – immigrieren / in ein anderes Land kommen, um dort zu leben
→ *Einwanderung (die), Einwanderer (der, -)*
Personen, die nach Amerika einwanderten, wurden früher in Ellis-Island registriert.

sich integrieren – sich in eine Gemeinschaft eingliedern → *Integration (die, -en)*
Meistens sind die Kinder von Einwanderern besser integriert als ihre Eltern, weil sie im Gastland geboren wurden.

sich isolieren – sich absondern / den Kontakt zu anderen vermeiden
→ *Isolation (die)*
Der Angestellte isolierte sich von seinen Kollegen, weil er ihre Kritik am Arbeitgeber nicht teilte.

übertreffen (übertrifft, übertraf, hat übertroffen) – besser sein als jd. / etw.
Sie übertraf alle anderen Musiker, da sie sogar die schwierigsten Stücke vom Blatt spielte.

Nomen

Außenstehende (der / die, -n) – jemand, der nicht zu einer bestimmten Gruppe gehört / jemand, der neutral ist
Außenstehende können die Stimmung unter Fußballfans nicht verstehen und wundern sich über so viel Begeisterung.

Begabung (die, -en) – Talent / übermäßig gute Fähigkeiten auf einem Gebiet
Schon als kleines Kind hatte sie eine große Begabung in Mathematik.

Beistand (der) – Hilfe → *jdm. bei/stehen*
Durch den Beistand seiner Familie schaffte es der Drogenabhängige, eine Therapie zu machen.

Eigenbrötler (der, -) – Sonderling / abwertend für jdn., der „sein eigenes Brot backt", d.h. seine Angelegenheiten allein für sich und auf seine Weise erledigt und anderen merkwürdig erscheint
Viele Erfinder sind Eigenbrötler, sie forschen allein vor sich hin und verhalten sich sehr ungewöhnlich.

Einsiedler (der, -) – (→ *Eremit*) / jemand, der aus religiösen Gründen freiwillig allein und fern von den Menschen lebt
In den Bergen der Republik Athos leben einige Mönche als Einsiedler, indem sie kaum Kontakt zu anderen haben und meditieren.

Einzelgänger (der, -) – jemand, der lieber allein ist und keine Gesellschaft sucht
Einzelgänger wollen alles aus eigener Kraft heraus schaffen und verzichten auf die Gesellschaft und die Hilfe von anderen.

Eremit (der, -en) – jemand, der aus religiösen Gründen freiwillig allein und fern von den Menschen lebt / (→ *Einsiedler*)
Der Eremit lebt seit Jahren vollkommen unabhängig von anderen Menschen auf einem Berg.

Exil (das) – Land, in das jemand flüchtet, da er in seinem Heimatland politisch verfolgt wird → *ins Exil gehen*
Thomas Mann ging während der Nazidiktatur nach Amerika ins Exil.

Exzentriker (der, -) – sich sehr ungewöhnlich verhaltender Mensch → *exzentrisch*
Maria Callas hatte den Ruf, eine Exzentrikerin zu sein.

Förderung (die) – Hilfeleistung / Unterstützung → *fördern*
Das Komitee beschäftigt sich mit der Förderung von musisch begabten Kindern.

Intelligenzquotient (der, -en) – nach einem wissenschaftlichen Test ermittelte Maßeinheit der Intelligenz
Alle Kinder dieser Familie haben einen sehr hohen Intelligenzquotienten und sind exzellente Schüler.

Lebensweise (die) – Art und Weise, wie man lebt
Die jungen Leute hatten eine freie Lebensweise und richteten sich nicht nach Regeln.

Norm (die, -en) – hier: eine Verhaltensregel / das was in einer Kultur als normal gilt
An einem Arbeitsplatz muss man sich bestimmten Normen entsprechend verhalten, sonst wird man schnell zum Außenseiter.

Obdachlose (der / die, -n) – jemand, der ohne Wohnung ist
Viele Obdachlose übernachten in Wartesälen von Bahnhöfen.

Outsider (der, -) (englisch) – Außenseiter
Sein Sieg im Wettbewerb „Jugend forscht" war überraschend, denn er galt als Outsider.

Rand (der, Ränder) – der äußerste Teil von etwas / Teil, der am weitesten von einem Zentrum entfernt liegt
Die Obdachlosen befinden sich am Rand der Gesellschaft, da sie keinen festen Wohnsitz haben, sehr arm sind und keiner regelmäßigen Tätigkeit nachgehen.

Sonderling (der, -e) – jemand, der sich anders als die anderen Gesellschaftsmitglieder verhält und dessen Verhalten als seltsam gilt
Bei seinen Kollegen galt Franz als Sonderling, er sprach selten mit jemandem und lehnte alle Einladungen ab.

Unterstützung (die, -en) – Hilfeleistung → *unterstützen*
Die Behindertenschule war auf die Unterstützung privater Unternehmen angewiesen.

Weltanschauung (die, -en) – die Anschauungen, die eine Person oder ein Kollektiv (z.B. Religionsgemeinschaft, politische Partei) über den Sinn des Lebens und die Stellung des Menschen in der Welt hat
Marlene Dietrich wurde nicht nur wegen ihrer Schönheit, sondern auch wegen ihrer freien Weltanschauung bewundert.

Adjektive

elitär – zu einer Elite gehörend
Das elitäre Verhalten der Aristokratie wird von der Presse als nicht mehr zeitgemäß kritisiert.

extravagant – ungewöhnlich / so, dass es sich auffallend von dem Üblichen unterscheidet
Sie trug ein extravagantes Kleid zum Ball, das jedem auffiel.

herausragend – jd. / etw. ist wesentlich besser als andere Personen oder Dinge
Seine Aufsätze sind immer viel besser als die anderer Gleichaltriger, sie sind meist herausragend.

25. Aussteiger und Randgruppen

vogelfrei – 1. sehr frei und unabhängig, 2. (historisch) ohne gesetzlichen Schutz   ....
   → *jdn. für vogelfrei erklären*   ....
   zu 1: *Nach seinen Prüfungen fühlte er sich vogelfrei.*   ....
   zu 2: *Robin Hood wurde für vogelfrei erklärt und musste von da an als Gejagter*   ....
   im Wald leben.   ....

Weitere Fragestellungen zum Thema

1. Welche gesellschaftlichen Randgruppen sind Ihnen aus Ihrer Heimat bekannt? Lassen sich diese Gruppen in die Gesellschaft integrieren? Beschreiben Sie an einem Beispiel wie.

2. Welche Personen gehören Ihrer Meinung nach zu einer Elite? Welche Arten der Elite kennen Sie (gesellschaftliche, wissenschaftliche, ...)?

3. In vielen Großstädten gibt es immer mehr Obdachlose. Was kann Ihrer Meinung nach dazu führen, dass jemand obdachlos wird? Welche Maßnahmen sollten die Verantwortlichen ergreifen, um diesen Menschen sinnvoll zu helfen?

4. Gehören Ihrer Meinung nach Immigranten auch zu einer Randgruppe? Begründen Sie Ihre Meinung.

5. In fast jeder Generation gibt es Bewegungen der Jugendlichen, die sich gegen die Normen und Werte ihrer Gesellschaft auflehnen und sie verändern wollen. Nennen Sie Beispiele dafür und zeigen Sie auf, ob diese Bewegungen Veränderungen bewirkt haben.

6. Wer oder was legt in einer Gesellschaft fest, wer zu den Außenseitern gehört? Gibt es in allen Kulturen gleiche Maßstäbe? Erklären Sie Ihre Meinung anhand von Beispielen.

7. „Das Wichtigste ist, von der Gesellschaft akzeptiert zu werden – auch wenn man sich manchmal gegen seine Überzeugung verhalten muss." Nehmen Sie zu dieser Aussage Stellung.

8. Sollte ein Land die Hochbegabten in besonderen Schulen und Einrichtungen fördern? Welche Vor- und Nachteile ergeben sich?

Menschenrechte und Gesetze

Welches Menschenrecht ist Ihrer Meinung nach am bedeutendsten und sollte unbedingt verteidigt werden?

Vorüberlegungen

1. Was gehört Ihrer Meinung nach zu einer freien Gesellschaft? Was ist Voraussetzung, um demokratisch zu leben? Nennen Sie Beispiele, die zu diesem Bereich gehören.

2. Was kann jeder Einzelne tun, um sich für Menschenrechte und die Menschenwürde einzusetzen? Nennen Sie Beispiele.

26. Menschenrechte und Gesetze

③ **Im Folgenden lesen Sie einige Artikel aus der deutschen Verfassung. Erklären Sie deren Bedeutung mit eigenen Worten und vergleichen Sie sie, wenn möglich, mit ähnlichen Bestimmungen in der Verfassung Ihres Heimatlandes.**

Artikel 1: Die Würde des Menschen ist unantastbar.

Artikel 2: Jeder hat das Recht auf die freie Entfaltung seiner Persönlichkeit.

Artikel 3: Alle Menschen sind vor dem Gesetz gleich.

Artikel 4: Die Freiheit des Glaubens, des Gewissens und die Freiheit des religiösen und weltan- schaulichen Bekenntnisses sind unverletzlich.

Artikel 5: Jeder hat das Recht, seine Meinung in Wort, Schrift und Bild frei zu äußern und zu verbreiten.

Artikel 10: Das Briefgeheimnis sowie das Post- und Fernmeldegeheimnis sind unverletzlich.

Hinweise zum Thema

Menschenrechte ...

- schützen den Menschen und seine Würde
- sind staatenübergreifend
- umfassen Recht auf Gleichheit, Unversehrtheit und Eigentum, Meinungs- und Glaubensfreiheit, Recht auf Widerstand gegen Unterdrückung, Recht auf Arbeit, Bildung und soziale Sicherheit
- In vielen Staaten wird immer wieder gegen die Menschenrechte verstoßen, z.B. gibt es Kinderarbeit, Folter, keine freien Wahlen, keine Meinungs- und Religionsfreiheit, Frauen werden nicht gleichwertig behandelt usw.

Vorschlag zur Gliederung in Stichworten

Einleitung

Vorschläge zur Auswahl:

- aktuelles Ereignis zur Diskussion über Menschenrechte / Menschenrechtsverletzungen
- Welches Recht haben Sie ausgewählt?
- Beispiel, wie / wo ein Menschenrecht verletzt wird
- jeder Mensch muss Menschenrechte respektieren und schützen

Hauptteil

Hier müssen Sie Ihre eigene Meinung ausdrücken und darlegen, welches Menschenrecht für Sie am bedeu- tendsten ist und wie es geschützt werden kann.

- Auf internationaler Ebene setzt sich die UN seit dem 2. Weltkrieg für die Einhaltung der Menschenrechte ein.
- In Menschenrechtskonventionen haben sich Völker zur Einhaltung der Menschenrechte verpflichtet.
- Jeder sollte seine Rechte kennen.
- Totalitäre Staaten, wo Menschenrechte verletzt oder nicht beachtet werden, sind zu ächten.
- Internationale Organisationen sollen für die Einhaltung der Menschenrechte sorgen.
- Man muss darauf achten, ob alle Gruppen gleich behandelt werden.
- Jeder sollte auch im engeren Kreis auf die Einhaltung der Menschenrechte achten, z.B. Gleichstellung der Frau, Recht auf Bildung, Gleichbehandlung am Arbeitsplatz usw.

Schluss

Vorschläge zur Auswahl:
- Entwicklung in der Zukunft
- Einhaltung der Menschenrechte ist Voraussetzung für demokratisches Zusammenleben
- nicht nur Staaten, Politiker und Organisationen, sondern alle Menschen können ihren Beitrag leisten

zu diesem Thema siehe auch: **Frieden, Vorurteile**

4 **Formulieren Sie nun mit Hilfe der Stichworte einen Vortrag bzw. einen Aufsatz. Verwenden Sie dabei die Formulierungshilfen aus der Aufstellung auf Seite 289.**

Übungen zu Grammatik und Wortschatz

5 **Ergänzen Sie die fehlenden Nomen, Präpositionen oder Verben.**

Auf welche Weise können wir Einfluss nehmen ?

Man kann beispielsweise

a) einen Aufruf oder eine Protesterklärung ....,

b) <u>sich</u> ein<u>er</u> Gewerkschaft ....,

c) <u>an</u> einer Wahl ....,

d) einen .... an eine Zeitung schreiben,

e) eine Bürgerinitiative ....,

f) Flugblätter ....,

g) ein<u>er</u> Partei ....,

h) <u>sich</u> bei einer Behörde ....,

i) .... jeman<u>den</u> Anklage erheben, der Menschenrechte verletzt.

6 **Bilden Sie aus den Wörtern Sätze.**

a) Menschenrechte – gelten – alle – Menschen – gleichgültig – reich – oder – arm – sein

....

....

b) „Amnesty International" – sich einsetzen – Rechte – Menschen – ganze Welt

....

....

c) Rosa Luxemburg – kämpfen – Rechte – Arbeiter – und – das Wahlrecht – Frauen

....

....

26. Menschenrechte und Gesetze

d) auch – Staaten – Europa – verstoßen – immer wieder – Menschenrechte

....

....

e) Menschenrechte – sollen – Verfassung – verankert – Schutz – Bürger – garantieren *(Nebensatz)*

....

....

f) Politiker – Grundrecht – Briefgeheimnis – verstoßen – müssen – er – zurücktreten *(Nebensatz)*

....

....

7 Ergänzen Sie zu jedem Verb ein passendes Synonym und Antonym.

Synonyme	Antonyme
jdn. fördern jdn. verurteilen jdm. abraten von + D jdn. entlassen siegen	jdn. einstellen jdn. behindern verlieren jdm. zuraten jdn. freisprechen

a) jdn. abbringen von + D = ... ↔ ....

b) jdm. kündigen = ... ↔ ....

c) jdn. unterstützen = ... ↔ ....

d) gewinnen = ... ↔ ....

e) jdn. für schuldig erklären = ... ↔ ....

8 Formen Sie die Sätze um. Verwenden Sie dabei Nomen-Verb-Verbindungen mit den angegebenen Nomen.

a) In vielen Ländern werden politisch Andersdenkende leider immer noch unterdrückt. (Druck)

....

....

b) Menschenrechtsorganisationen fordern seit Jahren die Einhaltung der Menschenrechte. (Forderung)

....

....

c) Die Regierung bezweifelte die Aufrichtigkeit des Reporters. (Zweifel)

....

....

d) Menschenrechtskomitees sorgen dafür, dass die Menschenrechte eingehalten werden. (Sorge)

....

....

e) Die amtierende Regierung beachtete die Studie der ökologischen Partei nicht. (Beachtung)

....

....

f) Das Verfassungsgericht meinte, dass das Sendeverbot der Reportage gegen das Recht der freien Meinungsäußerung verstoße. (Standpunkt)

....

....

Übrigens ...

Wendungen mit dem Nomen „Fall"

Wendungen mit dem Nomen „Fall" haben unterschiedliche Bedeutungen. Achten Sie auf die dazugehörige Präposition.

von Fall zu Fall = jede Sache unabhängig von anderen betrachten oder beurteilen / einzeln sehen
Nicht alle Verbrechen werden gleich bestraft, man muss es von Fall zu Fall entscheiden.

im Falle + G = falls / wenn
Im Falle eines Freispruchs wird der Rechtsanwalt ein höheres Honorar verlangen.

auf keinen Fall = bestimmt nicht
Der Name des Angeklagten sollte auf keinen Fall in der Zeitung veröffentlicht werden.

auf jeden Fall = ganz bestimmt
auf alle Fälle = ganz bestimmt
Menschenrechtsverletzungen müssen auf jeden Fall / auf alle Fälle veröffentlicht und weltweit verurteilt werden.

für den Fall, dass ... = falls gelten sollte
Der Entwurf für das neue Gesetz wurde ganz genau geprüft, für den Fall, dass er bestimmte Bevölkerungsgruppen benachteiligt.

für alle Fälle = vorsichtshalber / um ganz sicher zu sein
Der Dieb wehrte sich zwar nicht, für alle Fälle legte ihm die Polizei aber Handschellen an.

ein klarer Fall = eindeutig / selbstverständlich
Hier ist der Tote, da ist das Messer. Es ist also ein klarer Fall von Mord.

ein hoffnungsloser Fall = ohne Hoffnung auf eine positive Veränderung / eine Veränderung ist nicht möglich
Der Antragsteller gilt als hoffnungsloser Fall, schon zum dritten Mal wurde sein Antrag abgelehnt.

9 **Lesen Sie die Erklärungen und Beispiele zu den Wendungen. Ergänzen Sie dann die passenden Wendungen.**

▪ Legst du in diesem Jahr die Prüfung für das Große Sprachdiplom ab?

● Nein, ... Ich habe zu wenig Zeit, um mich richtig vorzubereiten.

26. Menschenrechte und Gesetze

■ Was macht Vassilis, legt er die Prüfung ab?

● Ja, ... Er hat sehr intensiv gelernt und alle notwendigen Bücher gelesen.

■ Und wenn Vassilis die Prüfung nicht schafft?

● .... eines negativen Ergebnisses will er es im nächsten Jahr noch ein-

mal versuchen. .... hat er sich schon nach dem nächsten Prüfungs-

termin erkundigt. ...., dass die Termine mit den Uni-Prüfungen

zusammenfallen, will er sich doch jetzt anmelden.

■ Was macht eigentlich deine Führerscheinprüfung?

● Oh, ich bin ein .... Ich bin jetzt schon zum dritten Mal durchgefallen.

■ Ja, viele Leute schaffen es nicht sofort. .... gibt es unterschiedliche

Gründe dafür.

● Bei mir ist es ein .... Ich bin jedes Mal zu nervös.

Wortschatz

Verben

an/klagen – jdn. beschuldigen, etwas Unerlaubtes getan zu haben
→ *Anklage (die, -n), Angeklagte (der / die, -n)*
Der Staatsanwalt klagte ihn an, das Verbrechen begangen zu haben.
gewährleisten – garantieren
Die CIA konnte die Sicherheit des Präsidenten gewährleisten.
gestehen (gestand, hat gestanden) – zugeben, dass man etwas Verbotenes getan hat
→ *Geständnis (das, -se), geständig*
Nach ein paar Tagen gestand sie das Verbrechen.
richten – vor Gericht entscheiden → *Richter (der, -)*
*Man darf nicht über jemanden richten, bevor man nicht gehört hat, wie er den
Vorfall darstellt.*
verteidigen – eine Person gegen Angriffe schützen, vor Gericht: einen Angeklagten
oder Beklagten vertreten / ihm juristischen Beistand geben
→ *Verteidiger (der, -), Verteidigung (die, -en)*
Sie wollte sich gegen die Kritik ihrer Eltern verteidigen.

Nomen

Bundesverfassungsgericht (das) – oberstes Gericht in Deutschland, das für
Verfassungsstreitigkeiten und Normenkontrolle (= Überprüfung der
Verfassungsmäßigkeit von Gesetzen und Verordnungen) zuständig ist
Das Bundesverfassungsgericht hat seinen Sitz in Karlsruhe.
Bürgerrechtler (der, -) – Person, die sich für die Menschenrechte und für die
Rechte der Einwohner eines Landes oder einer Stadt einsetzt
*Die Bürgerrechtler bewirkten durch ihre Aktionen, dass die Regierung die
verhafteten Journalisten freilassen musste.*
Diktatur (die, -en) – unbeschränkte Herrschaft einer Person oder Gruppe
Während der Diktatur in Spanien galten die demokratischen Grundrechte nicht.
Exekutive (die) – die ausführende Gewalt im Staat (Regierung, Verwaltung, Polizei)
In einer Demokratie sind Exekutive, Legislative und Judikative getrennt.

Faschismus (der) – 1. extrem nationalistische und rechtsradikale Bewegung, die einen autoritären oder totalitären Einparteienstaat anstrebt, 2. das von dieser Bewegung etablierte Herrschaftssystem
Wer den Namen Mussolini hört, denkt sofort an Faschismus.

Freiheitsberaubung (die) – unter Zwang stattfindendes Wegnehmen der Freiheit
Das Einsperren von Menschen in Gefängnissen ist auch eine Art Freiheitsberaubung.

Freiheitsentzug (der) – Einsperren in ein Gefängnis (gesetzliche Strafe für Verbrechen)
Der Bankräuber wurde mit Freiheitsentzug bestraft.

Gefängnis (das, -se) – Gebäude, in dem Personen eingesperrt werden, die gegen das Gesetz verstoßen haben
Das Gefängnis wird rund um die Uhr streng bewacht.

Gericht (das, -e) – die Institution, in der Richter Recht sprechen, d.h. Verstöße gegen Gesetze bestrafen und Streitigkeiten schlichten
Der juristische Streitfall wurde lange vor Gericht verhandelt.

Gesetzgeber (der, -) (= Legislative) – das von der Verfassung vorgesehene Staatsorgan, das die Gesetze erlässt (in Deutschland: das Parlament, also der Deutsche Bundestag und der Bundesrat)
Der Gesetzgeber entscheidet über die Reformvorschläge der Regierungspartei.

Hüter (der, -) – eine Person, die etwas schützt
Polizisten werden auch als Hüter des Gesetzes bezeichnet.

Judikative (die) (= Rechtswesen, Justiz) – der Teil der Staatsgewalt, der für die Rechtsprechung zuständig ist (z.B. die Gerichte)
Die Judikative wird durch die Bundesgerichte vertreten.

Jurist (der, -en) – eine Person, die Rechtswissenschaft studiert hat
In dieser Firma sind zahlreiche Juristen beschäftigt.

Justiz (die) (= Rechtswesen, Judikative) – Rechtspflege und Rechtsprechung, auch: die Behörden, die mit Rechtsprechung befasst sind
Das Wort „Justiz" kommt aus dem Lateinischen und bedeutet „Gerechtigkeit".

Legislative (die) – der Teil der Staatsgewalt, der die Gesetze macht
In Deutschland ist der Bundestag als Versammlung der gewählten Volksvertreter das wichtigste Organ der Legislative.

Menschenwürde (die) – das Recht jedes Einzelnen auf körperliche und seelische Unverletzbarkeit und auf Achtung der Person
Die Nazis begangen zahlreiche Verbrechen gegen die Menschenwürde.

Petition (die, -en) (= Bittschrift) – ein an eine Behörde oder eine Regierung gerichtetes Schreiben, in dem man um etwas bittet
Greenpeace reichte im Januar bei der Behörde eine Petition mit der Forderung ein, die Jagd auf seltene Vögel ganz zu verbieten.

Prozess (der, -e) (= hier: Gerichtsverfahren) – Verhandlung vor Gericht, die in verschiedenen Phasen stattfindet → *einen Prozess führen*
Der Prozess gegen seinen Arbeitgeber kostete ihn viel Zeit und Geld.

Rechtsanwalt (der, -wälte) – Person, die Jura studiert hat und die Erlaubnis besitzt, andere vor Gericht zu vertreten
Frau Huber hat den Prozess gegen die Kosmetikfirma dank ihres ausgezeichneten Rechtsanwalts gewonnen.

Rechtsstaat (der, -en) – Staat, in dem sich alle Regierungs- und Verwaltungshandlungen an Recht und Gesetz orientieren und der Kontrolle durch eine unabhängige Justiz unterliegen
Unter Hitler war Deutschland kein Rechtsstaat.

Staatsanwalt (der, -wälte) – Jurist, der im Auftrag des Staates ein Verbrechen untersucht und die Anklage vor Gericht vertritt
Der Staatsanwalt verlangte eine sehr hohe Strafe für den Angeklagten.

26. Menschenrechte und Gesetze

Verfassung (die, -en) – Konstitution / die Regeln und Prinzipien, nach denen der Staat aufgebaut ist, die Staatsgewalt aufgeteilt und kontrolliert ist und die Rechte und Pflichten der Bürger festgelegt sind
Die deutsche Verfassung heißt „Grundgesetz".

Zeuge (der, -n) – Person, die bei einem Ereignis anwesend war und darüber vor Gericht oder Polizei berichtet
Der Zeuge konnte sich nicht mehr genau an das Gesicht des Täters erinnern.

Adjektive

konservativ (↔ progressiv) – das Alte bewahrend / an traditionellen Werten festhaltend
Sie will nichts Neues ausprobieren, sie ist sehr konservativ.

liberal – politische Haltung, die die freie Entfaltung und Entwicklung des Einzelnen in den Vordergrund stellt → *Liberalität (die)*
Dieser Richter ist für seine liberalen Urteile bekannt.

unantastbar – unveränderbar / etwas, das nicht berührt werden kann oder darf
Heute gelten die Menschrechte als unantastbar, aber das war nicht immer so.

Ausdrücke

ein Gesetz annullieren – ein Gesetz für ungültig erklären
Das Gesetz wurde als frauenfeindlich bezeichnet und schließlich vom europäischen Gerichtshof annulliert.

ein Gesetz erlassen (erlässt, erließ, hat erlassen) – ein Gesetz beschließen
Vor einer Woche wurde ein Gesetz zum Schutz vor bissigen Hunden erlassen.

ein Gesetz reformieren – ein Gesetz verändern, an neue Bedingungen anpassen
Die Gesetze, die das Schulsystem betreffen, müssen reformiert werden.

ein Gesetz verabschieden – ein Gesetz nach Beratung im Parlament beschließen
Nach langen Diskussionen wurde das Gesetz endlich vom Bundestag verabschiedet.

hinter Gittern sitzen (saß, hat gesessen) – im Gefängnis sein
Das Fernsehen strahlt heute eine Reportage mit dem Titel „Zehn Jahre hinter Gittern sitzen – der Alltag im Gefängnis" aus.

jdm. etwas zur Last legen – beschuldigen / behaupten, dass jemand etwas Negatives getan hat
Ihr wurde zur Last gelegt, dass sie die Polizei nicht rechtzeitig informiert hatte.

geltende Recht (das) – Recht, das in einem Land gilt
Das neue Aufenthaltsrecht in der EU ist nun in allen Mitgliedstaaten geltendes Recht.

Recht sprechen (spricht, sprach, hat gesprochen) – richten / vor Gericht entscheiden, wer Recht hat
In diesem Saal wird seit über 80 Jahren Recht gesprochen.

Gnade vor Recht ergehen lassen (lässt, ließ, hat ... lassen) – jdn. nicht bestrafen, obwohl er eine Strafe verdient hätte
Da der Täter noch sehr jung war, ließ der Richter Gnade vor Recht ergehen und verurteilte ihn nur zu einer kleinen Geldstrafe.

eine Strafe verhängen – eine Strafe festlegen
Die Strafe, die für dieses Verbrechen verhängt wurde, hielt der Staatsanwalt für zu gering.

ein Urteil fällen – richten / vor Gericht entscheiden
Das Urteil wurde gegen die Empfehlung des Sachverständigen gefällt.

Weitere Fragestellungen zum Thema

1. „Es gibt Situationen, in denen man auf die Menschenrechte keine Rücksicht nehmen kann." Unterstützen Sie diese Auffassung?

2. In verschiedenen Ländern der Welt wird immer wieder gegen die Menschenrechte verstoßen. Was kann man tun, um diese Situation zu verändern?

3. „Vor dem Gesetz sind alle gleich." Stimmen Sie dieser Aussage zu? Begründen Sie Ihre Meinung.

4. In einigen Ländern gibt es noch heute die Todesstrafe. Wie stehen Sie zu dieser Strafe? Begründen Sie Ihre Meinung.

5. „Die Menschenrechte können nicht in die Praxis umgesetzt werden, der Mensch ist dazu von Natur aus viel zu schlecht." Stimmen Sie dieser Aussage zu? Begründen Sie Ihre Meinung.

6. In der Bundesrepublik dürfen Jugendliche erst mit 18 Jahren an Bundes- oder Landtagswahlen teilnehmen. Einige vertreten die Meinung, dass die heutige Jugend viel reifer als noch vor 20 Jahren ist und somit schon mit 16 Jahren an politischen Wahlen teilnehmen könnte. Welche Meinung vertreten Sie?

7. Menschenrechtsorganisationen setzen sich weltweit dafür ein, dass bestimmte Tierarten, wie z.B. Menschenaffen oder Orang-Utans, deren DNS nur gering von der der Menschen abweicht, unter den Schutz der Menschenrechte gestellt werden. Was halten Sie von dieser Forderung?

Vorurteile

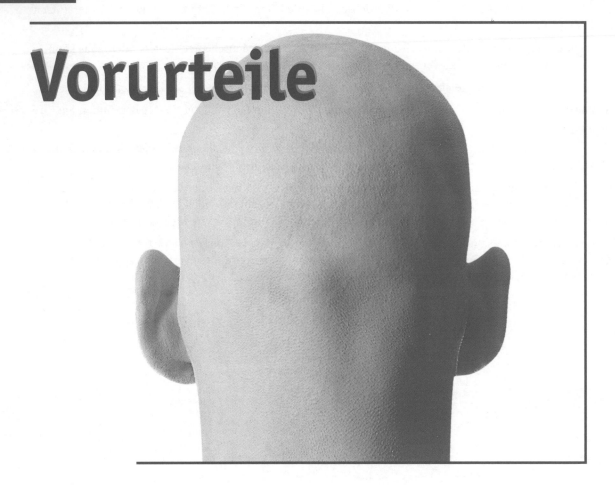

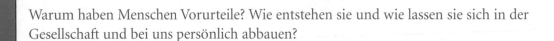

Warum haben Menschen Vorurteile? Wie entstehen sie und wie lassen sie sich in der Gesellschaft und bei uns persönlich abbauen?

Vorüberlegungen

1 Was ist ein Vorurteil?

2 Gegen wen oder was richten sich in Ihrem Land häufig Vorurteile?

3 Nennen Sie positive Vorurteile, die man in Ihrem Land anderen Ländern gegenüber hat.

Vorschlag zur Gliederung in Stichworten

Einleitung

Vorschläge zur Auswahl:

- Vorurteile sind einseitige Bewertungen von Personen, Gruppen und Dingen
- persönliches Erlebnis
- Beispiel aus Ihrem Land
- Nennung von Gruppen, zwischen denen es in Ihrem Land Vorurteile gibt
- Vorurteil als Bestandteil menschlichen Lebens: Erfahrungen müssen auch übernommen werden, können nicht alle selbst erworben werden

Hauptteil

wie Vorurteile entstehen können:

- beruhen auf ungeprüften Verallgemeinerungen

verursacht durch:

- soziale Unterschiede oder Ungerechtigkeit
- Neid
- historische Gegebenheiten

entstehen aus:

- dem Wunsch, eigene Schwächen zu verdecken, indem man schlecht über andere spricht
- dem Wunsch des Menschen nach Orientierung
- verstärken das sichere Gefühl der Gruppenzugehörigkeit
- Vorurteile vermitteln einfache Weltbilder
- Unwissenheit und Angst vor unbekannten Menschen und Dingen
- Manipulation
- Opportunismus / „Mitläufertum": Vorurteile werden übernommen ohne nachzudenken
- mangelnder Mut, den Vorurteilen anderer etwas entgegenzusetzen
- übertriebene Verallgemeinerungen, z.B.: Die Deutschen trinken im Durchschnitt viel und gern Bier.
  → „Die Deutschen saufen nur Bier."
- „Freund-Feind-Denken", wenn historische Hintergründe den Abbau von Vorurteilen verhindern
- schon existierende Vorurteile, die wiederum Vorurteile „erzeugen"

Auswirkungen von Vorurteilen:

- besonders für schwache Personen oder Gruppen können Vorurteile gefährlich werden
- schlechtes Verhältnis zwischen Gruppen kann sich weiter verschlechtern

Abbau von Vorurteilen:

- nicht gleichgültig sein
- keine Klischees übernehmen, sondern sich informieren und selbst nachdenken
- darüber nachdenken, wie mich die anderen sehen
- sich in die andere Person / Gruppe hineinversetzen
- Kontakt suchen, nicht übereinander sondern miteinander sprechen
- Zivilcourage: eigene Meinung haben und diese Meinung auch vertreten
- darauf achten, dass neutrale Verallgemeinerungen nicht zu Vorurteilen werden
- Beitrag der Medien: keine Vorurteile schüren
- vorurteilsfreie Erziehung in Familie und Schule

27. Vorurteile

Schluss

Vorschläge zur Auswahl:
- Zusammenfassung der wichtigsten Punkte
- eine Welt ohne Vorurteile wäre angenehmer und freundlicher
- jeder sollte versuchen, seine eigenen Vorurteile abzubauen
- im Zuge der Globalisierung sind nationale Vorurteile nicht mehr zeitgemäß
- Menschheit sollte sich auf die großen gemeinsamen Probleme konzentrieren: die Umweltzerstörung, Abbau der atomaren Bedrohung, Linderung von Hunger und Elend, Wahrung der Menschenrechte

zu diesem Thema siehe auch: Mitmenschen

4. **Formulieren Sie nun mit Hilfe der Stichworte einen Vortrag bzw. einen Aufsatz. Verwenden Sie dabei die Formulierungshilfen aus der Aufstellung auf Seite 289.**

Übungen zu Grammatik und Wortschatz

5. **Erklären Sie die folgenden Ausdrücke mit eigenen Worten.**

a) das Klischee

....

b) das Feindbild

....

c) Mobbing

....

d) schablonenhafte Vorstellungen

....

e) das schwarze Schaf

....

f) jdm. einen Stempel aufdrücken

....

g) stereotyp

....

h) jdn. zum Sündenbock machen

....

6 „Super-Max" übertreibt manchmal. Ergänzen Sie, wie er sich ausdrückt.

Beispiel:

Ich finde das Wasser kalt.   Für Max ist es *eisig* .

a) Ich finde die Maus groß.   Für Max ist sie ....

b) Ich warte lange auf den Bus.   Max wartet ....

c) Ich finde die Sonne heiß.   Max findet sie ....

d) Ich finde das Zimmer dunkel.   Max findet es ....

e) Ich finde das Schnitzel klein.   Für Max ist es ....

f) Ich finde die Musik in der Disko laut.   Für Max ist sie ....

7 **Kennen Sie diese „Tiere"? Erklären Sie die folgenden Ausdrücke mit eigenen Worten.**

a) die Landratte: *Bezeichnung für einen Menschen, der* ....

....

b) der Pechvogel: ....

....

c) der Angsthase: ....

....

d) die Leseratte: ....

....

e) der Schmutzfink: ....

....

f) der Partylöwe: ....

....

g) der Bücherwurm: ....

....

h) die Brillenschlange: ....

....

i) die Schmusekatze: ....

....

j) das Steckenpferd: *ist nicht die Bezeichnung für einen Menschen, sondern ein Synonym für*

das Wort ....

27. Vorurteile

8 **Ergänzen Sie zu jedem Adjektiv ein passendes Synonym und Antonym.**

Synonyme		Antonyme	
freundlich	mitfühlend	egoistisch	geizig
selbstlos	hilfsbereit	unfreundlich	herzlos
freigebig	menschlich	abgestumpft	gleichgültig

a) großzügig = ... ↔ ....

b) nett = ... ↔ ....

c) human = ... ↔ ....

d) sensibel = ... ↔ ....

e) entgegenkommend = ... ↔ ....

f) altruistisch = ... ↔ ....

Übrigens ...

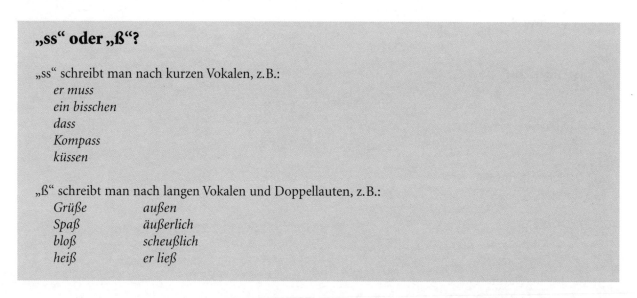

„ss" oder „ß"?

„ss" schreibt man nach kurzen Vokalen, z.B.:
er muss
ein bisschen
dass
Kompass
küssen

„ß" schreibt man nach langen Vokalen und Doppellauten, z.B.:

Grüße	*außen*
Spaß	*äußerlich*
bloß	*scheußlich*
heiß	*er ließ*

9 **Ergänzen Sie „ss" oder „ß". Markieren Sie dann, ob man den Vokal kurz (.) oder lang (_) spricht.**

a) der Schu......   h) du lä......t   o) wi......en

b) der Fu......   i) der Gru......   p) na......

c) gro......   j) der Flu......   q) genie......en

d) der Kongre......   k) das Mi......verständnis   r) sie verlie......

e) der Ku......   l) me......bar   s) au......er Stande

f) der Flei......   m) das Gä......chen   t) er hei......t

g) mi......lingen   n) Ru......land

Wortschatz

Verben

auf/werten (↔ ab/werten) – den Wert oder die Stellung einer Person oder Sache verbessern
Ihre gesellschaftliche Stellung wurde aufgewertet, als sie den Millionär heiratete.

ab/stempeln – eine Person oder eine Sache mit einem Vorurteil belegen
Nachdem das Kind zweimal schlechte Noten geschrieben hatte, wurde es als unfähig abgestempelt.

aus/schließen (schloss aus, hat ausgeschlossen) (= isolieren) – nicht integrieren
Sie wurde von der Gruppe ausgeschlossen, weil sie einer anderen Religion angehörte.

beurteilen – eine Meinung über etwas äußern
Die Prüfung wurde von den Kandidaten als schwierig beurteilt.

brandmarken – öffentlich scharf kritisieren
Das unüberlegte Verhalten des Ministers wurde von der Presse als Dilettantismus gebrandmarkt.

verallgemeinern (= generalisieren) – aus einer einzelnen Erfahrung ein allgemeines Prinzip formulieren → *Verallgemeinerung (die, -en)*
Wenn man eine Situation nicht gut kennt, sollte man nicht vorschnell verallgemeinern.

Nomen

Außenseiter (der, -) – 1. jemand, der von einer Gruppe nicht als vollwertiges Mitglied akzeptiert wird / jemand, der sich von einer Gruppe isoliert, 2. jemand, von dem man meint, dass er in einem Wettkampf geringe Chancen habe
zu 1: *Weil er nie die gleichen Interessen wie seine Mitschüler hatte und ihre Gesellschaft nicht suchte, wurde er bald zum Außenseiter.*
zu 2: *Obwohl er als Außenseiter galt, gewann Kostas Kenteris aus Griechenland im Jahr 2000 bei der Olympiade den 200m-Lauf der Männer.*

Befangenheit (die) – 1. hier: Parteilichkeit, 2. Gefühl der Verlegenheit und Unsicherheit → *befangen*
zu 1: *Der Zeuge wurde vom Gericht wegen Befangenheit abgelehnt, da er vom Angeklagten finanziell abhängig ist.*
zu 2: *Bei dem Vorstellungsgespräch in der Firma war seine Befangenheit so groß, dass er kaum ein Wort herausbrachte.*

Feindbild (das, -er) – das Bild, das man sich von seinem Gegner macht
Die Feindbilder, die in Jahrzehnten des Kalten Krieges zwischen Ost und West aufgebaut wurden, lassen sich nicht so leicht wieder abbauen.

Feindseligkeit (die, -en) – feindliches Verhalten / Hass
Die zwei Gruppen begegneten einander mit Feindseligkeit.

Klischee (das, -s) – 1. eine weit verbreitete Vorstellung über etwas, die nicht mehr überprüft wird, 2. eine Redensart, die schon lange verwendet wird, aber keine genau definierte Bedeutung mehr hat / ein abgenutzter, inhaltsleerer Ausdruck / bloße Formel oder Phrase
zu 1: *Dass die Deutschen sich hauptsächlich von Kartoffeln und Kraut ernähren, halte ich für ein Klischee.*
zu 2: *Die schlechte Benotung des Aufsatzes war berechtigt: Statt inhaltlicher Argumentation gab es eine bloße Aneinanderreihung von Klischees.*

Merkmal (das, -e) (= Kennzeichen) – eine besondere Eigenschaft oder ein besonderes Zeichen, an der bzw. an dem man jdn. / etw. erkennen bzw. unterscheiden kann
Ein besonderes Merkmal dieser Hunderasse ist ihr Jagdtrieb.

Randgruppe (die, -n) – Gruppe von Menschen, die am Rand der Gesellschaft lebt, d.h. die benachteiligt bzw. von der Mehrheit nicht akzeptiert wird
Sinti und Roma gehören in den meisten Ländern zu den Randgruppen.

27. Vorurteile

Ressentiment (das, -s) (französisch) – Vorurteil / starke Abneigung ....
Sie hat starke Ressentiments gegen Menschen, die nicht ihrer gesellschaftlichen ....
Schicht angehören. ....
Sündenbock (der, -böcke) – Person oder Gruppe, der man die Schuld für eine ....
negative Entwicklung zuschiebt, um sich selbst zu entlasten ....
Oft suchen Politiker nach einem Sündenbock für alles, was schief läuft. ....

Adjektive

parteiisch – einseitig eine Seite oder Gruppe unterstützend ....
Der Lehrer war parteiisch und unterstützte bei dem Klassenstreit nur die Jungen, ...
ohne die Argumente der Mädchen anzuhören. ....
stereotyp – nach einem feststehenden Muster / immer gleichbleibend ....
Sie antwortete mir auf meine Bitten immer stereotyp mit „Nein". ....
tendenziös – zu einer Richtung neigend / parteiisch ....
Der Journalist berichtete nicht neutral über das Thema, seine Berichterstattung ....
war sehr tendenziös. ....
vorurteilsfrei (↔ vorurteilsvoll) – ohne Vorurteile ....
Um fremde Völker zu verstehen, sollte man sie möglichst vorurteilsfrei kennen ....
lernen. ....

Ausdrücke

jdn. in eine Rolle drängen – jdn. dazu bringen, sich in einer ganz bestimmten ....
Weise zu verhalten ....
Seine Klassenkameraden drängten ihn in die Rolle des unsportlichen Strebers. ....
ein Urteil fällen (= beurteilen) – sich eine Meinung über etwas bilden ....
Der Psychologe fällte schon nach einem kurzen Gespräch ein Urteil über seinen ....
Patienten. ....
Vorurteile schüren – bewusst dazu beitragen, dass sich eine vorgefasste Meinung ....
verbreitet ....
Auch die Presse hat Schuld an den rassistischen Vorkommnissen, denn sie hat ....
die Vorurteile gegen Ausländer geschürt. ....

Weitere Fragestellungen zum Thema

1. Soziale Ungleichheit: Welche Probleme können daraus entstehen und was kann gegebenenfalls dagegen getan werden? Begründen Sie Ihre Meinung anhand von Beispielen.

2. Viele Menschen haben ein festes Bild von bestimmten Völkern, ohne das betreffende Land besucht zu haben oder Leute aus diesem Land zu kennen. Wie entstehen Ihrer Meinung nach diese Vorstellungen oder Vorurteile?

3. „Kleider machen Leute." – Stimmen Sie diesem deutschen Sprichwort zu?

4. „Der erste Eindruck zählt." – Wie ausschlaggebend ist Ihrer Meinung nach wirklich der erste Eindruck?

5. Braucht der Mensch eventuell Vorurteile? Nehmen Sie Stellung.

6. Die Geschichte hat gezeigt, dass bestimmte politische Gruppen oder Ideologien Vorurteile dazu benutzt haben, um ihre politischen Ziele zu erreichen. Nennen Sie Beispiele und erörtern Sie die möglichen Gründe.

Sprache

Englisch gilt heute als Weltsprache. Wie nützlich ist es Ihrer Meinung nach, noch weitere Fremdsprachen zu lernen?

Vorüberlegungen

1. Die Dolmetscher-Ausbildung besteht im Erlernen von verschiedenen Sprachen, um dann beruflich schriftliche oder gesprochene Texte von einer Sprache in die andere zu übertragen. In welchen anderen Berufen sind Ihrer Auffassung nach weitere Fremdsprachenkenntnisse – abgesehen von Englisch – hilfreich?

2. Welche Möglichkeiten hat man in Ihrem Heimatland, Fremdsprachen zu lernen?

3. Welchen Stellenwert hat der Fremdsprachenerwerb allgemein in Ihrem Heimatland?

Vorschlag zur Gliederung in Stichworten

Einleitung

Vorschläge zur Auswahl:

- eigene Erfahrung mit dem Erlernen einer Fremdsprache, außer Englisch
- Situation, in der Sie unbedingt weitere Fremdsprachenkenntnisse brauchten, aber solche nicht besaßen
- Kurzbericht, welche Personen in welchem Alter in Ihrem Heimatland Fremdsprachen lernen
- These über die Wichtigkeit oder Unwichtigkeit anderer Fremdsprachen (außer Englisch)

Hauptteil

mögliche Gründe für die Nützlichkeit des Erlernens weiterer Fremdsprachen:

- direkte Kommunikationsfähigkeit mit Menschen aus anderen Ländern, ohne die „Brücke" des Englischen → Völkerverbindung
- durch den Spracherwerb auch Kontakt mit der Kultur und Geschichte anderer Länder → besseres Verständnis für diese Länder, Konfliktvermeidung
- bessere berufliche Möglichkeiten, Spezialisierungen im Beruf oder im Studium
- Aus- und Weiterbildung in verschiedenen nicht-englischsprachigen Ländern möglich
- andere Informationsquellen, wie z.B. ausländische Medien, werden zugänglich → Erweiterung des Horizonts
- Erleichterung bei Reisen
- Literatur im Original zu lesen ist möglich

mögliche Gründe, die gegen das Erlernen weiterer Fremdsprachen sprechen:

- viele Menschen sprechen Englisch, Englisch zu lernen ist deshalb ausreichend
- Sprachenlernen ist mit großem Zeitaufwand, großer Anstrengung und hohen Kosten verbunden
- Erfolg ist nicht sofort sichtbar
- manche Sprachen werden nur von wenigen gesprochen
- bei Nichtanwendung wird die Sprache schnell wieder vergessen

Schluss

Vorschläge zur Auswahl:

- Fazit: Ihre Meinung zur Wichtigkeit bzw. Unwichtigkeit des Erlernens anderer Fremdsprachen
- Ausblick in die Zukunft: Wird Englisch weiterhin die wichtigste Fremdsprache bleiben oder nicht?
- Zusammenfassung der wichtigsten Punkte

zu diesem Thema siehe auch: **Schule, Vorurteile, Ausländer**

4 **Formulieren Sie nun mit Hilfe der Stichworte einen Vortrag bzw. einen Aufsatz. Verwenden Sie dabei die Formulierungshilfen aus der Aufstellung auf Seite 289.**

Übungen zu Grammatik und Wortschatz

5 **Kennen Sie diese Sprachen? Notieren Sie, wo sie gesprochen oder angewendet werden.**

a) Fachsprache ....

b) Esperanto ....

c) Programmiersprache ....

d) Muttersprache ....

e) Hindi ....

f) Umgangssprache ....

6 **Ergänzen Sie, wer hier „spricht".**

a) Wer lallt? ....

b) Wer bellt? ....

c) Wer brüllt? ....

d) Wer kreischt? ....

e) Wer miaut? ....

f) Wer blökt? ....

g) Wer gackert? ....

h) Wer kräht? ....

7 **Rund um das Wort „sprechen". Lesen Sie die Erklärungen zu den Verben. Ergänzen Sie die Verben dann in der richtigen Form. Mehrfachnennungen sind möglich.**

etw. ab/sprechen mit + D	– mit jdm. etwas vereinbaren
jdn. an/sprechen	– anfangen, mit jdm. zu sprechen / sich an jdn. wenden
etw. an/sprechen	– als Thema zur Diskussion stellen / zur Sprache bringen
etw. aus/sprechen	– artikulieren / Laute mit dem Mund produzieren
sich aus/sprechen über + A, mit + D	– Missverständnisse und Probleme mit jdm. klären
etw. besprechen	– über ein Thema reden
etw. durch/sprechen	– über ein Thema in Einzelheiten und genau reden
mit/sprechen bei + D	– das Recht haben, seine Meinung über etwas zu äußern
etw. vor/sprechen	– etwas für andere laut und deutlich sagen, so dass sie es wiederholen können
jdm. etw. versprechen	– jdm. sein Wort geben
sich versprechen	– etwas aus Versehen falsch sagen
jdm. widersprechen	– eine gegensätzliche Meinung äußern

Beispiel: Ich muss dieses Thema noch mit meinen Kollegen _durchsprechen_ , damit sie alle Details des neuen Projekts kennen.

a) Die Lehrerin musste das schwierige neue Wort ganz genau ...., damit die Schüler es

verstehen und richtig .... konnten.

b) Die beiden Freunde waren lange zerstritten, endlich trafen sie sich wieder und .... sich über

ihre Probleme ....

c) Die Schüler wollen bei den Änderungen, die sie betreffen, ... und auch ihre Vorschläge

und Meinungen äußern.

d) Der Lehrer hat sich ....; er wollte „leben" statt „lieben" sagen.

e) Bevor wir den Sprachkurs besuchen, müssen wir noch ...., wer auf unsere Kinder

aufpasst, während wir im Unterricht sind.

f) Er kann noch nicht so gut Spanisch und traut sich nicht, Fremde auf Spanisch ....

g) Der Englischlehrer möchte den Test nicht in der Klasse ...., aber alle interessierten Schüler können ihn sich nach dem Unterricht ansehen.

h) Unsere Freunde sind nicht gekommen; das ist eigenartig, denn sie hatten uns ...., mit uns zu gehen.

i) Wir sind nie einer Meinung, immer musst du mir ....

j) Erstaunlicherweise wurde bei dieser Diskussion auch das Thema „Drogen" ...., obwohl es nicht so geplant war.

⑧ **Rund um das Wort „Wort". Erklären Sie folgende Wendungen mit eigenen Worten.**

a) sich zu Wort melden   ....
....

b) jdm. das Wort erteilen   ....
....

c) ein gutes Wort einlegen für + A   ....
....

d) jdm. aufs Wort glauben   ....
....

e) jdm. das Wort im Munde umdrehen   ....
....

f) wortwörtlich wiederholen   ....
....

g) jdm. ins Wort fallen   ....
....

Übrigens ...

Der Gebrauch von „einander"

1. „Einander" drückt eine wechselseitige Beziehung zwischen zwei oder mehreren Personen aus.

   Beispiel: Wir kannten uns schon seit Jahren. – *Wir kannten einander schon seit Jahren.*
   Ihr verstandet euch doch immer so gut. – *Ihr verstandet einander doch immer so gut.*
   Sie liebten sich. – *Sie liebten einander.*

2. „Einander" kann auch mit Präpositionen kombiniert werden.

   Beispiel: Ein Freund dachte <u>an</u> den anderen und umgekehrt. – *Die Freunde dachten <u>an</u>einander.*

9 **Formen Sie die Sätze um, indem Sie „einander" verwenden.**

a) Peter und Maria küssten sich auf der Straße.

....

....

b) Der Dirigent will, dass sich die Orchestermitglieder achten.

....

....

c) Mein Vater kann sich nicht mit meinem Großvater unterhalten und umgekehrt, sie streiten immer.

....

....

d) Das eine Lexikon steht neben dem anderen Lexikon, und trotzdem konnte ich das Spanisch-Deutsch-Lexikon nicht finden.

....

....

e) Mein Französischlehrer ist auf meinen Lateinlehrer wütend und umgekehrt, weil beide glauben, der andere gebe zu viele Hausaufgaben auf.

....

....

f) Meine Schwester hat lange nichts mehr von mir gehört und ich nichts mehr von ihr, wir schreiben selten Briefe.

....

....

Wortschatz

Verben

äußern – mündlich oder schriftlich mitteilen → *Äußerung (die, -en)*
    Der Präsident äußerte sich in seiner Rede auch über umstrittene Themen.
dolmetschen – einen mündlichen Text direkt von einer Sprache in die andere
    übersetzen → *Dolmetscher (der, -), simultan dolmetschen*
    Er konnte besonders gut vom Englischen ins Ungarische dolmetschen.
entschlüsseln – aus einem Text in Geheimschrift die Nachrichten herauslesen
    Er konnte die Nachricht seiner Kontaktmänner sofort entschlüsseln.
entziffern – schaffen, etwas Unleserliches zu lesen
    Wir konnten seine Handschrift kaum entziffern, er schrieb sehr undeutlich.
formulieren – in Worte fassen → *Formulierung (die, -en)*
    Er hatte Schwierigkeiten, den Werbetext interessant zu formulieren.
lispeln – das „S" wie ein englisches „Th" sprechen
    Als Kind lispelte sie, später lernte sie, das „S" richtig auszusprechen.
stottern – stockend und mit Wiederholung einzelner Laute sprechen
    Da das Kind stark stotterte, konnten die meisten Leute es nicht verstehen.

28. Sprache

Nomen

Akzent (der, -e) – 1. typische Ausspracheart einer Sprache, an der man erkennt, aus welcher Region oder aus welchem Land der Sprecher kommt, 2. Schwerpunkt → *akzentuieren*
zu 1: *Die Frau sprach mit starkem amerikanischen Akzent Deutsch.*

Amtssprache (die, -n) – 1. die offizielle Sprache eines Landes / die Sprache, in der Gesetze und Verordnungen verfasst sind, 2. (oft abwertend) der Sprachstil / die Art der Sprachverwendung durch Ämter und Behörden, auch: Amtsdeutsch, Beamtensprache, Beamtendeutsch
zu 1: *In der Schweiz gibt es mehrere Amtssprachen.*
zu 2: *Die deutsche Amtssprache ist so kompliziert, dass auch Muttersprachler oft Schwierigkeiten haben, ein Behördenschreiben auf Anhieb richtig zu verstehen.*

Aussprache (die) – Artikulation / Art und Weise, wie Laute einer Sprache gesprochen werden
Obwohl er schon lange Chinesisch lernt, bereitet ihm die Aussprache noch Probleme.

Dialekt (der, -e) – Mundart / die regionale Variante einer Sprache / stark lokal gefärbte Aussprache
Es ist nicht leicht, den schwäbischen Dialekt zu verstehen, wenn man ihn zum ersten Mal hört.

Kode (der) – (auch: **Code**) Verschlüsselung einer Nachricht, so dass nur bestimmte Personen sie verstehen können → *Geheimkode (der), einen Kode entschlüsseln / knacken*
Der Spezialist der CIA hatte sich für die Spione einen komplizierten Kode ausgedacht.

Logopäde (der, -n) – Spezialist, der Menschen mit Sprechproblemen hilft → *Logopädie (die)*
Nach ihrem Schlaganfall lernte sie erst mit der Hilfe eines Logopäden wieder richtig zu sprechen.

Muttersprache (die, -n) – Sprache, die ein Kind als Erstes lernt
Er spricht so gut Deutsch, dass alle dies für seine Muttersprache halten.

Rede (die, -n) – das Sprechen vor einem Publikum / Ansprache / Vortrag / Referat → *eine Rede halten*
Zu seinem 70. Geburtstag hielt Herr Meier vor seinen Gästen eine Rede.

Slang (der, -s) (englisch) – Sprechart, die sehr salopp ist und typisch für bestimmte soziale Gruppen, z.B. Jugendliche → *Slang sprechen*
Auch der Englischlehrer kannte nicht alle Slangwörter aus diesem Song.

Umgangssprache (die) – wenig formeller, mündlicher Sprechstil
Wörter wie „toll" oder „super" werden vorwiegend in der Umgangssprache benutzt.

Wort (das, Wörter) – Bedeutungseinheit in der Sprache
Diese Wörter sind Nomen, sie werden im Deutschen groß geschrieben.

Worte (Plural) – mündliche oder schriftliche Äußerung
Sie verabschiedete sich ohne viele Worte von ihrem Mann.

Adjektive

beredt – fähig, mit besonderer Wirkung zu sprechen
Er ist ein sehr fähiger Verkäufer, denn er ist beredt und freundlich.

bilingual – zweisprachig
Bilinguale Kinder lernen zu Hause meist zwei Sprachen gleichzeitig.

polyglott – fähig, mehrere Sprachen zu sprechen
Unser Reiseführer war polyglott; er konnte mindestens sechs Sprachen.

redselig – gern sprechend
Mein Nachbar ist sehr redselig; er versucht bei jeder Gelegenheit, mit mir ins Gespräch zu kommen.

simultan – gleichzeitig
Der Vortrag des Sprechers wurde simultan in mehrere Sprachen übersetzt.

sprachbegabt – besonders gut beim Sprachenlernen
Sprachbegabte Menschen lernen fast mühelos vier oder fünf Sprachen.
sprachgewandt – geschickt im Umgang mit der Sprache / rhetorisch begabt
Er kann sich in jeder Situation hervorragend ausdrücken; er ist sehr sprachgewandt.
wortgetreu – exakt nach dem Wortlaut
Die Zeitung zitierte den Politiker wortgetreu.

Ausdrücke

fließend in Wort und Schrift – fähig, eine Fremdsprache mühelos und ohne
Nachdenken zu schreiben und zu sprechen (besonders beim Lebenslauf
benutzte Formulierung)
Englisch und Französisch beherrsche ich fließend in Wort und Schrift.
seinen Horizont erweitern – sich mit Dingen beschäftigen, die einem im Moment
noch unbekannt sind
Durch die Weltreise wollte er seinen Horizont erweitern.
das Schweigen brechen (bricht, brach, hat gebrochen) – nach längerer Zeit der
Ruhe (des Nicht-Sprechens) anfangen zu sprechen
Sie erzählte von der Schule, um das Schweigen bei Tisch zu brechen.
sich in Schweigen hüllen – überhaupt nicht sprechen
Statt mir zu antworten, hüllte sie sich in Schweigen.
einer Sprache mächtig sein – eine Sprache gut beherrschen
Sie ist des Englischen mächtig.
es verschlägt jdm. das Wort (verschlug, hat verschlagen) – jemand weiß nicht
mehr, was er sagen soll
Wenn ich diese modisch gekleideten jungen Leute sehe, verschlägt es mir das Wort.
jdm. ins Wort fallen (fällt, fiel, ist gefallen) – jdn., während er spricht, unterbrechen
Es irritierte den Diskussionsteilnehmer, dass ihm ein Zuhörer ins Wort fiel.
Worte wählen – sich nach längerem Nachdenken auf bestimmte Weise ausdrücken
*Der junge Mann wählte seine Worte vorsichtig, um die Frau mit dem, was er zu
sagen hatte, nicht zu verletzen.*

Weitere Fragestellungen zum Thema

1. Bestimmte Berufe erfordern besondere Fremdsprachen, wie z.B. Englisch für Piloten. Nennen Sie weitere Beispiele und erklären Sie, welche Ursache und welchen Sinn diese Verknüpfung von Berufen und Sprachen Ihrer Meinung nach hat.

2. Fremde Sprachen sprechen heißt fremde Kulturen zu verstehen. Stimmen Sie dieser Aussage zu?

3. Halten Sie es für sinnvoll, eine künstliche „Weltsprache", wie z.B. Esperanto, zu entwickeln, die die Kommunikation zwischen den unterschiedlichen Sprachgruppen erleichtern könnte? Begründen Sie Ihre Meinung.

4. In vielen Ländern gibt es Institutionen, wie z.B. die Académie Française oder die Gesellschaft für Deutsche Sprache, die sich mit der nationalen Sprachentwicklung und der Reinheit der Sprache beschäftigen. Ist es Ihrer Meinung nach sinnvoll, die Reinheit einer Sprache zu erhalten? Mit welchen Mitteln könnte dies erreicht werden?

5. Was verstehen Sie unter „Jugendsprache"? Wie wird diese Sprache geprägt und beeinflusst?

6. Manche Sprachen sind im Begriff auszusterben, da sie von sehr wenigen Menschen beherrscht werden und Kinder sie kaum noch lernen. Halten Sie es für sinnvoll, sich für den Erhalt solcher Sprachen einzusetzen? Was könnte zu ihrer Förderung beitragen und was zu ihrem Untergang führen?

7. Welches Alter ist Ihrer Meinung nach ideal, um eine oder mehrere Fremdsprachen zu lernen? Sollten Kinder bzw. Jugendliche immer mehrere Sprachen lernen? Begründen Sie Ihre Meinung.

29

Geld und Wirtschaft

„Börse" und „Aktien" – magische Begriffe der letzten Jahre, die ein Teil des Alltags geworden sind. Was hat sich verändert und welche Auswirkung hat diese Entwicklung auf unser Leben? Stellen Sie positive und negative Aspekte dar und erläutern Sie Ihre Meinung.

Vorüberlegungen

1 **Was verbinden Sie mit dem Begriff „Geldverkehr"?**

2 **Was ist eine Aktie?**

Vorschlag zur Gliederung in Stichworten

Einleitung

Vorschläge zur Auswahl:

– der Charakter der Börse hat sich in vielen Ländern geändert
– historische Begebenheit an der Börse (z.B. „Schwarzer Freitag" 1929)
– eigene Erfahrungen mit der Börse
– aktuelle Wirtschaftsnachricht über die Börse

Hauptteil

Situation früher:

– Börse war traditionell kleiner und nur der reichen Elite vorbehalten
– vorwiegend große Unternehmen waren Aktiengesellschaften
– Informationen über die Börse nur in Fachblättern

Situation heute:

– Börse in vielen Ländern auch mittelständischen Unternehmen zugänglich
– intensive Werbung von Firmen, die neu an die Börse gehen
– „Service" rund um die Börse: Zeitschriften, Informationsbüros, ständige Durchsagen der Kurse in Fernsehen und Radio
– über Verluste wird geschwiegen, über Gewinne spektakulär berichtet
– nicht immer seriöse Information über Anlagemöglichkeiten
– Online-Handel mit Wertpapieren für jeden möglich

mögliche positive Aspekte:

– hohe und schnelle Gewinne möglich
– Eigenkapitalbeschaffung auch für kleinere Unternehmen durch Umwandlung in Aktiengesellschaft
– größerer Bevölkerungsanteil interessiert sich für wirtschaftliche Entwicklung
– Instrument zur privaten Altersvorsorge
– Entstehung neuer Arbeitsplätze rund um Börse

mögliche negative Aspekte:

– möglicherweise große Verluste für kleinere Anleger, die sich nicht gut auskennen
– Spekulation an der Börse wird als Glücksspiel bzw. Volkssport betrachtet
– Wirtschaft ärmerer Länder wird von den Vorgängen an den großen Börsen beeinflusst, ohne dass diese Länder eingreifen können
– plötzliches Aufkaufen von Firmen durch Aktienerwerb möglich

Schluss

– Betonung der eigenen Meinung zur Börse

und eventuell zur Auswahl:

– Ausblick in die Zukunft: Börse bleibt für alle wichtig / Interesse an der Börse ist Modeerscheinung
– Vorschlag zum sinnvollen Umgang mit der Börse

3 **Formulieren Sie nun mit Hilfe der Stichworte einen Vortrag bzw. einen Aufsatz. Verwenden Sie dabei die Formulierungshilfen aus der Aufstellung auf Seite 289.**

Übungen zu Grammatik und Wortschatz

4 Streichen Sie das Verb, das nicht passt.

a) einen Kredit   aufnehmen / zusagen / sperren / tilgen / ausgeben

b) Geld   sparen / anlegen / verkaufen / fälschen / wechseln / drucken / kassieren / abheben / einzahlen / überweisen / abbuchen / gutschreiben

c) an der Börse   arbeiten / spekulieren / investieren / sparen

5 Formen Sie die Sätze um. Verwenden Sie dabei Nomen-Verb-Verbindungen mit den angegebenen Nomen.

a) Die unsachlichen Prognosen über den zukünftigen Verlauf des Aktienkurses wurden vielfach kritisiert. (Kritik)

....

....

b) Die Politiker und die Manager großer Firmen sind in hohem Maß verantwortlich für die wirtschaftliche Entwicklung eines Landes. (Verantwortung)

....

....

c) Der Vorstand überlegte, weitere Aktien auszugeben. (Betracht)

....

....

d) Ein Börsenexperte half dem Kunden dabei, sich für den Kauf bestimmter Aktien zu entscheiden. (Hilfe)

....

....

e) Der Wirtschaftsminister hofft, dass die Bevölkerung der neuen Zinspolitik der Zentralbank vertraut. (Vertrauen)

....

....

f) Die Politiker der Regierungspartei sind sicher, dass der letzte Kurseinbruch von den Aktionären schnell vergessen wird. (Vergessenheit)

....

....

6 Ergänzen Sie die fehlenden Präpositionen.

a) Bevor er selbst .... der Börse spekulierte, waren die Börsenkurse .... ihn unwichtig.

b) Die neuen Aktien wurden .... einem Stückpreis .... 16 Euro angeboten.

c) Der Politiker ließ sich trotz wiederholter Vorwürfe nicht .... der Ruhe bringen.

d) Peter lässt den ganzen Tag das Radio laufen, um .... den neuesten Stand der Aktien informiert zu sein.

e) Viele Anleger sind .... die Hilfe von Experten angewiesen, wenn sie die komplizierten Vorgänge an der Börse verstehen wollen.

f) Der Kurs der Aktien des Internetkaufhauses ist schon am ersten Handelstag .... 19 .... 39 Euro geschossen, also .... mehr als 100% gestiegen.

7 Bilden Sie aus den Wörtern Sätze.

a) wirtschaftlich – Lage – Land – abhängen – viele Faktoren

....

....

b) regelmäßig – Treffen – Politiker – sein – Voraussetzung – Gelingen – Wirtschaftspolitik – internationale Ebene

....

....

c) wer – wissen – welche Veränderungen – noch – wir – zukommen?

....

....

d) Anleger – beobachten – Börsenkurs – täglich – gemischte Gefühle

....

....

e) Experten – halten – deutsche Währungsunion – 1990 – gelungenes Unternehmen

....

....

f) viele Zeitungsleser – sich befassen – heute – intensiver – Wirtschaftsnachrichten – sie – selbst – Wertpapiere – besitzen *(Nebensatz)*

....

....

⑧ **Rund um das Wort „schaffen". Lesen Sie die Erklärungen und Beispiele zu den Bedeutungsvarianten. Ergänzen Sie die Verben dann im Präteritum.**

Der Infinitiv „schaffen" steht für zwei verschiedene Verben, eins mit unregelmäßigen und eins mit regelmäßigen Formen:

a) schaffen (schafft, schuf, hat geschaffen)
   etw. durch kreative Arbeit hervorbringen
   Picasso hat das Gemälde „Guernica" 1937 geschaffen.

b) schaffen (schafft, schaffte, hat geschafft)

   1. eine schwierige Arbeit oder Aufgabe mit Erfolg beenden, vollbringen
      Er hat die Prüfung endlich geschafft.

   2. (noch rechtzeitig) erreichen
      In letzter Minute hat er den Bus noch geschafft.

   3. umgangssprachlich für: arbeiten (Süddeutschland)
      Sie schafft Tag und Nacht, um genug Geld für ihre Kinder zu verdienen.

   4. umgangssprachlich für: nervös machen, erschöpfen, zur Verzweiflung bringen
      Die Hitze hat mich ganz schön geschafft.

   5. etw. an einen anderen Ort bringen
      Wir sollten diese alten Möbel endlich aus dem Haus schaffen.

a) Heike hatte sich auf den Test nicht ausreichend vorbereitet. Deshalb .... sie ihn auch nicht.

b) Paul arbeitet heute 7 Stunden am Tag, aber sein Großvater .... oft 60 Stunden in der Woche. Das war viel zu viel.

c) Mozart .... eine große Anzahl von wunderschönen Musikstücken.

d) Die Reisegruppe hatte nicht mehr damit gerechnet, am Flughafen pünktlich anzukommen. Schließlich .... sie es fünf Minuten vor Abflug.

e) Auf dem ganzen Weg gab es nur einen kleinen Stein. Aber Thomas .... es, darüber zu fallen und sich das Bein zu brechen.

f) Wissen Sie, wer dieses Denkmal .... ?

g) Der Dieb .... seine Beute noch rechtzeitig vor seiner Verhaftung zur Seite.

h) Die Kinder .... ihn immer mit ihrem Lärm.

Übrigens ...

Groß- und Kleinschreibung von festen Verbindungen

Folgende Verbindungen werden immer klein geschrieben:
am besten, bei weitem, bis auf weiteres, ohne weiteres, seit langem, von neuem, von weitem, vor allem, vor kurzem.

Aber folgende werden groß geschrieben:
im Allgemeinen, in Bezug auf, im Einzelnen, alles Mögliche, fürs Nächste, im Folgenden, im Voraus, alles Weitere.

In Verbindung mit folgenden Wörtern werden deklinierte Adjektive und Partizipien groß geschrieben:
allerhand, alles, allerlei, etwas, genug, mancherlei, manches, mehr, nichts, viel, wenig.
Z.B.: *Ich habe noch nichts Neues von Martin gehört.*

9 **Unterstreichen Sie, was richtig ist.**

a) Der Chef hatte viel *gutes / Gutes* über die Angestellten zu berichten.

b) In der Ausstellung gab es allerhand *schönes / Schönes* zu sehen.

c) Sie hat die Reise im *voraus / Voraus* bezahlt.

d) Die Wirtschaftsminister warten seit *langem / Langem* auf die Einführung des Euro.

e) Ich glaube, dass die Währungspolitik sich im *allgemeinen / Allgemeinen* positiv entwickelt.

f) Die nationale Währung sollte bis auf *weiteres / Weiteres* von den Banken eingezogen werden.

Wortschatz

Verben

ab/bezahlen – in regelmäßigen Abständen Geld bzw. Schulden zurückzahlen
  Sie konnten sich kein neues Auto leisten, sie mussten noch den Kredit für das Wochenendhaus abbezahlen.
ab/buchen – durch eine Anweisung Geld von einem Konto wegnehmen / ein Konto belasten
  Die Miete wurde am 1.3. abgebucht.
ab/heben (hob ab, hat abgehoben) – sich Bargeld auszahlen lassen / Geld von einem Konto nehmen
  Vor ihrer Reise hatte sie einen großen Betrag von ihrem Konto abgehoben.
an/legen – Geld investieren, um einen Gewinn zu erzielen → Anlage (die, -n)
  Der Bankkaufmann riet mir, das Geld in Aktien anzulegen.
begleichen (beglich, hat beglichen) – bezahlen, z.B. eine Rechnung
  Bevor wir das Restaurant verließen, beglich meine Mutter die Rechnung.
beleihen (belieh, hat beliehen) – einen Gegenstand (z.B. ein Haus) als Pfand nehmen und dafür Geld als Kredit geben
  Weil sie Geld brauchten, wollten sie ihr Haus beleihen lassen.
ein/zahlen – einer Bank oder Kasse Bargeld geben, damit es auf das Konto kommt
  Diesen Monat hat sie kein Geld auf ihr Sparbuch eingezahlt.

29. Geld und Wirtschaft

erwirtschaften – durch Arbeit, Handel oder andere wirtschaftliche Aktivität einen Gewinn erzielen
Das Unternehmen erwirtschaftete einen Gewinn von 2 Millionen Euro.

fälschen – etwas Echtes (z.B. Banknoten, Pass, Dokument) möglichst originalgetreu nachbilden und für echt erklären → *Fälschung (die, -en)*
Die Verbrecher wollten Geld fälschen, aber sie konnten es nicht.

gut/schreiben (schrieb gut, hat gutgeschrieben) – Geldsumme, die jdm. gehört, auf einem Konto, Sparbuch o.Ä. eintragen → *Gutschrift (die)*
Die Bank wird Ihnen den Betrag, den Sie zu viel bezahlt haben, auf Ihrem Konto gutschreiben.

investieren in + A – Geld in Sachgütern oder Wertpapieren anlegen, um Gewinn zu erzielen → *Investition (die, -en)*
In den letzten Jahren investierten viele Unternehmen in den Bereich der Telekommunikation, da sie sich dort große Gewinnchancen erhofften.

kassieren – Geld einnehmen → *Kasse (die, -n)*
Der Kellner kam an unseren Tisch und kassierte das Geld für das Bier und die Cola.

profitieren – gewinnen → *Profit (der, -e)*
Alle Beteiligten profitierten an dem Verkauf des Unternehmens.

sich verteuern – teurer werden
In den letzten Monaten hat sich das Benzin mehrmals verteuert.

spekulieren – Aktien, Häuser oder andere Wertsachen kaufen und darauf hoffen, sie mit Gewinn wieder verkaufen zu können → *Spekulation (die, -en)*
Herr Hoffmann spekuliert seit Jahren mit Immobilien und hat dabei große Gewinne gemacht.

tilgen – Geld zurückzahlen, das man sich geliehen hat
Mit ihrer Lebensversicherungsprämie wollte sie einen Kredit tilgen.

überweisen (überwies, hat überwiesen) – Geld von einem Konto auf ein anderes schicken → *Überweisung (die, -en)*
Wir werden ihm das Geld nächste Woche überweisen.

überziehen (überzog, hat überzogen) – 1. hier: mehr Geld von einem Konto abheben als tatsächlich vorhanden ist, 2. mehr Zeit für etwas benötigen als vorgesehen ist
zu 1: Da sie ein regelmäßiges Einkommen hat, darf sie ihr Bankkonto um 1000 Euro überziehen.
zu 2: Aufgrund der aktuellen Ereignisse überzieht die „Tagesschau" ihre normale Sendezeit um 5 Minuten.

verschwenden – etwas in zu großer Menge und daher ohne wirklichen Nutzen verbrauchen → *Verschwendung (die)*
Er spielt ständig Lotto. Ich glaube, er verschwendet sein Geld.

Nomen

Absatzmarkt (der, -märkte) – Gebiet oder potenzielle Kundengruppe für den Verkauf eines Produkts
CDs haben weltweit einen guten Absatzmarkt, im Gegensatz zu Schallplatten, die kaum noch gekauft werden.

Aktie (die, -n) – Wertpapier, das Miteigentum an einer Aktiengesellschaft bestätigt
Michael hat 50 Aktien eines großen Automobilkonzerns gekauft und hofft auf einen großen Gewinn.

Aktiengesellschaft (die, -en) (= AG) – Form der Kapitalgesellschaft, deren Grundkapital in Aktien eingeteilt ist
Ein Teil des Gewinns, den die Aktiengesellschaft in diesem Jahr erzielt hat, wird an die Aktionäre in Form einer Dividende ausgeschüttet.

Aktienmarkt (der, -märkte) – der Markt, auf dem Aktien gekauft und verkauft werden
Auf dem Aktienmarkt ist es in den letzten Tagen sehr ruhig, es werden zurzeit wenig Aktien gehandelt.

Aufschwung (der) – Phase, in der sich die Wirtschaft positiv entwickelt
Die Wirtschaftsexperten sehen einen wirtschaftlichen Aufschwung für das kommende Jahr voraus, es soll dann auch weniger Arbeitslose geben.

Außenhandel (der) – Handel, der mit dem Ausland getrieben wird (Import und Export)
Für die Autoindustrie ist der Außenhandel sehr wichtig, denn der Binnenmarkt ist ein zu kleiner Absatzmarkt.

Banknote (die, -n) – Geldschein
Auf den europäischen Banknoten sind Fenster, Tore und Brücken aus unterschiedlichen Stilepochen abgebildet.

Boom (der) (= die Hochkonjunktur) – unerwartete, kurze, positive ökonomische Entwicklung
In dem ursprünglich armen Land Puerto Rico setzte durch die vielen Touristen ein richtiger Boom ein.

Börse (die, -n) – Marktplatz für Wertpapiere (Aktien, Anleihen, Optionen u.a. Derivate), Devisen, Rohstoffe u.a. Wirtschaftsgüter
In den Nachrichten wird täglich über die Geschäfte an der Börse berichtet.

Börsenkrach (der) – dramatischer Fall der Aktienkurse
Der letzte Börsenkrach hat an einem Tag 100 Milliarden Euro an Spekulationskapitel vernichtet.

Börsenkurs (der, -e) – der Preis, zu dem eine Aktie an der Börse gehandelt wird
Der Börsenkurs kann manchmal innerhalb von Minuten steigen oder fallen, es kommt darauf an, wie die Aktie bei den Anlegern gefragt ist.

Börsenmakler (der, -) – Vermittler von Börsengeschäften
Viele Anleger lassen ihre Börsengeschäfte von einem Börsenmakler erledigen.

Bruttoinlandsprodukt (das, -e) – Wert aller Waren und Dienstleistungen, die ein Land innerhalb eines Jahres produziert hat
Das Bruttoinlandsprodukt ist eine wichtige Messgröße für die Wirtschaftsleistung eines Landes.

Bruttosozialprodukt (das, -e) – Wert aller Waren und Dienstleistungen, der von Inländern innerhalb eines Jahres im In- und Ausland erwirtschaftet wurde
Der wirtschaftliche Aufschwung steigerte das Bruttosozialprodukt.

Budget (das, -s) – 1. (Staats-)Haushalt / Etat, 2. Plan über die Einnahmen und Ausgaben in einer bestimmten Zeitperiode, 3. (umgangssprachlich) eine Geldsumme, die jdm. für ein bestimmtes Projekt über einen bestimmten Zeitraum zur Verfügung steht
Dieses Jahr hat das Verteidigungsministerium ein kleineres Budget als letztes Jahr.

Darlehen (das, -) (= Kredit) – Geldsumme, die sich jemand unter bestimmten Bedingungen für eine bestimmte Zeit leiht
Für den Bau ihres Hauses erhielten sie ein Darlehen von der Bank.

Dauerauftrag (der, -träge) – Auftrag an die Bank, regelmäßig wiederkehrende Zahlungen an ein bestimmtes Konto auszuführen
Die Miete zahlen wir per Dauerauftrag.

Devisen (Plural) – Guthaben bei ausländischen Banken / Fremdwährungsreserven der Zentralbank
Devisenhändler spekulieren auf Veränderungen in den Wechselkursen verschiedener Währungen.

Dividende (die, -n) – der Anteil des Gewinns, der an die Aktionäre ausgezahlt wird
→ *Dividende ausschütten*
Viele Unternehmen zahlen keine oder nur eine geringe Dividende, da sie die Gewinne reinvestieren wollen.

Etat (der, -s) (= Haushaltsplan) – Budget
Das Museum hatte seinen Etat für das Jahr 2002 bereits überzogen.

Gebühr (die, -en) – Betrag, den man für eine (öffentliche) Dienstleistung bezahlt
Die Gebühr für die Benutzung der Bibliothek ist nicht sehr hoch.

29. Geld und Wirtschaft

Geldautomat (der, -en) – Automat, an dem jemand mit einer Bank- oder
Kreditkarte Geld abheben oder einzahlen kann
*Meinem Großvater fällt der Umgang mit dem Geldautomaten schwer, weil er nie
genau weiß, welchen Knopf er drücken muss.*

Girokonto (das, -konten) – Konto bei einer Bank, das für laufende Geschäfte
(z.B. Gehaltsempfang) genutzt wird
*Die meisten Unternehmen zahlen die Gehälter bargeldlos auf die Girokonten ihrer
Mitarbeiter aus.*

Grundsatz (der, -sätze) (= Prinzip) – bestimmte Regel, nach der man sich richtet
Die EU wurde nach demokratischen Grundsätzen gegründet.

Guthaben (das, -) – Geldsumme, die jdm. gehört → *Sparguthaben (das)*
Mein Sparguthaben beträgt zur Zeit 20 000 Euro.

Hypothek (die, -en) – Pfandrecht an einer Immobilie (Grundstück, Gebäude)
zur Sicherung eines Darlehens → *eine Hypothek aufnehmen / abtragen / tilgen*
Da er dringend Geld brauchte, nahm er eine Hypothek auf seine Wohnung auf.

Industrie- und Handelskammer (die) (= IHK) – Organisation, die die Interessen
der Industrie und des Handels im In- und Ausland vertritt
Auskünfte über deutsche Firmen erhält man bei der IHK.

Inflation (die, -en) – Phase, in der das Geld eines Landes seinen Wert verliert
1923 gab es in Deutschland eine große Inflation.

Internationale Währungsfonds (der) (aus englisch: International Monetary
Fund / I.M.F.) – internationale Institution, die Währungen und Wechselkurse
stabilisiert sowie die Kreditwürdigkeit von Ländern überprüft und dann Kredite
gewährt
*Wichtige Ziele des Internationalen Währungsfonds sind die Erleichterung des
Welthandels und die Förderung der internationalen Zusammenarbeit im Bereich
der Währungspolitik.*

Konto (das, Konten) – Nummer bei einer Bank, unter der man Geld erhält oder
aufbewahrt → *Girokonto (das, -konten), Sparkonto (das, -konten), ein Konto
eröffnen / schließen*
Sie hatte schon lange ihr Konto bei der Deutschen Bank.

Kredit (der, -e) – Geld, das man sich z.B. von einer Bank leiht und unter Zahlung
von Zinsen zurückzahlen muss / (→ *Darlehen*)
*Frank hat vor zwei Jahren bei der Bank einen Kredit aufgenommen und muss ihn
innerhalb von 10 Jahren abbezahlen.*

Kurseinbruch (der, -brüche) – der unerwartete Fall eines Aktienkurses
Gott sei Dank hatte Michael die Aktien vor dem großen Kurseinbruch verkauft.

Mitgliedsstaat (der, -en) – ein Staat, der einer internationalen Gemeinschaft oder
Organisation angehört
*Die Vertreter der Mitgliedsstaaten der Europäischen Union trafen sich zu
Gesprächen in Brüssel.*

Münze (die, -n) – ein Geldstück, das aus Metall hergestellt wird
Im Museum kann man viele Münzen aus verschiedenen Epochen sehen.

Schulden (Plural) – Geld, das zurückgezahlt werden muss
Wir haben noch Schulden bei unseren Eltern.

Schuldentilgung (die, -en) – der Vorgang, Schulden zurückzuzahlen
Dieser Mann berät Familien, die Geldprobleme haben, bei der Schuldentilgung.

Staatsverschuldung (die) – die Schulden von Bund, Ländern, Gemeinden und
Sozialversicherungen
Der Bundeskanzler wollte die Staatsverschuldung nicht weiter erhöhen.

Steuerfreiheit (die) – Zustand, bei dem keine Abgaben an den Staat (Steuern)
gezahlt werden
Einige Länder sind wegen ihrer Steuerfreiheit bei reichen Leuten sehr beliebt.

Steueroase (die, -n) (= Steuerparadies) – ein Land, in dem man keine oder nur
sehr wenig Steuern bezahlen muss
Monaco gilt als eine Steueroase.

Wachstum (das) – Phase, in der etwas wächst
Das wirtschaftliche Wachstum des kleinen Landes ist erstaunlich; innerhalb weniger Jahre hat sich die Situation sehr verbessert.

Währungssystem (das, -e) – das System, das den Geldverkehr zwischen Ländern regelt
Das neue europäische Währungssystem soll den Handel zwischen den Ländern erleichtern.

Wechselkurs (der, -e) – das Austauschverhältnis zweier Währungen
Die Wechselkurse zwischen den einzelnen Währungen verändern sich oft.

Wechselkursschwankung (die, -en) – „Floating" = kurzfristige Veränderung im Austauschverhältnis zweier Währungen
Durch geschicktes Ausnutzen der Wechselkursschwankungen konnte die Bank große Gewinne machen.

Wertpapier (das, -e) – Urkunde über ein privates Vermögensrecht, z.B. Aktie, Staatsanleihe, Optionsschein, Fondsanteilschein
Ihr Vermögen steckt zum größten Teil in Wertpapieren.

Zahlungsaufschub (der) – die Erlaubnis, geliehenes Geld später als vereinbart zurückzuzahlen
Die Weltbank gewährte dem Land einen Zahlungsaufschub von 12 Monaten.
Es war einfach nicht in der Lage, den Kredit pünktlich zurückzuzahlen.

Zins (der, -en) – Prozentsatz, den man für geliehenes Geld zahlen muss bzw. für gespartes Geld erhält → *Sparzins (der, -en), Kreditzins (der, -en)*
Für mein Geld erhielt ich dieses Jahr kaum Zinsen.

Adjektive

kreditwürdig – wirtschaftlich vertrauenswürdig, so dass ein Kredit gegeben werden kann
Die Bank hielt ihn für kreditwürdig und gewährte ihm einen Kredit über 5000 Euro.

lukrativ – Gewinn versprechend, z.B. eine Anlagemöglichkeit oder ein Angebot
Der neue Arbeitsvertrag erscheint mir sehr lukrativ, die Bedingungen sind für mich vorteilhaft.

rentabel – Gewinn bringend
Das Geschäft mit Rohstoffen ist sehr rentabel.

stabil – ohne Schwankungen → *Stabilität (die)*
Die wirtschaftliche Entwicklung des Landes ist stabil.

Ausdrücke

ein Konto sperren – jdm. nicht mehr erlauben, Geld von einem Konto abzuheben oder darauf einzuzahlen
Als ich meine Bankkarte verloren hatte, sperrte die Bank sicherheitshalber mein Konto, damit kein Fremder Geld abheben kann.

einen Kredit auf/nehmen (nimmt auf, nahm auf, hat aufgenommen) – einen Kredit bekommen
Sie wollten für den Bau ihres Hauses einen Kredit aufnehmen.

einen Kredit gewähren – zustimmen, dass ein Kredit gegeben wird
Dem Kunden gewährte die Bank keinen weiteren Kredit, weil er hoch verschuldet war.

ein Haus belasten – ein Haus als Sicherheit für einen Kredit stellen, so dass es nicht mehr schuldenfrei ist
Er musste sein Haus belasten, um die Schulden seiner Firma zu bezahlen.

Pleite gehen / sein – (umgangssprachlich) bankrott sein / seine Zahlungsverpflichtungen nicht mehr erfüllen können
Die Konkurrenz wurde durch die großen Supermärkte immer größer, so dass er mit seinem kleinen Laden schließlich Pleite ging.

Weitere Fragestellungen zum Thema

1. Die öffentlichen Mittel werden in vielen Ländern zusehends knapper. In welchen Bereichen lassen sich Ihrer Meinung nach am ehesten Einsparungen vornehmen und wo ist es schwieriger? Ziehen Sie in Ihre Überlegungen möglichst viele Bereiche ein wie Kultur, Wissenschaft, Forschung, Industrie und Soziales.

2. „Geld regiert die Welt." – Wie denken Sie über dieses Sprichwort? Begründen Sie Ihre Ansicht.

3. Viele Menschen sparen für ein bestimmtes Ziel. Wie ist das in Ihrem Heimatland? Woran und wofür wird in Ihrer Heimat gespart?

4. Das Gefälle zwischen Arm und Reich auf dieser Welt wird immer größer. Gibt es Möglichkeiten, diese Tendenz zu verändern? Begründen Sie Ihre Meinung.

5. Europa rückt immer näher zusammen. Ein weiterer Schritt in diese Richtung ist eine gemeinsame Währung, der Euro. Welche Vor- und Nachteile sind Ihrer Meinung nach damit verbunden? Begründen Sie Ihre Meinung.

6. „Plastikgeld", d.h. Kreditkarten haben in den letzten Jahren immer mehr an Bedeutung gewonnen. Wie hat diese Entwicklung unsere Einstellung zum Geld verändert? Welche Vor- und Nachteile gibt es?

7. Viele Geschäfte bieten das System der Ratenzahlung an und viele Banken gewähren Kleinkredite, um den Kauf von Konsumgütern zu ermöglichen. Welche Vorteile und welche Gefahren entstehen für den Kunden? Nennen Sie Beispiele und begründen Sie Ihre Meinung.

8. Wie können Kinder und Jugendliche am besten den Umgang mit Geld lernen? Nennen Sie Beispiele.

9. Es gibt eine einheitliche europäische Währung. Könnte es Ihrer Meinung nach auch eine Währung geben, die in allen Ländern der Welt Gültigkeit hat? Könnte diese Zukunftsvision Realität werden? Begründen Sie Ihre Meinung.

Historische Persönlich-keiten

Welche Charaktereigenschaften und welche historischen und gesellschaftlichen Umstände können Ihrer Meinung nach Menschen zu historischen Persönlichkeiten werden lassen, die dann als Vorbilder für ganze Generationen gelten? Nennen Sie auch ein Beispiel.

Vorüberlegungen

1 **Nennen Sie drei historische Persönlichkeiten, die Ihrer Meinung nach eine wichtige Rolle im Weltgeschehen spielten.**

a) ....

b) ....

c) ....

2 **Was verstehen Sie unter dem Begriff „historische Persönlichkeit"?**

Vorschlag zur Gliederung in Stichworten

Vorbemerkung

Dieses Thema lässt sich nur sehr schwer allgemein behandeln. Daher ist es ratsam, wenn Sie gleich zu Anfang Ihres Vortrags bzw. Aufsatzes, beispielsweise in der Einleitung, eine Person nennen, welche die folgenden Thesen verdeutlichen kann. Überlegen Sie sich nun, welche Person Ihnen hierfür geeignet erscheint.

Einleitung

Vorschläge zur Auswahl:
- Definition des Begriffs „historische Persönlichkeit"
- Beispiel einer historischen Persönlichkeit Ihrer Wahl
- kurze Begründung der Wahl, z.B. die Person entsprach (oder entspricht) einer damaligen (oder heutigen) Idealvorstellung

Hauptteil

einige der folgenden Charaktereigenschaften und Fähigkeiten müsste diese Persönlichkeit besitzen:
- Intelligenz
- Anpassungsvermögen
- Bildung
- Geschick im Umgang mit anderen Menschen, diplomatisches Geschick
- Selbstbewusstsein
- Durchsetzungsvermögen
- Beharrungsvermögen
- (bei Persönlichkeiten der jüngeren Vergangenheit) geschickter Umgang mit den Medien
- Sendungsbewusstsein (d.h. Bewusstsein dessen, dass man eine schicksalhafte Aufgabe zu erfüllen hat)
- Genie oder Erfindungsgabe
- Fähigkeit, weitsichtig und zukunftweisend zu denken, nicht nur in Bezug auf die Gegenwart und unmittelbare Zukunft
- Fähigkeit, komplexe Situationen zu übersehen
- Charisma
- Güte, karitatives Engagement
- besondere körperliche Eigenschaften (z.B. bei Sportlern)

historische Umstände, in welchen sich eine historische Persönlichkeit als solche erweisen kann:
- Krise, Krieg, Naturkatastrophe, gesellschaftlicher Wandel, Konflikte mit Nachbarländern
- Suche nach einem starken Führer oder Vorbild
- keine andere herausragende Persönlichkeit auf dem gleichen Betätigungsfeld
- nötiger Hintergrund vorhanden, z.B. Geld, einflussreiche Familie

Schluss

Vorschläge zur Auswahl:
- persönliche Achtung vor einer historischen Persönlichkeit oder eigene Beeinflussung durch eine solche Persönlichkeit
- Bedeutung dieser Persönlichkeit für die Menschen heute und ihr Leben
- Vorbild, da die Person viele positive Eigenschaften hatte (hat) und sich oft gegen widrige Umstände durchsetzen konnte (kann)

zu diesem Thema siehe auch: **Schule, Frieden, Aussteiger und Randgruppen**

③ Formulieren Sie nun mit Hilfe der Stichworte einen Vortrag bzw. einen Aufsatz. Verwenden Sie dabei die Formulierungshilfen aus der Aufstellung auf Seite 289.

Übungen zu Grammatik und Wortschatz

④ Formen Sie die Sätze um. Verwenden Sie dabei Nomen-Verb-Verbindungen mit den angegebenen Nomen.

a) Die Erfindung des jungen Forscherteams wurde von allen Wissenschaftlern stark beachtet. (Aufsehen)

....

....

b) Die Musik Mozarts beeindruckt noch heute viele Menschen. (Eindruck)

....

....

c) Für die Verleihung des Friedensnobelpreises an eine Frieden stiftende Persönlichkeit wählt ein Gremium aus Fachleuten jemanden aus. (Auswahl)

....

....

d) Sein weises Vorgehen wurde von allen Seiten anerkannt. (Anerkennung)

....

....

e) Ein Wissenschaftler sollte seine Forschungen ständig hinterfragen. (Frage)

....

....

f) Bevor der Historiker mit der Arbeit über Napoleons größte Schlacht begann, las er alle von anderen dazu verfassten Artikel und Bücher. (Angriff)

....

....

⑤ Bilden Sie aus den Wörtern Sätze.

a) sein Studium – kommen – Talent – Entfaltung *(Vergangenheit)*

....

....

b) Mutter Teresa – nehmen – Schicksal – zahlreiche arme Menschen – Anteil *(Vergangenheit)*

....

....

30. Historische Persönlichkeiten

c) manche – früher – berühmte Künstler – Vergessenheit – geraten – heutiger Geschmack – nicht mehr – entsprechen *(Nebensatz)*

....

....

d) junge Leute – sollen – Fleiß – Picasso – ein Beispiel – sich nehmen

....

....

e) Willy Brandt – übernehmen – die Verantwortung – Spionageskandal – und – zurücktreten

....

....

f) Christoph Kolumbus – Schiff – nehmen – Kurs – Indien – er – entdecken – Amerika

....

....

6 **Ergänzen Sie die fehlenden Präpositionen.**

a) Seine Theorie fußt .... seinen mathematischen Berechnungen.

b) .... diesem jungen Musiker erwartet man sehr viel.

c) Der Wissenschaftler behauptet, dass sich .... diesen Zellen Lebewesen entwickeln.

d) Lenin entzweite sich .... Trotzki, nachdem die Revolution schon begonnen hatte.

e) Erkennt man Philosophen .... ihren nachdenklichen Gesichtern?

f) Die Tiere teilt man .... zwei Gruppen ein.

7 **Welche Bezeichnungen passen zu diesen Frauen? Ergänzen Sie.**

Begründerin	Initiatorin	Star	Entdeckerin	Forscherin	Schriftstellerin
Künstlerin		Retterin	Politikerin	Musikerin	

a) ....: Sie fand eine bis dahin unbekannte Insel.

b) ....: Unter ihrer Regierung kam ihr Land aus der Krise.

c) ....: Ihr Name war bald vielen Leuten ein Begriff und sie bekam einen Vertrag in Hollywood.

d) ....: Sie rief die Festspiele ins Leben, die sie jetzt schon seit 10 Jahren leitet.

e) ....: Sie entwickelte das Medikament gegen AIDS.

f) ....: Sie half vielen Menschen aus einer sehr gefährlichen Lage.

g) ....: Ihre Werke prägten nicht nur die Malerei, sondern auch die Architektur und die Mode.

h) ....: Sie schuf die moderne Art der Krankenpflege.

i) ....: Man bewundert und liest sie auf der ganzen Welt.

j) ....: Ihre Werke sind auf der ganzen Welt zu hören.

Übrigens ...

Abkürzungen

8 Bei den Notizen zum Vortrag, aber auch beim Aufsatzentwurf können Abkürzungen oft hilfreich und nützlich sein. Notieren Sie, was folgende Abkürzungen im Deutschen bedeuten.

a) d.h. ....

b) z.B. ....

c) etc. ....

d) usw. ....

e) v.Chr. ....

f) n.Chr. ....

g) bzw. ....

h) Jh. ....

i) u.a. ....

j) u.Ä. ....

k) vgl. ....

Wortschatz

Verben

an/erkennen (erkannte an, hat anerkannt) – eine Leistung allgemein akzeptieren
→ *Anerkennung (die, -en)*
Der Wert, den seine Forschung für die Menschheit hat, wird durch die Verleihung eines Forschungspreises anerkannt.

sich an/passen an + A – sich einer Situation entsprechend ändern / angleichen
→ *Anpassung (die)*
Nach kurzer Zeit hatte sich der ausländische Gast an unser Familienleben angepasst.

sich bewähren – sich als geeignet / zuverlässig erweisen
Das neue Computerprogramm hat sich bewährt, denn alles geht jetzt viel einfacher.

erfinden (erfand, hat erfunden) – durch Forschung oder Experiment etwas Neues (besonders im Bereich der Technik) hervorbringen
→ *Erfindung (die, -en), Erfinder (der, -)*
Thomas Edison erfand die Glühbirne.

erforschen – etwas ganz genau untersuchen, so dass man Zusammenhänge besser erklären kann und neue Erkenntnisse erhält
Albert Einstein erforschte viele Phänomene der Physik.

gründen – 1. die Basis / den Anfang für etwas bereiten, 2. sich auf etwas stützen / beruhen auf / Basis für etwas sein → *Gründung (die)*
zu 1: Die Stadt Bonn wurde vor über 2000 Jahren von den Römern gegründet.
zu 2: Alle Erkenntnisse gründen auf Erfahrung.

schaffen (schuf, hat geschaffen) – etwas durch kreative Arbeit hervorbringen
Beethoven schuf neun Symphonien.

30. Historische Persönlichkeiten

überliefern – etwas mit kulturellem oder historischem Wert an die nächste
Generation weitergeben → *Überlieferung (die, -en)*
*Es wurde überliefert, dass Odysseus nach dem Sieg über Troja jahrelang auf dem
Meer umherirrte.*
verleihen (verlieh, hat verliehen) – hier: etwas feierlich übergeben
→ *einen Preis / eine Ehrung verleihen*
Der Nobelpreis wird in Stockholm verliehen.
voran/treiben (trieb voran, hat vorangetrieben) – dafür sorgen, dass etwas
schneller vorwärts geht und sich entwickelt
*Die Bauarbeiten müssen vorangetrieben werden, damit die Straße rechtzeitig
zu den Sommerferien fertig wird.*

Nomen

Charisma (das, Charismen / Charismata) – Ausstrahlung / besondere Wirkung
einer Persönlichkeit auf andere → *charismatisch*
Viele Historiker meinen, dass John F. Kennedy Charisma hatte.
Effekt (der, -e) – Auswirkung / Wirkung → *effektiv*
*Die Kritik an seinen Bildern hatte den Effekt, dass er von da an gründlicher
arbeitete.*
Ehre (die, -n) – das öffentliche Ansehen einer Person / Bewusstsein von der eigenen
Würde und dem eigenen Wert in der Gesellschaft → *jdn. ehren, jdn. verehren*
*Es war eine große Ehre für sie, vom Ministerpräsidenten des Landes empfangen
zu werden.*
Eigenschaft (die, -en) – wesentliches Merkmal einer Person oder Sache /
Charakterzug / Qualität
*Ihre wichtigste Eigenschaft war ihre Intelligenz; sie war klüger als viele andere
Menschen.*
Gabe (die, -n) – 1. ein Geschenk, 2. eine Fähigkeit / eine Veranlagung / ein Talent
zu 1: *Wein ist eine herrliche Gabe der Natur.*
zu 2: *Meine Großmutter hatte die Gabe, alle Menschen für sich gewinnen zu
können.*
Geschick (das) – Fertigkeit / Fähigkeit, etwas gut / schnell / zweckmäßig ausführen
zu können → *Geschick haben in + D*
*Das Mädchen hat schon jetzt großes Geschick im Zeichnen, seine Bilder sind sehr
gut.*
Image (das) – das Bild von jdm. / etw. in der öffentlichen Meinung
Die Bestechungsgeldaffäre hat das positive Image des Politikers zerstört.
Idol (das, -e) – positives Vorbild, das von vielen verehrt wird
Die Beatles waren in den 60er-Jahren ein Idol der jungen Leute.
Konflikt (der, -e) – ein Streit oder eine Meinungsverschiedenheit
*Wenn viele Menschen eng zusammenleben, kann es immer wieder zu Konflikten
kommen, da jeder etwas Anderes für wichtig hält.*
Krise (die, -n) – eine schwierige Situation
*Durch sein unüberlegtes Verhalten löste der Minister eine Krise zwischen den
Ländern aus.*
Legende (die, -n) – eine historische Erzählung, die zum Teil auf wahren
Begebenheiten beruht → *legendär*
In Delphi sollen der Legende nach die Götter um Rat gefragt worden sein.
Missionar (der, -e) – jemand, der seine Religion in einem Land verbreiten will,
dessen Bevölkerung andersgläubig ist
In Afrika leben viele Missionare, die den christlichen Glauben verbreiten wollen.
Nachruhm (der) – Ruhm oder hohes Ansehen, den bzw. das jemand nach seinem
Tod hat
Der Nachruhm Alexander des Großen reicht bis in unsere Zeit.

Nobelpreis (der, -e) – ein Preis, der jährlich von der schwedischen Akademie in Anerkennung besonderer Leistungen für den Frieden, die Forschung (z.B. in Chemie, Medizin usw.) und in der Literatur vergeben wird
Günther Grass erhielt im Herbst 1999 den Nobelpreis für Literatur.

Prestige (das) – hohes Ansehen, das jemand in der Öffentlichkeit hat
Der Beruf des Arztes hat großes Prestige in der Bevölkerung.

Ruf (der) – Meinung der anderen über einen Menschen / Reputation
→ *guter Ruf, schlechter Ruf*
Dieser Arzt hat einen sehr guten Ruf, denn er leistet hervorragende Arbeit.

Ruhm (der) – hohes Ansehen bei anderen aufgrund besonderer Leistungen
Die Entdeckung des Medikaments brachte ihm weltweiten Ruhm ein.

Tugend (die, -en) – moralisch wertvolle Eigenschaft, wie z.B. Ehrlichkeit, Treue
Treue gilt heute oft als veraltete Tugend. Darauf wird nicht mehr so viel Wert gelegt.

Vermögen (das) – 1. alles, was jemand besitzt, 2. etwas, was jemand kann
zu 1: *Sein Vermögen umfasste zahlreiche Fabriken und Mietshäuser.*
zu 2: *Sie hat das Vermögen, Menschen aufmerksam zuzuhören.*

Vorbild (das, - er) – ein positives Beispiel für andere → *vorbildlich*
Das Verhalten der Eltern sollte immer ein Vorbild für ihre Kinder sein.

Waffenstillstand (der) – vertragliche Vereinbarung zwischen kriegsführenden Ländern, die Waffen ruhen zu lassen → *den Waffenstillstand einhalten, den Waffenstillstand brechen*
Die gegnerischen Parteien einigten sich auf einen dreitägigen Waffenstillstand, um die Friedensverhandlungen fortsetzen zu können.

Würde (die) – innerer Wert, den jeder Mensch hat und der allgemein respektiert werden sollte
Als man ihn öffentlich beschimpfte und schlug, wurde er in seiner Würde verletzt.

Adjektive

glorreich – durch eine mutige Tat berühmt / ruhmvoll / herrlich
Alexander der Große gilt als glorreicher Kämpfer.

karitativ – wohltätig / armen und kranken Menschen helfend
Sie arbeitet in ihrer Freizeit ehrenamtlich in karitativen Vereinen, die sich um das Wohl armer Kinder kümmern.

kreativ – mit neuen, originellen Ideen / schöpferisch
→ *Kreativität (die), kreieren*
Picasso war sehr kreativ, er schuf viele neuartige Kunstwerke.

markant – auffällig / stark ausgeprägt / charakteristisch
Kleopatra soll eine sehr markante Nase gehabt haben.

weitsichtig – hier: die Zukunft in seine Planung einbeziehend und in die Zukunft hinein planend
Die Stadtplaner waren nicht weitsichtig genug, den steigenden Verkehr mit einzu-planen. Deshalb kommt es heute immer wieder zu Staus.

Ausdrücke

in Misskredit geraten (gerät, geriet, ist geraten) – seinen guten Ruf verlieren
→ *jdn. / etw. in Misskredit bringen*
Durch den Bestechungsskandal ist dieser Politiker in Misskredit geraten.

widrige Umstände (Plural) – Situation, die besonders schwierig ist
Es ist erstaunlich, dass er unter solch widrigen Umständen doch gute Ergebnisse erzielt hat.

ein Zeichen setzen – etwas tun, was vorbildhaft / richtungweisend ist / einen Anstoß geben
Die Politiker wollten mit ihrem Treffen ein Zeichen setzen und andere dazu motivieren, über ihre Probleme friedlich zu diskutieren.

Weitere Fragestellungen zum Thema

1. Welche historische Persönlichkeit hat das Geschick Ihres Heimatlandes maßgeblich beeinflusst? Schildern Sie die Epoche, die Person und ihre Taten. Erwähnen Sie auch, wie diese Person heute in der Geschichtsschreibung dargestellt wird.

2. In vielen Ländern werden Straßen und Plätze, aber auch Krankenhäuser, Schulen und andere öffentliche Einrichtungen nach bekannten Persönlichkeiten benannt. Wie stehen Sie zu dieser Tradition? Nach wem würden Sie eine Straße benennen wollen und warum?

3. Heutzutage gelten auch legendäre Popstars wie die Rolling Stones oder die Beatles als Idole. Könnte man sie als historische Persönlichkeiten bezeichnen?

4. Welche historische Persönlichkeit hat Ihrer Meinung nach die Ereignisse in Deutschland besonders beeinflusst? Stellen Sie dar, wie sich dieser Einfluss auf die Entwicklung Deutschlands ausgewirkt hat.

5. Welche zeitgenössische Persönlichkeit beeindruckt Sie besonders? Beschreiben Sie das für Sie Außergewöhnliche an dieser Person und erklären Sie, warum Sie diese gewählt haben.

Formulierungshilfen

Einleitende Worte

an erster Stelle	An erster Stelle sollten die wichtigsten Argumente genannt werden.
zu Anfang / anfangs	Zu Anfang / Anfangs möchte ich die wichtigsten Begriffe definieren.
zu Beginn / beginnend	Zu Beginn / Beginnend muss dieser Begriff definiert werden.
einleitend	Einleitend möchte ich betonen, dass beide Seiten berücksichtigt werden sollten.
als Erstes / erstens	Als Erstes / Erstens lässt sich feststellen, dass dieser Begriff erst in den letzten Jahren benutzt wird.
vorab	Vorab muss man sich klar machen, dass diese Problematik verschiedene Aspekte hat.
zuerst	Zuerst muss beachtet werden, dass es positive und negative Auswirkungen gibt.
zunächst	Zunächst muss man sich klar machen, was dieser Begriff überhaupt bedeutet.

Vorschläge und Ideen äußern

Man sollte ...	Man sollte dieses Argument unbedingt berücksichtigen.
Eine Möglichkeit wäre ...	Der Einsatz von neuen Techniken wäre sicher eine Möglichkeit, um dieses Problem schneller zu lösen.
Man könnte ...	Man könnte weitere Argumente nennen.
Es wäre wichtig ...	Es wäre wichtig, gut ausgebildetes Personal einzustellen.
Es wäre wünschenswert ...	Es wäre wünschenswert, dass gut ausgebildetes Personal eingestellt wird.
vielleicht	Vielleicht sollte man gut ausgebildetes Personal einstellen.
vor/schlagen	Ich schlage vor, dass man gut ausgebildetes Personal einstellt.
Vorstellbar wäre ...	Vorstellbar wäre der Einsatz von modernen Computern.
(sich) wünschen	Ich wünsche mir einen stärkeren Einsatz von Computern.
auf/fordern zu + D	Die Firmen sollten dazu aufgefordert werden, gut ausgebildetes Personal einzustellen.
verlangen	Seit Jahren verlangen die Kunden einen umfangreicheren Service.

Vor- bzw. Nachteile nennen

als positiv ansehen, dass / wenn ...	Ich sehe es als positiv an, dass sich die breite Öffentlichkeit mit dem Thema auseinander setzt.
von Vorteil sein	Es ist von Vorteil, wenn eine offene Diskussion in der Gesellschaft stattfindet.
positiv sein	Es ist positiv, dass sich die Regierung mit den aktuellen gesellschaftlichen Problemen befasst.
günstig sein	Es ist günstig, wenn die Regierungsmitglieder offen über das Problem diskutieren.
als negativ ansehen, dass / wenn ...	Es wird oft als negativ angesehen, wenn jemand Kritik äußert.
von Nachteil sein	Es ist von Nachteil, nicht offen über dieses Thema zu sprechen.

Formulierungshilfen

negativ sein	Wenn eine unüberlegte Entscheidung getroffen wird, kann das negativ sein.
ungünstig sein	Es ist ungünstig, unüberlegt zu handeln.

Vor- bzw. Nachteile erweitern oder einschränken

nur teilweise richtig sein ...	Dass die Maßnahmen nichts gebracht haben, ist nur teilweise richtig.
berücksichtigen, dass ...	Man muss berücksichtigen, dass viele Menschen mit dem Thema nicht vertraut sind.
zu bedenken geben	Man muss zu bedenken geben, dass für derartige Projekte nur wenig Geld zur Verfügung steht.
ein/räumen	Ich muss allerdings einräumen, dass seine Politik von der Jugend akzeptiert wird.
allerdings	Ich stimme diesem Argument weitgehend zu, allerdings muss man auch die Nachteile sehen.
doch / jedoch	Ich teile diese Meinung, doch / jedoch gibt es auch noch andere, wichtige Argumente.
mögen	Das Argument mag richtig sein, aber ich muss es kritisieren.
wenn auch ... so doch	Wenn auch keiner über dieses Thema spricht, so kann man doch nicht behaupten, dass es unwichtig ist.

Vor- bzw. Nachteile abwägen

auf der einen Seite ... auf der anderen Seite	Auf der einen Seite finden viele diese Lösung gut, auf der anderen Seite stößt sie aber auf Kritik.
zu überlegen sein, ob ...	Es ist zu überlegen, ob diese Maßnahmen wirklich sinnvoll sind.
im Gegensatz zu + D	Im Gegensatz zu den meisten Politikern halte ich eine andere Lösung für gerechter.
hingegen	Die meisten Leute sehen nur die positiven Seiten dieser Entwicklung, ich hingegen sehe auch die negativen Seiten.
entgegen + G	Entgegen der allgemeinen Auffassung, dass diese Lösung schlecht sei, halte ich sie für gut.
dagegen	Es wurden nur die Nachteile genannt, die Vorteile blieben dagegen unerwähnt.
einerseits ... andererseits	Einerseits sollten alle Aspekte beachtet werden, andererseits muss schnell eine Entscheidung getroffen werden.
trotzdem	Das Argument hört sich sachlich an, trotzdem kann ich dieser Meinung nicht zustimmen.
zwar ... aber	Ich finde dieses Argument zwar richtig, man sollte aber auch bedenken, dass es negative Seiten gibt.

Fragen stellen

sich fragen, ob ...	Ich frage mich, ob die Bevölkerung ausreichend über dieses Thema informiert ist.
problematisieren	Dieses Thema ist von Seiten der Arbeitgeber noch nicht ausreichend problematisiert worden, kaum jemand äußert sich zu diesem Thema.
Es stellt sich die Frage, ob ...	Es stellt sich die Frage, ob diese Maßnahme wirklich sinnvoll ist.
zur Diskussion stellen	Ich möchte diese These zur Diskussion stellen.
die Frage auf/werfen	Die letzte Rede des Präsidenten hat viele Fragen aufgeworfen.

Argumente und Sachverhalte erklären

deutlich machen, dass …	In meinem Vortrag möchte ich deutlich machen, dass die technologische Entwicklung unser Leben stark beeinflusst hat.
erklären	Im Folgenden möchte ich genau erklären, warum ich dieser Auffassung bin.
erläutern	In meinem Vortrag möchte ich meinen Standpunkt erläutern.
beschreiben	Ich werde in meinem Referat beschreiben, wie die Menschen früher darüber dachten.
veranschaulichen	In meinem Referat möchte ich die Vor- und Nachteile veranschaulichen.
klären	Wenn man über dieses Thema spricht, muss man zunächst klären, welche Bereiche es umfasst.
sich / jdm. vor Augen halten	Die genannten Argumente sollen Ihnen vor Augen halten, wie wichtig dieser Aspekt ist.
dar/legen	Der Direktor hat in seiner Rede dargelegt, wie er sich das neue Projekt vorstellt.
dar/stellen	Mit Hilfe dieser Statistik lässt sich gut darstellen, um wie viel Prozent die Zahlen innerhalb des letzten Jahres gestiegen sind.
auf/zeigen	Mit Hilfe dieser Tabelle möchte ich aufzeigen, wie stark sich die Zahlen in den letzten Jahren verändert haben.
definieren	Es ist wichtig, diesen Begriff genau zu definieren.
hin/weisen auf + A	Ich möchte darauf hinweisen, dass sich die Situation besonders in meinem Heimatland verändert hat.

Grund und Ursache nennen

die Begründung sein für + A	Die Dringlichkeit dieses Problems ist die Begründung für das überraschend einberufene Expertentreffen.
deutlich werden	Das Problem wird deutlich, wenn man sich fragt, wie viele Mitbürger davon betroffen sind.
der Grund liegt in + D	Der Grund für das Expertentreffen liegt in der Dringlichkeit des Problems.
der Grund sein für + A	Der Grund für die neuen Gesetze ist der aktuelle Bericht der Sachverständigen.
daran liegen, dass …	Es liegt daran, dass immer weniger Menschen für dieses Problem Interesse zeigen.
sich begründen lassen mit + D	Das große Medieninteresse an diesem Thema lässt sich mit der Betroffenheit der Menschen begründen.
sich daran zeigen, dass …	Die Bedeutung des Problems zeigt sich daran, dass sich immer mehr Politiker zu diesem Thema äußern.
darauf zurückzuführen sein, dass …	Das wachsende Interesse der Menschen ist darauf zurückzuführen, dass sie heutzutage besser über solche Themen informiert werden.
so sein, weil …	Das ist so, weil sich viele Menschen für diese Themen interessieren.
denn	Der Abgeordnete befragte einen Expertenausschuss, denn er wollte sich über dieses Thema informieren.

Zustimmung äußern

ich bin auch der Meinung, dass …	Ich bin auch der Meinung, dass dieses Argument einleuchtend ist.
ich teile die Meinung (von + D / G), dass …	Ich teile die Meinung meines Kollegen, dass man unbedingt Maßnahmen ergreifen muss.

Formulierungshilfen

Es ist richtig, dass ...	Es ist richtig, dass in den letzten Jahren vieles erreicht wurde.
Das Argument ... ist überzeugend	Das Argument, dass die Maßnahmen zu kostspielig sind, ist überzeugend.
zu/geben / bestätigen müssen, dass ...	Dass hier schnell etwas unternommen werden sollte, muss ich bestätigen / zugeben.
jdm. / etw. zu/stimmen	Ich stimme dieser Meinung zu.
mit einem Standpunkt / einer Meinung überein/stimmen	Ich stimme mit Ihrer Meinung über die Nützlichkeit dieses Projekts überein.
sich einer Meinung an/schließen	Ich schließe mich der Meinung dieses Politikers an.
begrüßen	Man sollte die neuen Maßnahmen begrüßen.
gut/heißen	Wir können diese radikale Einstellung nicht gutheißen.

Überzeugtheit betonen

eine Tatsache sein ...	Es ist eine Tatsache, dass diese Maßnahmen nicht effektiv sind.
sicher wissen	Wir wissen sicher, dass sich eine Lösung zu diesem Problem finden lässt.
fest/stehen, dass ...	Es steht fest, dass dieses Argument falsch ist.
überzeugt sein von + D / davon, dass ...	Ich bin davon überzeugt, dass dieses Argument falsch ist.
heraus/heben	Dass dieses Programm sehr kostspielig ist, sollte herausgehoben werden.
heraus/stellen	Dass sich bis jetzt kaum jemand für dieses Problem interessiert hat, muss herausgestellt werden.
geltend machen	Ich möchte geltend machen, dass diese Maßnahmen schnell zu einem positiven Ergebnis geführt haben.
Sicher ist, dass ...	Sicher ist, dass dieses Argument nicht fundiert genug ist.
Es besteht kein Zweifel, dass ...	Es besteht kein Zweifel, dass sich die Situation schon stark gebessert hat.

Standpunkte betonen

Ein wichtiger Punkt / Ein wichtiges Argument ist, dass ...	Ein wichtiger Punkt / Ein wichtiges Argument ist, dass über dieses Problem noch nicht ausreichend Information zur Verfügung steht.
betonen	Ich möchte betonen, dass dieses Argument wichtig ist.
hin/weisen auf + A	Ich möchte darauf hinweisen, dass ich selber lange von diesem Problem betroffen war.
heraus/heben	Immer wieder wird herausgehoben, dass dieses Thema sehr wichtig ist.
heraus/stellen	In meinem Vortrag möchte ich die Tatsache herausstellen, dass es eine Alternative zu dieser These gibt.
unterstreichen	Ich möchte die Tatsache unterstreichen, dass sich die Situation in den letzten Jahren verändert hat.
deutlich machen	In meinem Vortrag möchte ich deutlich machen, dass dieses Thema auch für den Einzelnen sehr wichtig ist.
bekräftigen	Ich möchte meine These durch konkrete Zahlen bekräftigen.
hervor/heben	Diesen Punkt möchte ich besonders hervorheben.

Folgerungen und Konsequenzen nennen

Als Konsequenz ergibt sich daraus, dass ...	Auf diese Frage gibt es keine eindeutige Antwort; als Konsequenz ergibt sich daraus, dass man alle Möglichkeiten beachten muss.
eine logische Folge sein	Die wütende Reaktion ist eine logische Folge auf dieses provokative Verhalten.
zur Folge haben	Der Protest der Bürger hatte zur Folge, dass die Verantwortlichen endlich handeln mussten.
sich ab/leiten lassen aus + D, dass ...	Aus der Reaktion der Betroffenen lässt sich ableiten, dass sie über das Thema informiert waren.
sich folgern lassen aus + D, dass ...	Aus der Reaktion der Betroffenen lässt sich folgern, dass sie über das Thema informiert waren.
sich schließen lassen aus + D, dass ...	Aus der Reaktion der Leute lässt sich schließen, dass sie das Problem nicht erkannt haben.
sich ergeben aus + D	Aus dieser These ergeben sich weitere Fragen.
folgen aus + D	Aus verschärften Gesetzen folgen härtere Strafen.
führen zu + D	Der Protest der Bürger führte zu einem Umdenken bei den Politikern.
demnach	Dieses Argument gehört nicht zum Thema; demnach sollten Sie es nicht wiederholen.
folglich	Diese Aktion hatte großen Erfolg; folglich sollte sie auch in anderen Städten wiederholt werden.
deshalb	Dieses Thema ist sehr wichtig. Deshalb möchte ich intensiver darauf eingehen.
also	Dieses Thema ist sehr wichtig, also sollte man sich intensiver damit beschäftigen.

Standpunkte und Argumente ablehnen

ab/lehnen	Ich lehne dieses Argument ab.
auf Ablehnung stoßen bei + D	Das Argument wird bei den meisten Leuten auf Ablehnung stoßen.
nicht an/erkennen (als + A)	Ich kann dieses Argument nicht als stichhaltig anerkennen.
nicht akzeptieren (können), dass ...	Ich kann nicht akzeptieren, dass negative Faktoren nicht bedacht werden.
bestreiten, dass ...	Ich bestreite, dass diese Lösung sinnvoll ist.
dagegen sein, dass / Infinitiv + zu	Ich bin dagegen, nicht über andere, radikalere Lösungen nachzudenken.
nicht gelten lassen	Dieses Argument kann ich nicht gelten lassen.
kritisieren	Ich kritisiere diesen Standpunkt.
verneinen	Ich muss diese Frage leider verneinen.
anderer Meinung sein	Ich bin anderer Meinung; diese Probleme lassen sich sinnvoller lösen.
dem muss man widersprechen	Ich muss dem leider widersprechen.
es ist falsch, wenn ...	Es ist falsch, wenn man behauptet, dass alle Maßnahmen sinnvoll sind.
jdm. / etw. nicht zu/stimmen	Ich kann diesem Argument nicht zustimmen.
zurück/weisen	Ich weise dieses Argument zurück, denn es ist nicht stichhaltig.

Schon Gesagtes wieder aufgreifen

das Thema ... möchte ich hier noch einmal auf/greifen	Das Thema der zukünftigen Entwicklung möchte ich hier noch einmal aufgreifen.
Wie bereits gesagt	Wie bereits gesagt, sollten die Verantwortlichen so schnell wie möglich handeln.
Es muss noch einmal betont werden, dass ...	Es muss noch einmal betont werden, dass alle Beteiligten zusammenarbeiten sollten.
Wie oben schon erwähnt wurde	Wie oben schon erwähnt wurde, sollte so schnell wie möglich eine Lösung gefunden werden.
(hier) noch einmal zurück/kommen auf + A	Ich komme hier noch einmal auf die Ursachen des Problems zurück.
an/knüpfen an + A	Ich knüpfe hier noch einmal an meine Anfangsthese an.
sich beziehen auf + A	Ich beziehe mich hiermit auf die vorher erwähnten Argumente.

Abschließende Worte

abschließend	Abschließend lässt sich feststellen, dass es wichtig ist, einen Kompromiss zu finden.
am Ende	Am Ende möchte ich betonen, dass alle Beteiligten zur Lösung des Problems beitragen sollten.
resümieren	Es lässt sich resümieren, dass es keine Patentlösung für dieses Problem gibt.
schließlich	Schließlich ist es wichtig, was jeder Einzelne zur Lösung des Problems beiträgt.
zum Schluss	Zum Schluss lässt sich sagen, dass viele die Problematik noch nicht erkannt haben.
zusammenfassend	Zusammenfassend möchte ich betonen, dass alle zur Lösung des Problems beitragen sollten.

Für Ihre Notizen

Quellenverzeichnis

Fotos: *Seite 45 rechts:*   TextMedia
             Seite 64:   TextMedia
             Seite 85, 94:   Sony Deutschland GmbH/IFA 1999
             Seite 121:   TextMedia
             Seite 141:   Bayer AG
             Seite 168:   BMW AG
             Seite 203:   C. Engel, Kindernothilfe e.V., Duisburg
             Seite 231:   TextMedia
             Seite 239:   Stiftung Menschen für Menschen e.V. - Karlheinz Böhms Äthiopienhilfe -
                                    www.mfm-online.org, München
             Seite 247:   Ursula Hutt, Amnesty International, Sektion der Bundesrepublik
                                    Deutschland e.V., Bonn
             Seite 263:   Cebit Hannover 2000
             Seite 270:   Deutsche Börse AG, Frankfurt/Main
             Seite 281:   Archiv für Kunst und Geschichte Berlin
             alle anderen: TextMedia mit MEV

Zeichnung: *Seite 86:*   TextMedia (Barbara Arend)